全商情報処理検定試験
プログラミング部門1・2級対応

アルゴリズム入門

著者／広本　雅之

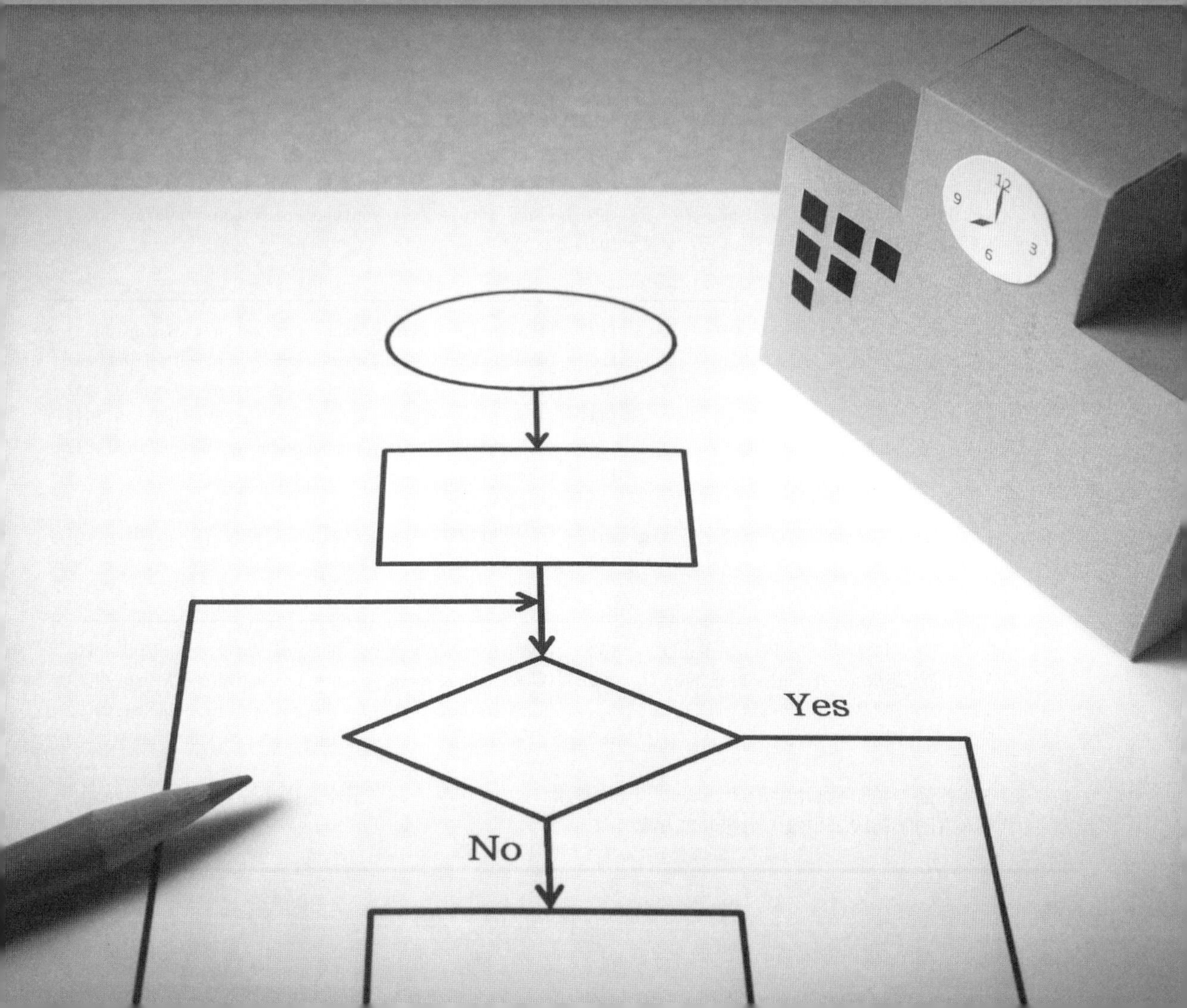

目　次

※ 各章各節の説明動画はユーチューブ「高校教師のプログラミング講座」の再生リスト「アルゴリズム入門・初級・中級・上級」に掲載しています。

１章　流れ図（フローチャート）の基礎基本

コンピュータに仕事をさせるためには，作業の手順や処理の流れを考え，コンピュータに伝える必要があります。この作業の手順や処理の流れを図で表したものをフローチャートや流れ図といいます。この章では流れ図の基礎基本を理解しましょう。

１章１節　流れ図と記号

例題１　流れ図の空欄(1)～(4)に，朝起きて学校へ行くまでの行動を，解答例を参考に記入しましょう。

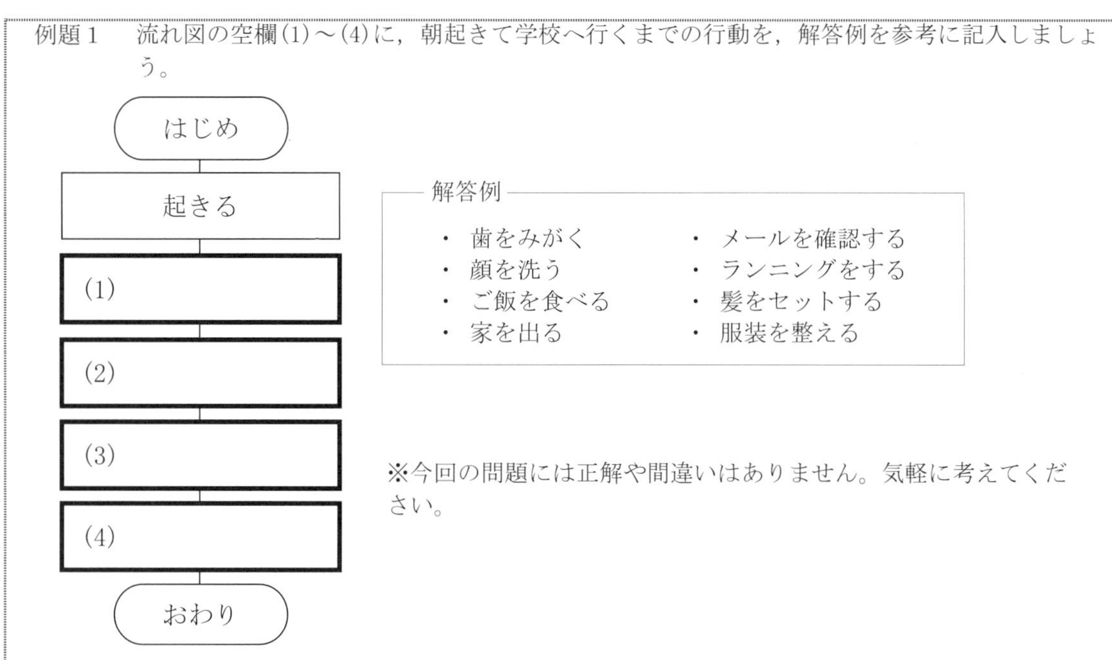

流れ図（フローチャート）は処理の流れを示したものです。処理の流れを記号で表すことにより，処理が正確に行われているか，矛盾はないかなどを視覚的に確認することができます。

下の図は流れ図（フローチャート）の例です。

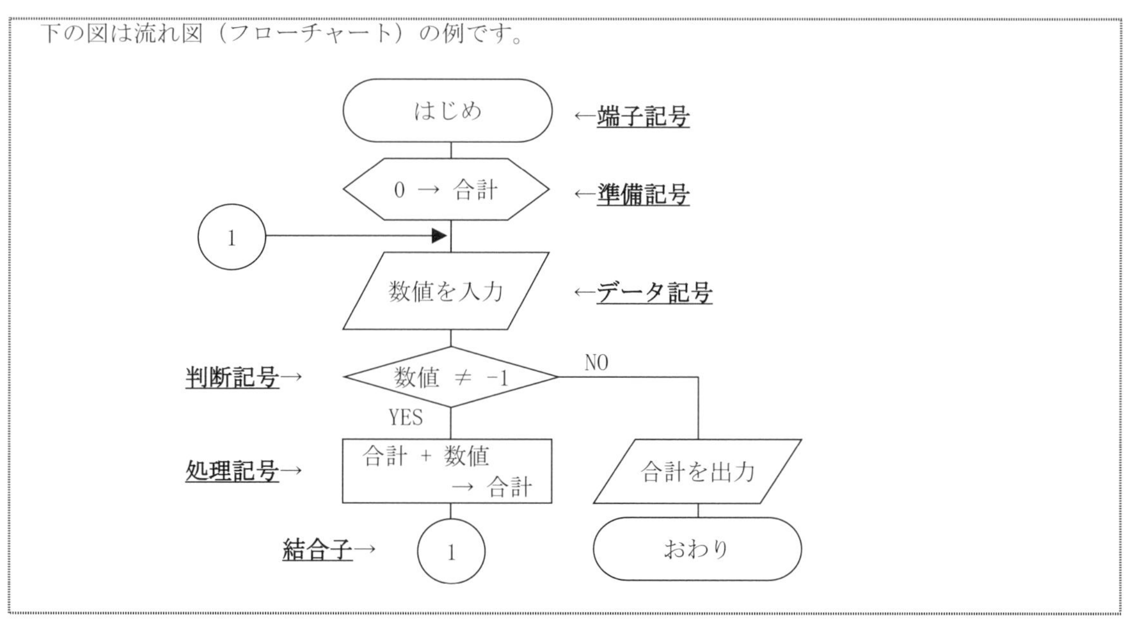

上の図のように，流れ図(フローチャート)は，様々な記号を用いて表現されます。それぞれの記号には意味があり，処理を行う条件に応じて記号を使い分けます。ここでは，記号の形と名前を覚えておきましょう。

【1-1】次の流れ図記号の名前を解答群から選びなさい。

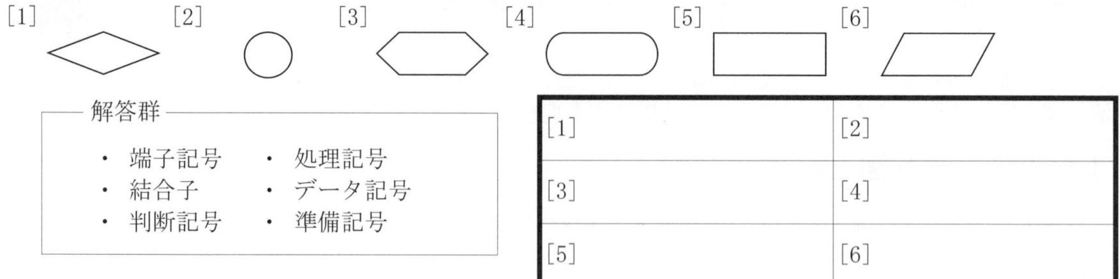

解答群
- 端子記号
- 処理記号
- 結合子
- データ記号
- 判断記号
- 準備記号

[1]	[2]
[3]	[4]
[5]	[6]

1章2節　処理記号

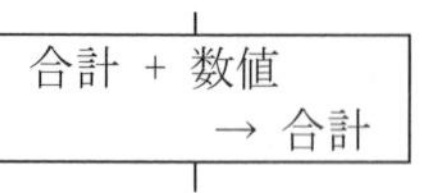

処理記号は計算を行うときや，データを変数などに入れるときに用いる記号です。

変数とはデータを入れておく記憶場所に名前をつけたものです。例えば変数Aに3という数値を格納したいときには次のように表します。

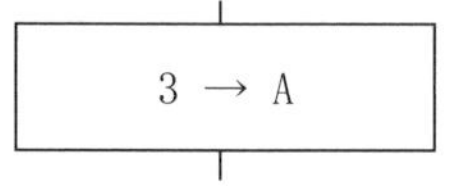

上の処理を行うとAという変数に3という数値が格納されます。

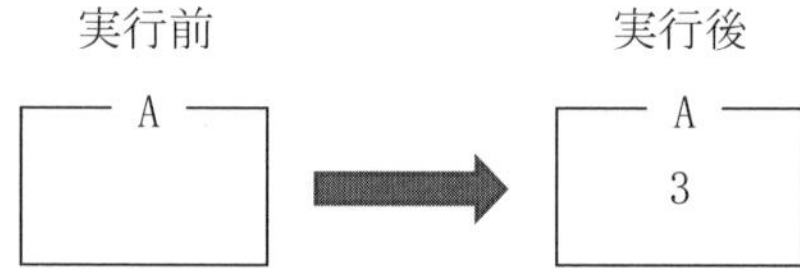

次に変数Aに文字を格納してみましょう。

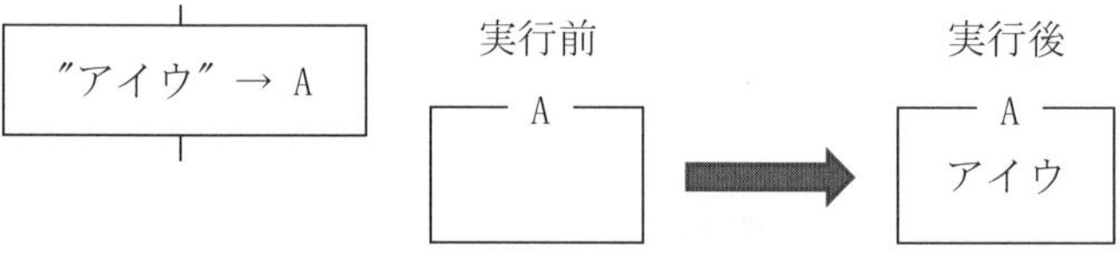

文字を表すときには最初と最後にダブルクォーテーション（"）をつける必要があります。これはコンピュータが文字と変数を区別するための重要なルールです。忘れないように覚えておきましょう。

また変数に格納されている値を別の変数に格納することもできます。例えば変数Aに入っているデータを変数Bに入れる場合，次のように表します。

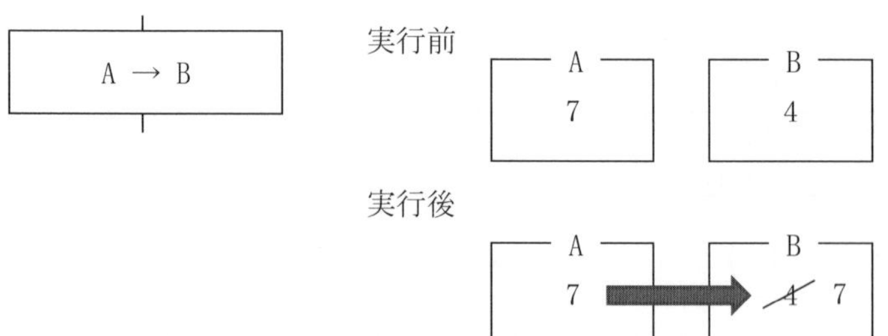

上の処理を行うと，変数から変数へデータを入れることができます。なお，データを入れる際には常に上書きされることも覚えておきましょう。

その他にも処理記号は計算したデータを変数に格納するために使用します。

例えば変数Cのデータに1を足したい場合，次のように表します。

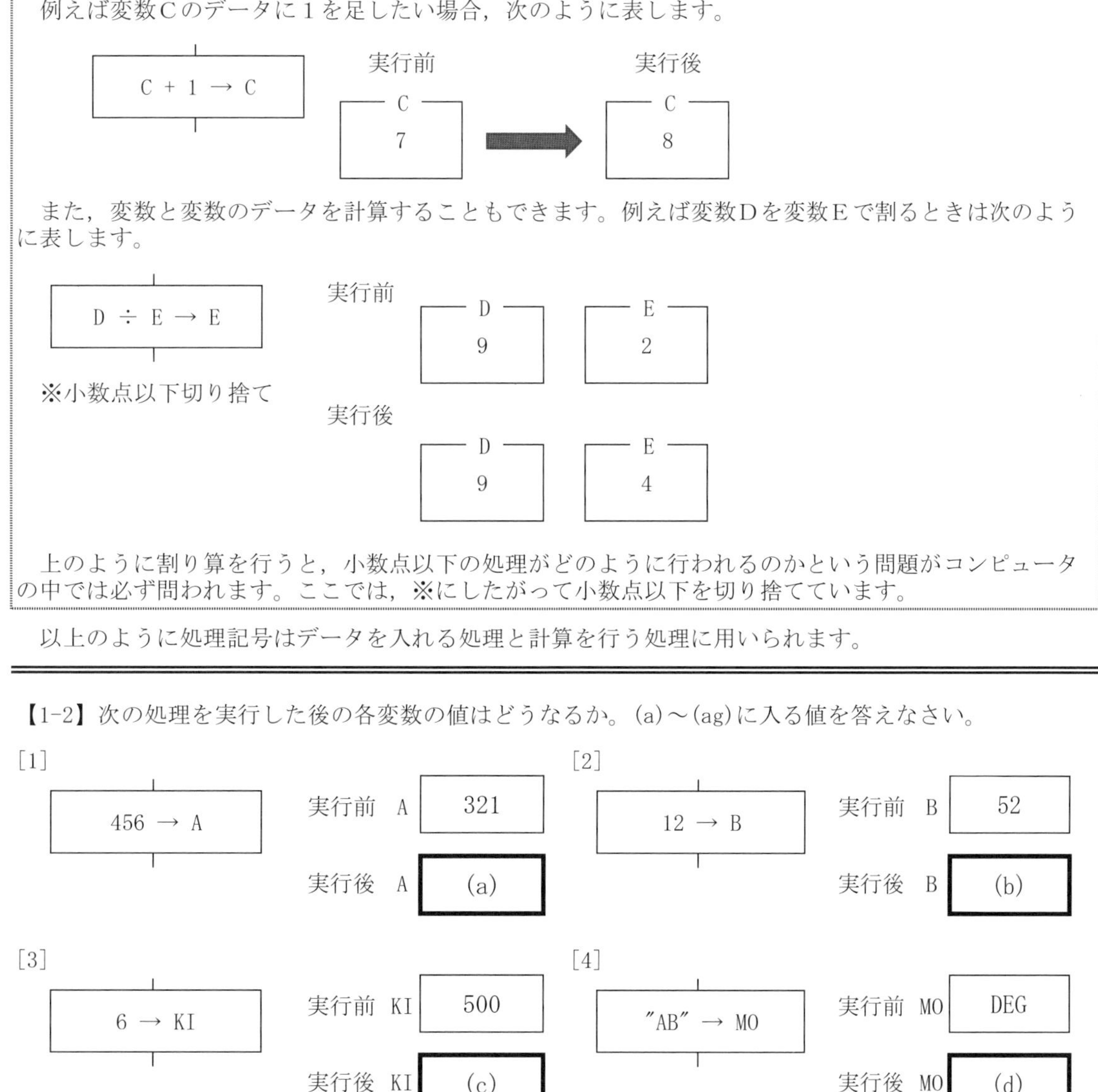

また，変数と変数のデータを計算することもできます。例えば変数Dを変数Eで割るときは次のように表します。

上のように割り算を行うと，小数点以下の処理がどのように行われるのかという問題がコンピュータの中では必ず問われます。ここでは，※にしたがって小数点以下を切り捨てています。

以上のように処理記号はデータを入れる処理と計算を行う処理に用いられます。

【1-2】次の処理を実行した後の各変数の値はどうなるか。(a)～(ag)に入る値を答えなさい。

[1]

処理		
456 → A	実行前 A	321
	実行後 A	(a)

[2]

処理		
12 → B	実行前 B	52
	実行後 B	(b)

[3]

処理		
6 → KI	実行前 KI	500
	実行後 KI	(c)

[4]

処理		
″AB″ → MO	実行前 MO	DEG
	実行後 MO	(d)

[5]

処理		
″あいう″ → C	実行前 C	325
	実行後 C	(e)

[6]

処理		
″かきく″ → KA	実行前 KA	345
	実行後 KA	(f)

[1] (a)	[2] (b)	[3] (c)	[4] (d)
[5] (e)	[6] (f)		

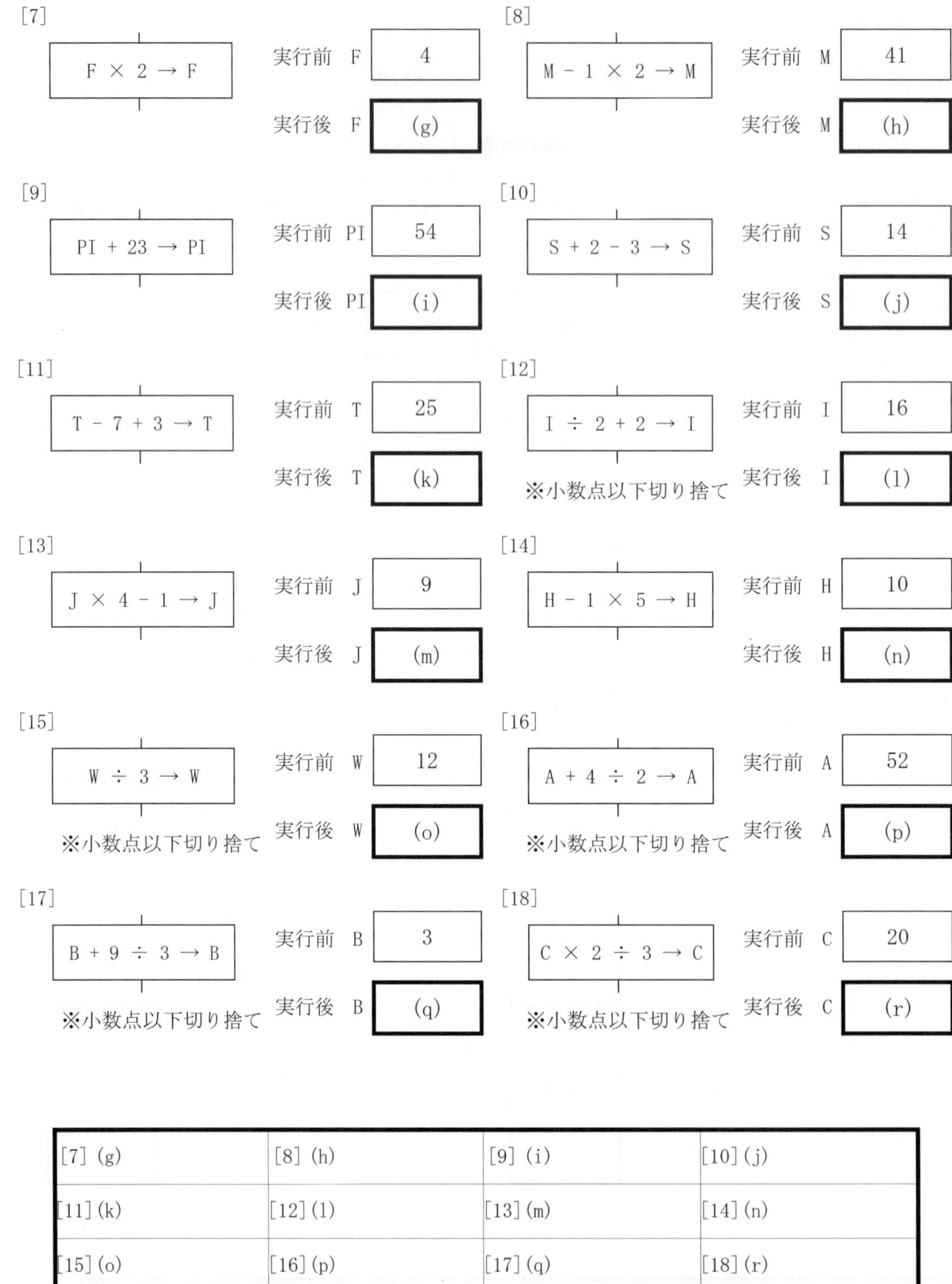

[7] (g)	[8] (h)	[9] (i)	[10] (j)
[11] (k)	[12] (l)	[13] (m)	[14] (n)
[15] (o)	[16] (p)	[17] (q)	[18] (r)

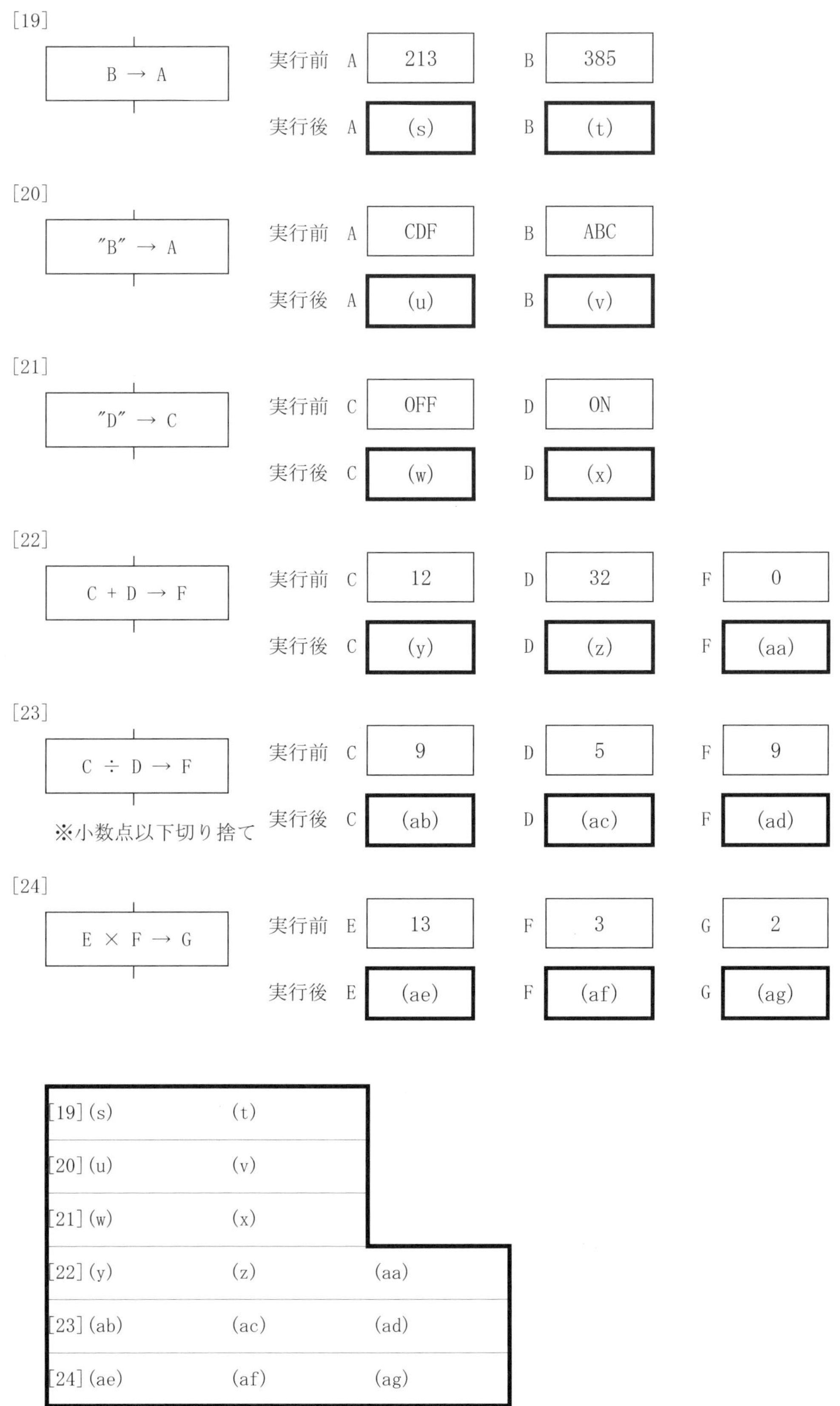

[19] (s)	(t)	
[20] (u)	(v)	
[21] (w)	(x)	
[22] (y)	(z)	(aa)
[23] (ab)	(ac)	(ad)
[24] (ae)	(af)	(ag)

1章3節　判断記号

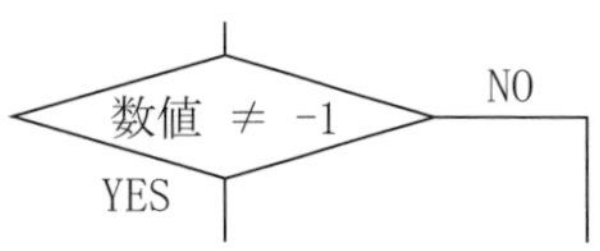

判断記号は条件によって処理の方法を変える場合に用いる記号です。

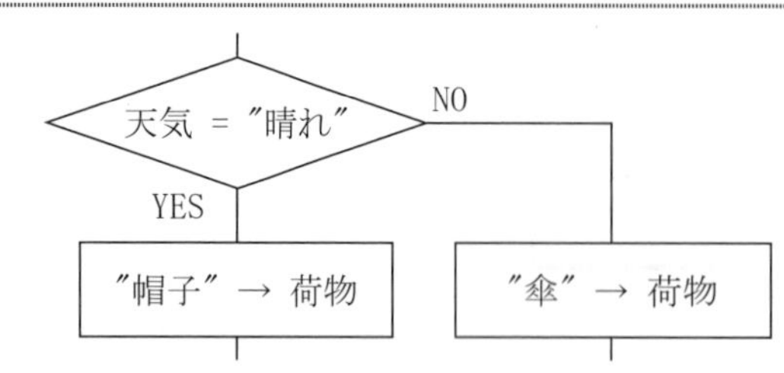

上の流れ図は天気が″晴れ″であれば″帽子″を荷物に入れ，そうでなければ，″傘″を荷物に入れることを表しています。

このように，日常生活やコンピュータ内において，条件により行う処理が異なることはよくあることです。

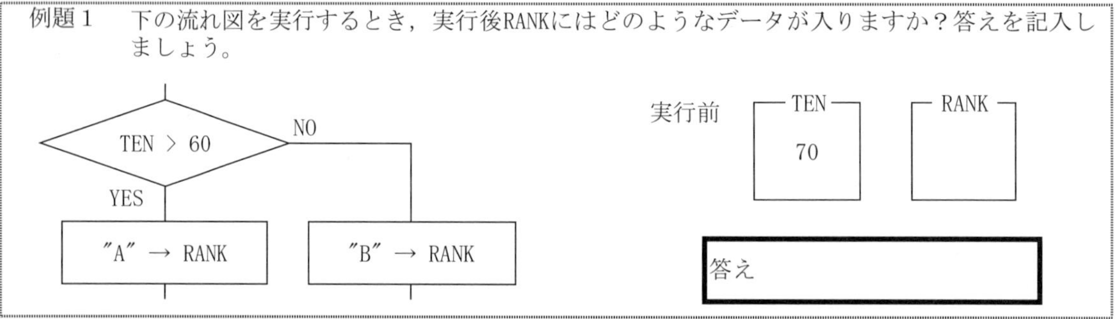

例題１　下の流れ図を実行するとき，実行後RANKにはどのようなデータが入りますか？答えを記入しましょう。

上の流れ図のように，判断記号は不等号を用いて行うことが多いです。そのため，≦と＜の違い，≧と＞の違いに気を付けて流れ図を読み取ってください。

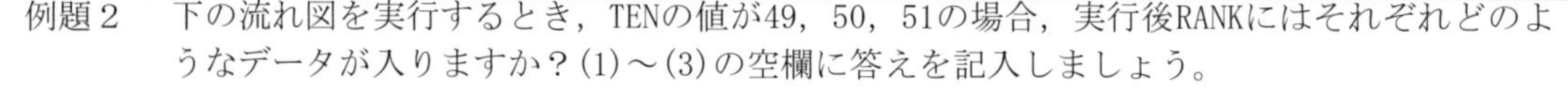

例題２　下の流れ図を実行するとき，TENの値が49，50，51の場合，実行後RANKにはそれぞれどのようなデータが入りますか？(1)～(3)の空欄に答えを記入しましょう。

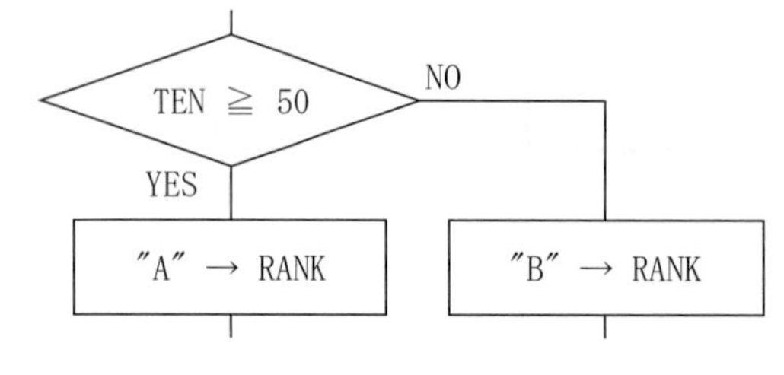

TEN	RANK
49	(1)
50	(2)
51	(3)

以上（≧）の場合，その数も含めた上の数が対象になります。より大きい（＞）の場合はその数を含めず，それよりも大きい数が対象となります。

その他にも判断記号では≠（ﾉｯﾄｲｺｰﾙ）を使うことがあります。

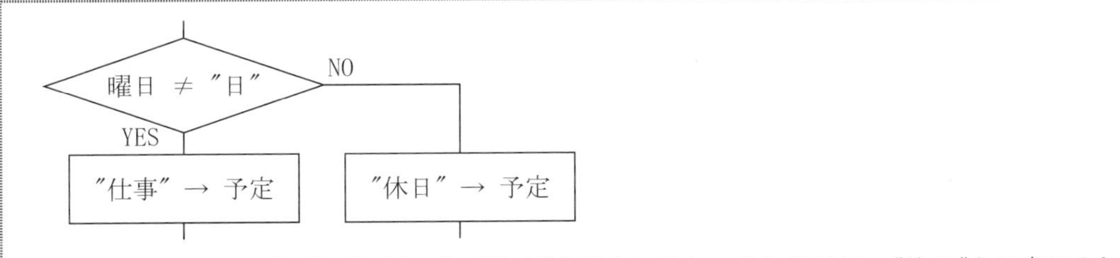

上の流れ図は曜日が″日″でなければ，″仕事″を予定に入れ，それ以外は，″休日″を予定に入れるという流れ図です。≠はよく使う記号のため，しっかり理解しましょう。

また，条件に応じて，行う処理の種類が３つ以上ある場合は，判断記号を２つ以上用いて流れ図を記入することがあります。

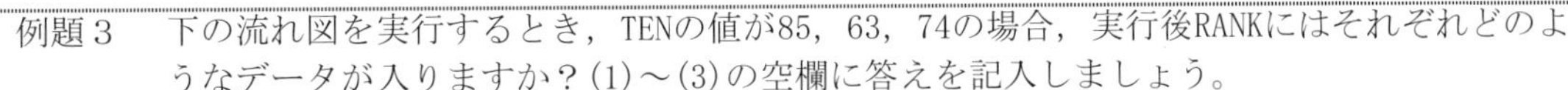
例題３　下の流れ図を実行するとき，TENの値が85，63，74の場合，実行後RANKにはそれぞれどのようなデータが入りますか？(1)～(3)の空欄に答えを記入しましょう。

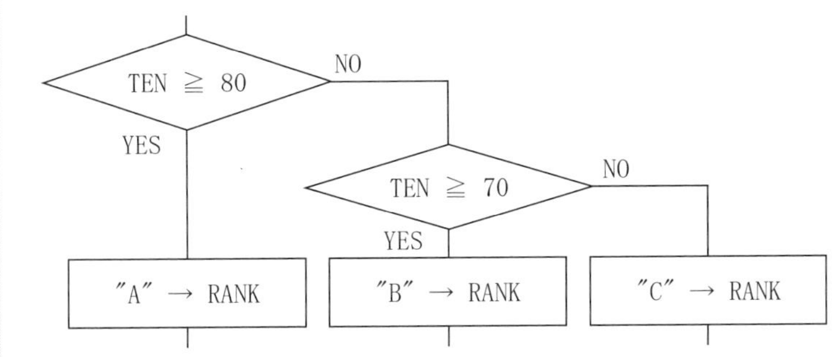

TEN	RANK
85	(1)
63	(2)
74	(3)

このように，判断記号を複数使用することで判断する種類を増やすことができます。なお，ここまでの判断記号は条件をもとにYESとNOで分岐してきましたが，：（コロン）を使って判断記号を記入することもできます。

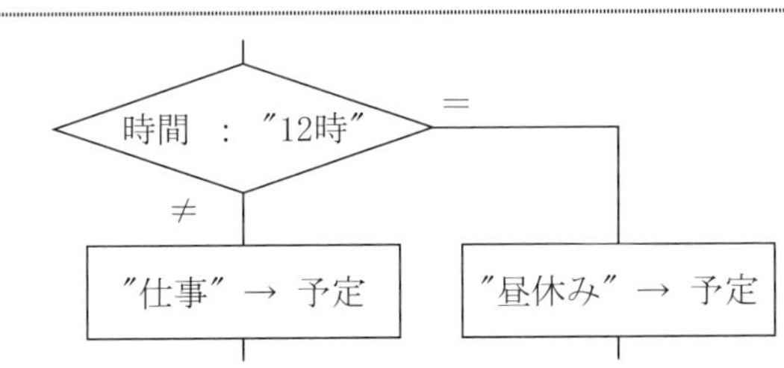

上の流れ図は時間が″12時″であれば，″昼休み″を予定に入れ，そうでなければ，″仕事″を予定に入れるという流れ図です。また，：を用いた判断記号には不等号で表す方法もあります。

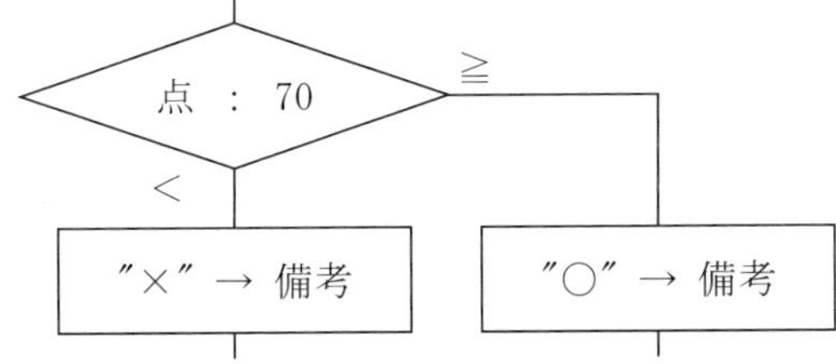

上の流れ図は点が70未満なら″×″を備考に入れ，点が70以上なら″○″を備考に入れます。このように，判断記号で：を用いる場合は，＝，≠，不等号を判断記号の周りに記入します。

【1-3】次の問題に答えなさい。

［1］下記のTENの値で，流れ図にしたがって処理をした際，(1)～(3)の値を答えなさい。

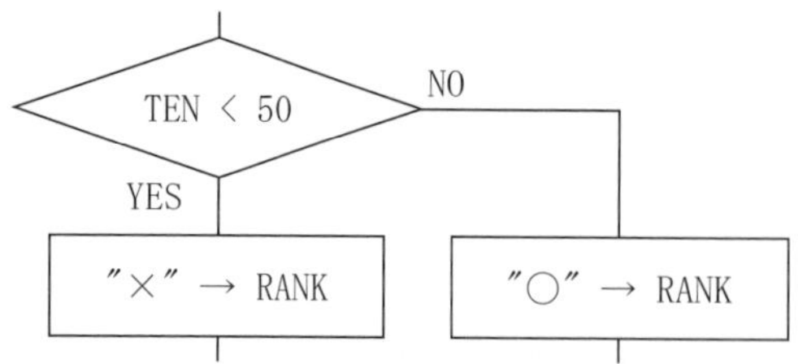

TEN	RANK
49	(1)
50	(2)
51	(3)

［2］下記のTENの値で，流れ図にしたがって処理をした際，(1)～(3)の値を答えなさい。

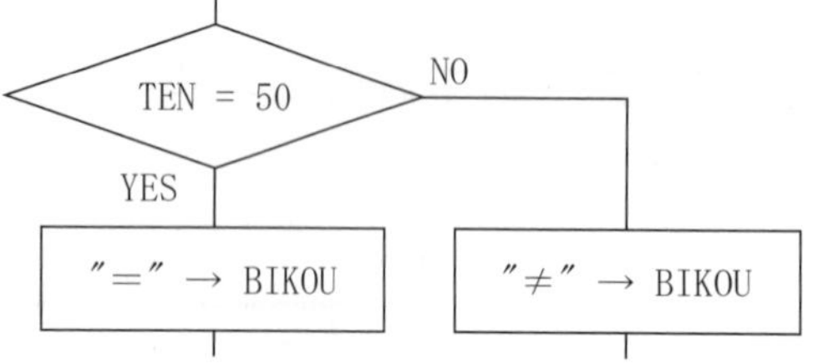

TEN	BIKOU
49	(1)
50	(2)
51	(3)

［3］下記のTENの値で，流れ図にしたがって処理をした際，(1)～(3)の値を答えなさい。

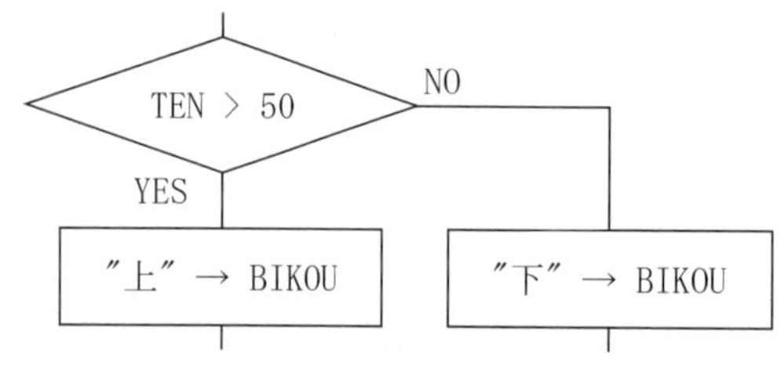

TEN	BIKOU
49	(1)
50	(2)
51	(3)

［4］下記のTENの値で，流れ図にしたがって処理をした際，(1)～(3)の値を答えなさい。

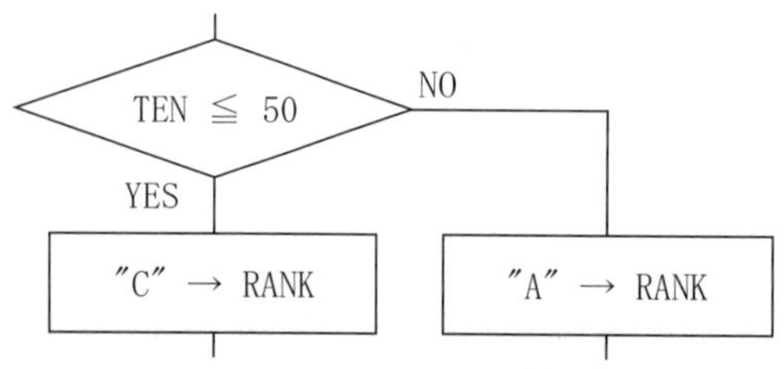

TEN	RANK
49	(1)
50	(2)
51	(3)

［5］下記のTENの値で，流れ図にしたがって処理をした際，(1)～(3)の値を答えなさい。

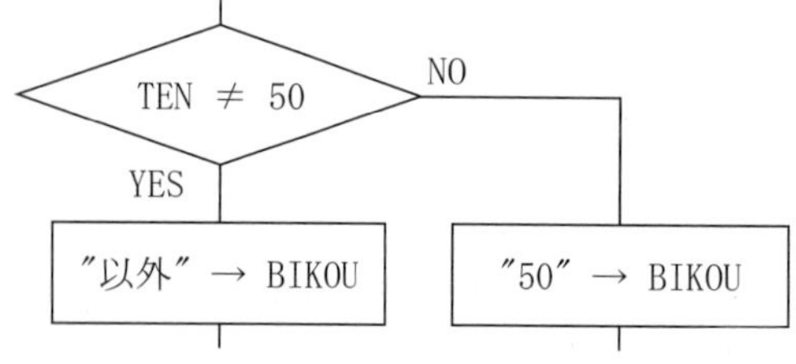

TEN	BIKOU
49	(1)
50	(2)
51	(3)

［6］下記のTENの値で，流れ図にしたがって処理をした際，(1)～(3)の値を答えなさい。

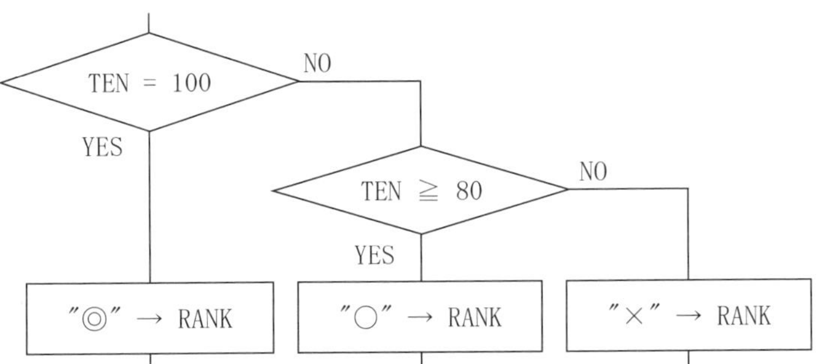

TEN	RANK
67	(1)
100	(2)
95	(3)

［7］下記のTENの値で，流れ図にしたがって処理をした際，(1)～(3)の値を答えなさい。

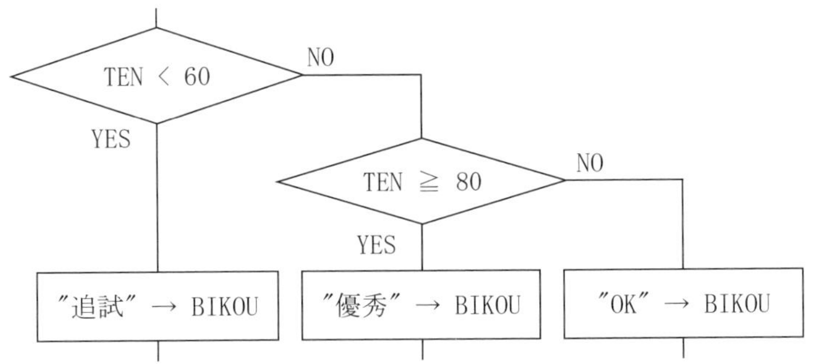

TEN	BIKOU
80	(1)
60	(2)
40	(3)

［8］下記のTENの値で，流れ図にしたがって処理をした際，(1)～(3)の値を答えなさい。

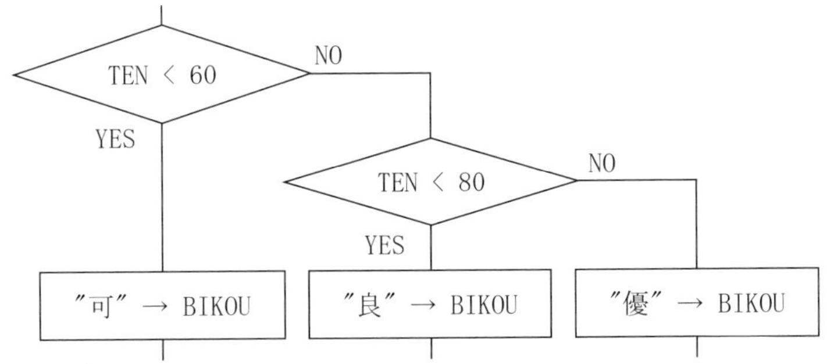

TEN	BIKOU
79	(1)
80	(2)
81	(3)

［9］下記のBUNRUIの値で，流れ図にしたがって処理をした際，(1)～(3)の値を答えなさい。

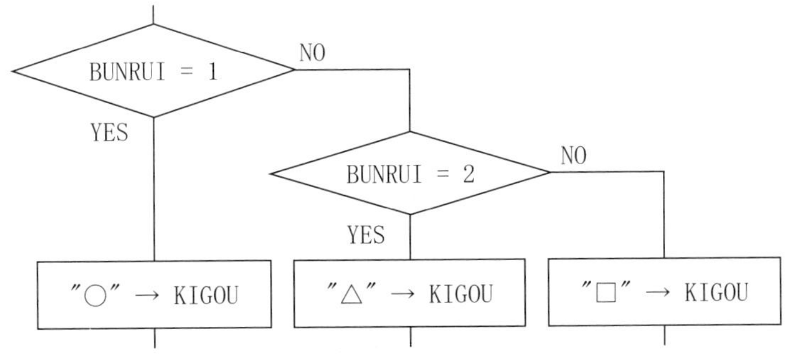

BUNRUI	KIGOU
3	(1)
2	(2)
1	(3)

[10]国語の点が80点以上であれば判定に″A″を，60点以上80点未満であれば″B″を，その他は″C″を入れる流れ図を作成したい。空欄(1)～(3)にあてはまる答えを記入しなさい。

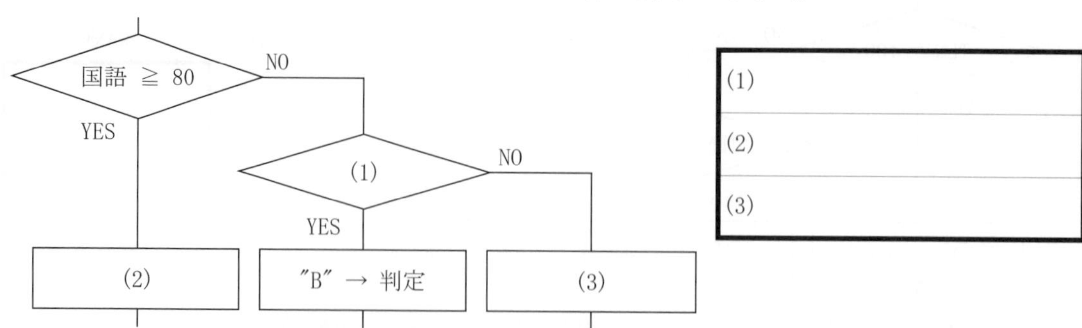

[11]国語の点が75点以上であれば判定に″A″を，60点以下であれば″C″を，その他は″B″を入れる流れ図を作成したい。空欄(1)～(3)にあてはまる答えを記入しなさい。

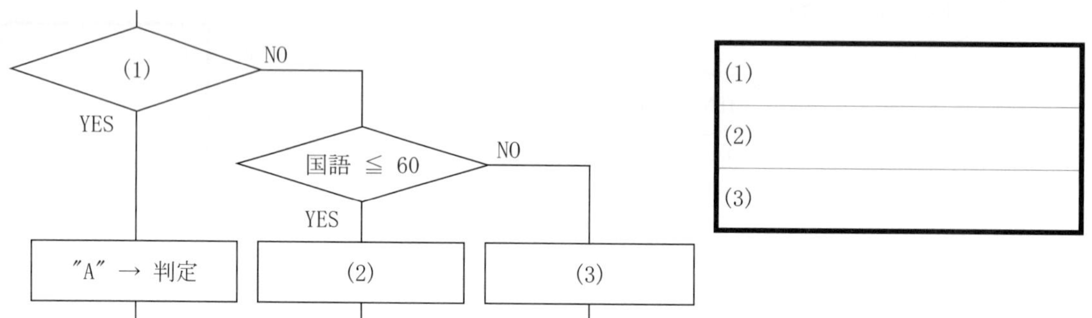

[12]数学の点が50点未満であれば判定に″C″を，50点以上60点未満は″B″を，その他は″A″を入れる流れ図を作成したい。空欄(1)～(3)にあてはまる答えを記入しなさい。

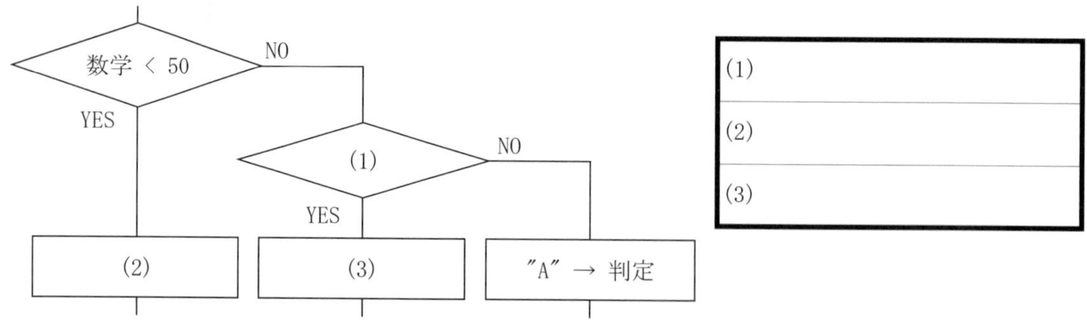

[13]数学の点が80点より高ければ判定に″A″を，60点以上80点以下は″B″を，その他は″C″を入れる流れ図を作成したい。空欄(1)～(3)にあてはまる答えを記入しなさい。

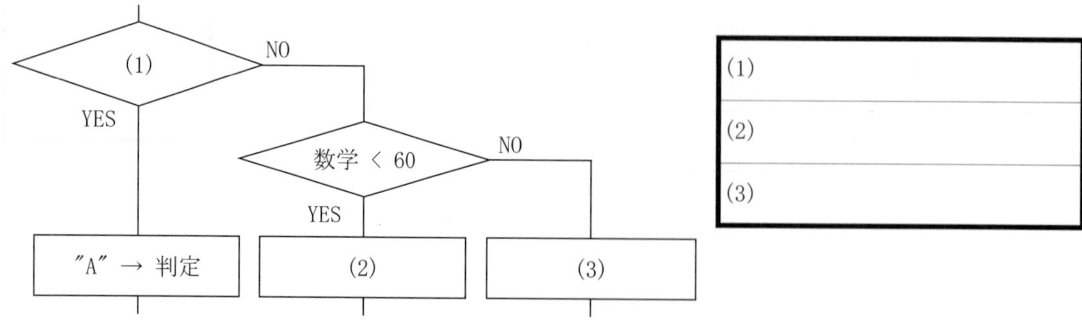

[14]理科の点数が100点であれば評価に″優″を，100点未満70点以上であれば″良″を，その他は″可″を入れる流れ図を作成したい。空欄(1)～(3)にあてはまる答えを記入しなさい。

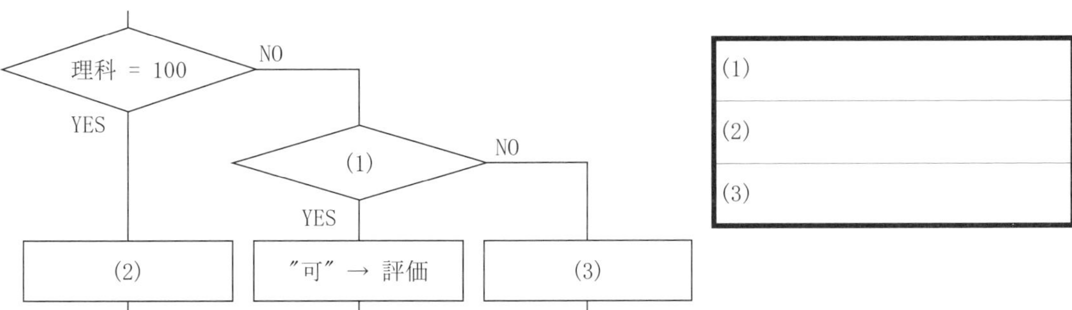

[15]社会の点数が60点以下であれば評価に″可″を，60点より高く99点未満であれば″良″を，その他は″優″を入れる流れ図を作成したい。空欄(1)～(3)にあてはまる答えを記入しなさい。

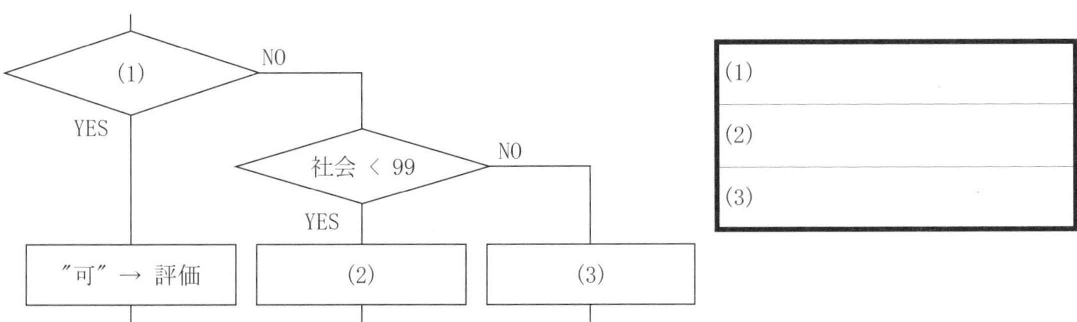

[16]理科の点が85点以上であれば評価に″優″を，50点以下であれば″可″を，その他は″良″を入れる流れ図を作成したい。空欄(1)～(3)にあてはまる答えを記入しなさい。

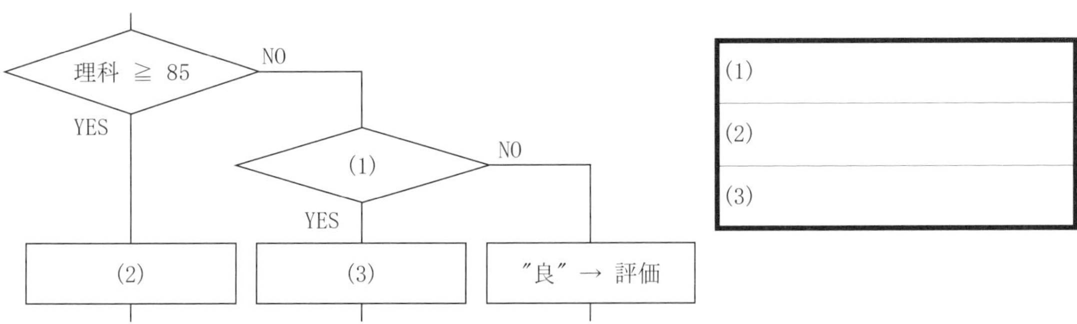

[17]社会の点が60点より高ければ評価に″優″を，40点以上60点以下は″良″を，その他は″可″を入れる流れ図を作成したい。空欄(1)～(3)にあてはまる答えを記入しなさい。

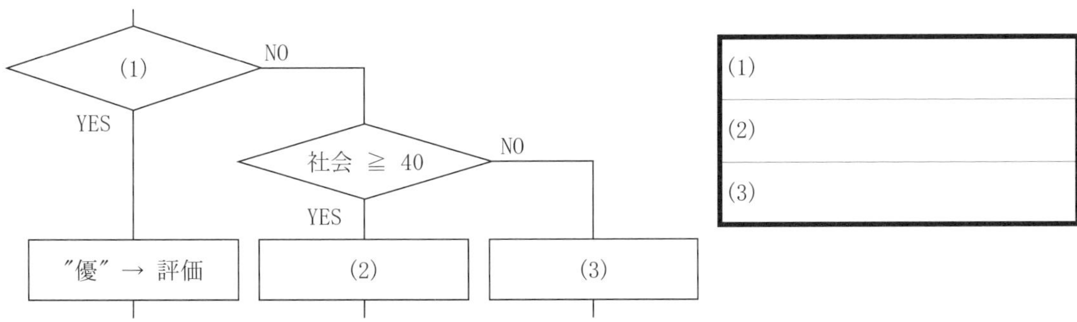

1章4節　判断記号の複合条件

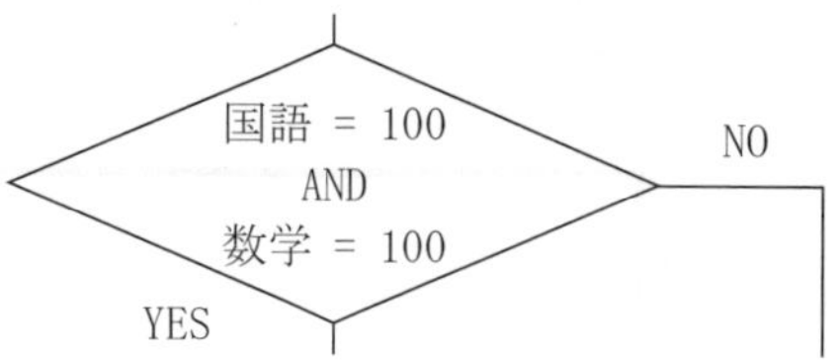

複合条件とは，一度に複数の条件を用いて判断を行うことです。

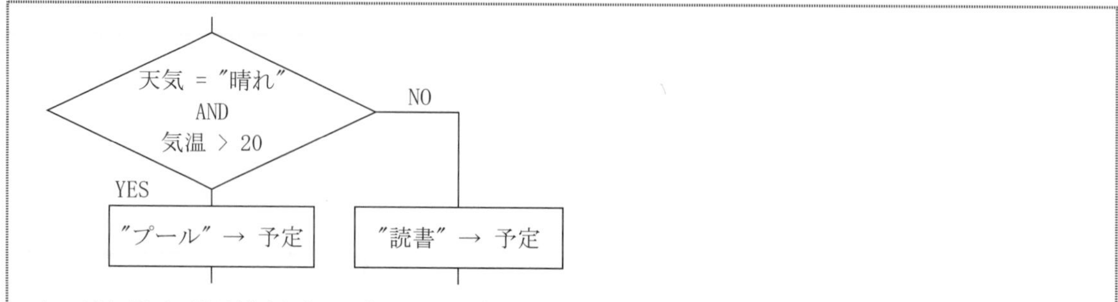

上の流れ図は天気が″晴れ″で，なおかつ，気温が20より高ければ，″プール″を予定に入れ，そうでなければ，″読書″を予定に入れる流れ図です。

このように，２つの条件が同時に満たされたときに行う処理を指定する場合はＡＮＤを使用します。

例題１　下の流れ図を実行するとき，TENが下記の場合，実行後BIKOUにはどのようなデータが入るでしょうか？(1)～(3)の空欄に答えを記入しましょう。

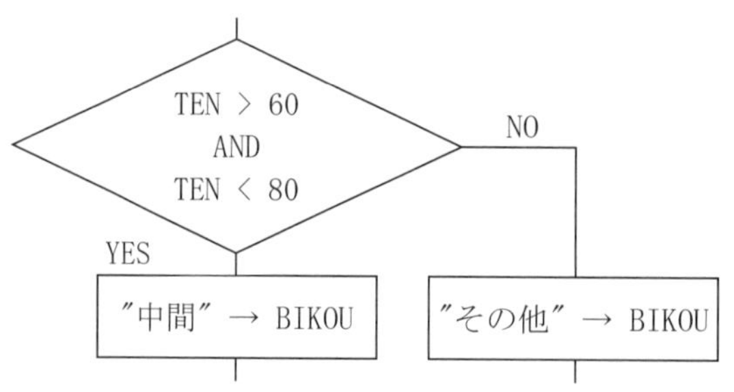

TEN	BIKOU
92	(1)
85	(2)
74	(3)

またＯＲを使用することで，どちらか一方(または両方)が条件を満たしている場合に行う処理を指定することもできます。

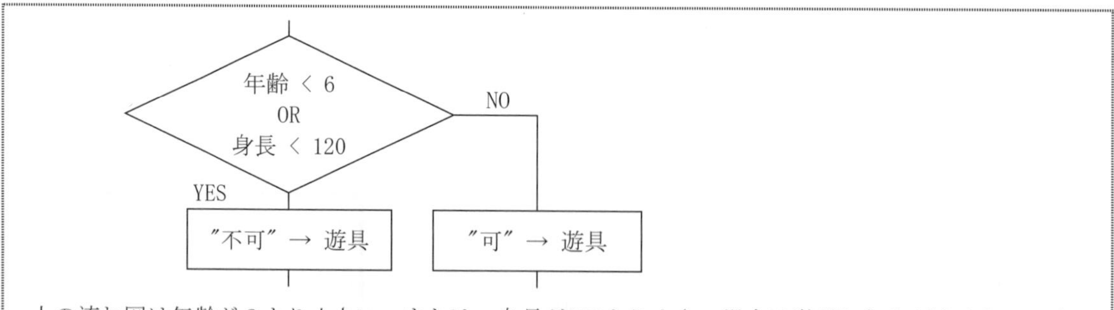

上の流れ図は年齢が６より小さい，または，身長が120より小さい場合は遊具に″不可″を入れ，そうでなければ遊具に″可″を入れる流れ図です。

このように，複合条件にはＡＮＤとＯＲの２通りの考え方があることを覚えておきましょう。なお，ＡＮＤを「かつ」ＯＲを「または」で表現することもあります。

【1-4】流れ図にしたがって処理するとき，次の問題に答えなさい。

[1] それぞれの変数の値が下記の場合，(1)～(3)の備考に入る値を答えなさい。

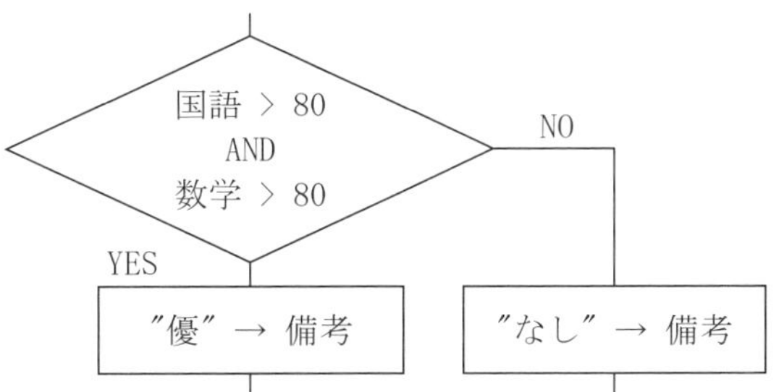

国語	数学	備考
100	49	(1)
50	90	(2)
83	90	(3)

[2] それぞれの変数の値が下記の場合，(1)～(3)の備考に入る値を答えなさい。

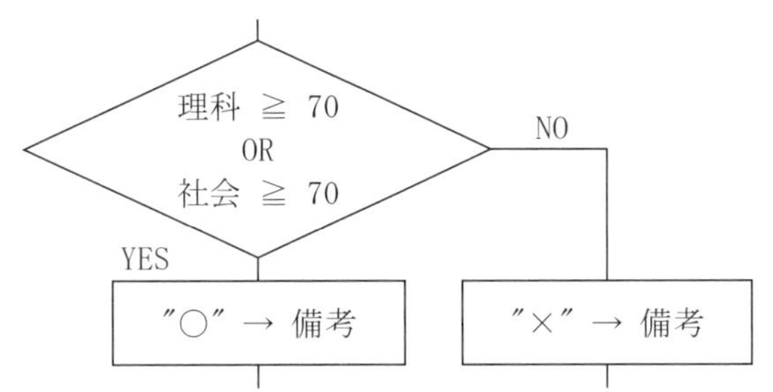

理科	社会	備考
65	60	(1)
80	65	(2)
100	75	(3)

[3] それぞれの変数の値が下記の場合，(1)～(3)の備考に入る値を答えなさい。

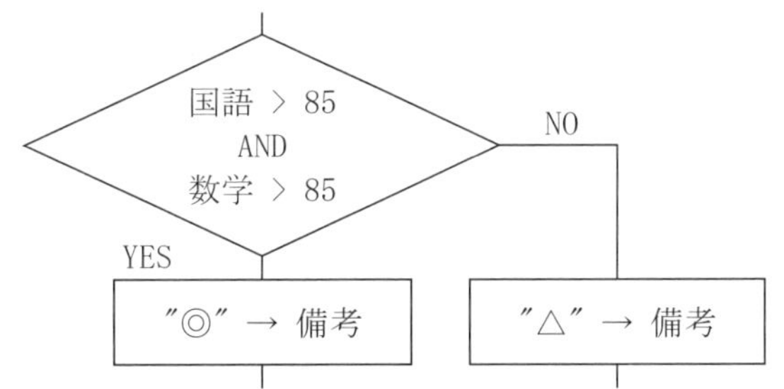

国語	数学	備考
85	85	(1)
100	70	(2)
83	90	(3)

[4] それぞれの変数の値が下記の場合，(1)～(3)の備考に入る値を答えなさい。

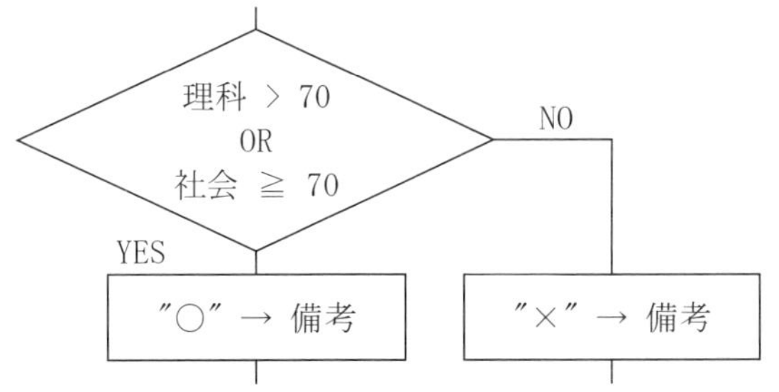

理科	社会	備考
70	70	(1)
80	65	(2)
65	65	(3)

[5] それぞれの変数の値が下記の場合，(1)～(3)の備考に入る値を答えなさい。

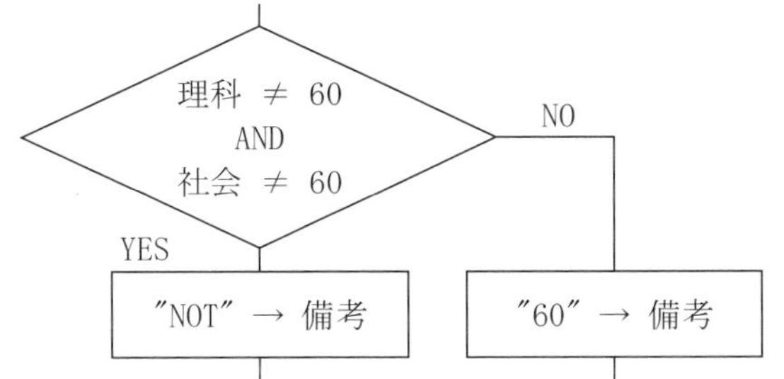

理科	社会	備考
60	60	(1)
60	70	(2)
40	50	(3)

[6] それぞれの変数の値が下記の場合，(1)～(3)の備考に入る値を答えなさい。

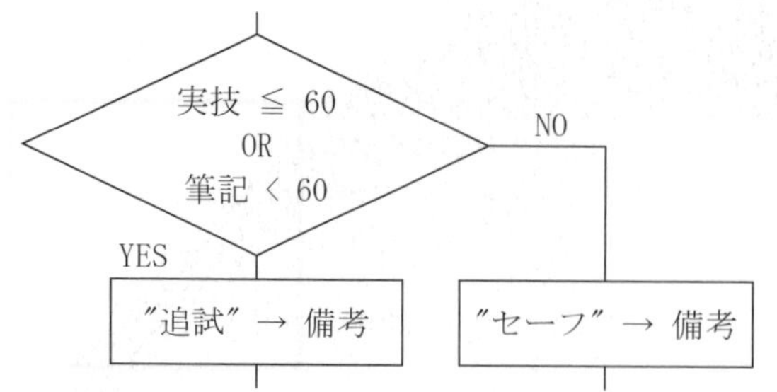

実技	筆記	備考
40	30	(1)
65	65	(2)
80	60	(3)

[7] それぞれの変数の値が下記の場合，(1)～(3)の備考に入る値を答えなさい。

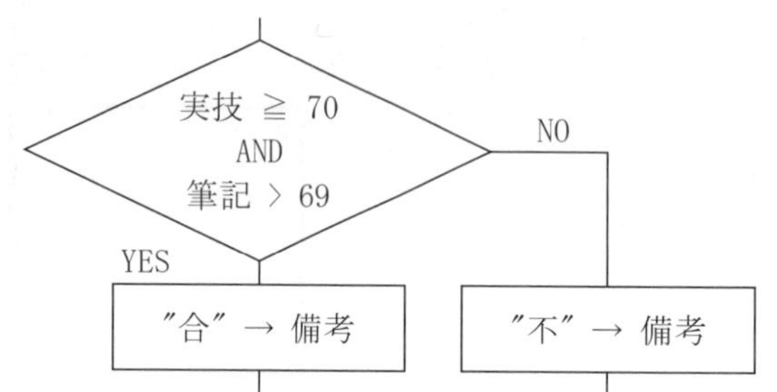

実技	筆記	備考
100	100	(1)
78	69	(2)
70	70	(3)

[8] それぞれの変数の値が下記の場合，(1)～(3)の備考に入る値を答えなさい。

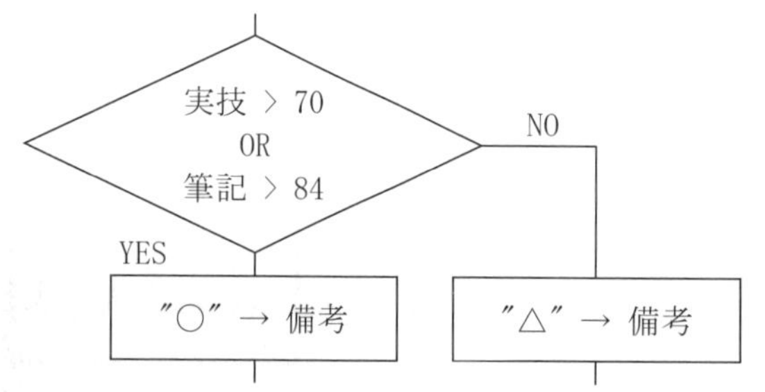

実技	筆記	備考
71	84	(1)
60	100	(2)
90	85	(3)

[9] それぞれの変数の値が下記の場合，(1)～(3)の備考に入る値を答えなさい。

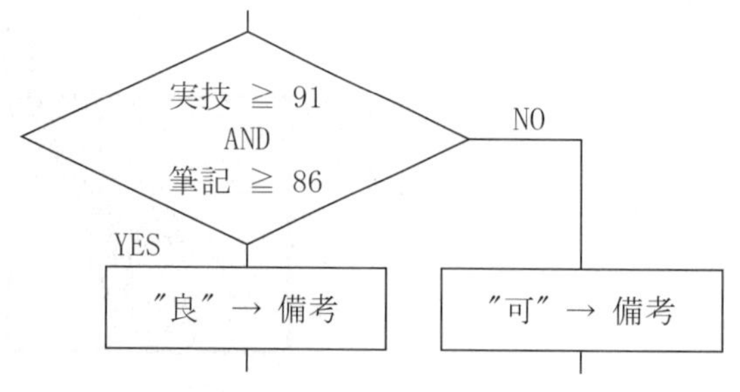

実技	筆記	備考
90	85	(1)
91	86	(2)
92	87	(3)

[10] それぞれの変数の値が下記の場合，(1)～(3)の備考に入る値を答えなさい。

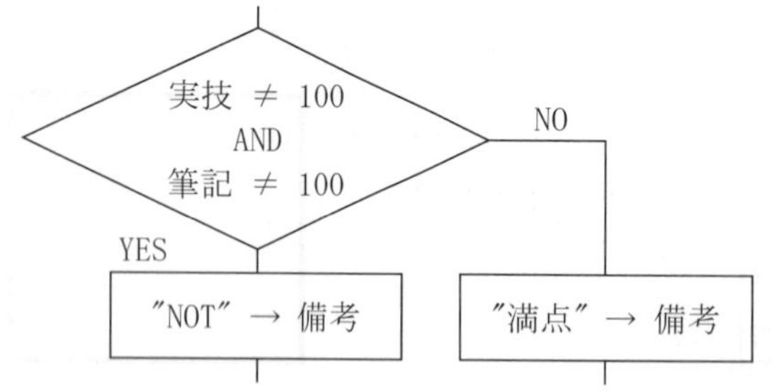

実技	筆記	備考
96	99	(1)
100	100	(2)
32	35	(3)

1章5節　多分岐の判断記号

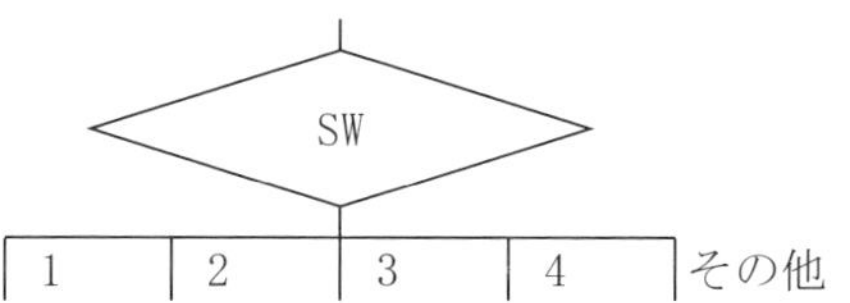

多分岐とは3つ以上に分かれる分岐のことです。

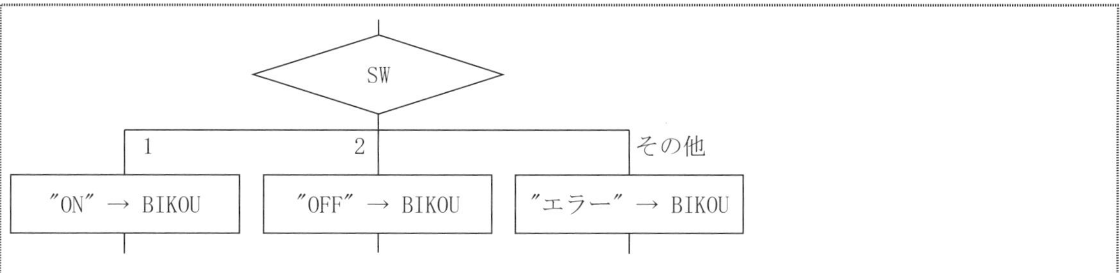

上の流れ図はSWの値が1であれば，BIKOUに"ON"を入れ，2であれば"OFF"を，その他の値であれば"エラー"の値を入れる流れ図です。

判断記号は基本的に2つの分岐で表現することが多いですが，このように複数の分岐で表すこともできます。

例題1　分類が下記の値で，流れ図にしたがって処理するとき，備考にはどのようなデータが入るでしょうか？(1)～(3)の空欄に答えを記入しましょう。

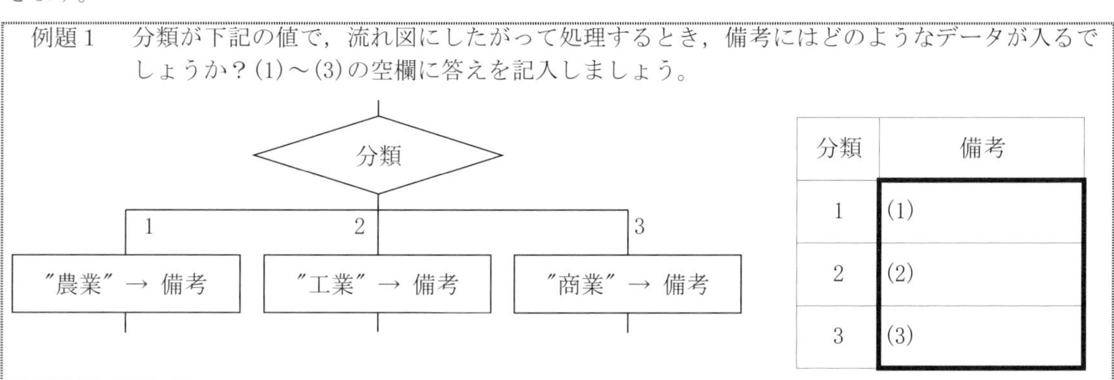

分類	備考
1	(1)
2	(2)
3	(3)

このように，多分岐を用いることで3つ以上の処理を1つの判断記号で表現することができます。また，判断記号で：（コロン）を使い，次のように表現をすることもできます。

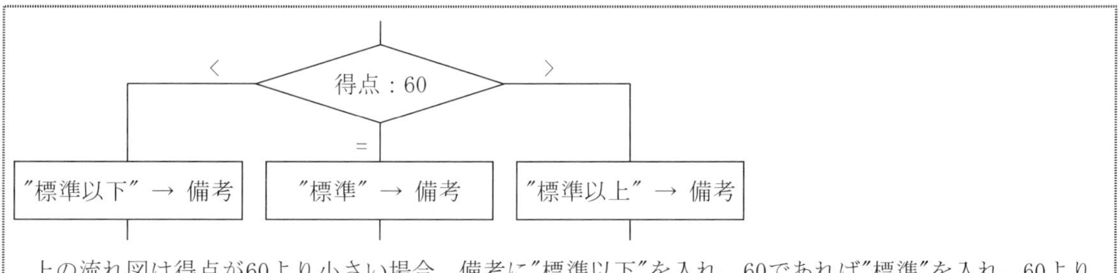

上の流れ図は得点が60より小さい場合，備考に"標準以下"を入れ，60であれば"標準"を入れ，60より多ければ，"標準以上"を入れる流れ図です。

このように1つの判断記号で3つ以上の処理を表現する方法があることを覚えておきましょう。

【1-5】流れ図にしたがって処理するとき，次の問題に答えなさい。

[1] コードの値が下記の場合，(1)～(3)の分類に入る値を答えなさい。

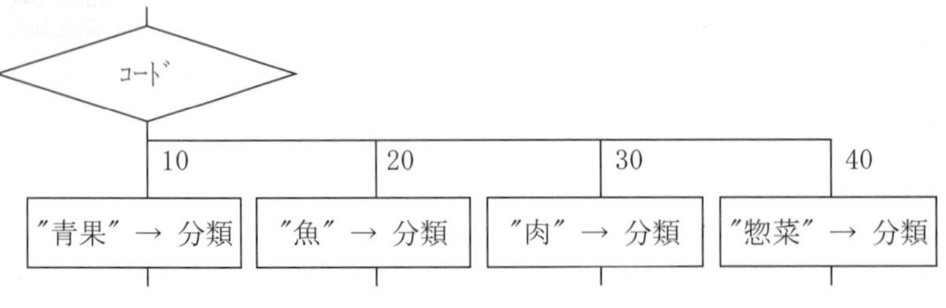

ｺｰﾄﾞ	分類
20	(1)
30	(2)
40	(3)

[2] 天気の値が下記の場合，(1)～(3)の備考に入る値を答えなさい。

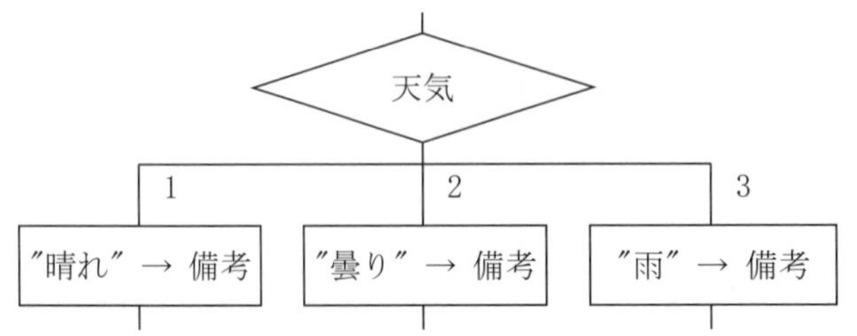

天気	備考
1	(1)
3	(2)
2	(3)

[3] 区分の値が下記の場合，(1)～(3)の地区に入る値を答えなさい。

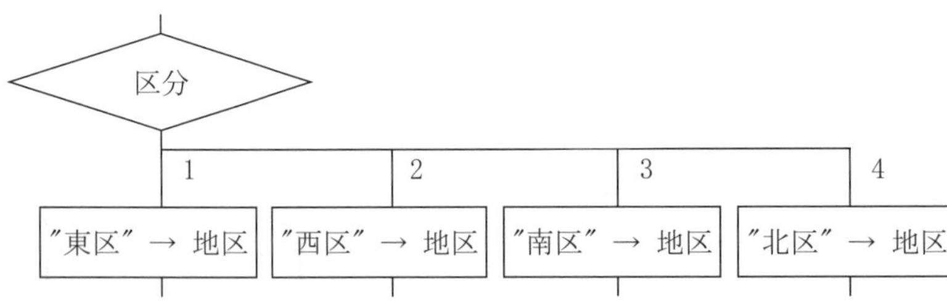

区分	地区
1	(1)
4	(2)
3	(3)

[4] 番号の値が下記の場合，(1)～(3)の色に入る値を答えなさい。

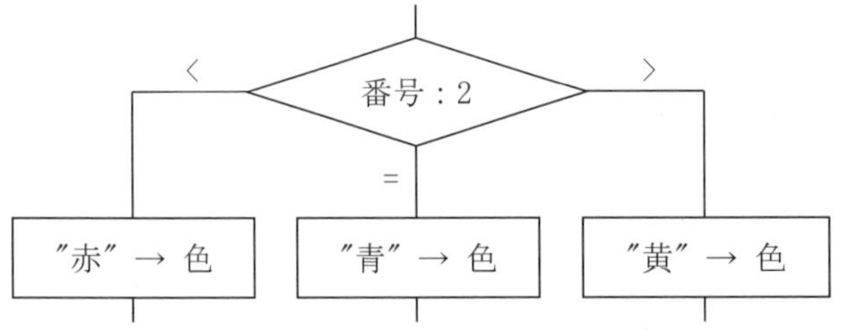

番号	色
3	(1)
2	(2)
1	(3)

[5] SWの値が下記の場合，(1)～(3)の用紙に入る値を答えなさい。

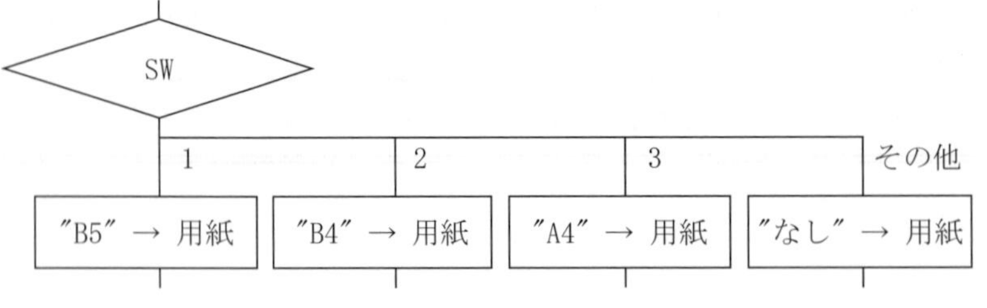

SW	用紙
1	(1)
9	(2)
3	(3)

[6] 文字の値が下記の場合，(1)～(3)のカラーに入る値を答えなさい。

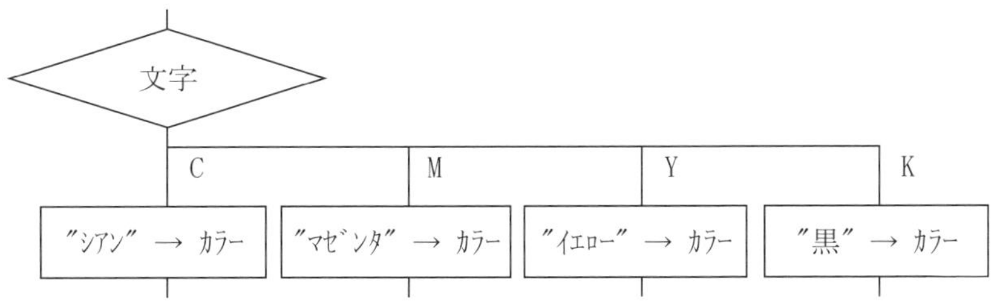

文字	カラー
K	(1)
C	(2)
M	(3)

[7] コードの値が下記の場合，(1)～(3)の分類に入る値を答えなさい。

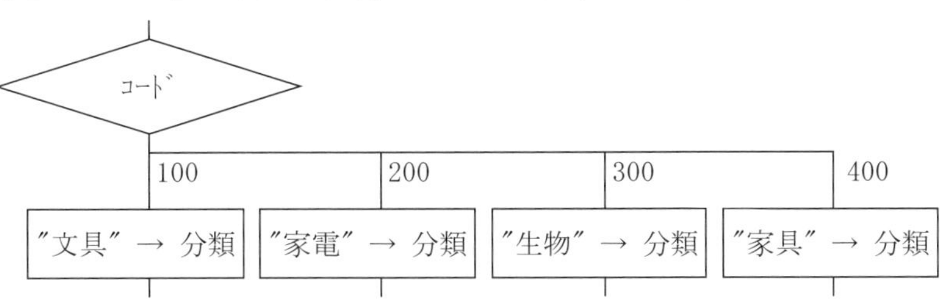

ｺｰﾄﾞ	分類
200	(1)
400	(2)
100	(3)

[8] 分類の値が下記の場合，(1)～(3)の備考に入る値を答えなさい。

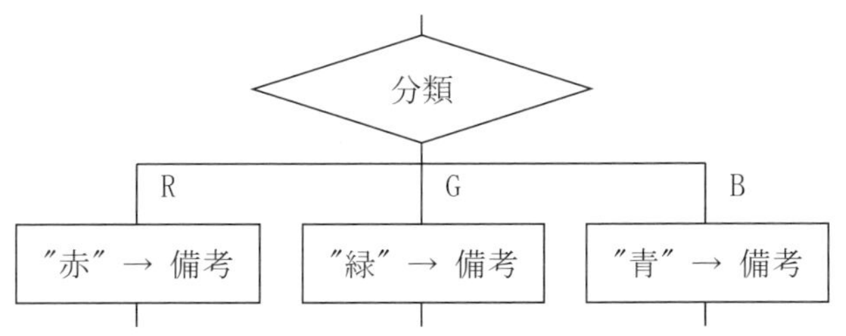

分類	備考
B	(1)
G	(2)
R	(3)

[9] 区分の値が下記の場合，(1)～(3)の地区に入る値を答えなさい。

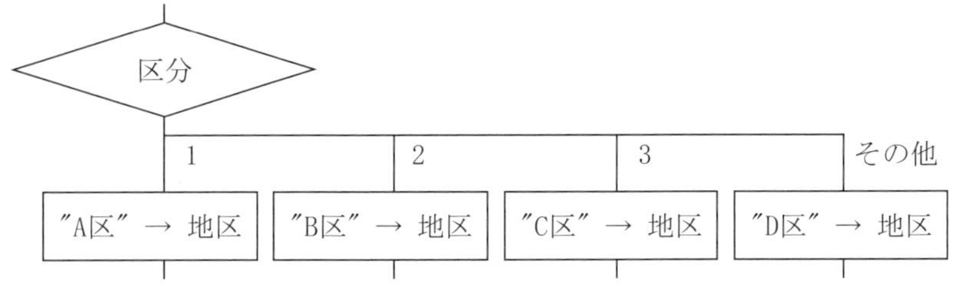

区分	地区
6	(1)
2	(2)
3	(3)

[10] 警報の値が下記の場合，(1)～(3)の備考に入る値を答えなさい。

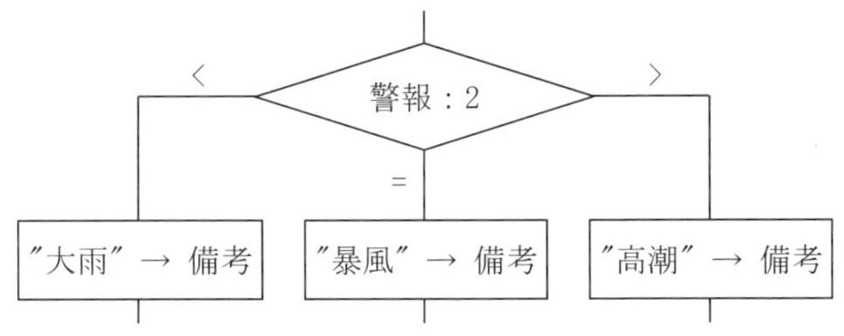

警報	備考
1	(1)
3	(2)
2	(3)

1章6節　データ記号

データ記号はデータを入力する，または出力する場合に用いる記号です。

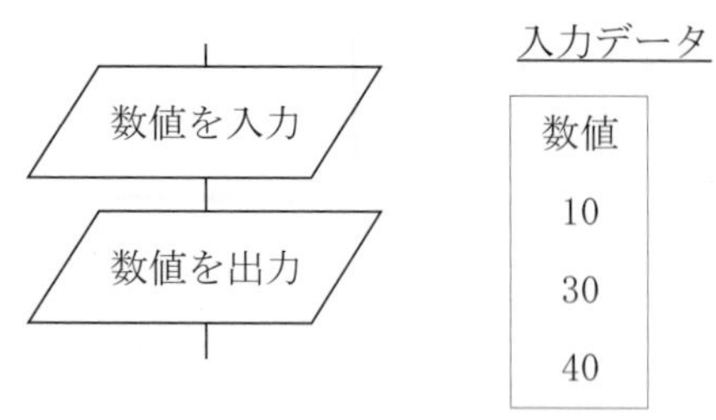

上の流れ図は，入力データから数値を入力し，その数値を出力するという流れ図です。データの入力と出力は次のルールに基づいて処理を行います。

- データは必ず上から順番に入力されます。したがって今回の入力データでは，最初に10という値が入力されます。
- 入力とは，データを主記憶（コンピュータ内部の記憶場所）の中に入れることをいいます。
- 出力とは，画面上の表示やプリンタでの印刷など，情報をコンピュータ内部から人間に分かる形に表すことをいいます。

上の説明を表したものが下の図です。

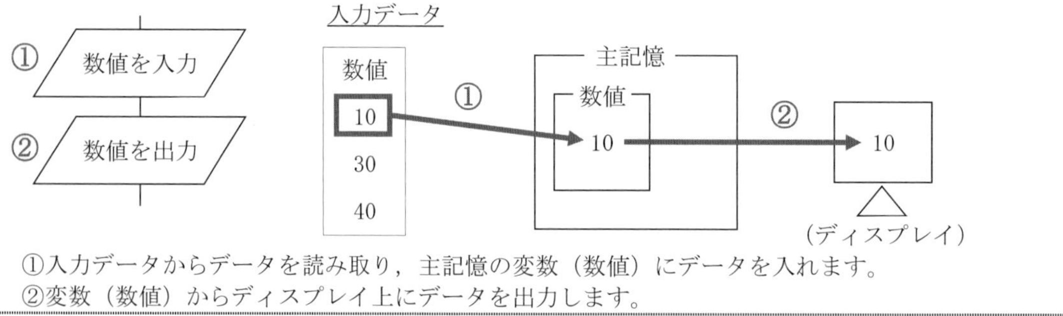

①入力データからデータを読み取り，主記憶の変数（数値）にデータを入れます。
②変数（数値）からディスプレイ上にデータを出力します。

1件のデータに複数の項目が含まれる場合，1回の処理でそれらを各変数に入力することができます。

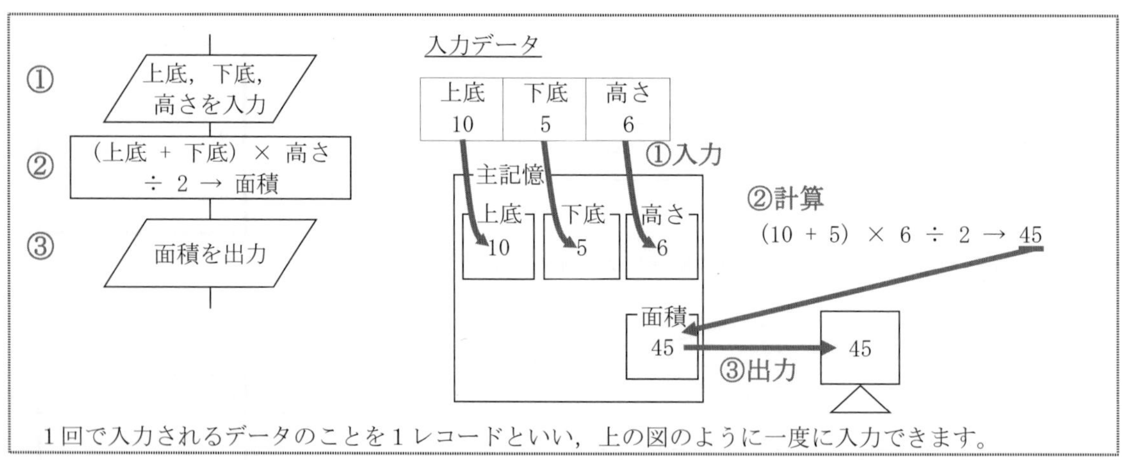

1回で入力されるデータのことを1レコードといい，上の図のように一度に入力できます。

また，複数の項目を同時に出力することもできます。

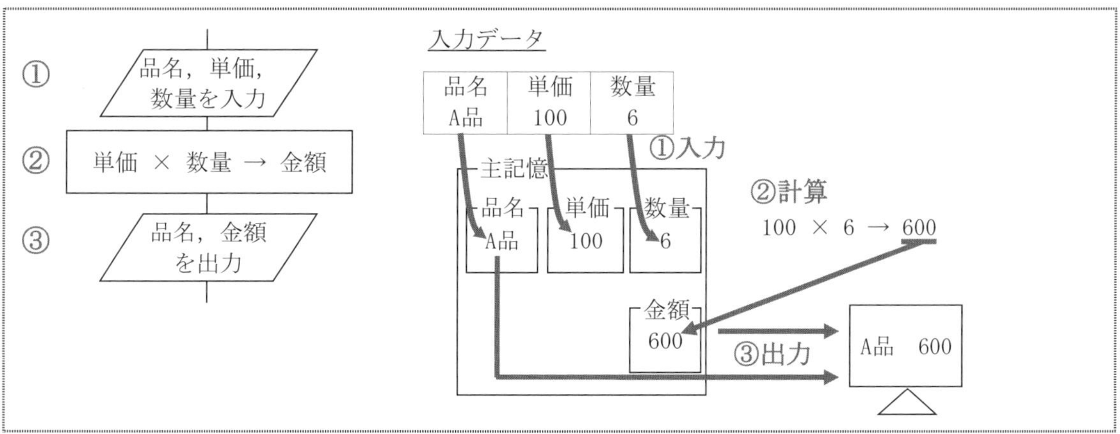

このように複数のデータを１度の処理で同時に出力することもできます。

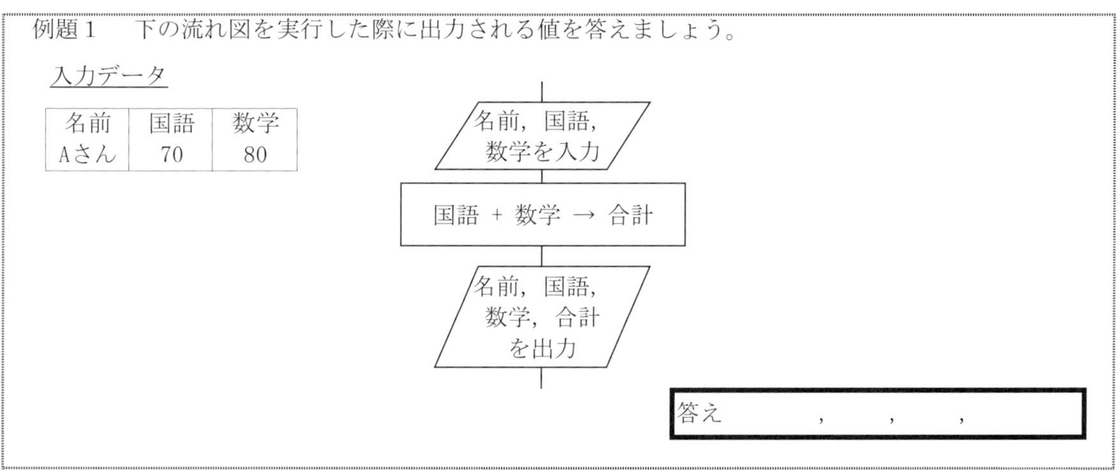
例題１　下の流れ図を実行した際に出力される値を答えましょう。

入力データ

名前	国語	数学
Aさん	70	80

コンピュータは左から処理を行います。そのため，例題１であれば名前，国語，数学，合計の順に左から出力されます。大事なことですのでよく覚えておきましょう。

【1-6】流れ図にしたがって処理するとき，次の問題に答えなさい。

[1] 各変数に入る値と，出力される値を答えなさい。

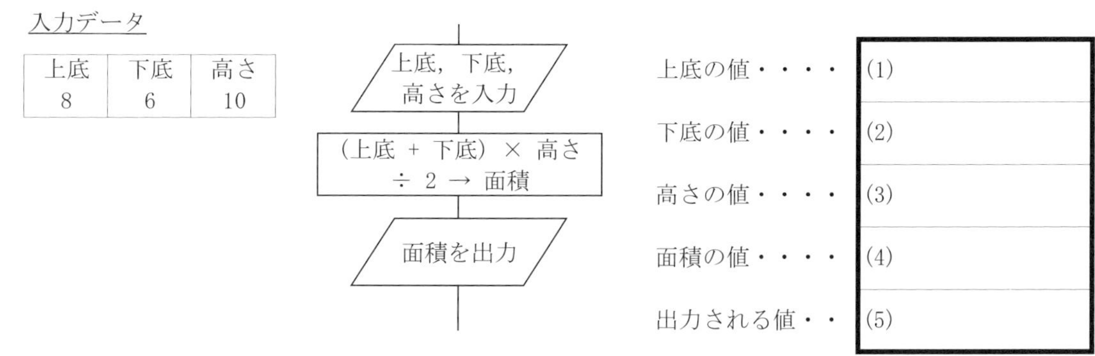
入力データ

上底	下底	高さ
8	6	10

上底の値・・・・	(1)
下底の値・・・・	(2)
高さの値・・・・	(3)
面積の値・・・・	(4)
出力される値・・	(5)

[2] 各変数に入る値と，出力される値を答えなさい。

入力データ

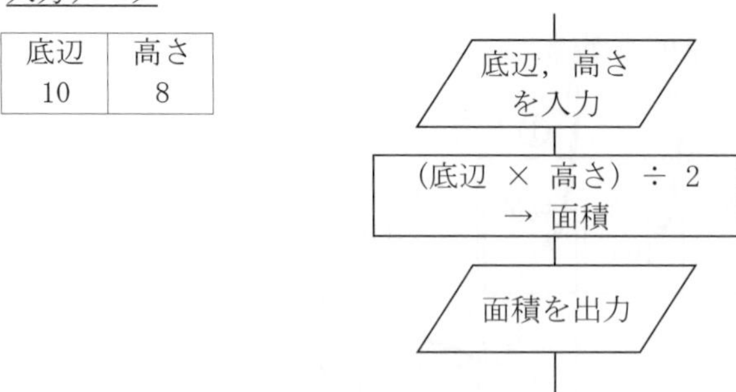

底辺	高さ
10	8

底辺の値・・・・	(1)
高さの値・・・・	(2)
面積の値・・・・	(3)
出力される値・・	(4)

[3] 各変数に入る値と，出力される値を答えなさい。

入力データ

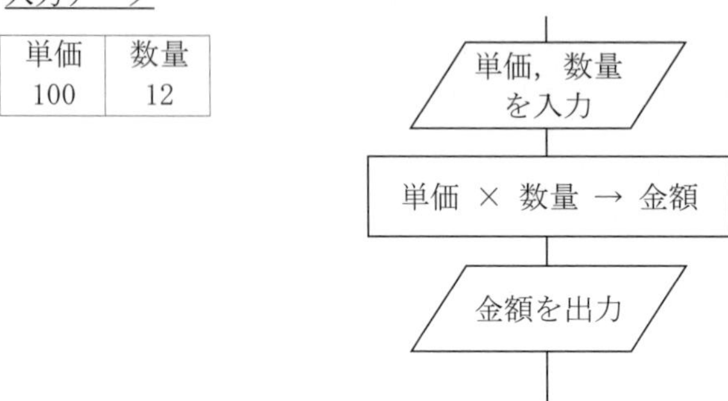

単価	数量
100	12

単価の値・・・・	(1)
数量の値・・・・	(2)
金額の値・・・・	(3)
出力される値・・	(4)

[4] 各変数に入る値と，出力される値を答えなさい。

入力データ

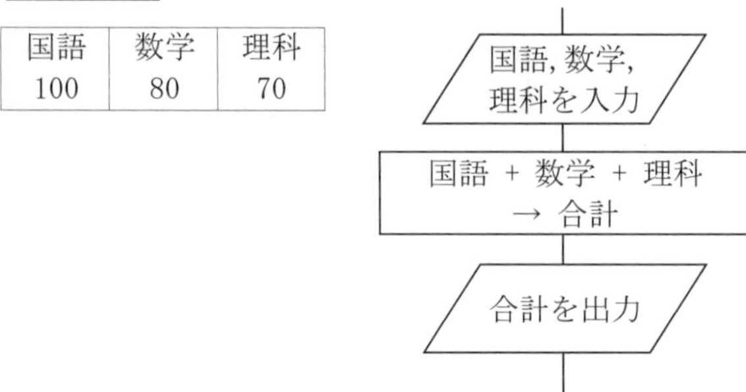

国語	数学	理科
100	80	70

国語の値・・・・	(1)
数学の値・・・・	(2)
理科の値・・・・	(3)
合計の値・・・・	(4)
出力される値・・	(5)

[5] 出力される値を答えなさい。

入力データ

品名	単価	数量
B品	30	40

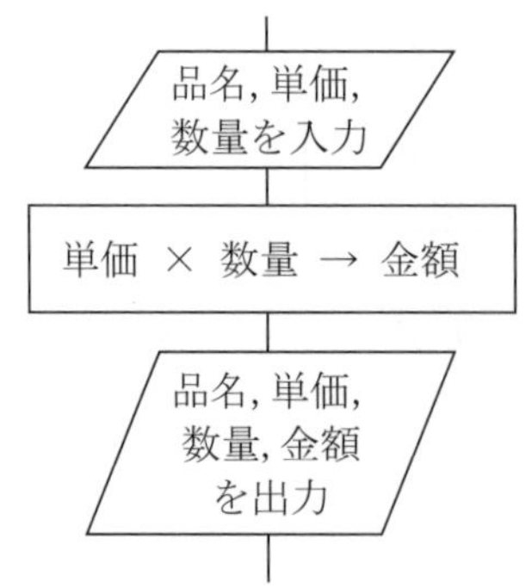

答え　　　,　　　,　　　,

1章7節　準備記号・結合子

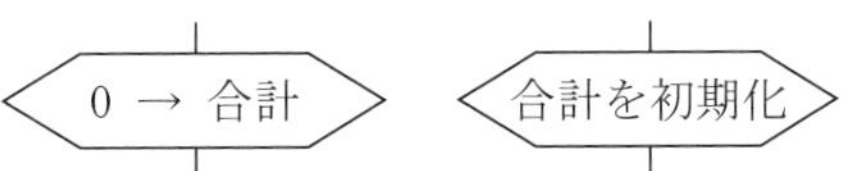

準備記号は，あらかじめ初期値などを設定したい場合に用いる記号です。

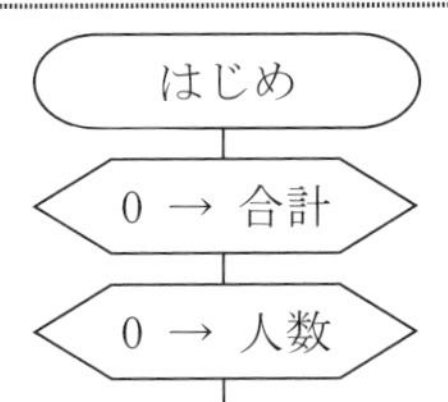

上の流れ図では合計と人数にあらかじめ0を準備しています。そのため，本格的な処理が行われる前に，主記憶内の変数に初期値が設定されます。

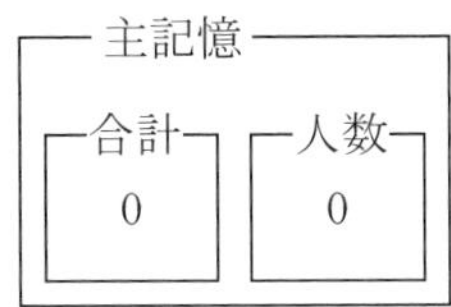

また，準備記号はあらかじめ初期値などを準備する記号であるため，端子記号（はじめ）の次に用います。そのため，下のような使い方はできません。

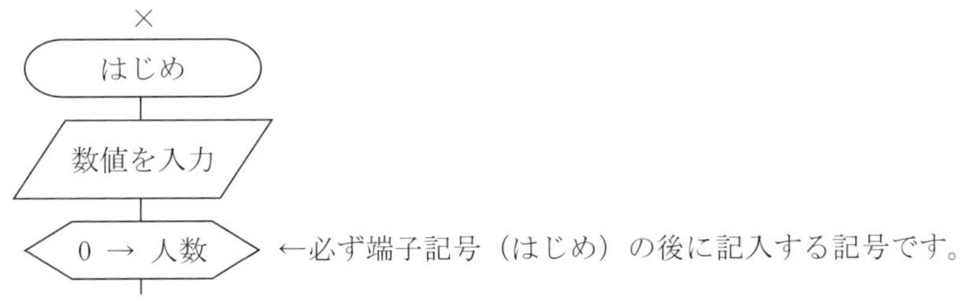

結合子は，流れ図を複数列で表現する場合に用いる記号です。

流れ図を作成する際，用紙の大きさにより1列で書ききれないことがあります。そのような場合，結合子を使い複数列の流れ図で書き表します。

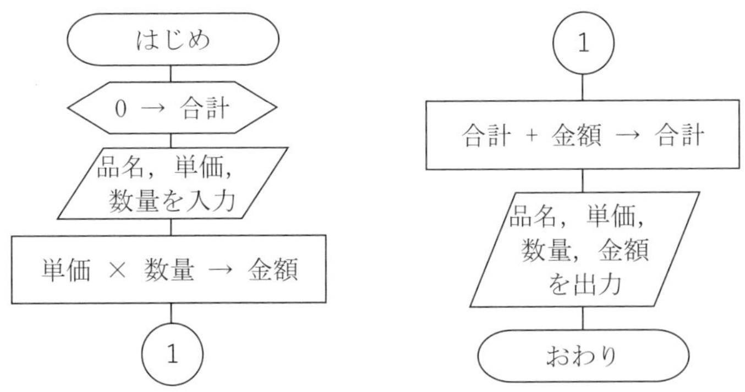

上の流れ図では，はじめから順番に，準備記号，データ記号，処理記号の処理を行い，その次に結合子の①にたどり着きます。その後，流れ図2列目の上の結合子①に飛び，続けて処理記号，データ記号の処理を行い，おわりにたどり着きます。

【1章　総合問題】

[1] 次の流れ図記号の名前，記述例を解答群から選び，記号で答えなさい。

流れ図記号	◇（ひし形）	▱（平行四辺形）	⬡（六角形）	□（長方形）	○（円）	⊂⊃（角丸長方形）
名　前	(1)	(2)	(3)	(4)	(5)	(6)
記述例	(7)	(8)	(9)	(10)		

解答群

ア．処理記号　イ．はじめ　ウ．国語 + 数学 → 合計
エ．データ記号　オ．点数 ＞ 80　カ．判断記号
キ．金額を出力　ク．端子記号　ケ．合計を初期化
コ．準備記号　サ．結合子

(1)	(2)	(3)	(4)	(5)
(6)	(7)	(8)	(9)	(10)

[2] 次の処理を実行した後の，各変数の値を答えなさい。

(1)

(2)

B ÷ C → B　　実行前　B　11　C　2

※小数点以下切り捨て

(3)

D × E → F　　実行前　D　3　E　4　F　5

(1)　A.	(2)　B.　　C.	(3)　D.　　E.　　F.

[3] 次の流れ図にしたがって処理するとき，TENの値が50の場合にRANKに入る値を答えなさい。

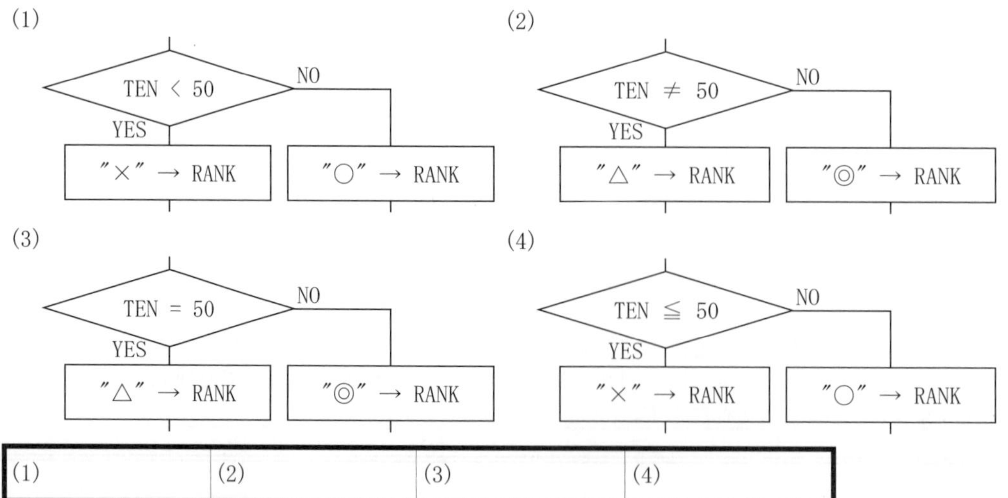

(1)	(2)	(3)	(4)

[4] 次の流れ図にしたがって処理するとき，(1)～(4)を答えなさい。

(1) TENの値が91のとき，RANKに入る値を答えなさい。
(2) TENの値が90のとき，RANKに入る値を答えなさい。
(3) TENの値が69のとき，RANKに入る値を答えなさい。
(4) TENの値が70のとき，RANKに入る値を答えなさい。

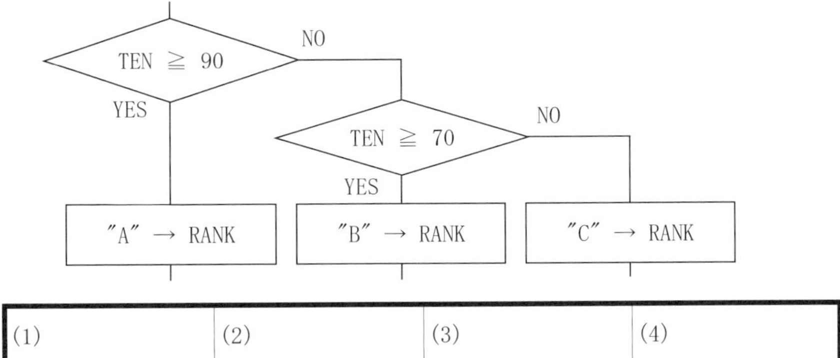

(1)	(2)	(3)	(4)

[5] 次の流れ図にしたがって処理するとき，(1)～(4)を答えなさい。

(1) TENの値が86のとき，評価に入る値を答えなさい。
(2) TENの値が85のとき，評価に入る値を答えなさい。
(3) TENの値が60のとき，評価に入る値を答えなさい。
(4) TENの値が61のとき，評価に入る値を答えなさい。

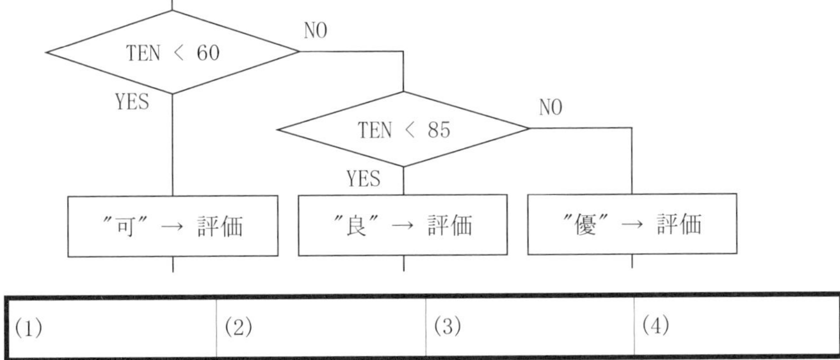

(1)	(2)	(3)	(4)

[6] 次の流れ図にしたがって処理するとき，(1)～(4)を答えなさい。

(1) TENの値が76のとき，BIKOUに入る値を答えなさい。
(2) TENの値が75のとき，BIKOUに入る値を答えなさい。
(3) TENの値が74のとき，BIKOUに入る値を答えなさい。
(4) TENの値が0のとき，BIKOUに入る値を答えなさい。

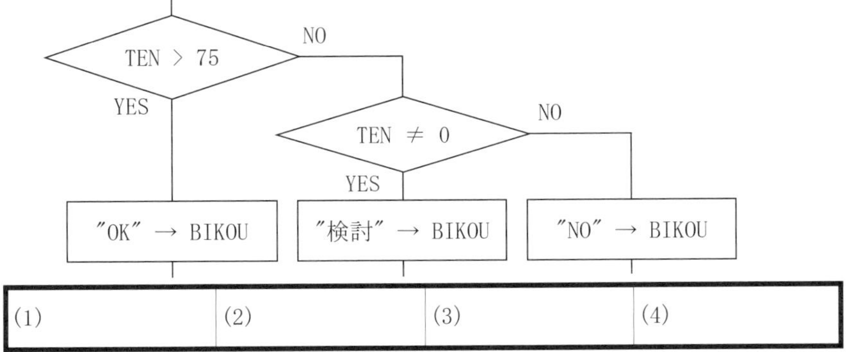

(1)	(2)	(3)	(4)

[7] 次の流れ図にしたがって処理するとき，(1)～(4)を答えなさい。

(1) 国語の値が71，数学の値が71のとき，備考に入る値を答えなさい。
(2) 国語の値が70，数学の値が70のとき，備考に入る値を答えなさい。
(3) 国語の値が69，数学の値が69のとき，備考に入る値を答えなさい。
(4) 国語の値が70，数学の値が50のとき，備考に入る値を答えなさい。

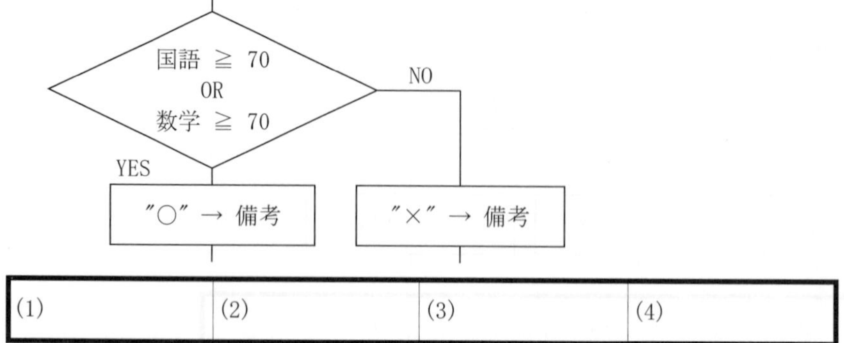

[8] 次の流れ図にしたがって処理するとき，(1)～(4)を答えなさい。

(1) 理科の値が81，社会の値が71のとき，備考に入る値を答えなさい。
(2) 理科の値が80，社会の値が70のとき，備考に入る値を答えなさい。
(3) 理科の値が79，社会の値が69のとき，備考に入る値を答えなさい。
(4) 理科の値が80，社会の値が100のとき，備考に入る値を答えなさい。

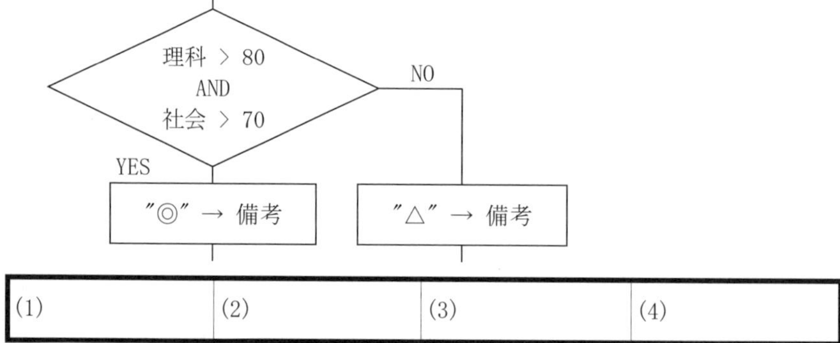

[9] 次の流れ図にしたがって処理するとき，(1)～(4)を答えなさい。

(1) 実技の値が100，筆記の値が100のとき，備考に入る値を答えなさい。
(2) 実技の値が100，筆記の値が71のとき，備考に入る値を答えなさい。
(3) 実技の値が100，筆記の値が70のとき，備考に入る値を答えなさい。
(4) 実技の値が100，筆記の値が69のとき，備考に入る値を答えなさい。

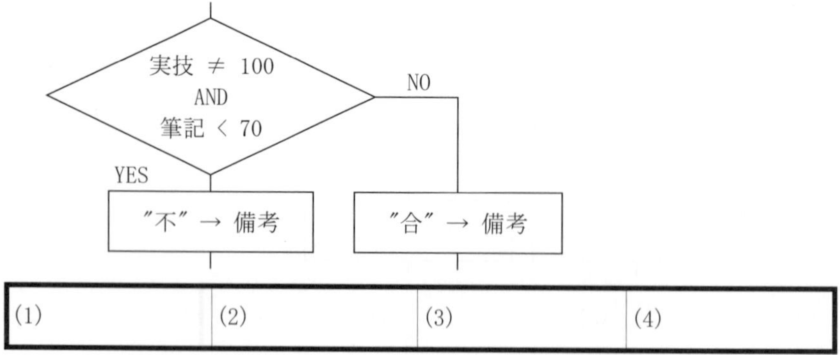

[10]次の流れ図にしたがって処理するとき，(1)～(4)を答えなさい。

(1) SWの値が4のとき，資源に入る値を答えなさい。
(2) SWの値が2のとき，資源に入る値を答えなさい。
(3) SWの値が3のとき，資源に入る値を答えなさい。
(4) SWの値が1のとき，資源に入る値を答えなさい。

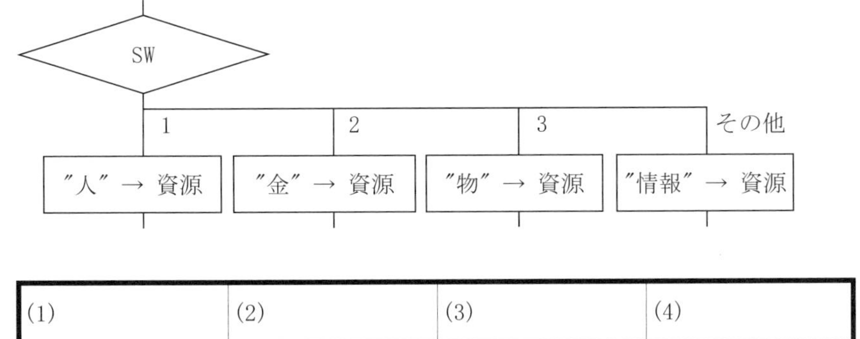

(1)	(2)	(3)	(4)

[11]次の流れ図にしたがって処理するとき，(1)～(3)を答えなさい。

(1) 重さの値が5のとき，備考に入る値を答えなさい。
(2) 重さの値が10のとき，備考に入る値を答えなさい。
(3) 重さの値が15のとき，備考に入る値を答えなさい。

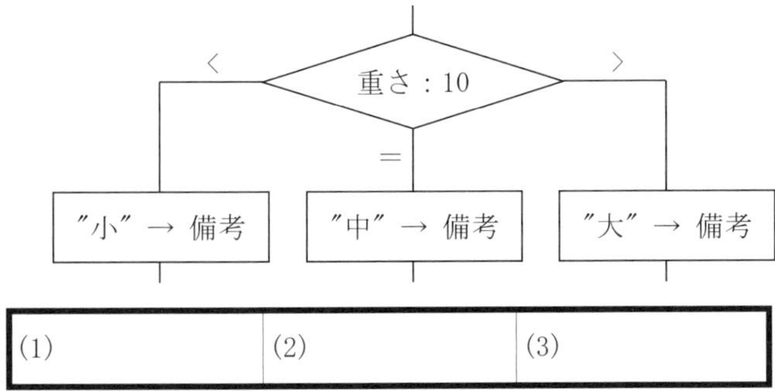

(1)	(2)	(3)

[12]次の流れ図にしたがって処理するとき，各変数に入る値と，出力される値を答えなさい。

入力データ

縦	横	高さ
6	8	10

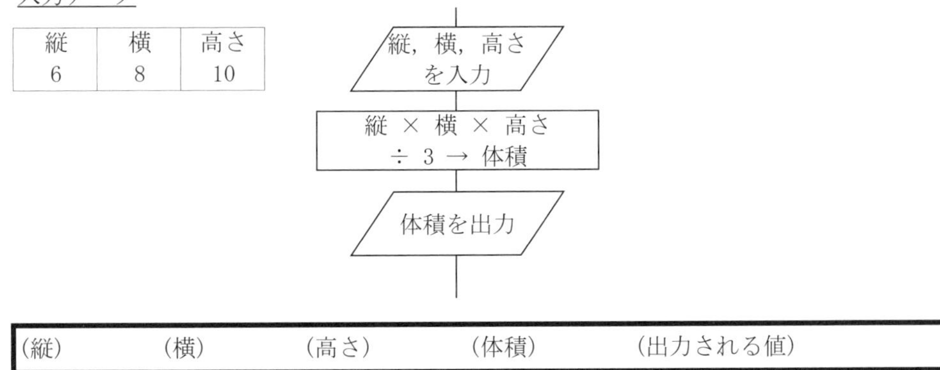

(縦)	(横)	(高さ)	(体積)	(出力される値)

2章　流れ図の基本パターン

コンピュータと人間を比べると，コンピュータには次の３つの特徴があります。①たくさん記憶できること。②計算が速いこと。③何度でも繰返し実行できること。このコンピュータの特徴を最大限に活かすためには，効率の良い処理手順を考える必要があります。この章では流れ図の基本パターンを理解し，効率のよい処理手順を学びましょう。

2章1節　順次・選択・繰返し

流れ図は，順次，選択，繰返しの３つの制御構造を組み合わせて作成するのが基本です。まずはそれぞれの制御構造の特徴を押さえていきましょう。

・順次型（上から下に順番に処理を実行する流れ図）

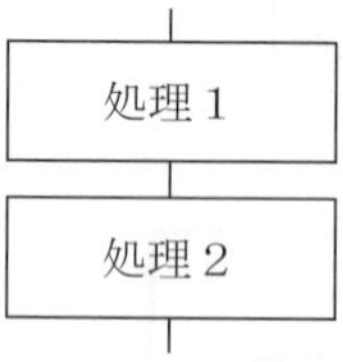

処理１
処理２

・選択型（判断記号を用いて，条件に応じて処理を分岐させる流れ図）

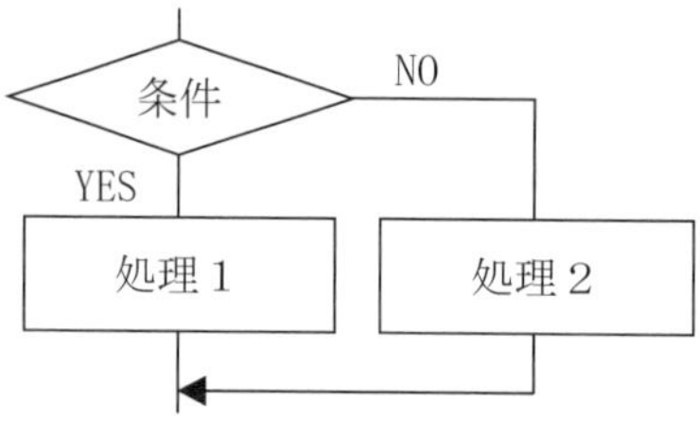

条件
NO
YES
処理１
処理２

・繰返し型（判断記号や，あとで学習するループ記号などを用いて処理を繰返し実行する流れ図）

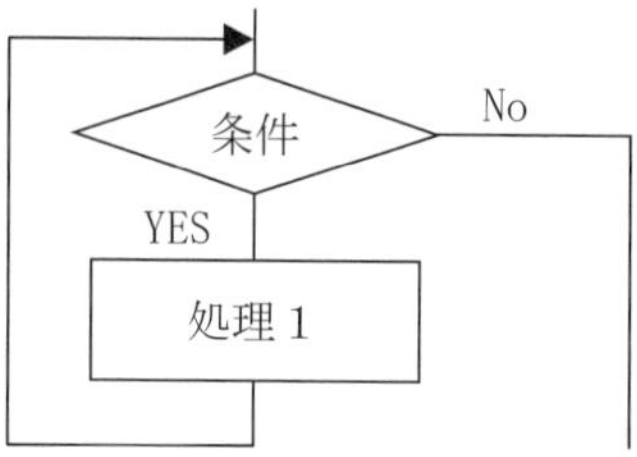

条件
No
YES
処理１

2章（2級）

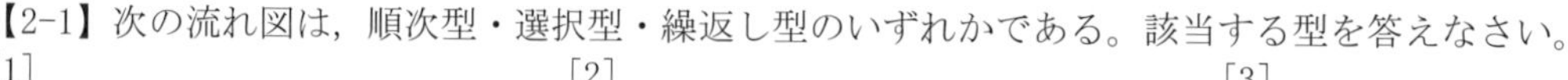

【2-1】次の流れ図は，順次型・選択型・繰返し型のいずれかである。該当する型を答えなさい。

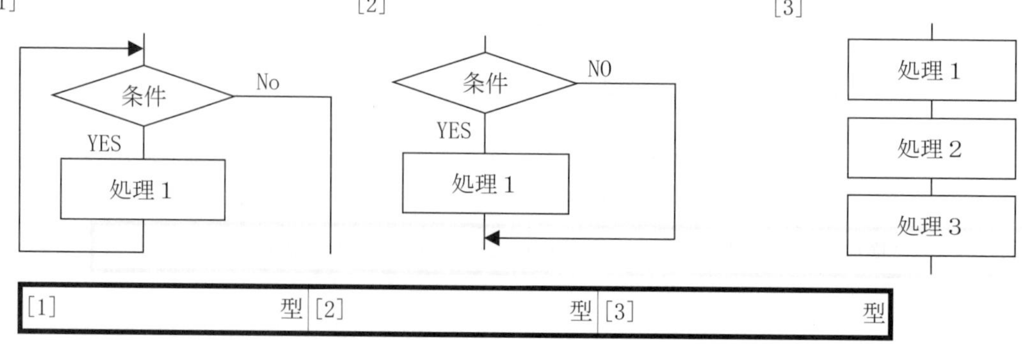

[1]　　　　型	[2]　　　　型	[3]　　　　型

2章2節　トレース

流れ図やプログラムの変数の値をたどる作業を，トレースといいます。

動画URL

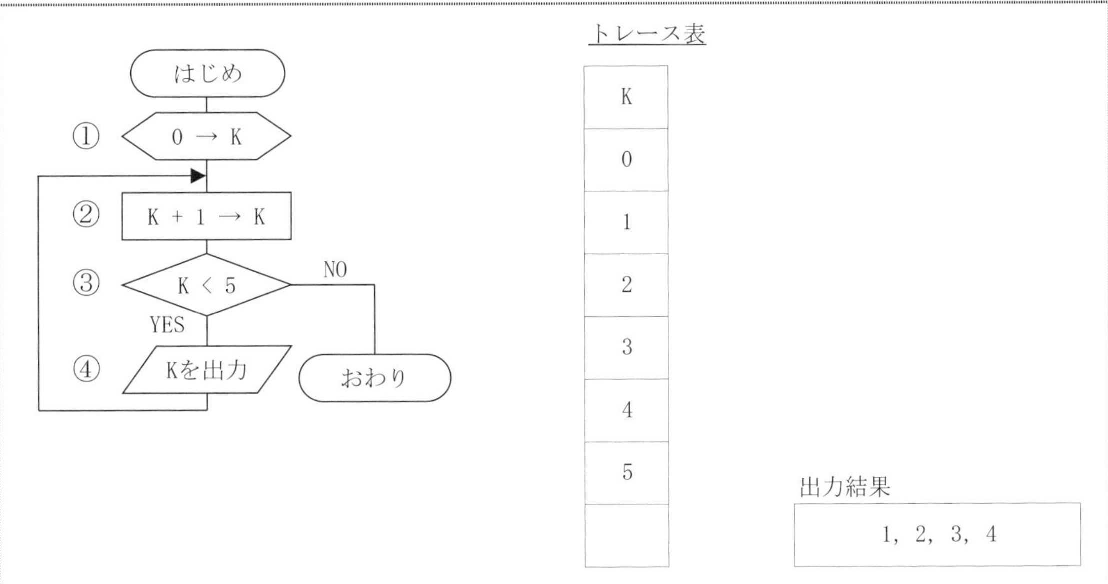

上の流れ図をトレースしてみましょう。①の処理により最初にKに0が入ります。②の処理（1回目）によりKの値が1になります。③の処理によりKの値は1のためYESに行きます。④の処理により1が出力されます。②の処理（2回目）によりKの値が2になります。（以下省略）

この流れ図において，Kの値の変化を追ったものが「トレース表」です。

それでは，実際にトレースをしてみましょう。

例題1　次の流れ図をトレースし，トレース表を作成しましょう。また出力される値も順に記入しましょう。

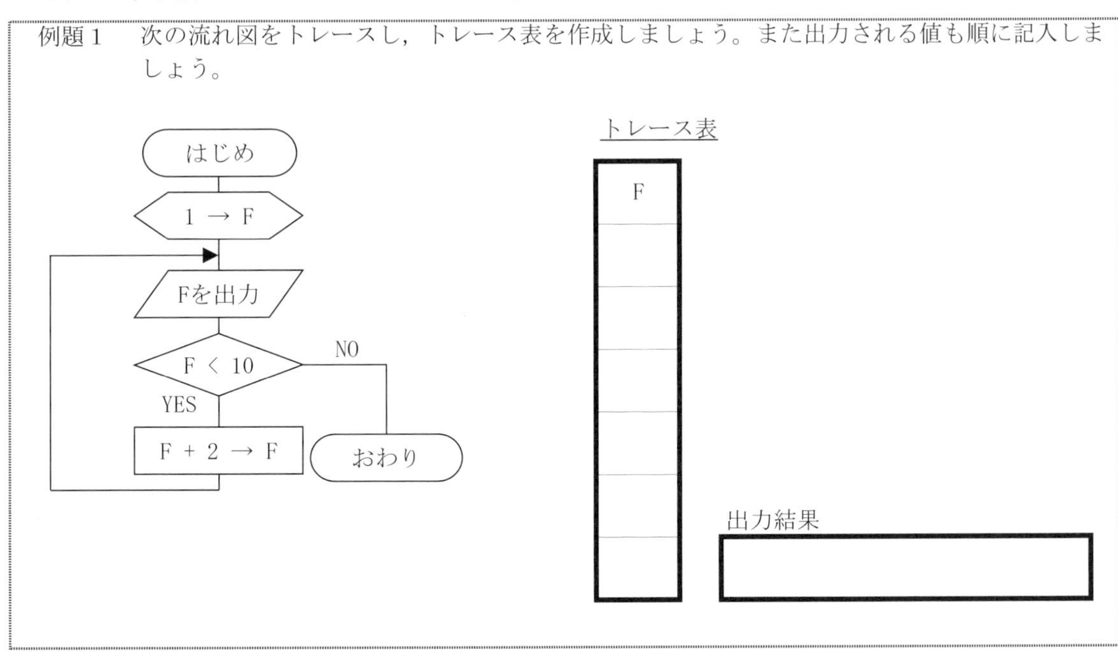

トレースができるようになると流れ図やプログラムがどのような処理をしているかが理解できます。そのためトレースはとても重要です。

2章（2級）

【2-2】次の流れ図にしたがって処理するとき，トレース表を活用し，次の問題に答えなさい。

[1] 出力されるＪの値を答えなさい。

[2] 出力されるＥの値を答えなさい。

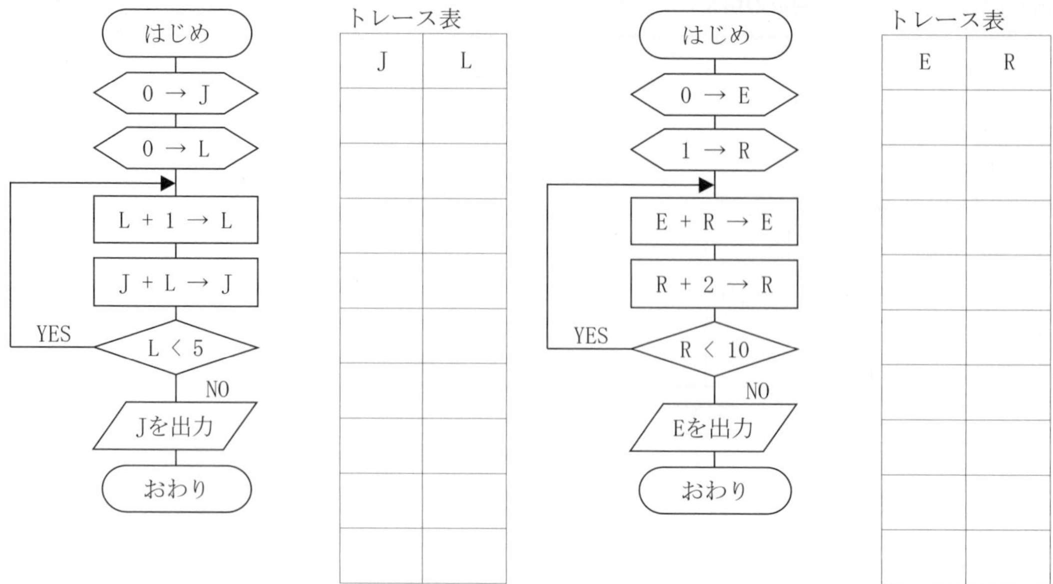

[3] 出力されるＫの値を答えなさい。

[4] 出力されるＧの値を答えなさい。

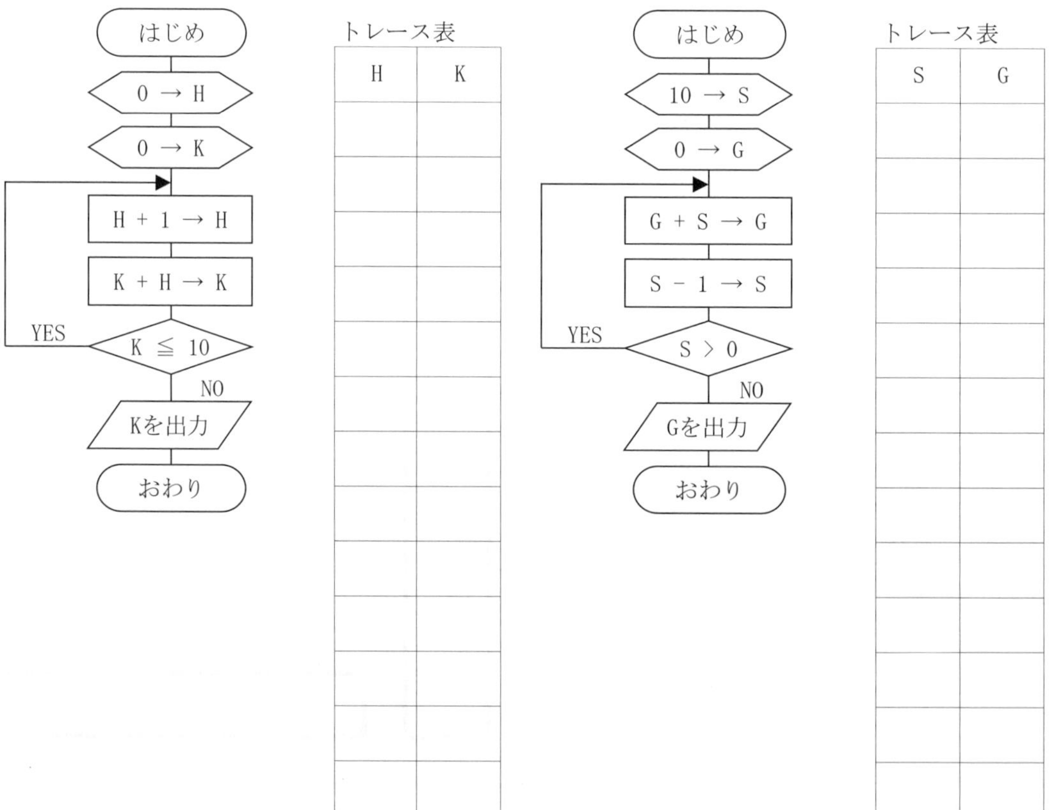

[1]	[2]	[3]	[4]

2章3節　処理結果が同じ流れ図

流れ図が違っても処理結果が同じになることがあります。

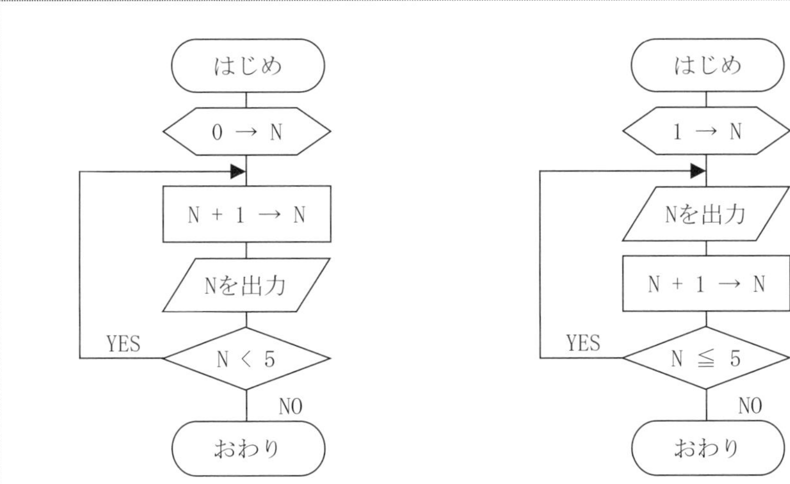

上の2つは違う流れ図ですが，トレースをすると，どちらの流れ図も1，2，3，4，5を出力し終わります。これらは，流れ図が異なっていても，処理結果が同じ流れ図といえます。

このように流れ図記号の位置や，繰返す条件の違いなどにより，構造は違っても処理結果が同じになる流れ図が存在します。

例題1　次の2つの流れ図は，どちらとも変数Nを用いて，1，2，3，4，5を順番に出力します。流れ図の空欄に入る答えを記入しましょう。

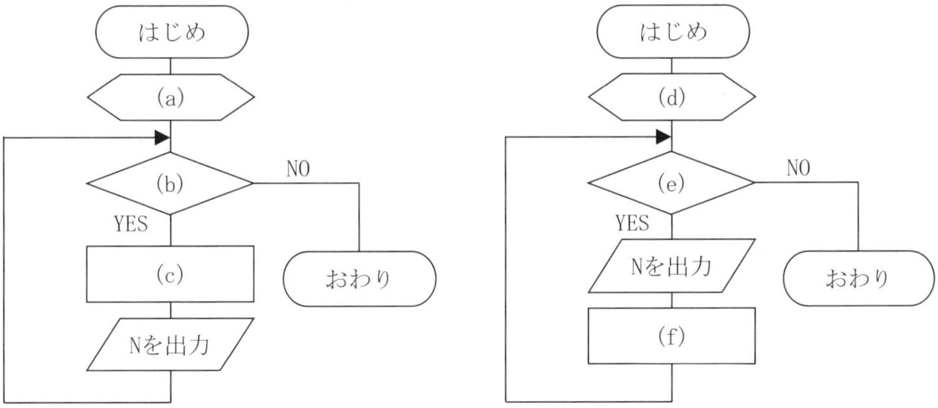

はじめ
(a)
(b)
NO
YES
(c)
おわり
Nを出力

はじめ
(d)
(e)
NO
YES
Nを出力
おわり
(f)

(a)	(b)	(c)
(d)	(e)	(f)

【2-3】次の問題に答えなさい。

[1] 次の流れ図は，２，４，６…98，100と偶数を２～100まで出力する流れ図（６通り）である。流れ図の空欄を埋めなさい。なお，変数はＹを使用し，判断記号は100を用いて条件を記入すること。

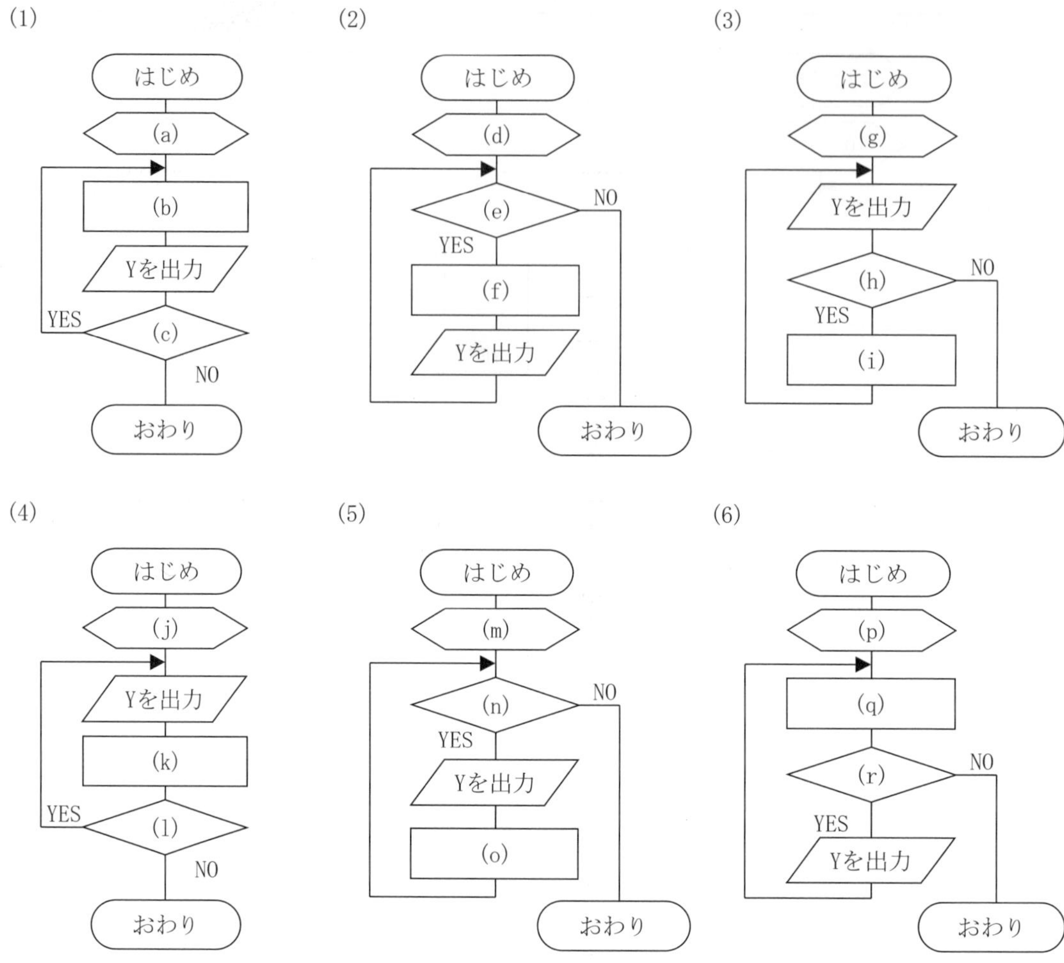

(1)	(a)	(b)	(c)
(2)	(d)	(e)	(f)
(3)	(g)	(h)	(i)
(4)	(j)	(k)	(l)
(5)	(m)	(n)	(o)
(6)	(p)	(q)	(r)

2章（2級）

［2］次の流れ図は，５，10，15…95，100と５の倍数を５～100まで出力する流れ図（６通り）である。流れ図の空欄を埋めなさい。なお，変数はＦを使用し，判断記号は100を用いて条件を記入すること。

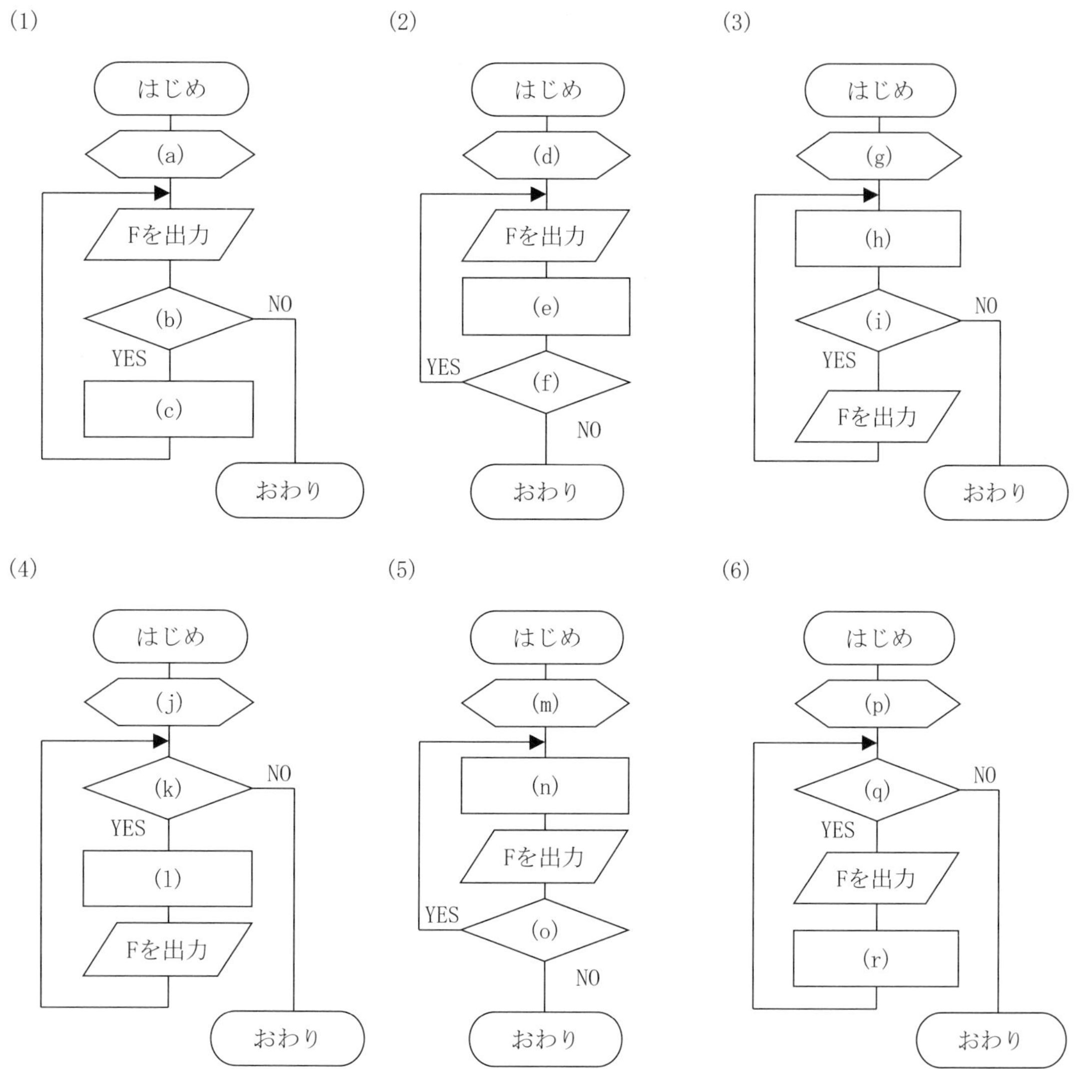

(1)	(a)	(b)	(c)
(2)	(d)	(e)	(f)
(3)	(g)	(h)	(i)
(4)	(j)	(k)	(l)
(5)	(m)	(n)	(o)
(6)	(p)	(q)	(r)

2章（2級）

[3] 次の流れ図は，１，２，３…49，50と１～50までの整数を出力する流れ図（６通り）である。流れ図の空欄を埋めなさい。なお，変数はＰを使用し，判断記号は50を用いて条件を記入すること。

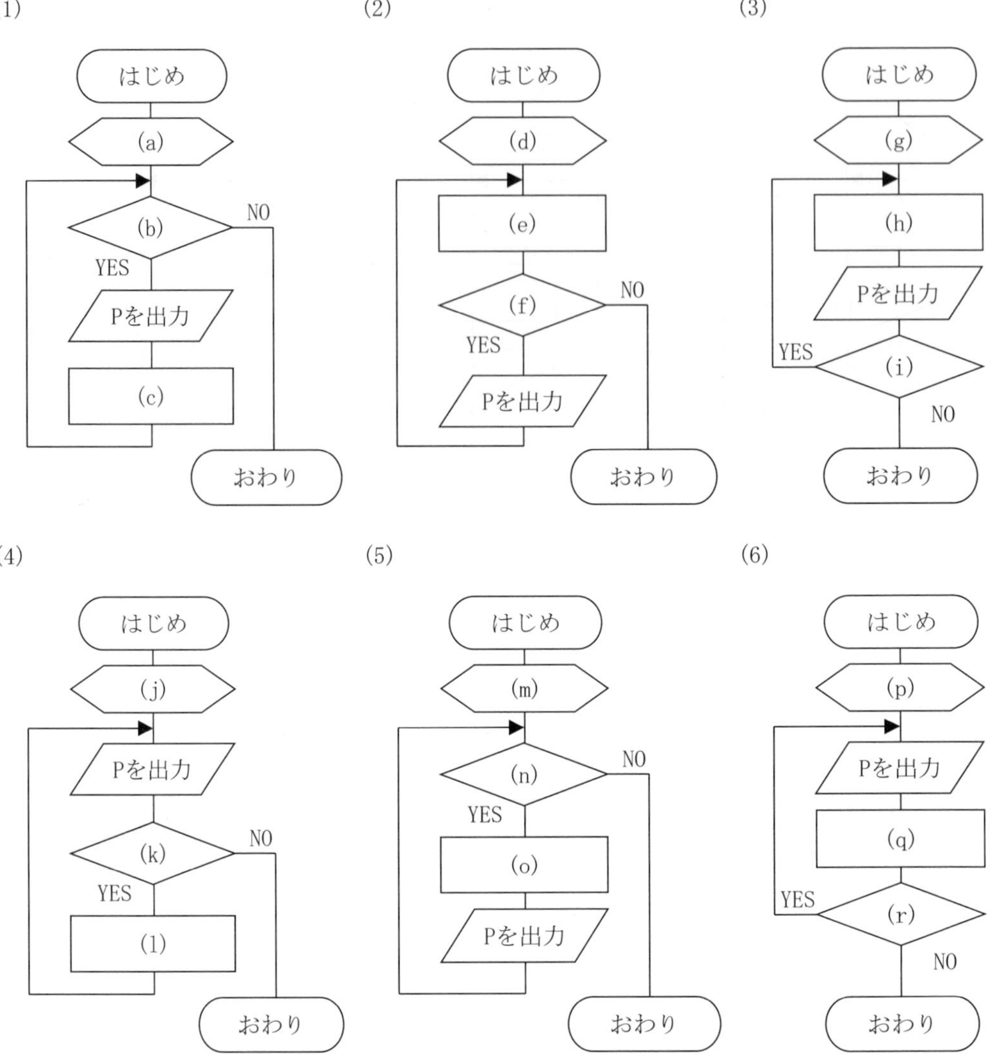

(1)	(a)	(b)	(c)
(2)	(d)	(e)	(f)
(3)	(g)	(h)	(i)
(4)	(j)	(k)	(l)
(5)	(m)	(n)	(o)
(6)	(p)	(q)	(r)

２章（２級）

2章4節　データの交換

動画URL

コンピュータでは処理を順番に行うため，変数どうしのデータを交換する際には注意が必要です。

例えば変数TとNの値を交換したいので，次の流れ図の処理を行うとします。

①の処理でTの値がNに代入されます。次に②の処理でNの値がTに代入されますが，両方とも７になってしまいました。

上の流れ図では①の処理でNの値が上書きされてしまうため，値の交換を行うことができません。そこで変数Hを新たに増やし下の流れ図に変更します。

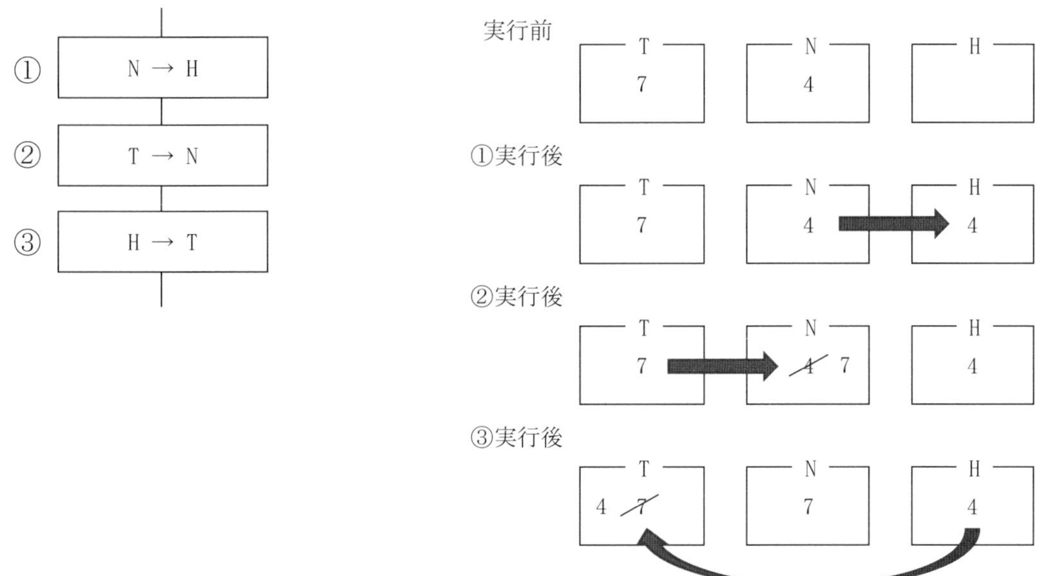

①の処理でNの値がHに代入されます。②の処理でTの値がNに代入されます。③の処理でHの値がTに代入されます。

上の流れ図を実行すると最終的にTとNの値が交換されます。このようにデータの交換を行うためには最低でも３つの処理をしなければならないことに注意しましょう。

2章（2級）

【2-4】次の問題に答えなさい。

[1] 変数AとBの値を入れ替えたい。流れ図の(1)から(3)にあてはまる答えを解答群から選び，記号で答えなさい。なお，その他に変数Wがある。

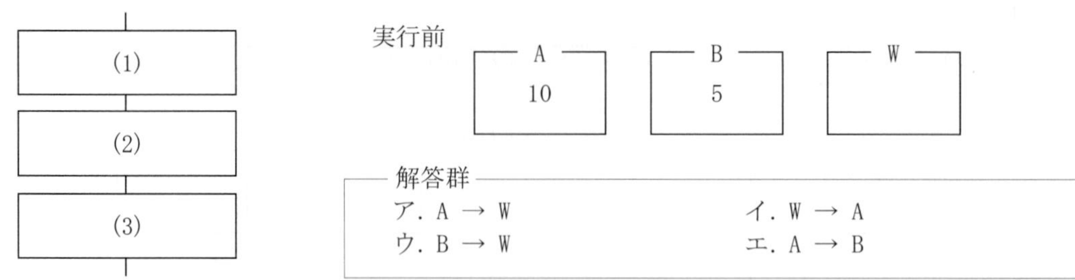

[2] 変数YとUの値を入れ替えたい。流れ図の(1)から(3)にあてはまる答えを解答群から選び，記号で答えなさい。なお，その他に変数Wがある。

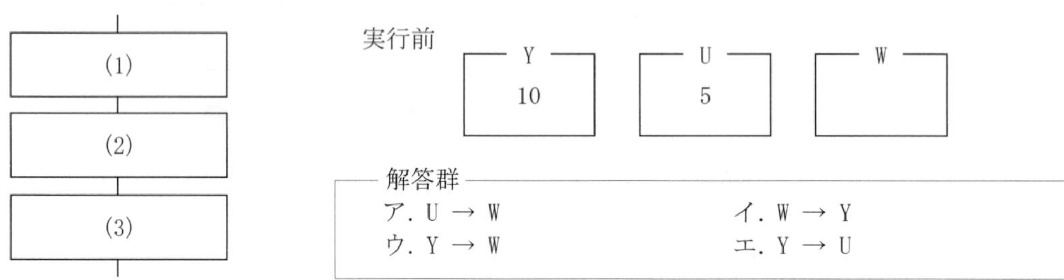

[3] 変数GとFの値を入れ替えたい。流れ図の(1)から(3)にあてはまる答えを解答群から選び，記号で答えなさい。なお，その他に変数Hがある。

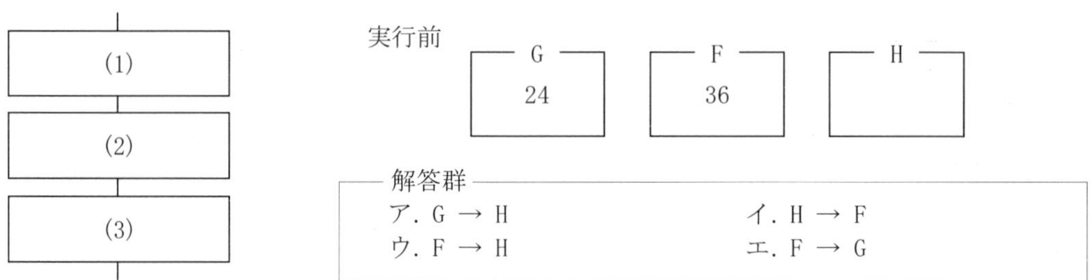

[4] 変数KとMの値を入れ替えたい。流れ図の(1)から(3)にあてはまる答えを解答群から選び，記号で答えなさい。なお，その他に変数Hがある。

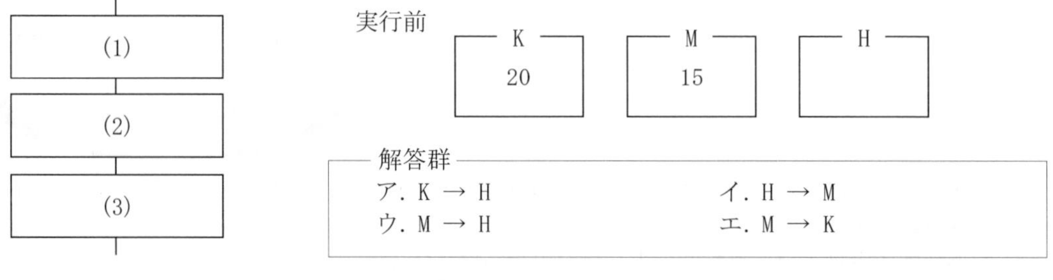

〈解答欄〉

[1] (1)	(2)	(3)	[2] (1)	(2)	(3)
[3] (1)	(2)	(3)	[4] (1)	(2)	(3)

[5] 変数ＺとＸの値を入れ替えたい。流れ図の(1)から(3)にあてはまる答えを解答群から選び，記号で答えなさい。なお，その他に変数Ｗがある。

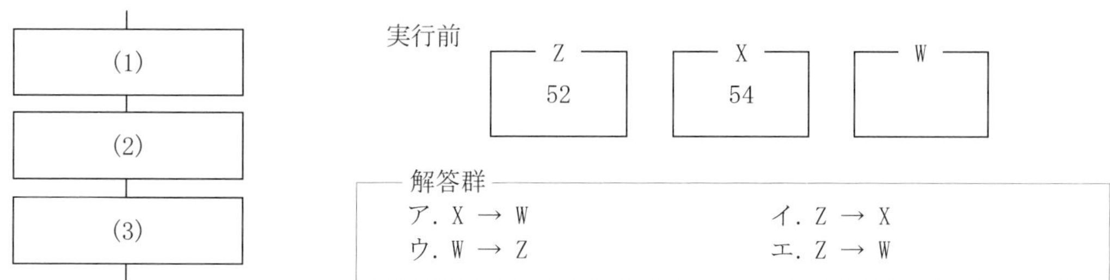

解答群

ア．X → W　　イ．Z → X
ウ．W → Z　　エ．Z → W

[6] 変数ＪとＬの値を入れ替えたい。流れ図の(1)から(3)にあてはまる答えを解答群から選び，記号で答えなさい。なお，その他に変数Ｗがある。

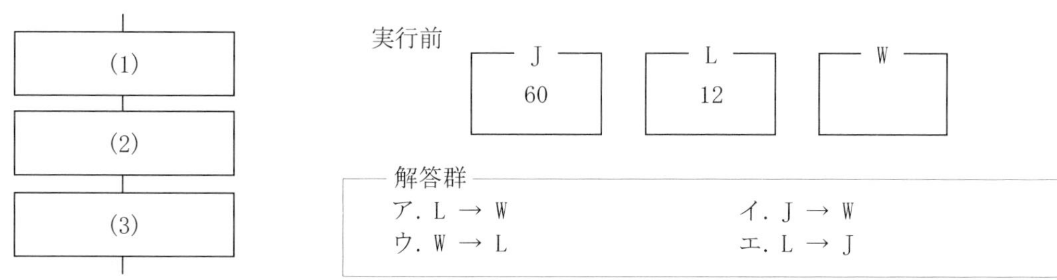

解答群

ア．L → W　　イ．J → W
ウ．W → L　　エ．L → J

[7] 変数ＰとＮの値を入れ替えたい。流れ図の(1)から(3)にあてはまる答えを解答群から選び，記号で答えなさい。なお，その他に変数Ｈがある。

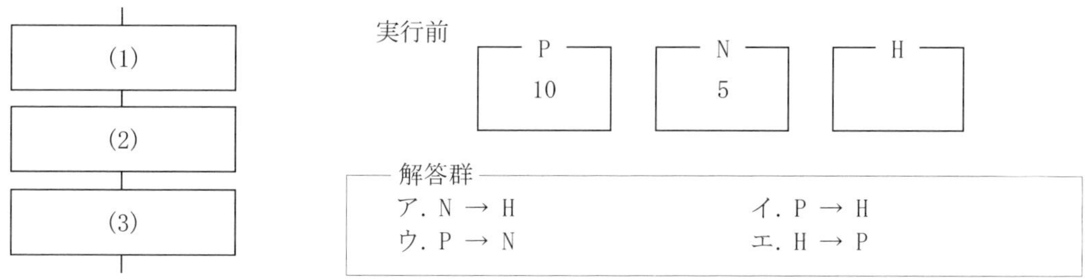

解答群

ア．N → H　　イ．P → H
ウ．P → N　　エ．H → P

[8] 変数ＳとＲの値を入れ替えたい。流れ図の(1)から(3)にあてはまる答えを解答群から選び，記号で答えなさい。なお，その他に変数Ｈがある。

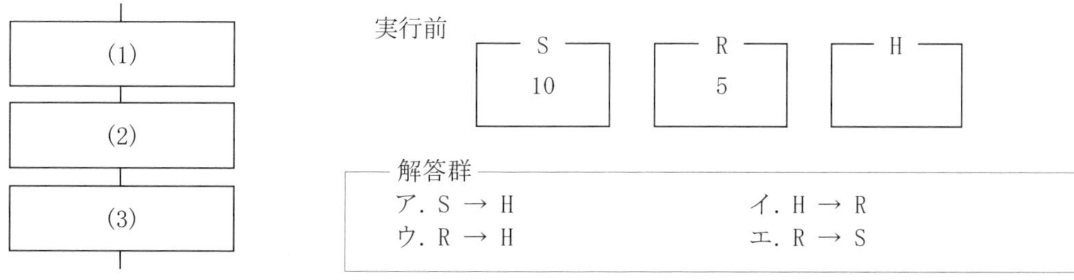

解答群

ア．S → H　　イ．H → R
ウ．R → H　　エ．R → S

<解答欄>

[5] (1)	(2)	(3)	[6] (1)	(2)	(3)
[7] (1)	(2)	(3)	[8] (1)	(2)	(3)

2章5節　件数・合計の求め方

動画URL

下の流れ図は，データを入力し，件数と合計を求める流れ図です。なお，データの最後には，コードに999が記録されています。

入力データ

コード	点
101	50
103	70
105	60
999	

件数を求める流れ図

合計を求める流れ図

データ記号の「データを入力」とは入力データを入力することです。そのため，今回はコード，点を入力するという意味になります。データ記号はこの形式で書かれることが多いため，よく覚えておきましょう。

合計と件数を求める時は次の式を使うのが一般的です。

件数：件数　+　1　→　件数

合計：合計　+　変数　→　合計

入力データは時と場合によって件数が変わります。そのため，繰返す条件を把握して処理を終了させる必要があります。今回の例題ではコードの終わりに999が記録されているという前提があるため，それを上手く活用し，処理を終えています。

【2-5】次の問題に答えなさい。

[1] 次の流れ図は小テストの平均を求め，出力する流れ図である。流れ図の(1)～(4)にあてはまる答えを解答群から選び，記号で答えなさい。なお，データの最後には，点に999が記録されている。

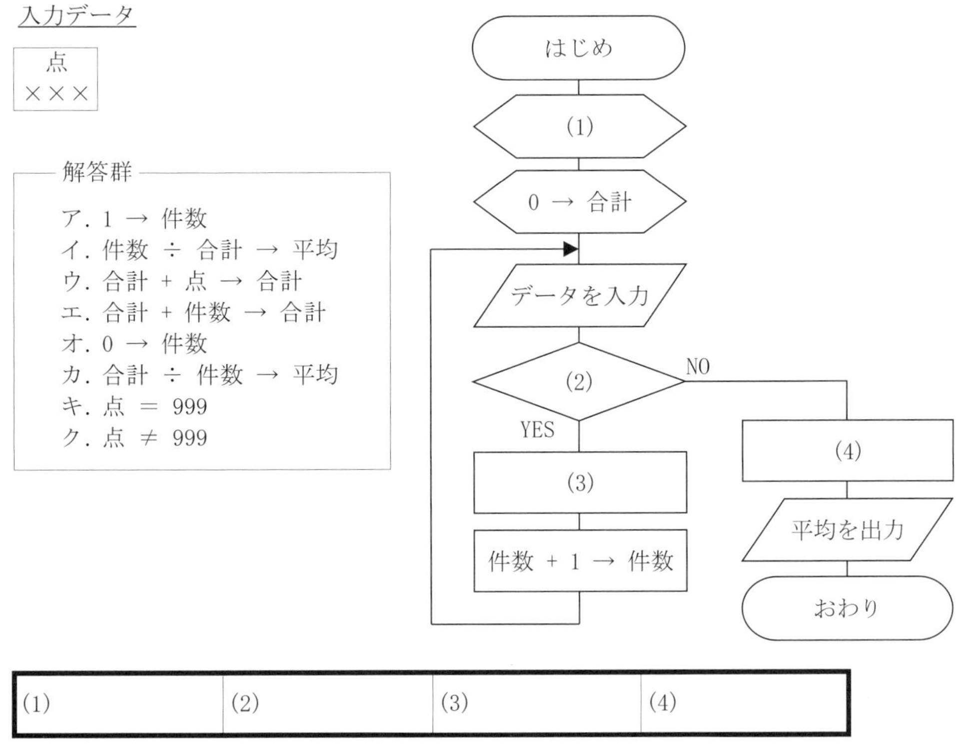

(1)	(2)	(3)	(4)

[2] 次の流れ図は商品代金の金額合計を求め，出力する流れ図である。流れ図の(1)～(4)にあてはまる答えを解答群から選び，記号で答えなさい。なお，データの最後には，数量に0が記録されている。

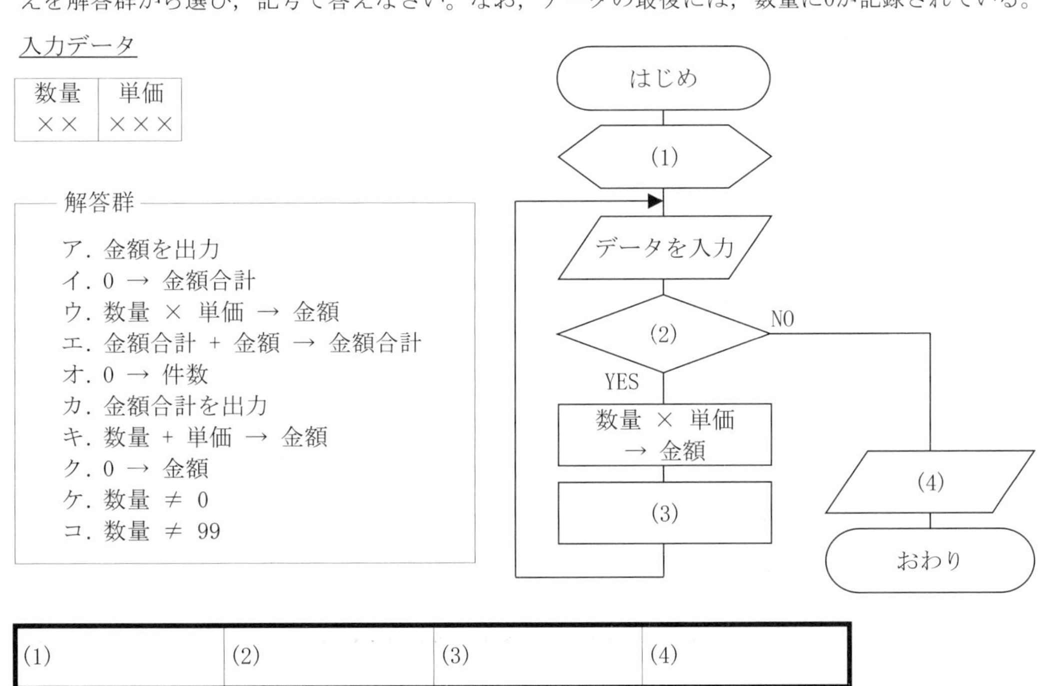

(1)	(2)	(3)	(4)

［3］流れ図の説明を読んで，流れ図の(1)～(9)にあてはまる答えを解答群から選び，記号で答えなさい。

<流れ図の説明>

処理内容

あるお店のレジの商品データを読み，レシートを出力する。

入力データ

品名	数量	単価
××	××	×××

（第１図）

実行結果

```
        （○○商店）
（品名）（数量）（単価）（金額）
 A品       13      98   1,274
 F品        4     118     472
  ∫         ∫       ∫       ∫
 Y品       20     104   2,080
   （品数）  9（小計） 10,423
           （消費税）   1,042
             （合計）  11,465
```

（第２図）

処理条件

1. 第１図の入力データを読み，金額を次の計算式で求め，品名から金額までを第２図のように出力する。
   金額 ＝ 数量 × 単価
2. データの最後には，品名に"END"が記録されている。
3. 入力データが終了したら，品数，小計，消費税，合計を第２図のように出力する。なお，品数はデータの件数であり，小計は購入した商品の金額合計である。また，消費税，合計は次の計算式で求める。
   消費税 ＝ 小計 × 0.1
   合計 ＝ 小計 ＋ 消費税
4. データにエラーはないものとする。

<流れ図>

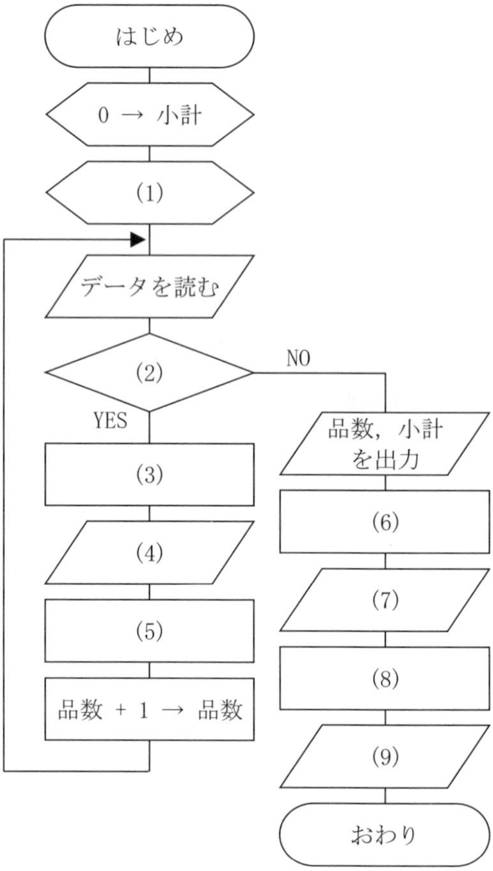

はじめ
0 → 小計
(1)
データを読む
(2)　YES / NO
YES: (3) → (4) → (5) → 品数 + 1 → 品数 → データを読むへ戻る
NO: 品数，小計を出力 → (6) → (7) → (8) → (9)
おわり

解答群

ア．品数,小計を出力	イ．小計 ＋ 消費税 → 合計	ウ．小計 ＋ 金額 → 小計
エ．0 → 合計	オ．0 → 金額	カ．消費税を出力
キ．数量 × 単価 → 金額	ク．品名 ＝ "END"	ケ．小計 × 0.1 → 消費税
コ．合計 × 0.1 → 消費税	サ．品名 ≠ "END"	シ．0 → 小計
ス．0 → 品数	セ．合計 ＋ 金額 → 合計	ソ．合計を出力
タ．品名,数量,単価,金額を出力		

(1)	(2)	(3)	(4)	(5)
(6)	(7)	(8)	(9)	

[4] 流れ図の説明を読んで，流れ図の(1)～(9)にあてはまる答えを解答群から選び，記号で答えなさい。

＜流れ図の説明＞

処理内容

　ある駐車場の売上データを読み，１日の売上を出力する。

入力データ

番号	時間
×××	××

(第１図)

実行結果

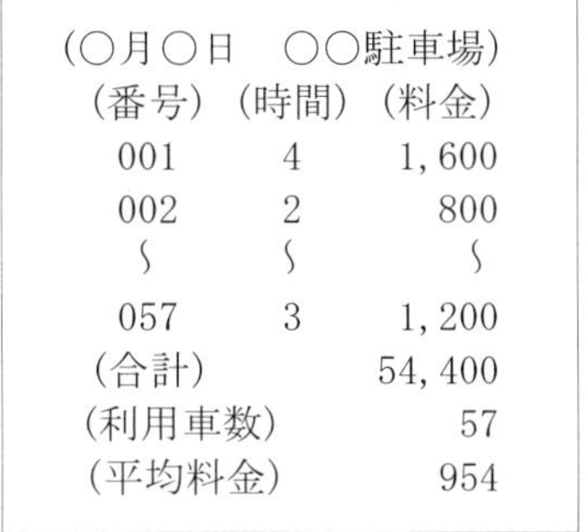

(○月○日　○○駐車場)

(番号)	(時間)	(料金)
001	4	1,600
002	2	800
∫	∫	∫
057	3	1,200
(合計)		54,400
(利用車数)		57
(平均料金)		954

(第２図)

処理条件

1. 第１図の入力データを読み，料金を次の計算式で求め，番号から料金までを第２図のように出力する。
   料金 ＝ 時間 × 400
2. データの最後には，番号に″000″が記録されている。
3. 入力データが終了したら，合計と利用車数と平均料金を第２図のように出力する。なお，合計は駐車料金の合計，利用車数はデータ件数，平均料金は１台当たりの駐車料金の平均を求める。
4. データにエラーはないものとする。

＜流れ図＞

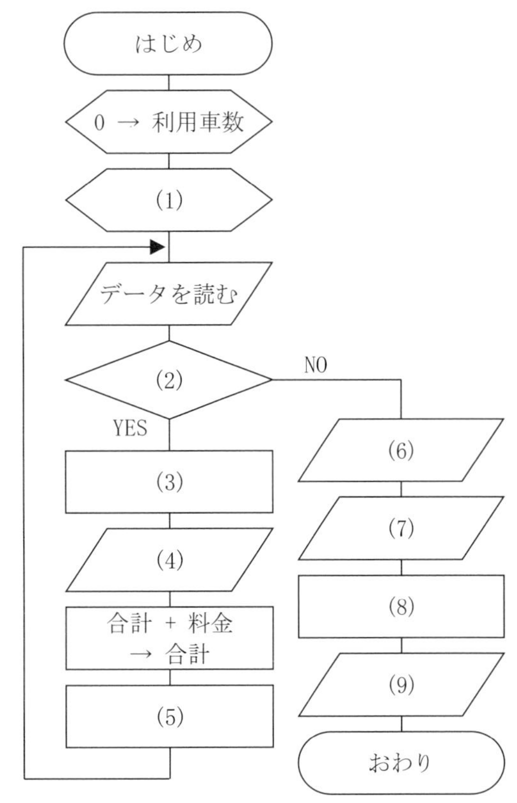

解答群

ア．平均料金を出力	イ．番号 ＝ ″000″	ウ．利用車数を出力
エ．0 → 合計	オ．0 → 平均料金	カ．番号 ≠ ″000″
キ．時間 × 400 → 料金	ク．1 → 利用車数	ケ．時間 × 200 → 料金
コ．合計を出力	サ．番号,時間,料金を出力	シ．合計 ÷ 利用車数 → 平均料金
ス．0 → 利用車数	セ．利用車数 + 1 → 利用車数	

(1)	(2)	(3)	(4)	(5)
(6)	(7)	(8)	(9)	

[5] 流れ図の説明を読んで，流れ図の(1)～(9)にあてはまる答えを解答群から選び，記号で答えなさい。

＜流れ図の説明＞

処理内容

　ある旅行会社の１ヵ月の売上データを読み，旅行売上一覧を出力する。

入力データ

番号 (BAN)	行先 (IKI)	代金 (DAI)	人数 (NIN)
×～×	×～×	×～×	××

(第１図)

実行結果

	(○月	旅行売上一覧)		
(番号)	(行先)	(代金)	(人数)	(請求金額)
1287	沖縄	57,620	3	172,860
1136	北海道	72,300	2	144,600
∫	∫	∫	∫	∫
1624	東京	33,220	4	132,880
		(合計)	324	9,619,060
			(申込件数)	36
		(１人あたりの平均)		29,688

(第２図)

処理条件

1. 第１図の入力データを読み，請求金額を次の計算式で求め，番号から請求金額までを第２図のように出力する。
   請求金額 ＝ 代金 × 人数
2. データの最後には，行先に"END"が記録されている。
3. 入力データが終了したら，人数合計，請求金額合計，申込件数，１人あたりの平均を第２図のように出力する。
4. 申込件数はデータの件数を出力し，１人あたりの平均は次の計算式で求める。
   １人あたりの平均 ＝ 請求金額合計 ÷ 人数合計
5. データにエラーはないものとする。

＜流れ図＞

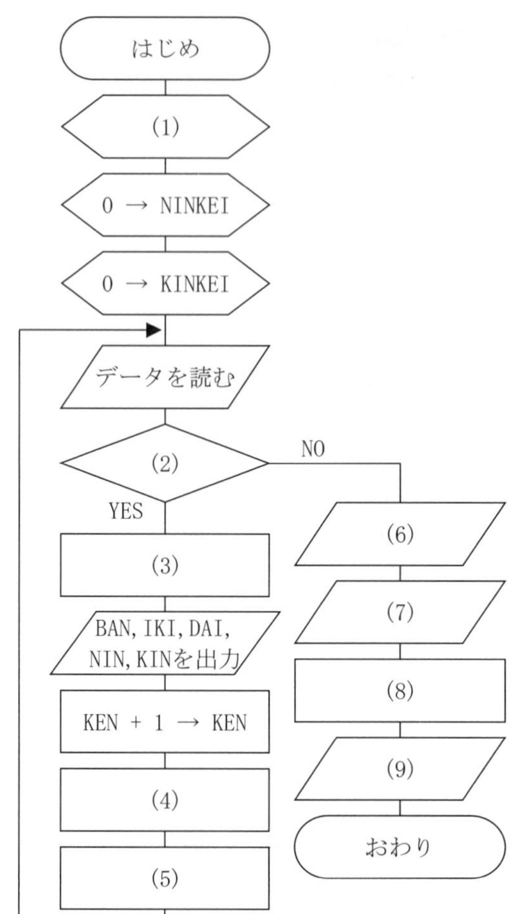

解答群

ア. DAI × KIN → KEN	イ. NINKEI + 1 →NINKEI	ウ. NINKEI + NIN → NINKEI
エ. KINKEI + KIN → KINKEI	オ. BAN ≠ "END"	カ. KENを出力
キ. AVGを出力	ク. NINKEI, KINKEIを出力	ケ. DAI × NIN → KIN
コ. IKI ≠ "END"	サ. 0 → KEN	シ. KINKEI ÷ NINKEI → AVG

(1)	(2)	(3)	(4)	(5)
(6)	(7)	(8)	(9)	

※ (4)(5)は順不同

[6] 流れ図の説明を読んで，流れ図の(1)～(10)にあてはまる答えを解答群から選び，記号で答えなさい。

＜流れ図の説明＞

処理内容

あるリサイクルショップの1ヵ月の買取データを読み，1ヵ月の買取一覧を出力する。

入力データ

日付 (DAY)	物品 (BU)	数量 (SUU)	値段 (NE)
×～×	×～×	××	×～×

(第1図)

実行結果

(6月買取一覧)

(日付)	(物品)	(数量)	(値段)	(買取金額)
6/2	冷蔵庫	1	800	800
6/4	扇子	4	50	200
∫	∫	∫	∫	∫
6/30	時計	2	700	1,400
	(合計)	91		19,200
			(買取件数)	36
			(買取価格平均)	211

(第2図)

処理条件

1. 第1図の入力データを読み，買取金額を次の計算式で求め，日付から買取金額までを第2図のように出力する。
   買取金額 ＝ 数量 × 値段
2. データの最後には，日付に"EOF"が記録されている。
3. 入力データが終了したら，数量合計，買取金額合計，買取件数，買取価格平均を第2図のように出力する。
4. 買取件数はデータの件数を出力し，買取価格平均は次の計算式で求める。
   買取価格平均 ＝ 買取金額合計 ÷ 数量合計
5. データにエラーはないものとする。

＜流れ図＞

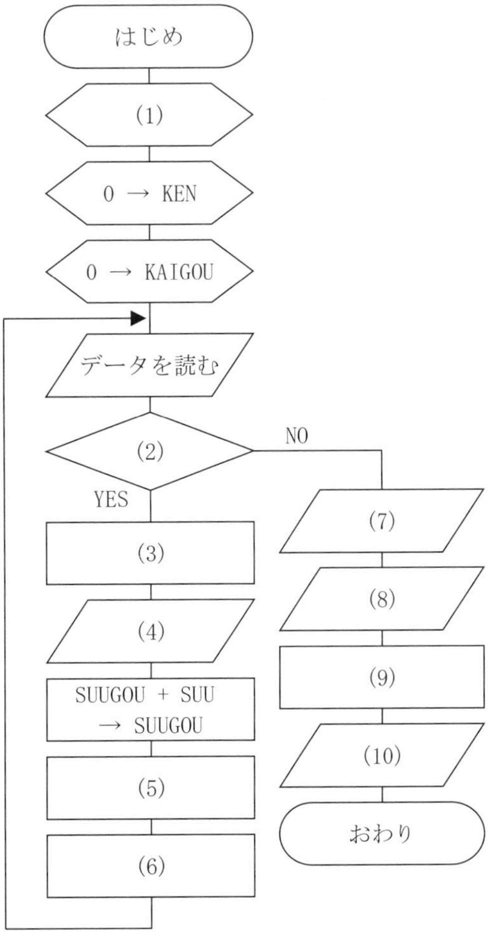

はじめ
(1)
0 → KEN
0 → KAIGOU
データを読む
(2)　YES / NO
YES:
(3)
(4)
SUUGOU + SUU → SUUGOU
(5)
(6)
NO:
(7)
(8)
(9)
(10)
おわり

解答群

ア. DAY ≠ "END"　　イ. DAY ≠ "EOF"　　ウ. KENを出力
エ. AVGを出力　　オ. SUUGOU, KAIGOUを出力　　カ. DAY, BU, SUU, NE, KAIを出力
キ. SUU × NE → KAI　　ク. KAIGOU ÷ KEN → AVG　　ケ. KAIGOU ÷ SUUGOU → AVG
コ. KEN + 1 → KEN　　サ. KAIGOU + KAI → KAIGOU　　シ. NE + SUU → KAI
ス. 0 → SUUGOU

(1)	(2)	(3)	(4)	(5)
(6)	(7)	(8)	(9)	(10)

※ (5)(6)は順不同

2章（2級）

2章6節　ループ記号

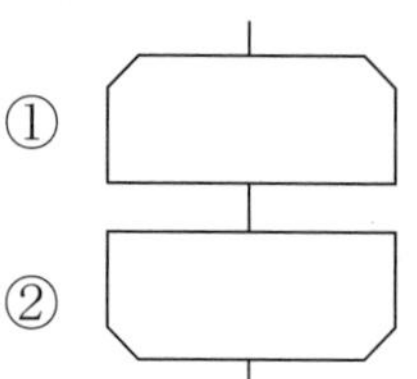

繰返しのことをループともいいます。ループ記号は繰返し型の流れ図を作成する際に用いられる記号です。①はループの始まりを表す記号で，②はループの終わりを表す記号です。

下の２つの流れ図は，Ｎの値が５より小さい間「Ｎ＋１→Ｎ」の処理を繰返す流れ図です。この流れ図をループ型の流れ図に置き換えると右の流れ図になります。

（ループ記号を使わない流れ図）　　（ループ記号を使った流れ図）

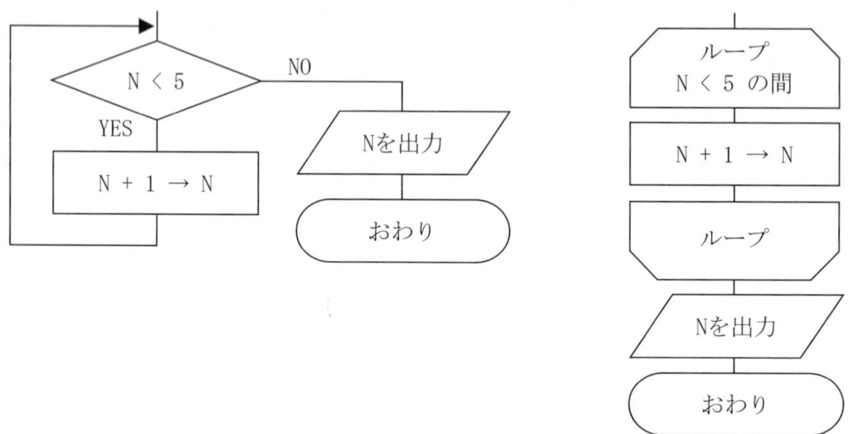

上の流れ図のように，ループ記号を使うとコンパクトに繰返し型の流れ図を表現できます。また，データを読む場合，データの終わりに「999」などを用意するほかに，下の流れ図のような書き方もできます。

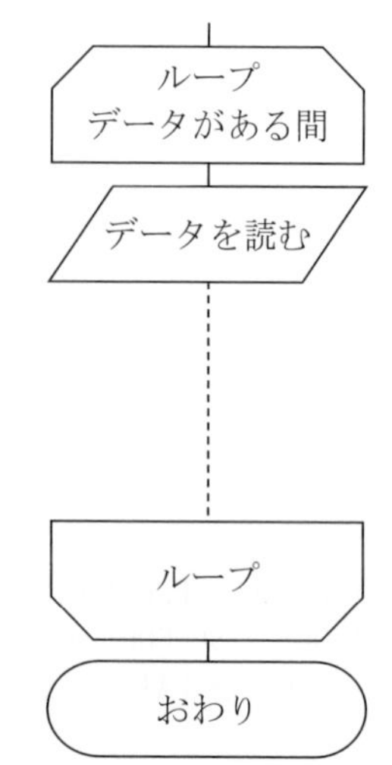

上の流れ図ではデータがある間，繰返しを行います。（データがなくなるとループを抜けます）

【2-6】次の問題に答えなさい。

[1] 次の流れ図にしたがって処理するとき，トレース表を活用し，次の問題に答えなさい。

(1) 出力されるYの値を答えなさい。

はじめ
0 → Y
0 → M
ループ M ＜ 7 の間
M + 2 → M
Y + M → Y
ループ
Yを出力
おわり

トレース表

Y	M

(2) 出力されるSの値を答えなさい。

はじめ
0 → H
0 → S
ループ H ＜ 5 の間
H + 1 → H
S + H → S
ループ
Sを出力
おわり

トレース表

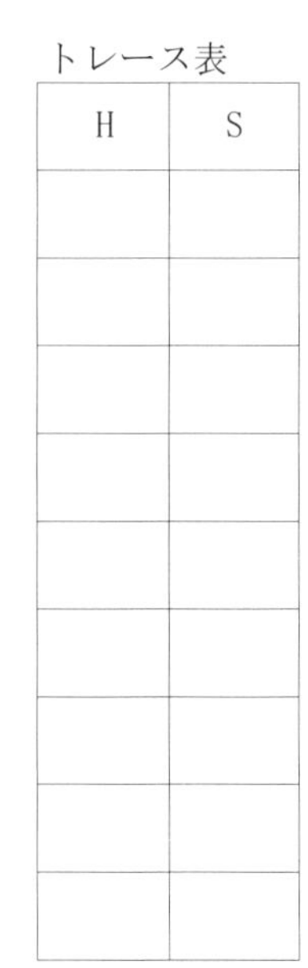

H	S

(3) 出力されるRの値を答えなさい。

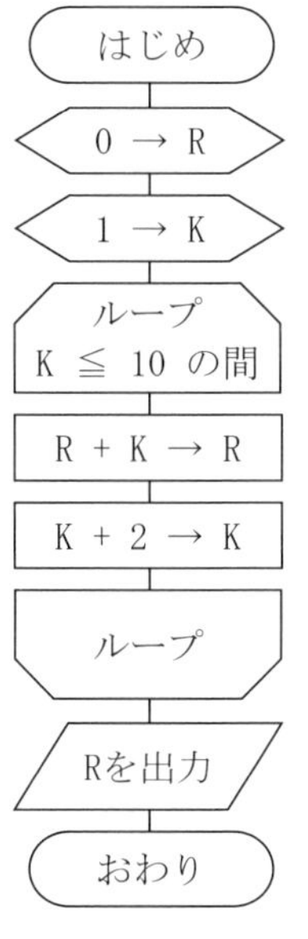

トレース表

R	K

(4) 出力されるEの値を答えなさい。

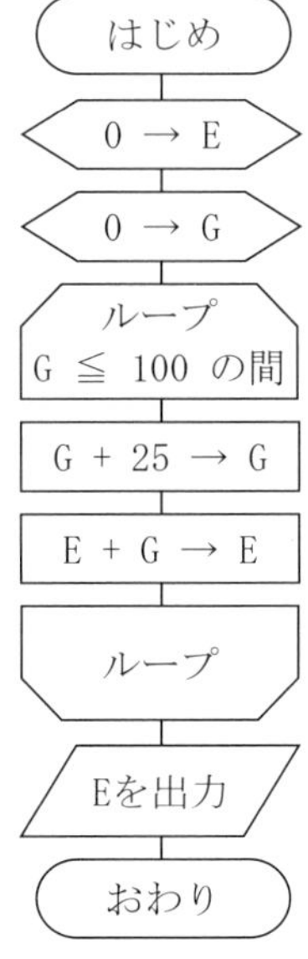

トレース表

E	G

(1)	(2)	(3)	(4)

[2] 流れ図の説明を読んで，流れ図の(1)～(5)にあてはまる答えを解答群から選び，記号で答えなさい。

＜流れ図の説明＞

処理内容

あるショッピングモールの１日の売上データを読み，売上一覧をディスプレイに表示する。

入力データ

店名 (Mei)	売上金 (Uri)	客数 (Kyaku)
×～×	×～×	×～×

（第１図）

実行結果

	（○○モール　売上一覧　○月○日）		
（店名）	（売上金）	（客数）	（客単価）
キヨシマツモト	87,895	267	329
メガネの中田	97,653	38	2,569
∫	∫	∫	∫
和服の赤山	83,214	23	3,618
（合計）	6,657,120	5,340	1,246

（第２図）

処理条件

1. 第１図の入力データを読み，客単価を次の計算式で求め，店名から客単価までを第２図のように表示する。
   客単価 ＝ 売上金 ÷ 客数
2. 入力データが終了したら，合計の客単価を次の式で求め，売上金合計，客数合計，合計の客単価を第２図のように表示する。
   合計の客単価 ＝ 売上金合計 ÷ 客数合計
3. データにエラーはないものとする。

＜流れ図＞

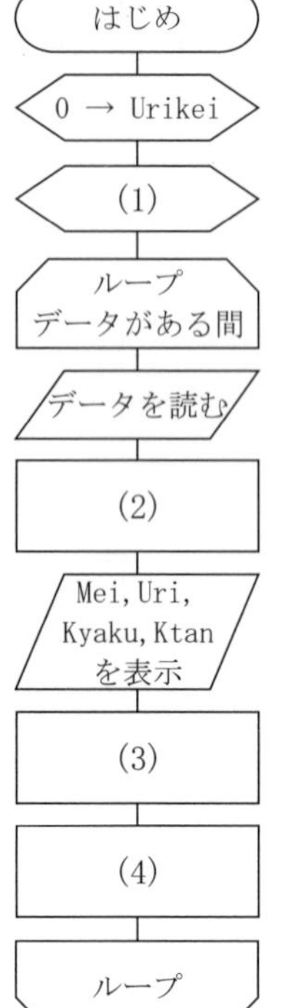

解答群

ア. 0 → Gtan	イ. 0 → Sukei	ウ. Urikei + Uri → Urikei
エ. Gtan + Ktan → Gtan	オ. Sukei + Kyaku → Sukei	カ. Uri + Kyaku → Ktan
キ. Uri ÷ Kyaku → Ktan	ク. Urikei + Sukei → Gtan	ケ. Urikei ÷ Sukei → Gtan

(1)	(2)	(3)	(4)	(5)

※ (3)(4)は順不同

[3] 流れ図の説明を読んで，流れ図の(1)～(4)にあてはまる答えを解答群から選び，記号で答えなさい。

＜流れ図の説明＞

<u>処理内容</u>

　ある映画館の入場者数データを読み，入場者数一覧をディスプレイに表示する。

<u>入力データ</u>

題名 (Mei)	大人 (Dai)	学生 (Gaku)	小人 (Sho)
×～×	×～×	×～×	×～×

（第１図）

<u>実行結果</u>

（映画館　入場者数一覧）				
（題名）	（大人）	（学生）	（小人）	（計）
オードリー	251	124	3	378
のび太の冒険	157	62	292	511
～	～	～	～	～
青春	136	372	0	508
（合計）	1,632	1,674	885	

（第２図）

<u>処理条件</u>

1. 第１図の入力データを読み，計を次の計算式で求め，題名から計までを第２図のように表示する。
   計 ＝ 大人 ＋ 学生 ＋ 小人
2. 入力データが終了したら，大人合計，学生合計，小人合計を第２図のように表示する。
3. データにエラーはないものとする。

＜流れ図＞

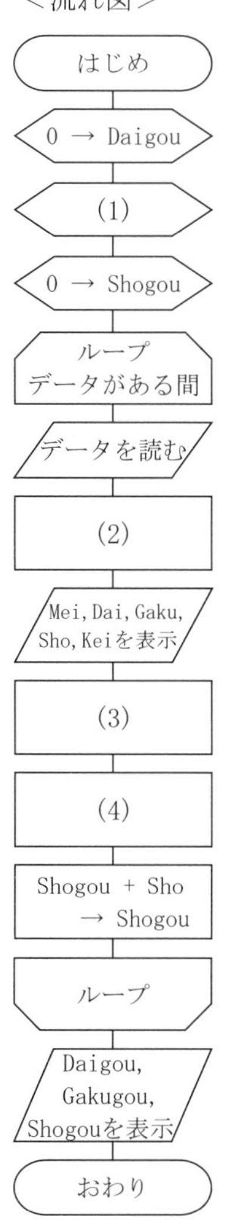

解答群

ア. Daigou + Dai → Daigou　イ. 0 → Kei　ウ. Dai + Gaku + Sho → Shogou
エ. 0 → Gakugou　オ. Dai + Dai → Daigou　カ. Gaku + Gaku → Gakugou
キ. 0 → Daigou　ク. Dai + Gaku + Sho → Kei　ケ. Gakugou + Gaku → Gakugou

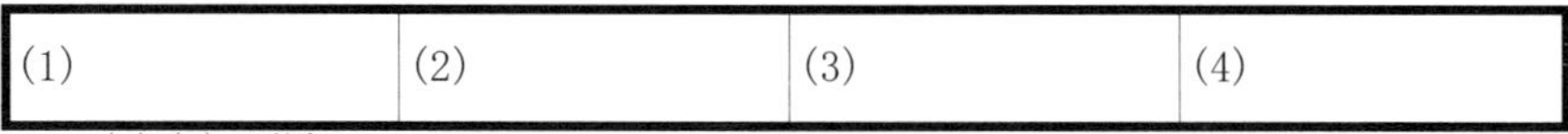

(1)	(2)	(3)	(4)

※ (3) (4)は順不同

2章（2級）

[4] 流れ図の説明を読んで，流れ図の(1)～(5)にあてはまる答えを解答群から選び，記号で答えなさい。

＜流れ図の説明＞

処理内容

ある美術館の１ヵ月の入館者数データを読み，入館者数一覧をディスプレイに表示する。

入力データ

日付 (Hi)	個人入館数 (Kojin)	団体入館数 (Dantai)
×～×	×～×	×～×

（第１図）

実行結果

(日付)	(個人)	(団体)	(計)	(備考)
3/2	137	168	305	
3/3	264	397	661	○
3/4	241	264	505	○
～	～	～	～	～
3/29	254	468	722	◎
3/31	289	424	713	◎
	(計の合計)		17,436	

（３月入館者数一覧）

（第２図）

処理条件

1. 第１図の入力データを読み，計を次の計算式で求め，日付から備考までを第２図のように表示する。なお，備考は計が700以上の場合は"◎"を，500以上700未満の場合は"○"を表示する。
   計 ＝ 個人入館数 ＋ 団体入館数
2. 入力データが終了したら，計の合計を第２図のように表示する。
3. データにエラーはないものとする。

＜流れ図＞

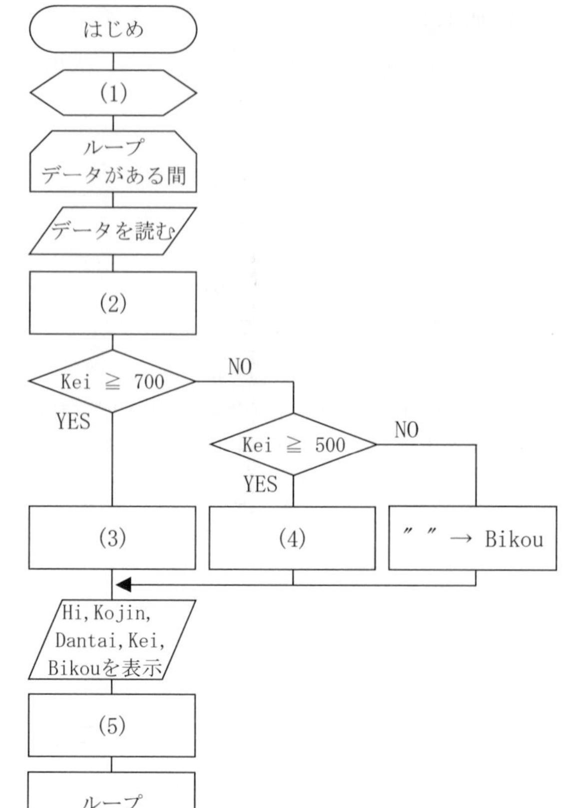

解答群

ア．"○" → Bikou	イ．"◎" → Bikou	ウ．Gokei + Kojin → Gokei
エ．Kei + Gokei → Kei	オ．Kojin + Dantai → Kei	カ．Gokei + Kei → Gokei
キ．0 → Gokei	ク．0 → Kei	ケ．Kojin + Dantai → Gokei
コ．" " → Bikou		

(1)	(2)	(3)	(4)	(5)

[5] 流れ図の説明を読んで，流れ図の(1)～(5)にあてはまる答えを解答群から選び，記号で答えなさい。

＜流れ図の説明＞

処理内容

キャンプ場の利用者数データを読み，週間利用者数一覧をディスプレイに表示する。

入力データ

曜日 (Yobi)	男性 (Dan)	女性 (Jo)
×～×	×××	×××

（第１図）

実行結果

		(週間利用者数一覧)		
(曜日)	(男性)	(女性)	(計)	(備考)
月曜日	25	21	46	
火曜日	34	27	61	○
水曜日	18	26	44	
∫	∫	∫	∫	∫
日曜日	74	52	126	◎
		(計の合計)	491	

（第２図）

処理条件

1. 第１図の入力データを読み，計を次の計算式で求め，曜日から備考までを第２図のように表示する。なお，備考は計が100以上の場合は″◎″を，50以上100未満の場合は″○″を表示する。
   計 ＝ 男性 ＋ 女性
2. 入力データが終了したら，計の合計を第２図のように表示する。
3. データにエラーはないものとする。

＜流れ図＞

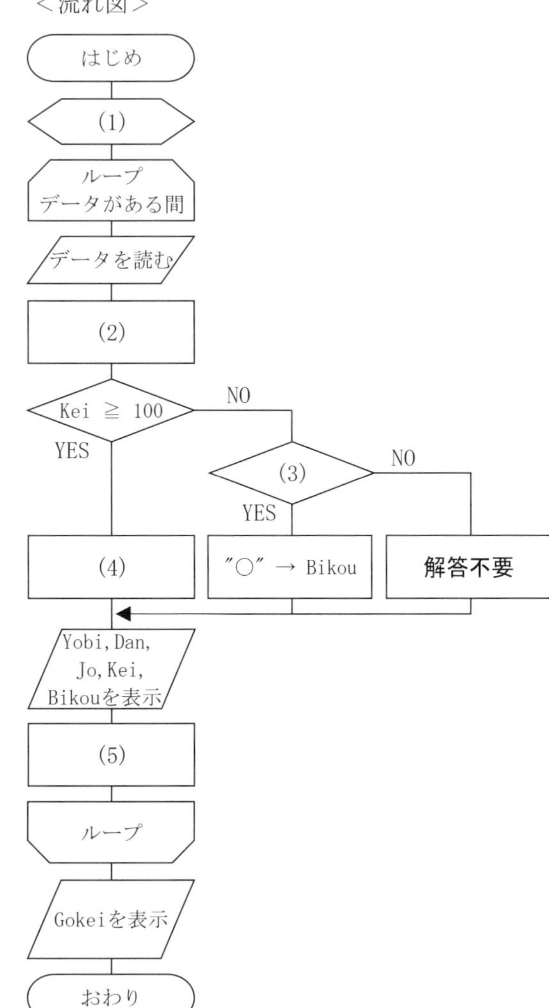

解答群

ア．Kei ＜ 100	イ．Kei ≦ 100	ウ．″○″ → Bikou
エ．″ ″ → Bikou	オ．0 → Gokei	カ．Dan ＋ Jo → Kei
キ．Kei ≧ 50	ク．0 → Kei	ケ．Gokei ＋ Kei → Gokei
コ．″◎″ → Bikou	サ．Kei ＋ Gokei → Kei	

(1)	(2)	(3)	(4)	(5)

【2章　総合問題】

[1] 流れ図の説明を読んで，流れ図の(1)～(5)にあてはまる答えを解答群から選び，記号で答えなさい。

＜流れ図の説明＞

処理内容

ある家電量販店の分類別販売データを読み，分類別販売一覧表を表示する。

入力データ

分類 (Bun)	販売額 (Han)
×～×	×～×

(第１図)

実行結果

(分類別販売一覧表)		
(分類)	(販売額)	(評価)
AV家電	1,278,961	◎
情報家電	798,321	○
～	～	～
その他	135,632	
(合計)	4,425,828	
(平均)	737,638	

(第２図)

処理条件

1. 第１図の入力データを読み，分類から評価までを第２図のように表示する。なお，販売額が1,000,000以上の場合は評価に"◎"を，500,000以上1,000,000未満の場合は"○"を表示する。
2. 入力データが終了したら，販売額の合計，平均を第２図のように表示する。
3. データにエラーはないものとする。

＜流れ図＞

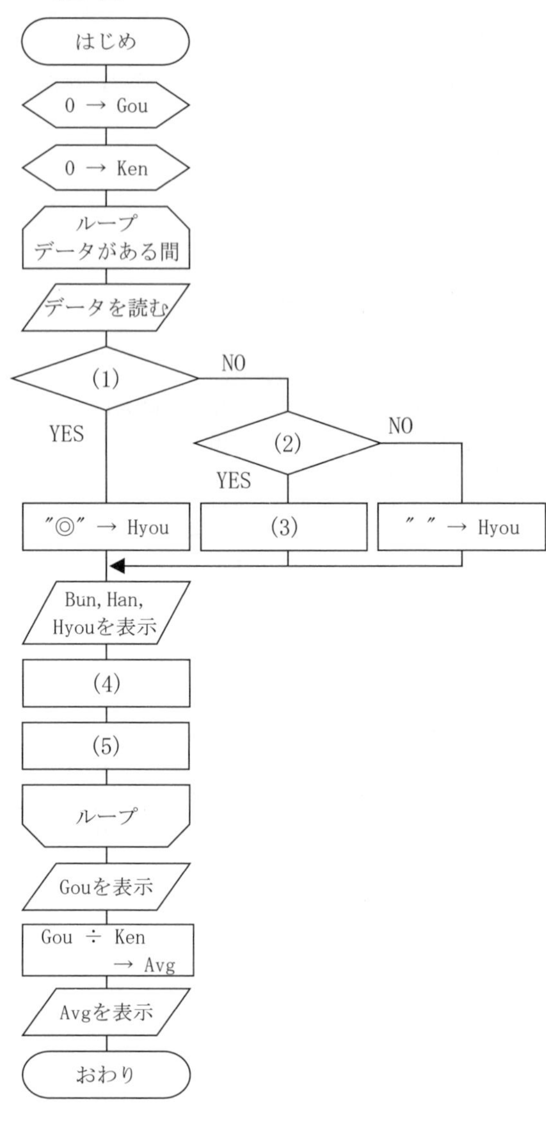

解答群

ア．" " → Hyou
イ．Han ＜ 1000000
ウ．Han ＜ 500000
エ．Gou + 1 → Gou
オ．"○" → Hyou
カ．Ken + Han → Ken
キ．Ken + 1 → Ken
ク．Gou + Han → Gou
ケ．Han ≧ 500000
コ．Han ≧ 1000000

(1)	(2)	(3)	(4)	(5)

※ (4)(5)は順不同

[2] 流れ図の説明を読んで，流れ図の(1)～(5)にあてはまる答えを解答群から選び，記号で答えなさい。

＜流れ図の説明＞

処理内容

検定試験の得点データを読み，検定結果一覧を表示する。

入力データ

受験番号 (Ban)	実技 (Ji)	筆記 (Hi)
××××	×××	×××

（第１図）

実行結果

(受験番号)	(実技)	(筆記)	(合否)
1001	78	80	合
1002	65	61	不
∫	∫	∫	∫
1080	84	89	合
(平均点)	69	67	
		(合格者数)	31

（検定結果一覧）

（第２図）

処理条件

1. 第１図の入力データを読み，受験番号から合否までを第２図のように表示する。なお，実技が70以上かつ筆記が70以上の場合，合否に"合"を表示し，そうでなければ"不"を表示する。
2. 入力データが終了したら，実技の平均点，筆記の平均点，合格者数を第２図のように表示する。なお，実技の平均点及び筆記の平均点は次の計算式で求める。
   実技平均点 ＝ 実技合計 ÷ データ件数
   筆記平均点 ＝ 筆記合計 ÷ データ件数
3. データにエラーはないものとする。

解答群

ア．0 → Cnt
イ．Ken + 1 → Ken
ウ．Jikei,Hikeiを表示
エ．1 → Ken
オ．Cntを表示
カ．"合" → Gohi
キ．1 → Cnt
ク．Kenを表示
ケ．Jihei,Hiheiを表示
コ．"不" → Gohi

＜流れ図＞

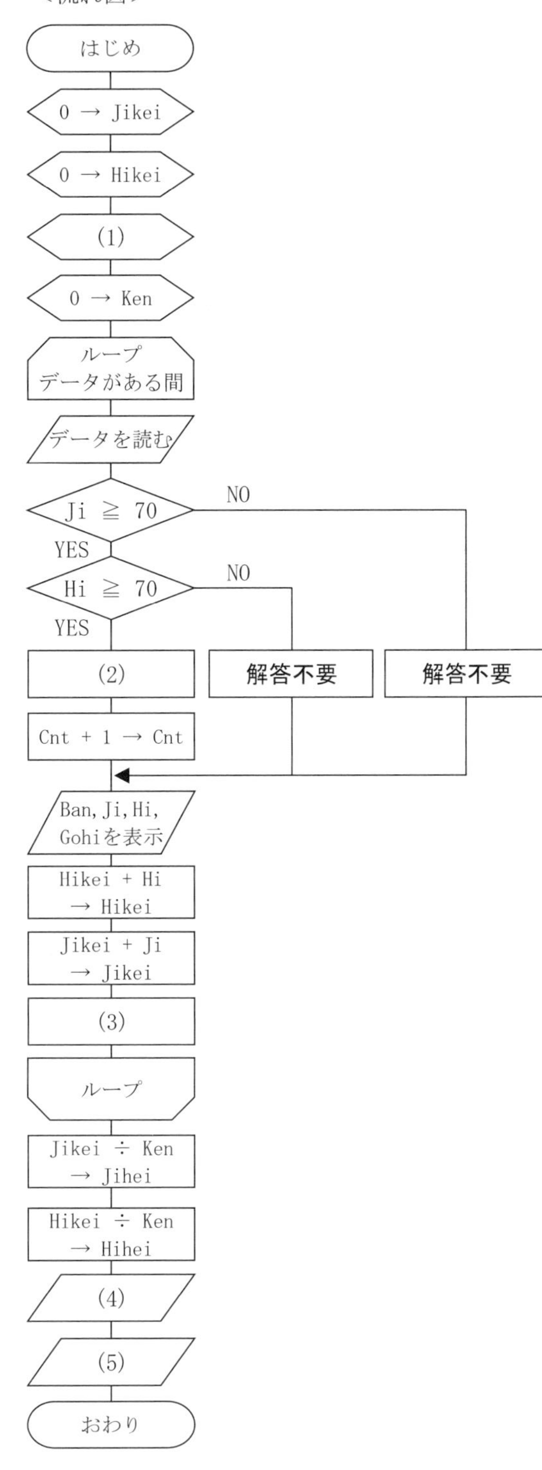

(1)	(2)	(3)	(4)	(5)

[3] 流れ図の説明を読んで，流れ図の(1)～(5)にあてはまる答えを解答群から選び，記号で答えなさい。

<流れ図の説明>

処理内容

ある観光名所の来客者数データを読み，来客者数一覧表を表示する。

入力データ

日付 (Hi)	日本人 (Niho)	外国人 (Gai)
×～×	×××	×××

(第１図)

実行結果

		(来客者数一覧表)		
(日付)	(日本人)	(外国人)	(計)	(備考)
5/1	532	317	849	
5/2	681	436	1,117	*
∫	∫	∫	∫	∫
5/31	296	135	431	
		(合計)	16,779	
		(平均)	541	
		(千人以上の日数)	6	

(第２図)

処理条件

1. 第１図の入力データを読み，計を次の計算式で求め，日付から備考までを第２図のように表示する。なお，計が1000以上の場合，備考に″*″を表示する。
   計 ＝ 日本人 ＋ 外国人
2. 入力データが終了したら，計の合計，計の平均，千人以上の日数を第２図のように表示する。
3. データにエラーはないものとする。

解答群

ア．Cntを表示
イ．1 → Cnt
ウ．Sen + Kei → Sen
エ．Gokei + Kei → Gokei
オ．0 → Cnt
カ．Gokei ÷ Sen → Hei
キ．Gokei ÷ Cnt → Hei
ク．Sen + 1 → Sen
ケ．Gokei + 1 → Gokei
コ．Senを表示

<流れ図>

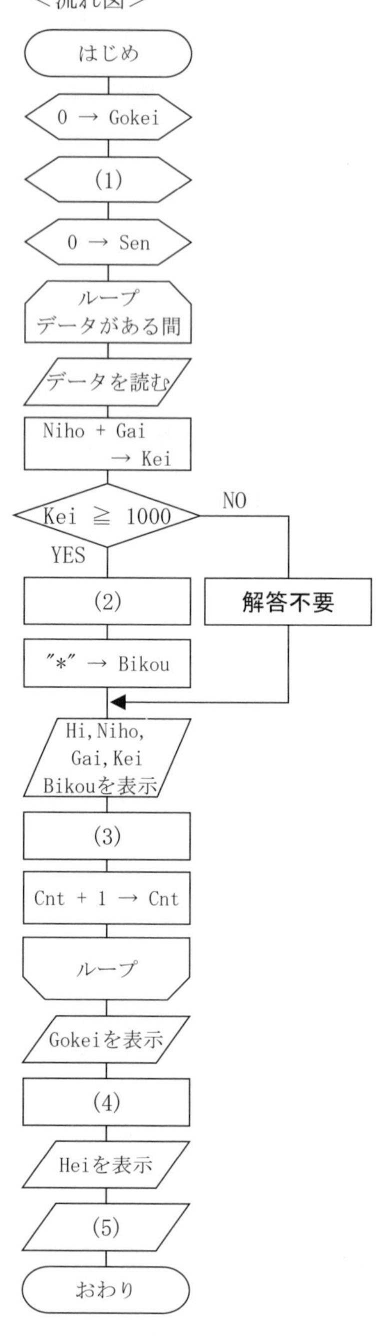

(1)	(2)	(3)	(4)	(5)

[4] 流れ図の説明を読んで，流れ図の(1)～(5)にあてはまる答えを解答群から選び，記号で答えなさい。

＜流れ図の説明＞

処理内容

ある美容院の来店者数データを読み，来店者数一覧表を表示する。

入力データ

日付 (Hi)	男性 (Dan)	女性 (Jyo)
×～×	×××	×××

(第１図)

実行結果

(来店者数一覧表)

(日付)	(男性)	(女性)	(計)	(備考)
10/1	4	7	11	○
10/2	3	5	8	
∫	∫	∫	∫	∫
10/31	11	10	21	◎
		(合計)	400	
		(平均)	12	
	(15人以上の日数)		4	

(第２図)

処理条件

1. 第１図の入力データを読み，計を次の計算式で求め，日付から備考までを第２図のように表示する。なお，計が15以上の場合，備考に″◎″を，10以上15未満の場合は″○″を表示する。
   計 ＝ 男性 ＋ 女性
2. 入力データが終了したら，計の合計，計の平均，15人以上の日数を第２図のように表示する。
3. データにエラーはないものとする。

解答群

ア．Kei ≧ 10
イ．Kei + Sum → Kei
ウ．Dan + Jyo → Sum
エ．Nissu + 1 → Nissu
オ．Sum ÷ Nissu→ Hkei
カ．Sum + Kei → Sum
キ．Dan + Jyo → Kei
ク．Kei ＜ 15
ケ．Sum ÷ Cnt → Hkei
コ．Kei → Nissu

＜流れ図＞

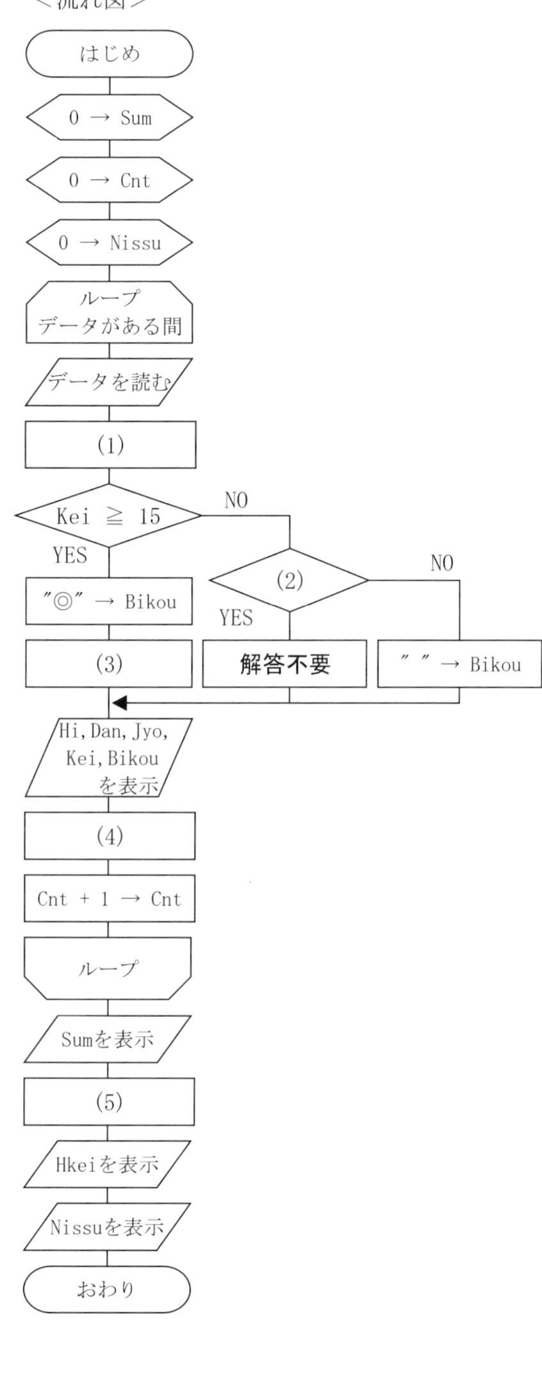

(1)	(2)	(3)	(4)	(5)

[5] 流れ図の説明を読んで，流れ図の(1)～(5)にあてはまる答えを解答群から選び，記号で答えなさい。

＜流れ図の説明＞

処理内容

ある文房具店の在庫管理データを読み，在庫管理一覧表を表示する。

入力データ

商品 (Hin)	入庫 (Nyu)	出庫 (Syu)
×～×	×××	×××

（第１図）

実行結果

（在庫管理一覧表）

(商品)	(入庫)	(出庫)	(在庫)	(備考)
えんぴつ	32	29	3	発注
消しゴム	51	26	25	
∫	∫	∫	∫	∫
三角定規	10	6	4	発注
		(合計)	4,096	
		(平均)	32	
		(発注件数)	6	

（第２図）

処理条件

1. 第１図の入力データを読み，在庫を次の計算式で求め，商品から備考までを第２図のように表示する。なお，在庫が５以下の場合，備考に″発注″を表示する。
   在庫 ＝ 入庫 － 出庫
2. 入力データが終了したら，在庫の合計，在庫の平均，発注件数を第２図のように表示する。なお，発注件数は，備考に発注を表示した数とする。
3. データにエラーはないものとする。

解答群

ア. Total + Zai → Total
イ. ″発注″ → Bikou
ウ. Nyu + Syu → Zai
エ. Cnt + 1 → Cnt
オ. Total ÷ Ken → Average
カ. ″ ″ → Bikou
キ. Nyu - Syu → Zai
ク. Ken + 1 → Ken
ケ. Total ÷ Cnt → Average
コ. Total + Nyu → Total

＜流れ図＞

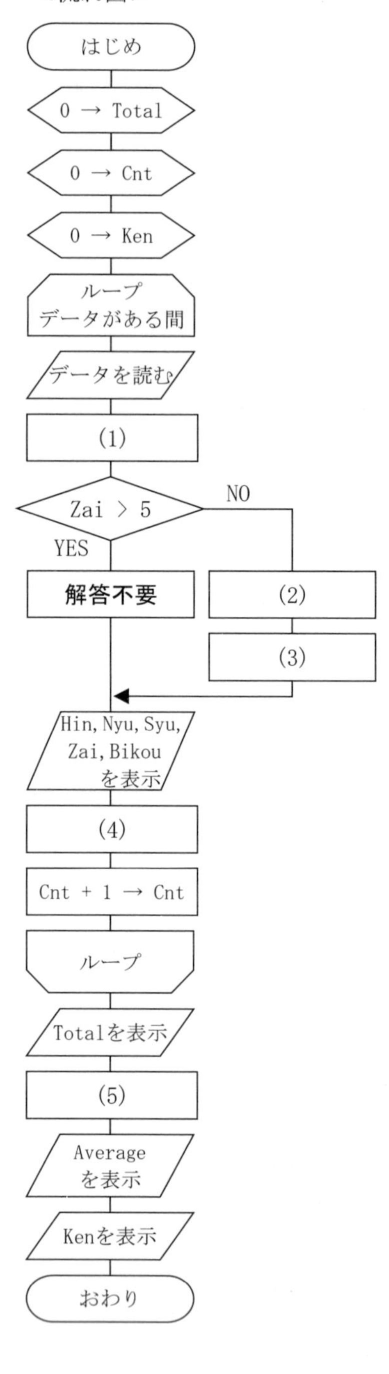

(1)	(2)	(3)	(4)	(5)

※ (2) (3)は順不同

2章（2級）

3章　アルゴリズム（初級）

アルゴリズムとは，何らかの問題を解決するために考えられた手順や計算方法のことです。プログラムを動かす際にも，様々なアルゴリズムを活用することで，効率のよい処理を実現できます。この章では基本的なアルゴリズムについて理解しましょう。

3章1節　最大・最小の求め方

データの中で最も大きい，または小さいものは，判断記号を使えば求めることができます。

下の流れ図では，データＡＢＣの中でどのデータが一番大きいデータかを求めています。

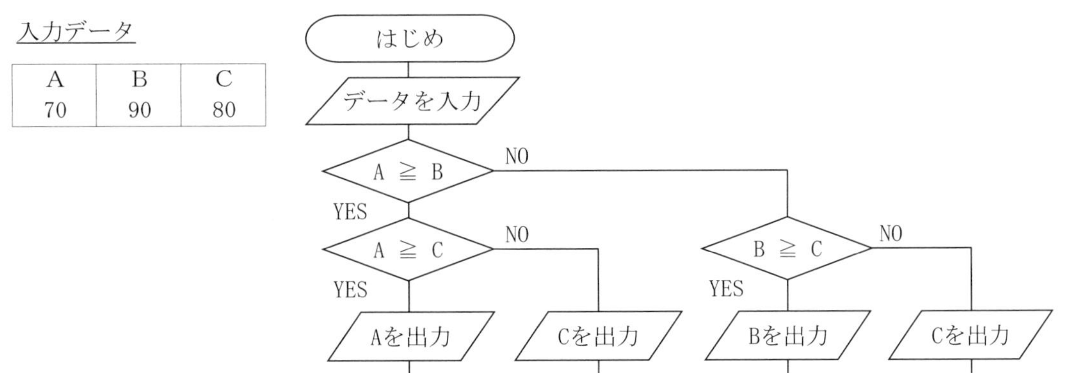

入力データ

A	B	C
70	90	80

上のような流れ図だと，比較するデータの数が増えれば増えるほど，判断記号の数も増えてしまい，流れ図が複雑になってしまいます。それを解消する流れ図が下になります。

入力データ

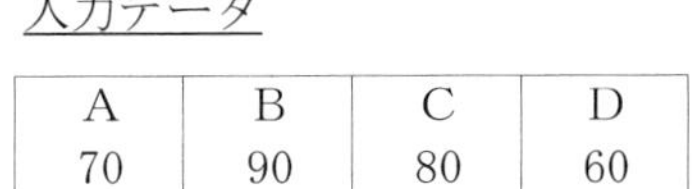

A	B	C	D
70	90	80	60

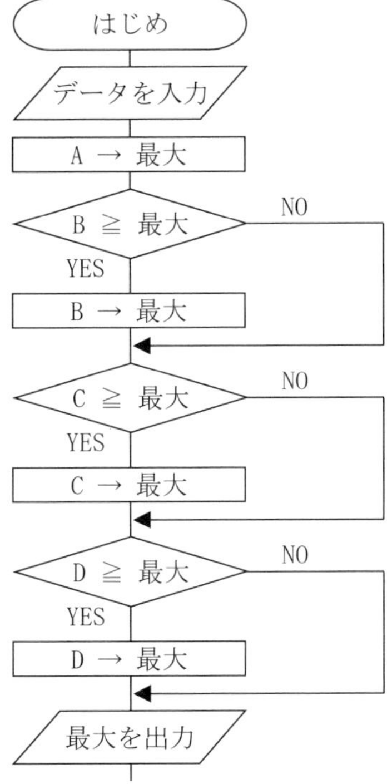

この流れ図では，一番初めのデータを最大と仮定しています。その最大と他のデータを一つずつ比較し，もし，最大より大きいデータがあればそれを最大にします。これを繰返すことで，最も大きいデータを求めています。

次に，最大・最小を求める処理を，繰返し型の流れ図で表してみたいと思います。

下の流れ図を見てください。この流れ図は商品の価格の最大を求める流れ図です。

入力データ

価格
120
620
340
620
1510
860

はじめ
0 → 最大
ループ データがある間
データを読む
① 価格 ＞ 最大 （YES / NO）
② 価格 → 最大
ループ
最大を表示
おわり

流れ図解説

トレースをすると，①②の実行後の変数の値は下記のようになります。

		価格	最大	
1回目	①	120	0	
	②	120	120	
2回目	①	620	120	
	②	620	620	
3回目	①	340	620	
	②			②処理なし
4回目	①	620	620	
	②			②処理なし
5回目	①	1510	620	
	②	1510	1510	
6回目	①	860	1510	
	②			②処理なし

結果最大は1,510となります。

上の流れ図は最大の初期値を０にしています。これは１つ目のデータを最大と仮定するための処理です。また，判断記号で「価格 ≧ 最大」ではなく「価格 ＞ 最大」にすると，同じ価格の場合NOに行くため，処理の効率化を図ることができます。

下の流れ図を見てください。この流れ図は商品の価格の最小を求める流れ図です。なお，価格は9999未満とします。

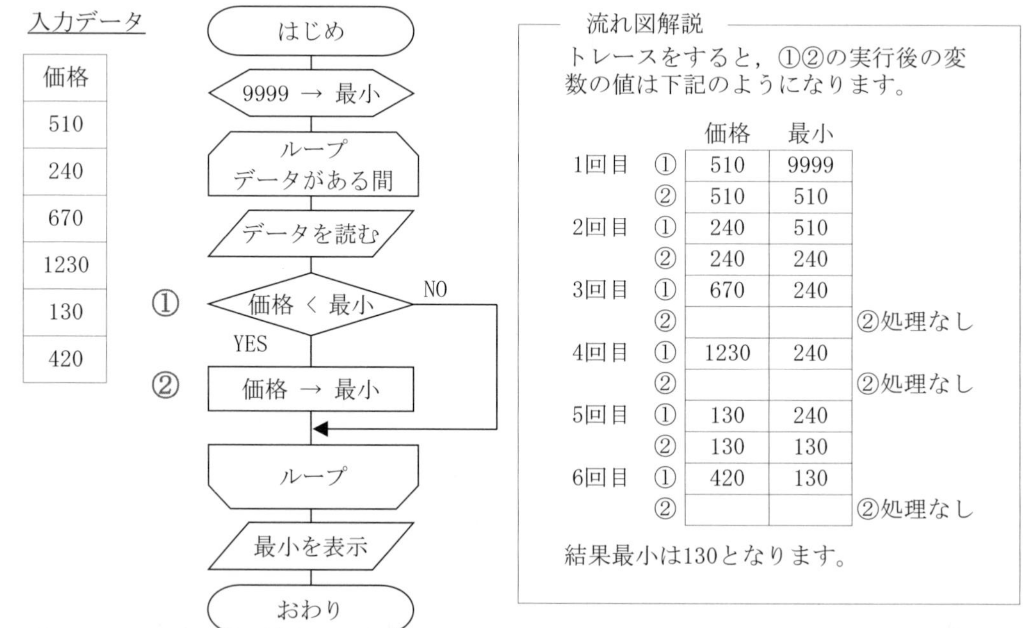

		価格	最小	
1回目	①	510	9999	
	②	510	510	
2回目	①	240	510	
	②	240	240	
3回目	①	670	240	
	②			②処理なし
4回目	①	1230	240	
	②			②処理なし
5回目	①	130	240	
	②	130	130	
6回目	①	420	130	
	②			②処理なし

最大・最小の求め方の違いは，初期値の設定と判断記号の書き方の２点です。最小を求めるときの初期値は，最初に必ずYESに行くように大きな値を入れます。今回は価格が9999未満のため，初期値に9999を入れています。

【3-1】次の問題に答えなさい。

[1] 次の流れ図は，100点満点のテストの最大を求める流れ図である。流れ図の(1)～(3)にあてはまる答えを解答群から選び，記号で答えなさい。

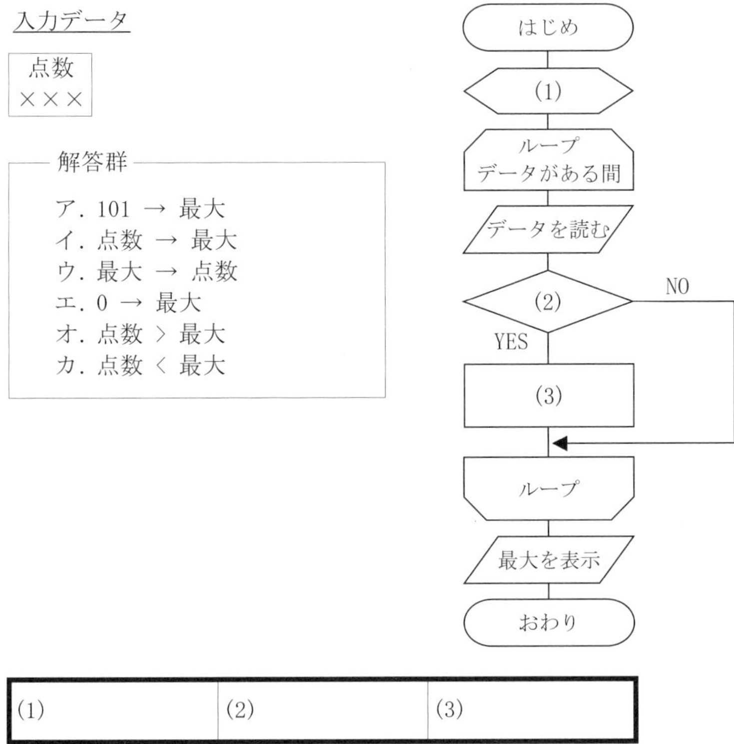

(1)	(2)	(3)

[2] 次の流れ図は，100点満点のテストの最小を求める流れ図である。流れ図の(1)～(3)にあてはまる答えを解答群から選び，記号で答えなさい。

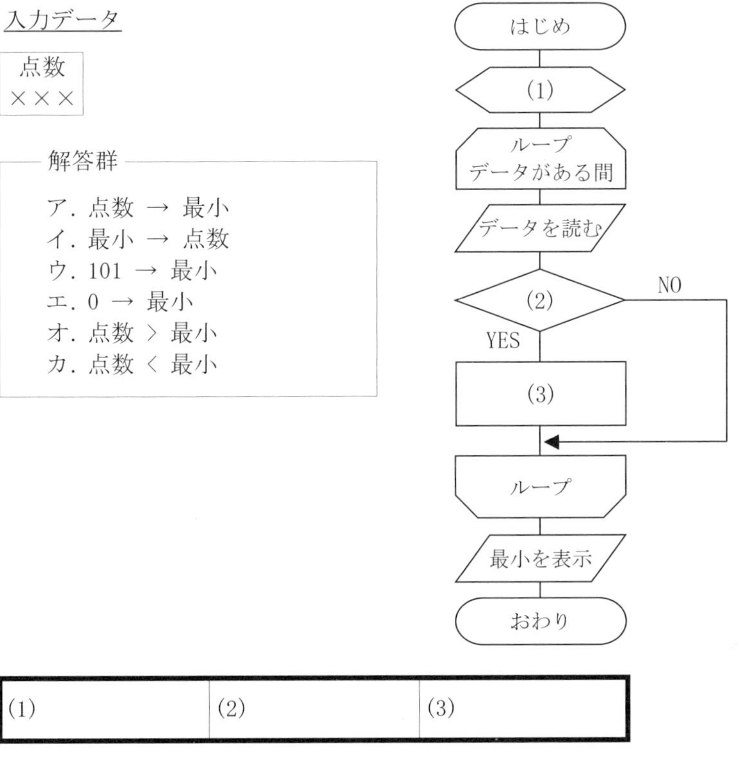

(1)	(2)	(3)

3章（2級）

[3] 流れ図の説明を読んで，流れ図の(1)～(5)にあてはまる答えを解答群から選び，記号で答えなさい。

＜流れ図の説明＞

処理内容

ある本屋の売上データを読み，売上一覧表を表示する。

入力データ

題名 (Dai)	冊数 (Su)	単価 (Tan)
×～×	××	×××

(第１図)

実行結果

(売上一覧表)			
(題名)	(冊数)	(単価)	(売上金額)
アリとカマキリ	5	560	2,800
柿太郎	8	980	7,840
～	～	～	～
手ぬぐい地蔵	3	820	2,460
		(合計)	369,000
		(最大)	9,720
		(最小)	580

(第２図)

処理条件

1. 第１図の入力データを読み，売上金額を次の計算式で求め，題名から売上金額までを第２図のように表示する。
   売上金額 ＝ 冊数 × 単価
2. 入力データが終了したら，売上金額の合計，最大，最小を第２図のように表示する。
3. データにエラーはないものとする。

解答群

ア. Kinを表示
イ. Su × Tan → Kin
ウ. 0 → Min
エ. 99999 → Min
オ. Max → Kin
カ. Maxを表示
キ. Gokei + Kin → Gokei
ク. Kin → Max
ケ. Gokei + 1 → Gokei
コ. 0 → Gokei

＜流れ図＞

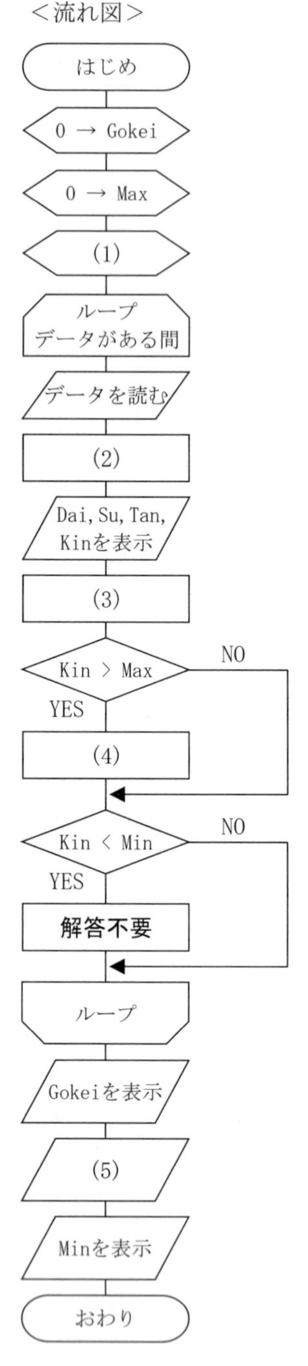

(1)	(2)	(3)	(4)	(5)

[4] 流れ図の説明を読んで，流れ図の(1)～(5)にあてはまる答えを解答群から選び，記号で答えなさい。

＜流れ図の説明＞

処理内容

ある100円ショップの１週間の売上データを読み，売上一覧表を表示する。

入力データ

品番 (Ban)	品名 (Mei)	個数 (Su)
×～×	×～×	×××

（第１図）

実行結果

(売上一覧表)			
(品番)	(品名)	(個数)	(売　上)
10001	鉛筆	14	1,540
10002	ハサミ	8	880
～	～	～	～
94213	紙コップ	7	770
		(合計)	788,480
		(最大)	13,450
		(最小)	110

（第２図）

処理条件

1. 第１図の入力データを読み，売上を次の計算式で求め，品番から売上までを第２図のように表示する。
   売上 ＝ 個数 × 110
2. 入力データが終了したら，売上の合計，売上の最大，売上の最小を第２図のように表示する。
3. データにエラーはないものとする。

解答群

ア．Maxを表示
イ．Uri ＜ Max
ウ．Su × 100 → Uri
エ．Uri ＜ Min
オ．Uri ＞ Max
カ．Ukeiを表示
キ．Uri ＞ Min
ク．Gokei ＋ Uri → Gokei
ケ．Ukei ＋ Uri → Ukei
コ．Minを表示
サ．Su × 110 → Uri

＜流れ図＞

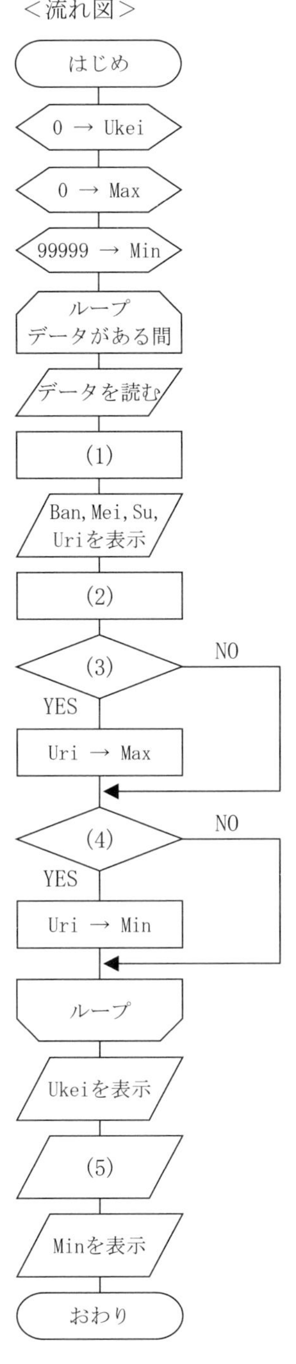

(1)	(2)	(3)	(4)	(5)

3章（2級）

[5] 流れ図の説明を読んで，流れ図の(1)～(5)にあてはまる答えを解答群から選び，記号で答えなさい。

＜流れ図の説明＞

処理内容

自動車メーカーの１年間の売上データを読み，自動車メーカー売上分析を表示する。

入力データ

企業名 (Mei) ×～×	前年 (Zen) ×～×	今年 (Kon) ×～×

（第１図）

実行結果

（自動車メーカー売上分析　単位：億円）			
（企業名）	（前年）	（今年）	（前年比）
トヨダ	300,526	309,215	102
マツタ	36,721	38,489	104
∫	∫	∫	∫
ホンタ	146,011	144,351	98
		（最大）	104
		（最小）	98

（第２図）

処理条件

1. 第１図の入力データを読み，前年比を次の計算式で求め，企業名から前年比までを第２図のように表示する。
   前年比 ＝ 今年 × 100 ÷ 前年
2. 入力データが終了したら，前年比の最大，前年比の最小を第２図のように表示する。
3. データにエラーはないものとする。

解答群

ア．Minを表示
イ．Ritu ＞ Min
ウ．Ritu → Min
エ．0 → Max
オ．Zen × 100 ÷ Kon → Ritu
カ．Ritu → Max
キ．Kon × 100 ÷ Zen → Ritu
ク．Ritu ＜ Min
ケ．Rituを表示
コ．0 → Min

＜流れ図＞

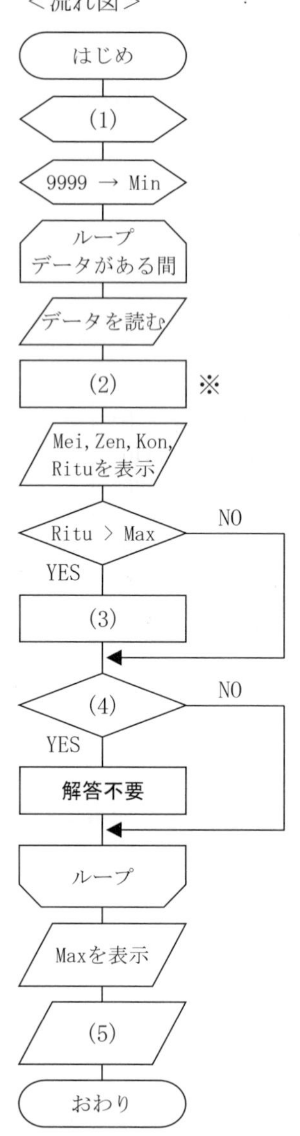

※小数点以下切り捨て

(1)	(2)	(3)	(4)	(5)

3章2節　最大・最小の求め方(応用)

最大・最小を求めるときに，それに付随した情報も必要になることがあります。

次の流れ図では，最大の数量とその品名を求めています。

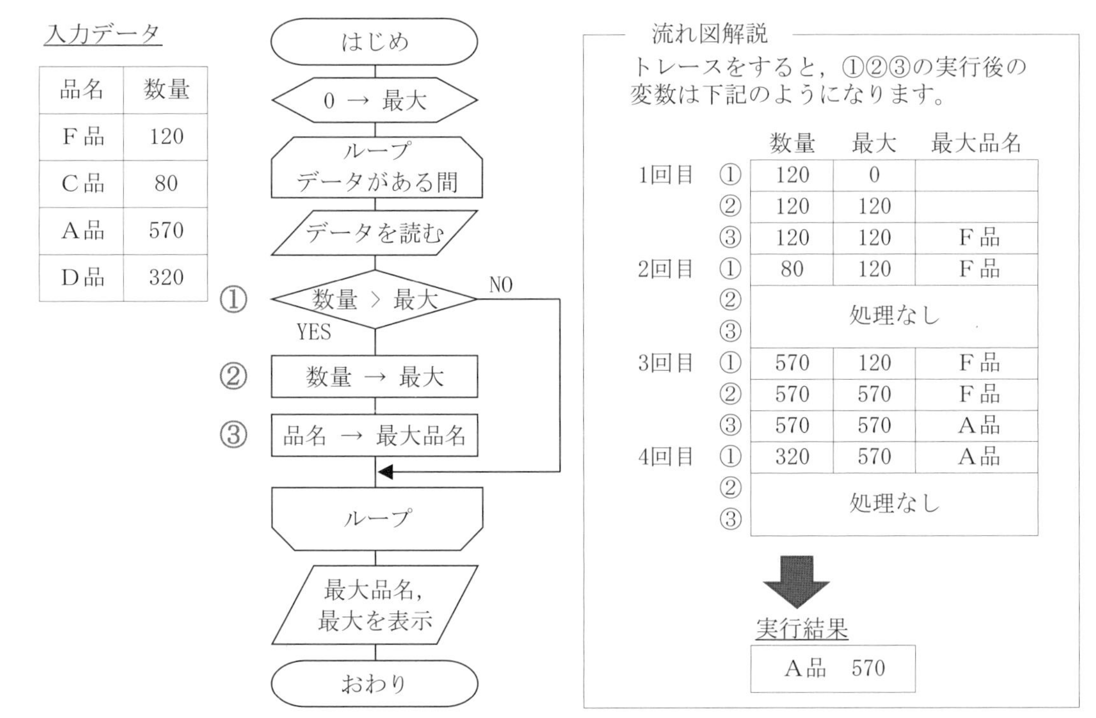

品名	数量
F品	120
C品	80
A品	570
D品	320

		数量	最大	最大品名
1回目	①	120	0	
	②	120	120	
	③	120	120	F品
2回目	①	80	120	F品
	②	処理なし		
	③			
3回目	①	570	120	F品
	②	570	570	F品
	③	570	570	A品
4回目	①	320	570	A品
	②	処理なし		
	③			

数量が最大よりも多いとき，③の処理では，品名を最大品名として保存しています。

上の流れ図では，判断記号の処理は「数量 ＞ 最大」で行っているため，同じ最大値が複数あった場合，後のデータはNOの処理が実行されます。その結果，最大が複数存在した場合，先に入力されたデータが優先されることになります。

次に，先に入力されたデータを優先する流れ図と，後に入力されたデータを優先する流れ図を比較してみましょう。なお最大にはどちらとも0が準備されてあるものとします。

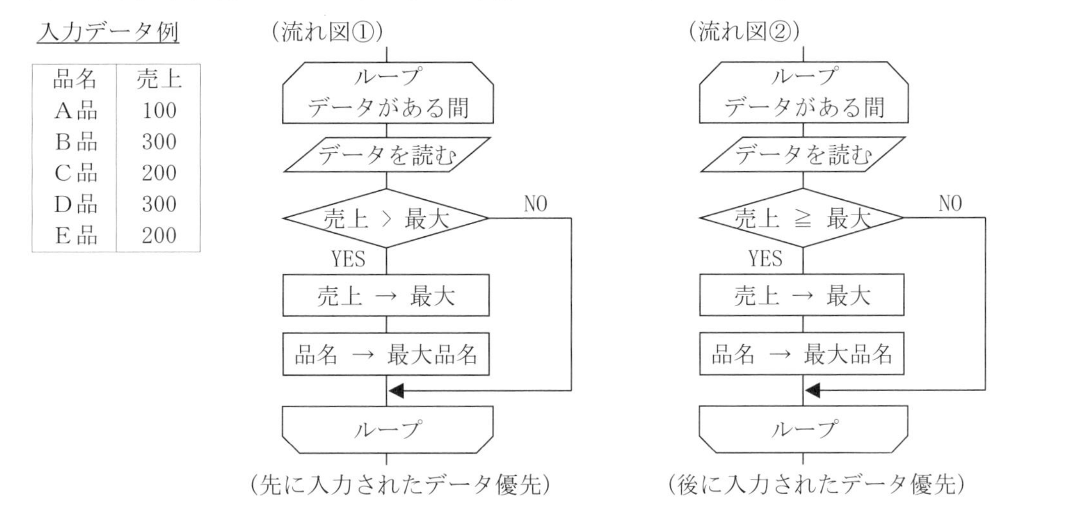

品名	売上
A品	100
B品	300
C品	200
D品	300
E品	200

流れ図①と流れ図②の違いは，判断記号で使う不等号に＝が付くか付かないかの１点です。結果，最大と最大品名が，流れ図①では「B品」と「300」，流れ図②では「D品」と「300」となります。

【3-2】次の問題に答えなさい。

[1] 次の流れ図は，100点満点のテストの最大の点数と，その生徒名を表示する流れ図である。流れ図の(1)～(3)にあてはまる答えを解答群から選び，記号で答えなさい。

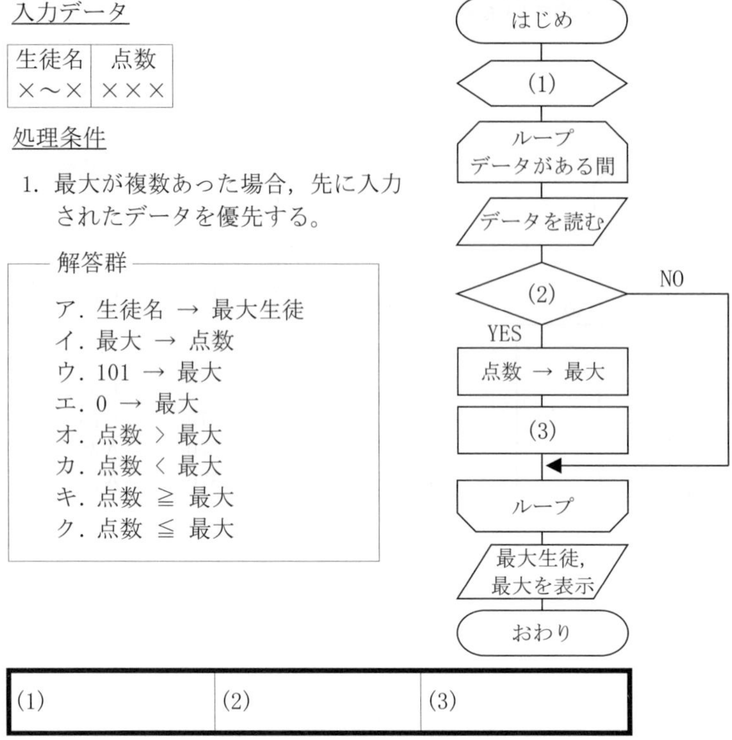

入力データ

生徒名	点数
×～×	×××

処理条件

1. 最大が複数あった場合，先に入力されたデータを優先する。

解答群

ア．生徒名 → 最大生徒
イ．最大 → 点数
ウ．101 → 最大
エ．0 → 最大
オ．点数 ＞ 最大
カ．点数 ＜ 最大
キ．点数 ≧ 最大
ク．点数 ≦ 最大

(1)	(2)	(3)

[2] 次の流れ図は，売上商品の売上数の最小と，その品名を求める流れ図である。流れ図の(1)～(3)にあてはまる答えを解答群から選び，記号で答えなさい。

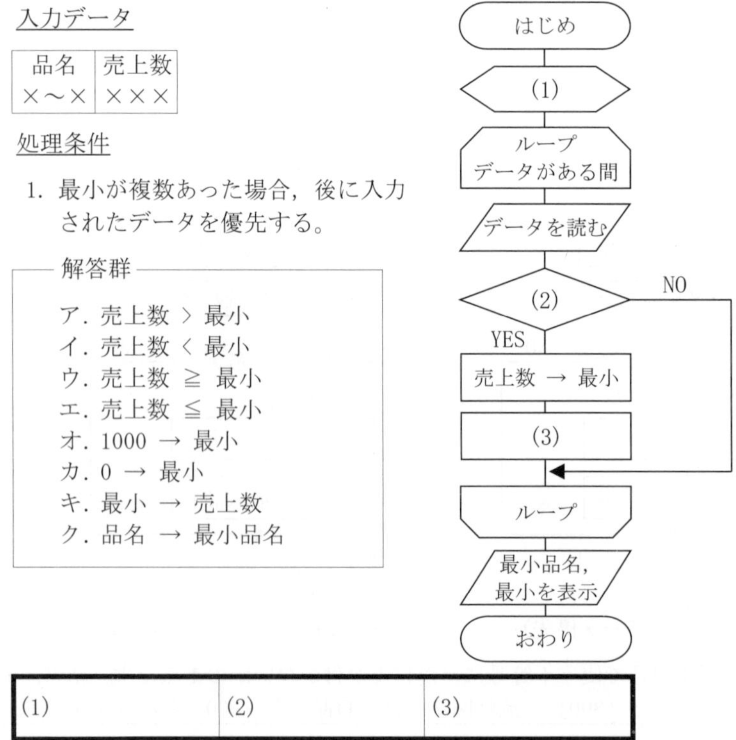

入力データ

品名	売上数
×～×	×××

処理条件

1. 最小が複数あった場合，後に入力されたデータを優先する。

解答群

ア．売上数 ＞ 最小
イ．売上数 ＜ 最小
ウ．売上数 ≧ 最小
エ．売上数 ≦ 最小
オ．1000 → 最小
カ．0 → 最小
キ．最小 → 売上数
ク．品名 → 最小品名

(1)	(2)	(3)

[3] 流れ図の説明を読んで，流れ図の(1)～(7)にあてはまる答えを解答群から選び，記号で答えなさい。

＜流れ図の説明＞

処理内容

ある銭湯の入場者データを読み，１ヵ月の銭湯入場者一覧を表示する。

入力データ

日付 (Hi)	男性 (Dan)	女性 (Jo)
×～×	×××	×××

(第１図)

実行結果

(銭湯入場者一覧)				
(日付)	(男性)	(女性)	(計)	(備考)
3/1	40	32	72	
3/2	51	68	119	○
∫	∫	∫	∫	∫
3/31	24	21	45	
		(計の合計)	1,395	
		(計の最小)	23	
		(計の最小の日)	3/16	

(第２図)

処理条件

1. 第１図の入力データを読み，計を次の計算式で求め，日付から備考までを第２図のように表示する。なお，計が100以上の場合，備考に″○″を表示する。
   計 ＝ 男性 ＋ 女性
2. 入力データが終了したら，計の合計，計の最小，計の最小の日を第２図のように表示する。なお，計の最小の日が複数あった場合，先に入力されたデータを優先する。
3. データにエラーはないものとする。

＜流れ図＞

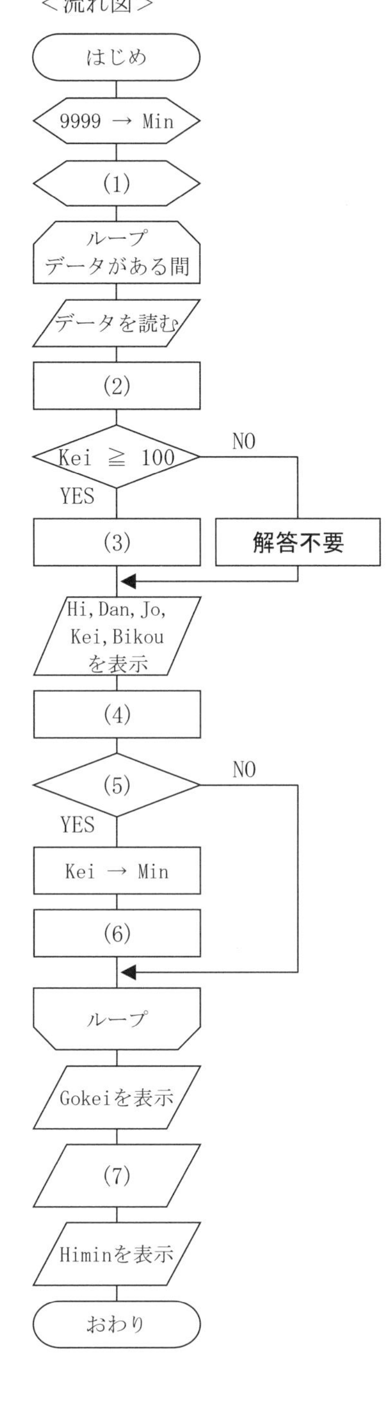

解答群

ア. Dan ＋ Jo → Kei
イ. Kei ＜ Min
ウ. Minを表示
エ. Himin → Hi
オ. ″○″ → Bikou
カ. 0 → Gokei
キ. Kei ≦ Min
ク. ″ ″ → Bikou
ケ. Hi → Himin
コ. Gokei ＋ Kei → Gokei

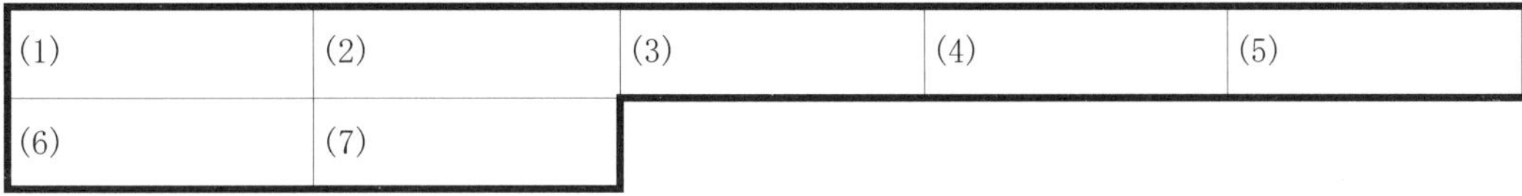

(1)	(2)	(3)	(4)	(5)
(6)	(7)			

[4] 流れ図の説明を読んで，流れ図の(1)～(7)にあてはまる答えを解答群から選び，記号で答えなさい。

＜流れ図の説明＞

処理内容

　検定試験の得点データを読み，検定結果一覧を表示する。

入力データ

受験番号 (Ban)	得点 (Ten)
××××	×××

(第１図)

実行結果

(受験番号)	(得点)	(結果)
3001	78	○
3002	65	
∫	∫	∫
3120	84	○
(最高点)	100	
(最高点受験番号)	3101	
(合格者数)	83	

(検定結果一覧)

(第２図)

処理条件

1. 第１図の入力データを読み，受験番号から結果までを第２図のように表示する。なお，得点が70以上の場合，結果に″○″を表示する。
2. 入力データが終了したら，最高点，最高点受験番号，合格者数を第２図のように表示する。なお，最高点が複数あった場合，後に入力されたデータを優先する。また，合格者数は得点が70以上の件数とする。
3. データにエラーはないものとする。

解答群

ア．999 → Max
イ．Ten → Banmax
ウ．0 → Max
エ．Maxを表示
オ．″ ″ → Bikou
カ．Ban → Banmax
キ．Cnt + Ten → Cnt
ク．Ban, Ten, Bikouを表示
ケ．Ten ＞ Max
コ．Ten ≧ Max
サ．Cnt + 1 → Cnt

＜流れ図＞

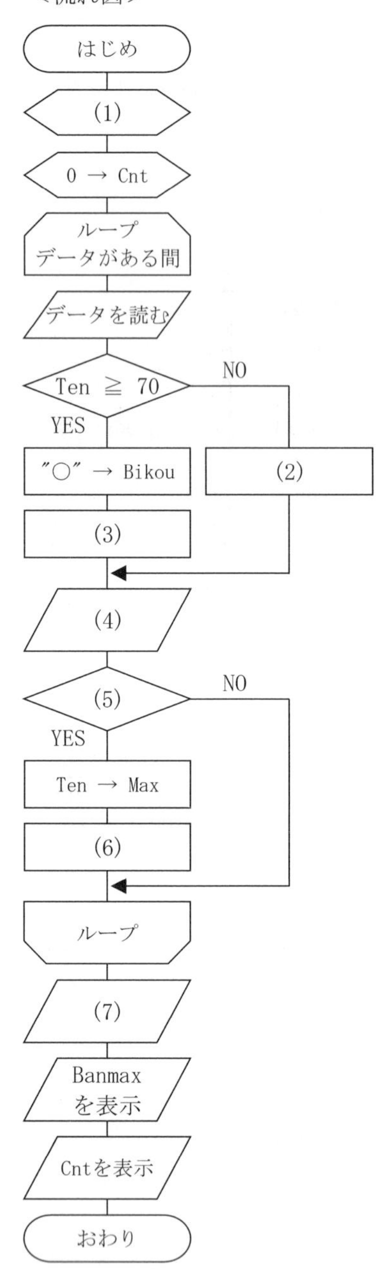

(1)	(2)	(3)	(4)	(5)
(6)	(7)			

[5] 流れ図の説明を読んで，流れ図の(1)～(5)にあてはまる答えを解答群から選び，記号で答えなさい。

＜流れ図の説明＞

処理内容

　ある食堂の一日の売上データを読み，メニューごとの売上数一覧を表示する。

入力データ

メニュー名 (Mei)	数量 (Su)
×～×	×××

（第１図）

実行結果

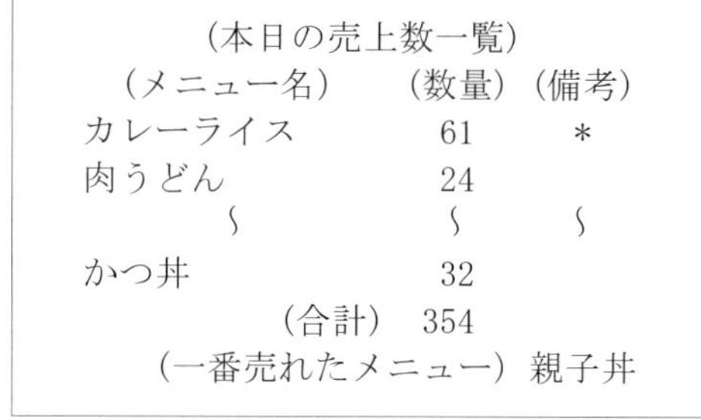
(本日の売上数一覧)
(メニュー名)　(数量)　(備考)
カレーライス　61　＊
肉うどん　24
～　～　～
かつ丼　32
(合計)　354
(一番売れたメニュー)　親子丼

（第２図）

処理条件

1. 第１図の入力データを読み，メニュー名から備考までを第２図のように表示する。なお，数量が50以上の場合，備考に″＊″を表示する。
2. 入力データが終了したら，数量の合計と一番売れたメニューを第２図のように表示する。なお，一番売れたメニューが複数あった場合，先に入力されたデータを優先する。
3. データにエラーはないものとする。

解答群

ア．Max ≦ Su
イ．″＊″ → Bikou
ウ．Max → Su
エ．″ ″ → Bikou
オ．Meimaxを表示
カ．Max ＜ Su
キ．Gokei ＋ Su → Gokei
ク．Maxを表示
ケ．Su ＋ Gokei → Su
コ．Su → Max

＜流れ図＞

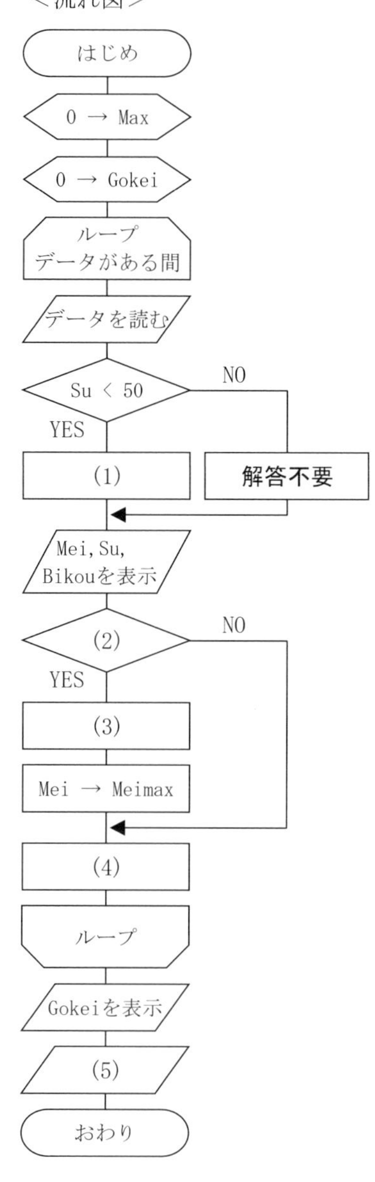

(1)	(2)	(3)	(4)	(5)

3章3節　配列

配列とは複数の変数を１つにまとめて表現する記憶場所です。

ある学校に10人のクラスがあるとします。この10人分の変数を作成すると，次のようになります。

A	B	C	D	E	F	G	H	I	J

一方，配列を使用すると，１つの配列で表現することができます。

SEITO

(0)	(1)	(2)	(3)	(4)	(5)	(6)	(7)	(8)	(9)

← 添字

上の配列はSEITO(0)～SEITO(9)までの10人分の記憶場所を作成しています。このように配列は，配列名と番号で記憶場所を管理します。配列につけられた番号のことを添字(そえじ)といいます。

次に，配列名と添字について理解を深めましょう。

例題1　配列GAKUSEI及び変数Aに下記の値が準備されているとき，各問題に答えましょう。

GAKUSEI

(0)	(1)	(2)	(3)	(4)	(5)	(6)	(7)	(8)	(9)
Aさん	Bさん	Cさん	Dさん	Eさん	Fさん	Gさん	Hさん	Iさん	Jさん

A
3

(1) GAKUSEI(6)の値を答えなさい。
(2) GAKUSEI(8)の値を答えなさい。
(3) GAKUSEI(0)の値を答えなさい。
(4) GAKUSEI(A)の値を答えなさい。
(5) GAKUSEI(A + 1)の値を答えなさい。

(1)	(2)	(3)	(4)	(5)

※添字が変数の場合，その変数の値を代入する必要があります。

例題2　次の配列Rikaが準備されているとき，出力されるKeiの値を答えましょう。

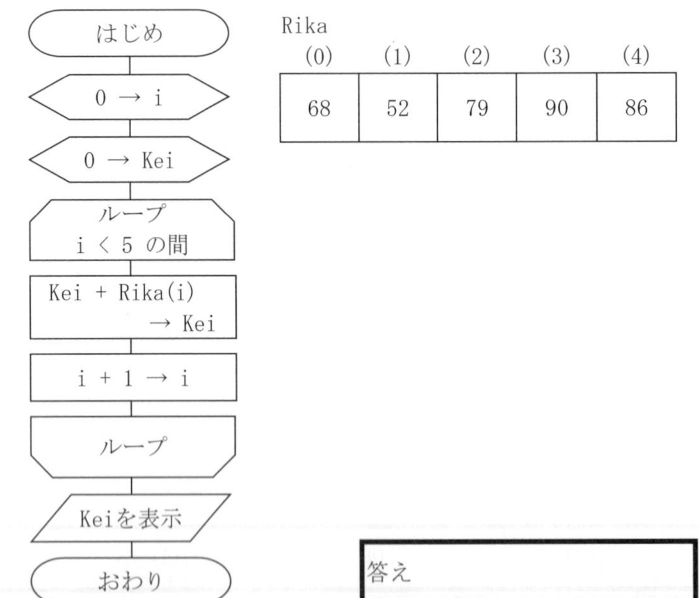

Rika

(0)	(1)	(2)	(3)	(4)
68	52	79	90	86

答え

3章（2級）

【3-3】次の問題に答えなさい。

[1] 下の配列及び変数に次の値が準備されているとき，各問題に答えなさい。

SEITOMEI

(0)	(1)	(2)	(3)	(4)	(5)	(6)	(7)	(8)	(9)
Aさん	Bさん	Cさん	Dさん	Eさん	Fさん	Gさん	Hさん	Iさん	Jさん

G
5

F
3

TOKUTEN

(0)	(1)	(2)	(3)	(4)	(5)	(6)	(7)	(8)	(9)
62	85	73	53	97	87	75	100	48	84

(1) SEITOMEI(7)の値を答えなさい。
(2) TOKUTEN(7)の値を答えなさい。
(3) SEITOMEI(G)の値を答えなさい。
(4) TOKUTEN(F)の値を答えなさい。
(5) TOKUTEN(G + 3)の値を答えなさい。

(1)	(2)	(3)	(4)	(5)

[2] 下の配列及び変数に次の値が準備されているとき，各問題に答えなさい。

Hinmei

(0)	(1)	(2)	(3)	(4)	(5)	(6)	(7)	(8)	(9)
A品	B品	C品	D品	E品	F品	G品	H品	I品	J品

Code
5

Tanka

(0)	(1)	(2)	(3)	(4)	(5)	(6)	(7)	(8)	(9)
62	85	73	53	97	87	75	100	48	84

(1) Hinmei(3)の値を答えなさい。
(2) Hinmei(Code)の値を答えなさい。
(3) Tanka(Code)の値を答えなさい。
(4) Hinmei(Code + 1)の値を答えなさい。
(5) Tanka(Code + 1)の値を答えなさい。

(1)	(2)	(3)	(4)	(5)

[3] 下の配列及び変数に次の値が準備されているとき，各問題に答えなさい。

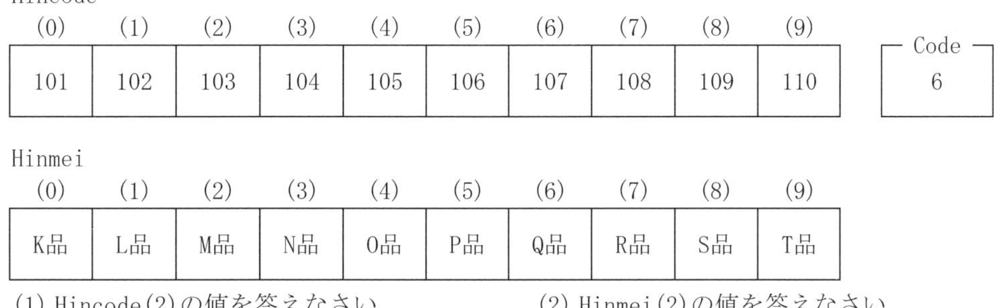

Hincode

(0)	(1)	(2)	(3)	(4)	(5)	(6)	(7)	(8)	(9)
101	102	103	104	105	106	107	108	109	110

Code
6

Hinmei

(0)	(1)	(2)	(3)	(4)	(5)	(6)	(7)	(8)	(9)
K品	L品	M品	N品	O品	P品	Q品	R品	S品	T品

(1) Hincode(2)の値を答えなさい。
(2) Hinmei(2)の値を答えなさい。
(3) Hincode(Code)の値を答えなさい。
(4) Hinmei(Code)の値を答えなさい。
(5) Hincode(Code + 2)の値を答えなさい。

(1)	(2)	(3)	(4)	(5)

[4] 次の配列Syakaiが準備されているとき，表示されるGouの値を答えなさい。

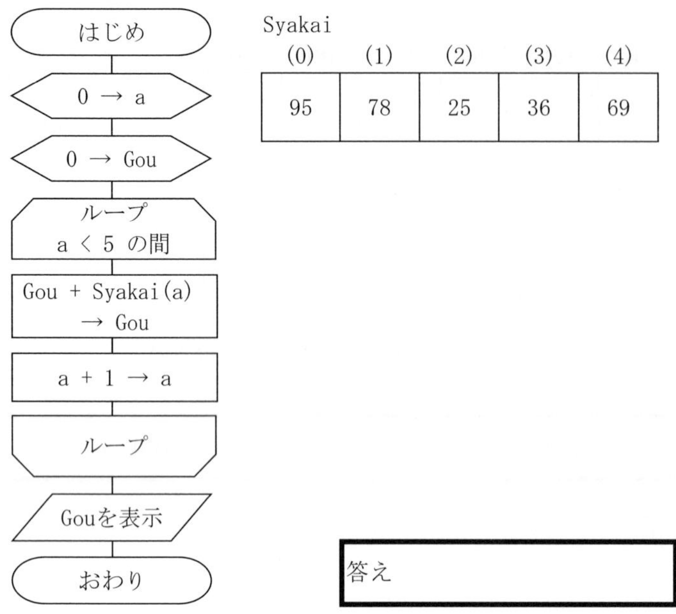

Syakai

(0)	(1)	(2)	(3)	(4)
95	78	25	36	69

答え

[5] 次の配列Kokuが準備されているとき，表示されるKeiの値を答えなさい。

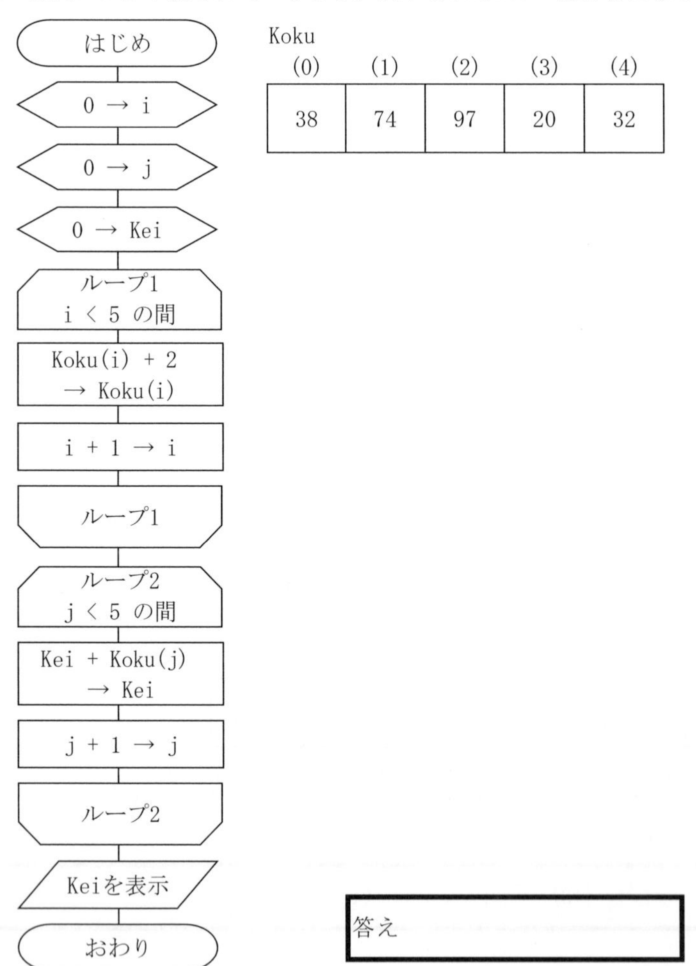

Koku

(0)	(1)	(2)	(3)	(4)
38	74	97	20	32

答え

3章4節　配列を活用した集計

配列を活用すると，データごとに効率よく集計できます。

動画URL

下の流れ図を見てください。この流れ図は部門ごとに売上数を集計する流れ図です。なお，配列Bumonと配列Uriageにはあらかじめ次のデータが記憶されています。

入力データ

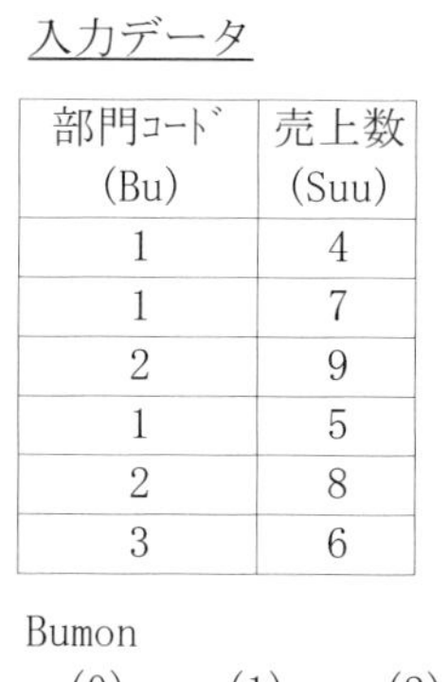

部門ｺｰﾄﾞ (Bu)	売上数 (Suu)
1	4
1	7
2	9
1	5
2	8
3	6

Bumon

(0)	(1)	(2)	(3)
	精肉	パン	惣菜

Uriage

(0)	(1)	(2)	(3)
	0	0	0

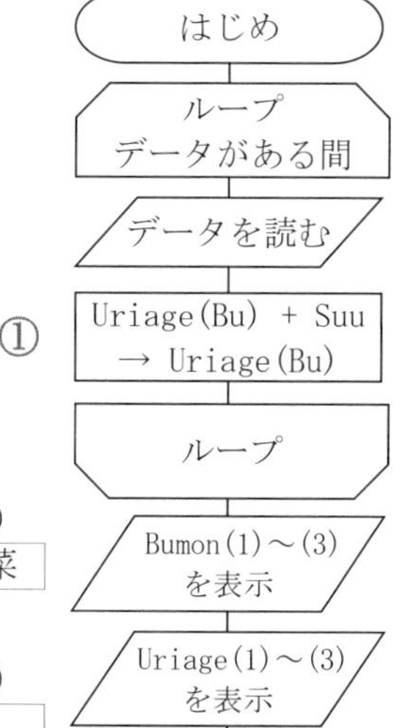

流れ図解説

①の処理の変数Bu, Suuに値を代入すると下記のようになります。

1回目　Uriage(1) + 4 → Uriage(1)
2回目　Uriage(1) + 7 → Uriage(1)
3回目　Uriage(2) + 9 → Uriage(2)
4回目　Uriage(1) + 5 → Uriage(1)
5回目　Uriage(2) + 8 → Uriage(2)
6回目　Uriage(3) + 6 → Uriage(3)

今回は変数Buの値が合計したい配列の添字を表しています。また，実行結果は下記のとおりです。

精肉	パン	惣菜
16	17	6

配列を２つ以上作成する場合，添字を対応させることが多いです。今回は配列Bumonと配列Uriageの添字が対応しており，Bumon(1)の精肉はUriage(1)に売上数を集計しています。また，部門コードとUriageの添字も対応しており，部門コードを活用することで，部門ごとの売上数を集計しています。

例題1　次の流れ図は人気商品の投票数の集計を行う流れ図です。最後に表示されるKensuu(1)～(3)の値を答えましょう。

入力データ

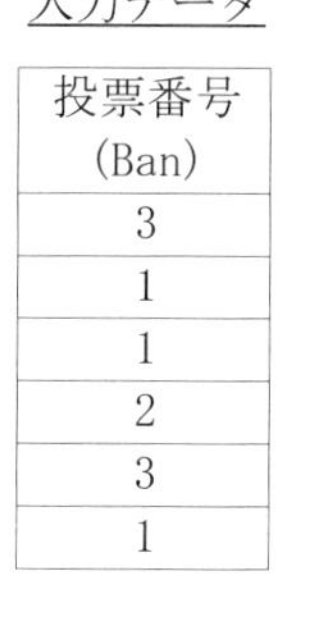

投票番号 (Ban)
3
1
1
2
3
1

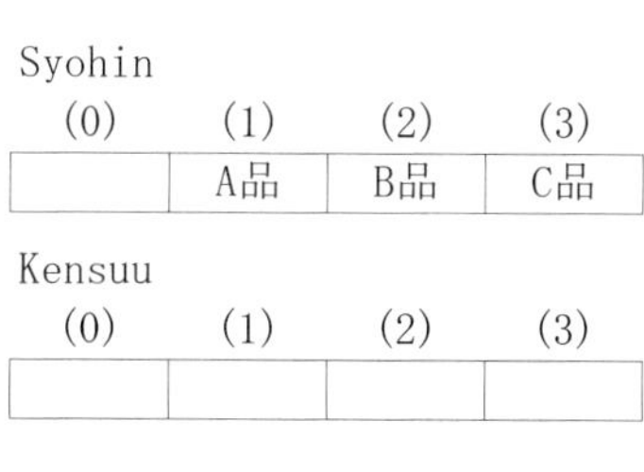

Syohin

(0)	(1)	(2)	(3)
	A品	B品	C品

Kensuu

(0)	(1)	(2)	(3)

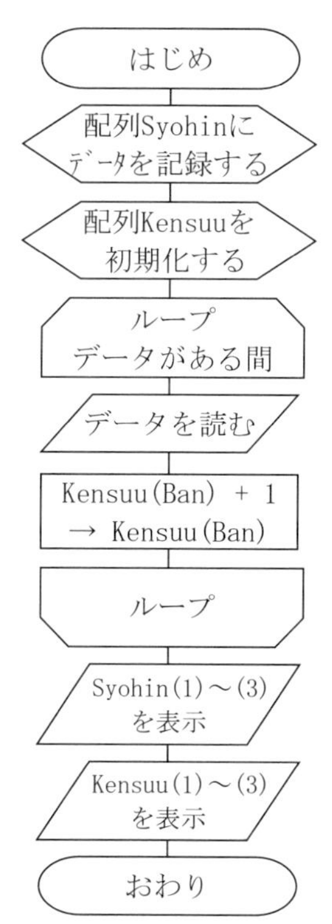

<解答欄>

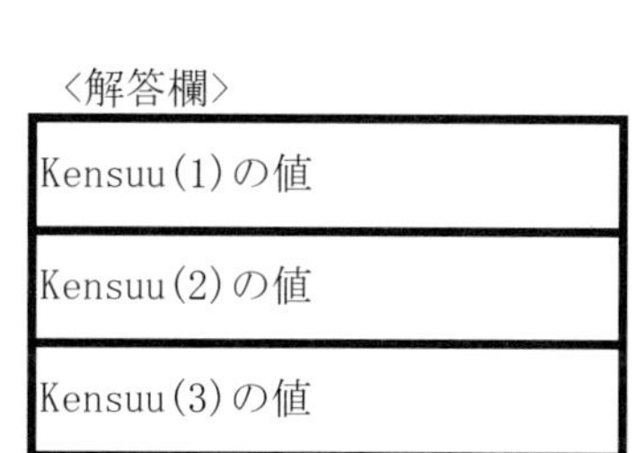

Kensuu(1)の値	
Kensuu(2)の値	
Kensuu(3)の値	

3章（2級）

【3-4】次の問題に答えなさい。

[1] 次の流れ図にしたがって処理するとき，最後に表示されるKei(0)～(2)の値を答えなさい。

入力データ

支店ｺｰﾄﾞ (Si)	売上数 (Uri)
0	154
1	213
2	271
2	236
0	228
1	174

Siten

(0)	(1)	(2)
広島支店	山口支店	島根支店

Kei

(0)	(1)	(2)

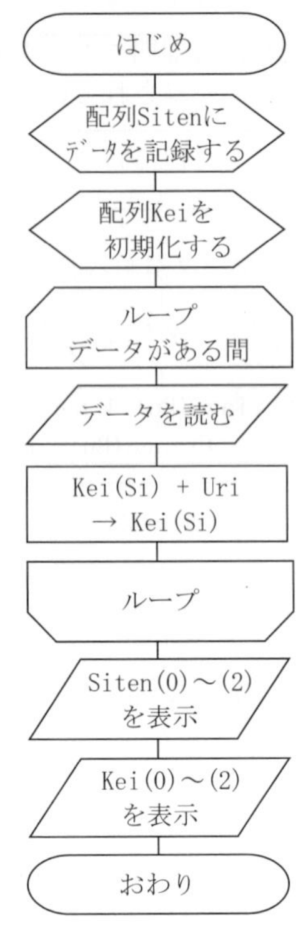

〈解答欄〉

Kei(0)の値
Kei(1)の値
Kei(2)の値

[2] 次の流れ図にしたがって処理するとき，最後に表示されるSyukei(1)～(3)の値を答えなさい。

入力データ

生徒番号 (Seito)	級 (Kyuu)
2501	2
2502	2
2503	3
2504	2
2505	1
2506	2
2507	3

Grade

(0)	(1)	(2)	(3)
	1級	2級	3級

Syukei

(0)	(1)	(2)	(3)

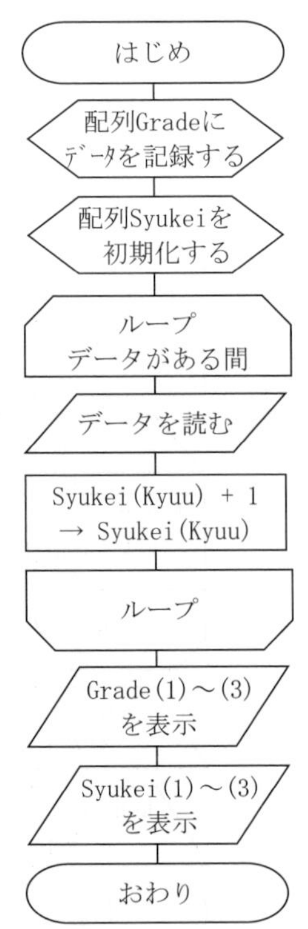

〈解答欄〉

Syukei(1)の値
Syukei(2)の値
Syukei(3)の値

3章（2級）

[3] 次の流れ図にしたがって処理するとき，最後に表示されるSakuten(1)～(3)の値を答えなさい。

入力データ

作品番号 (Ban)	点数 (Ten)
2	10
1	9
3	8
2	10
3	9
1	9

Sakuhin

(0)	(1)	(2)	(3)
	夕焼け	夢の町	青い炎

Sakuten

(0)	(1)	(2)	(3)

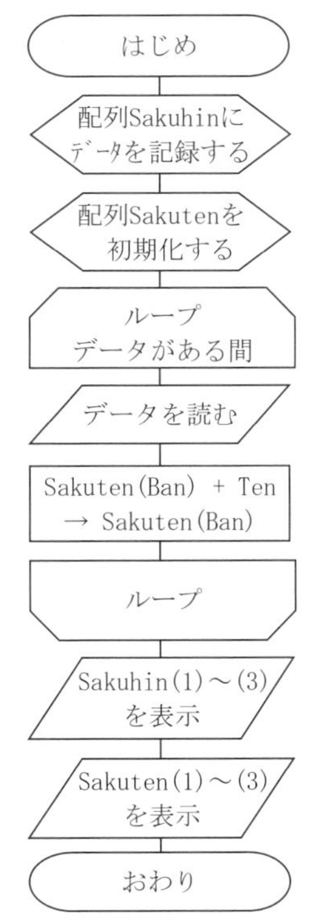

[4] 次の流れ図にしたがって処理するとき，最後に表示されるTotal(0)～(3)の値を答えなさい。

入力データ

社員ＩＤ (Id)	通勤方法 (Tuu)
1201	2
1308	2
1205	3
1422	2
1202	1
1305	2
1403	3
1407	3
1211	0
1315	1

Houhou

(0)	(1)	(2)	(3)
自転車	バス	自動車	その他

Total

(0)	(1)	(2)	(3)

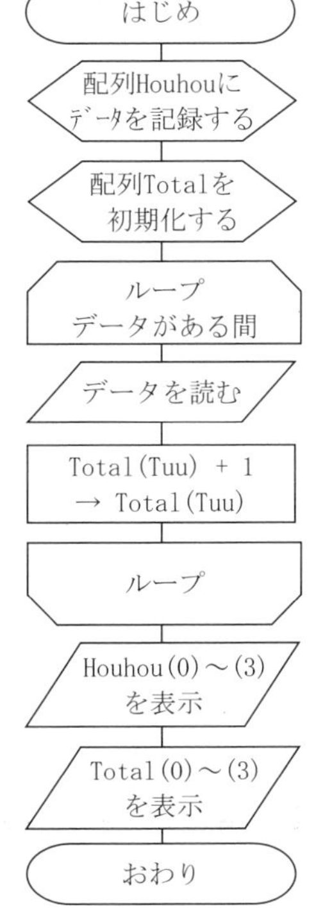

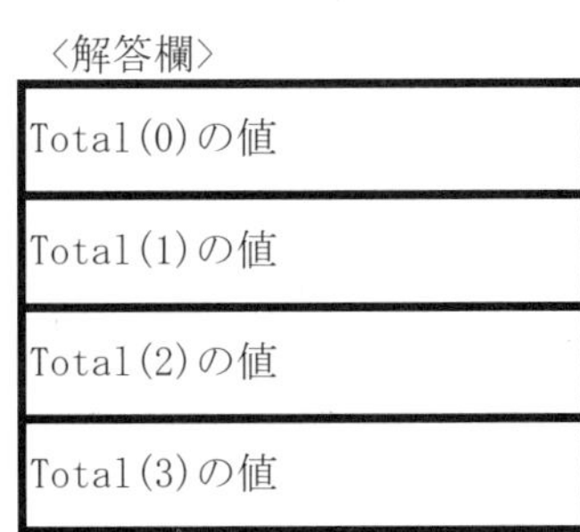

3章5節　配列とループ記号

これまで学習したループ記号は，例えば「h ＜ 30 の間」といった繰返し条件のみを使ったものでしたが，その他にもループ記号でできることがあります。

上の流れ図を実行すると47が表示されます。ループ記号の中は「pは1から1ずつ増やして　p ＜ 6 の間」となっているため，pは1から始まり，ループするたびに2・3・4と1ずつ増えていきます。そしてpが6になると同時にループを抜けてGokeiを表示しています。

上のループ記号はよく使うのでしっかり理解しましょう。また，このループを応用すると配列を効率よく出力できます。

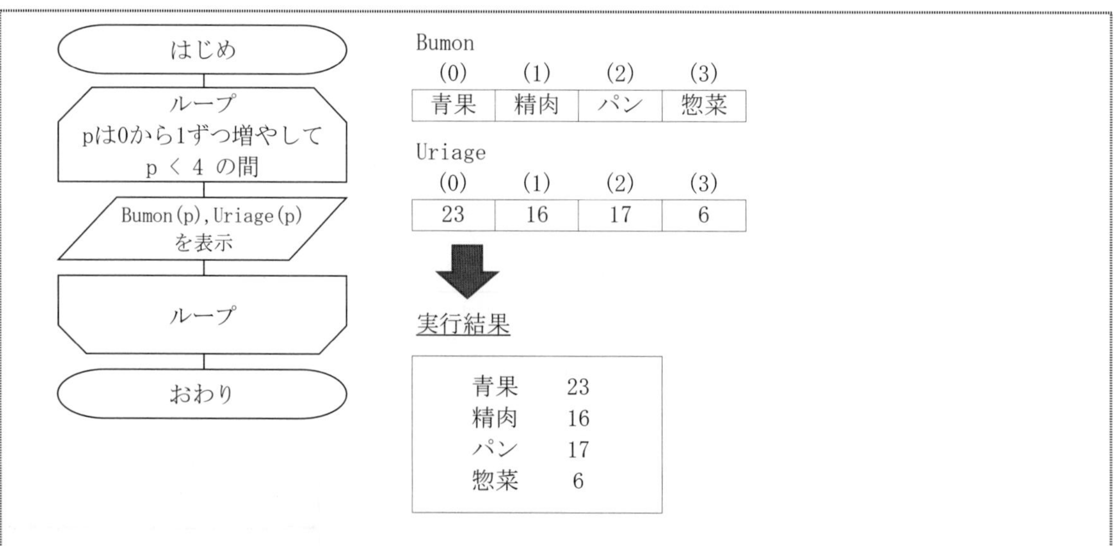

上の流れ図を実行すると，配列Bumonとそれに対応している配列Uriageを同時に出力することができ，配列を出力する際にとても便利です。

【3-5】次の問題に答えなさい。

[1] 次の流れ図にしたがって処理するとき，最後に表示されるSyukeiの値を答えなさい。

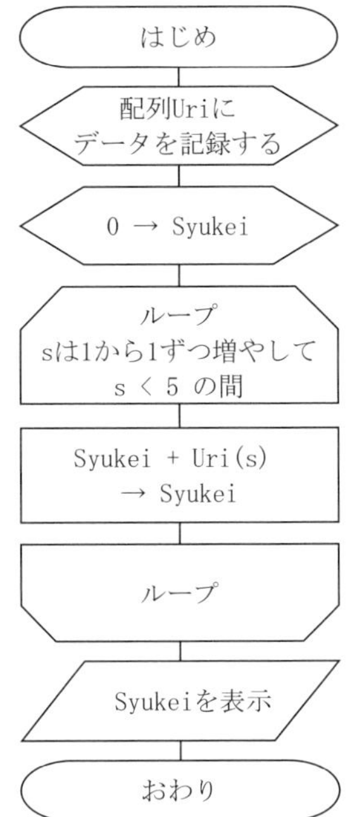

Uri

(0)	(1)	(2)	(3)	(4)	(5)
5	35	12	28	37	6

答え

[2] 次の流れ図にしたがって処理するとき，①で３回目に出力される値を答えなさい。

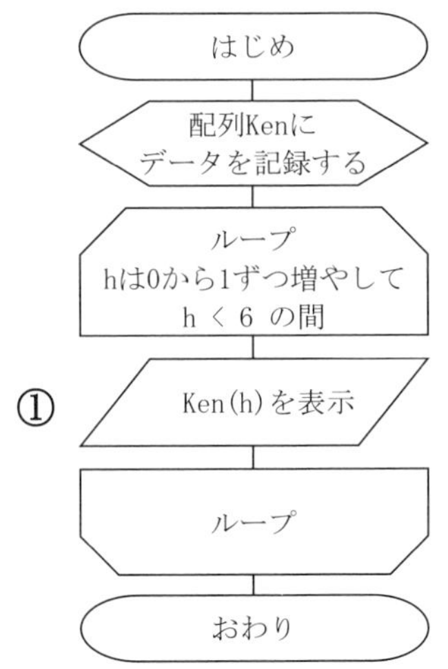

Ken

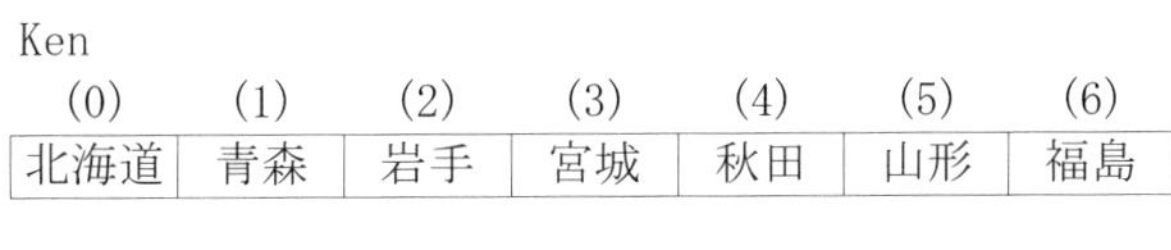

(0)	(1)	(2)	(3)	(4)	(5)	(6)
北海道	青森	岩手	宮城	秋田	山形	福島

答え

[3] 流れ図の説明を読んで，流れ図の(1)～(4)にあてはまる答えを解答群から選び，記号で答えなさい。

＜流れ図の説明＞

処理内容

あるスポーツ用品店の売上データを読み，商品別売上一覧表とメーカー別売上一覧表を表示する。

入力データ

商品番号 (Ban)	数量 (Su)	単価 (Tan)	メーカー番号 (Mcode)
×～×	×××	×～×	×

(第１図)

実行結果

(商品別売上一覧表)

(商品番号)	(数量)	(単価)	(売上金額)	(備考)
32JC8021	15	3,989	59,835	
32JX9207	98	1,030	100,940	*
∫	∫	∫	∫	∫

(メーカー別売上一覧表)

(メーカー名)	(売上金額合計)
A社	1,258,796
B社	1,874,358
∫	∫
(総合計)	5,536,691

(第２図)

処理条件

1. メーカー番号は１(A社)～４(D社)である。
2. 配列Mmeiにメーカー名を記憶する。なお，Mmeiの添字はメーカー番号と対応している。

   配列

Mmei	(0)	(1)	(2)	(3)	(4)
		A社	B社	C社	D社

3. 第１図の入力データを読み，次の処理を行う。
   - 売上金額を次の計算式で求め，商品番号から備考までを第２図のように表示する。なお，備考は売上金額が100,000を超える場合は"*"を表示する。

     売上金額 ＝ 数量 × 単価
   - メーカーごとに配列Mkinに売上金額を集計する。なお，Mkin(0)には総合計を求める。また，Mkinの添字はメーカー番号と対応している。

     配列

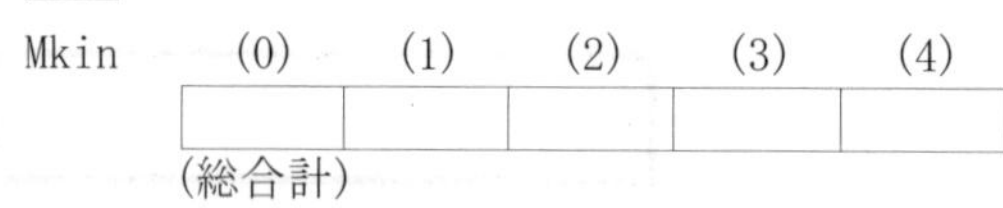

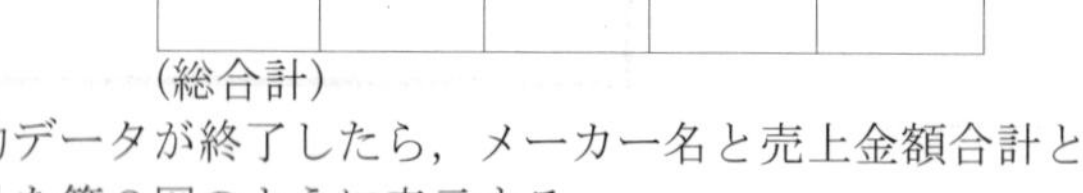

Mkin	(0)	(1)	(2)	(3)	(4)
	(総合計)				

4. 入力データが終了したら，メーカー名と売上金額合計と総合計を第２図のように表示する。
5. データにエラーはないものとする。

＜流れ図＞

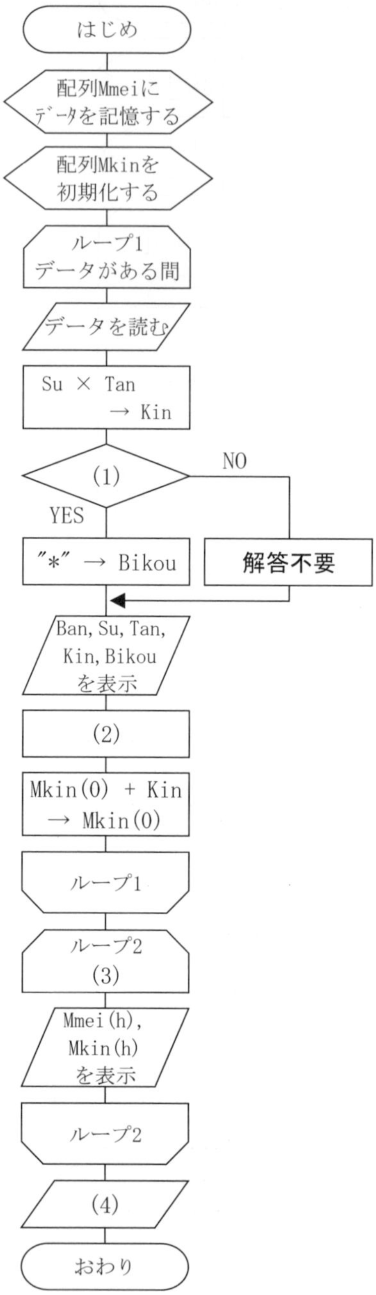

```
はじめ
配列Mmeiにデータを記憶する
配列Mkinを初期化する
ループ1 データがある間
  データを読む
  Su × Tan → Kin
  (1)  YES: "*" → Bikou
       NO: 解答不要
  Ban, Su, Tan, Kin, Bikou を表示
  (2)
  Mkin(0) + Kin → Mkin(0)
ループ1
ループ2 (3)
  Mmei(h), Mkin(h) を表示
ループ2
(4)
おわり
```

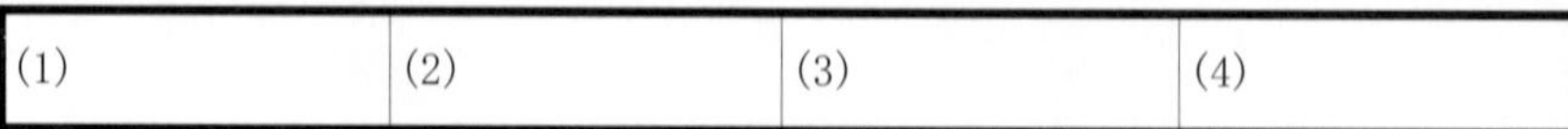

解答群

ア．Kin ＞ 100000　　イ．Kin ≧ 100000　　ウ．hは1から1ずつ増やして h ＜ 5 の間

エ．Mkin(h)を表示　　オ．Mkin(0)を表示　　カ．kは1から1ずつ増やして k ＜ 5 の間

キ．Mkin(Ban) ＋ Kin → Mkin(Ban)　　ク．Mkin(Mcode) ＋ Kin → Mkin(Mcode)

(1)	(2)	(3)	(4)

[4] 流れ図の説明を読んで，流れ図の(1)～(4)にあてはまる答えを解答群から選び，記号で答えなさい。

＜流れ図の説明＞

処理内容

あるコンビニの１ヵ月の売上データを読み，売上一覧表と年代別売上人数一覧表を表示する。

入力データ

日付 (Hi)	売上金額 (Kin)	年代番号 (Nban)
×～×	×～×	×

(第１図)

実行結果

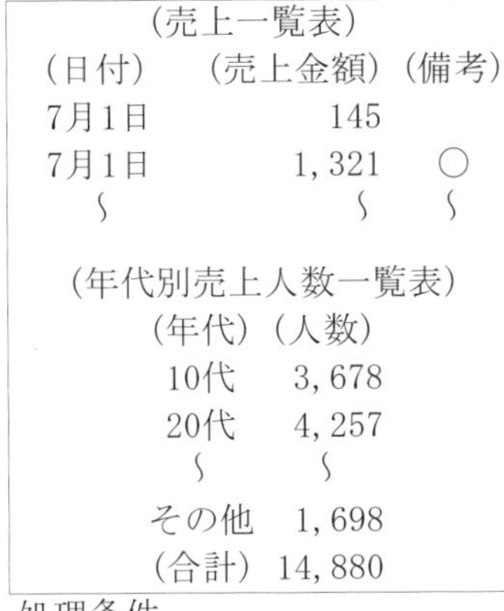

(売上一覧表)

(日付)	(売上金額)	(備考)
7月1日	145	
7月1日	1,321	○
～	～	～

(年代別売上人数一覧表)

(年代)	(人数)
10代	3,678
20代	4,257
～	～
その他	1,698
(合計)	14,880

(第２図)

処理条件

1. 年代番号は，１～６までの数値が入力されている。
2. 配列Nendaiに年代を記憶する。なお，Nendaiの添字は年代番号と対応している。

配列

Nendai	(0)	(1)	(2)	～	(5)	(6)
		10代	20代	～	50代	その他

3. 第１図の入力データを読み，次の処理を行う。
   - 日付から備考までを第２図のように表示する。なお，備考は売上金額が1,000円以上の場合は"○"を表示する。
   - 年代ごとに配列Ninにデータ件数を集計する。なお，Nin(0)にはデータ件数の合計を求める。また，Ninの添字は年代番号と対応している。

配列

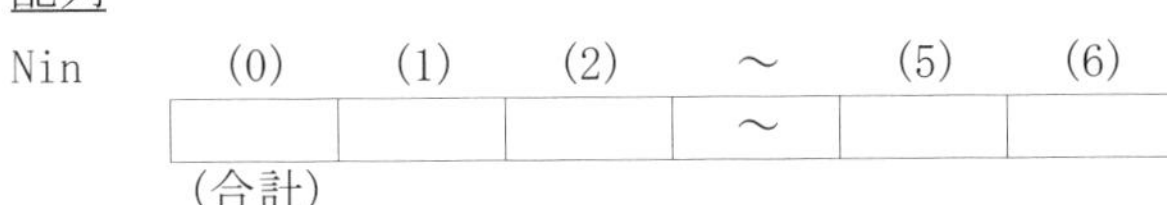

Nin	(0)	(1)	(2)	～	(5)	(6)
				～		
	(合計)					

4. 入力データが終了したら，年代，人数，合計を第２図のように表示する。
5. データにエラーはないものとする。

＜流れ図＞

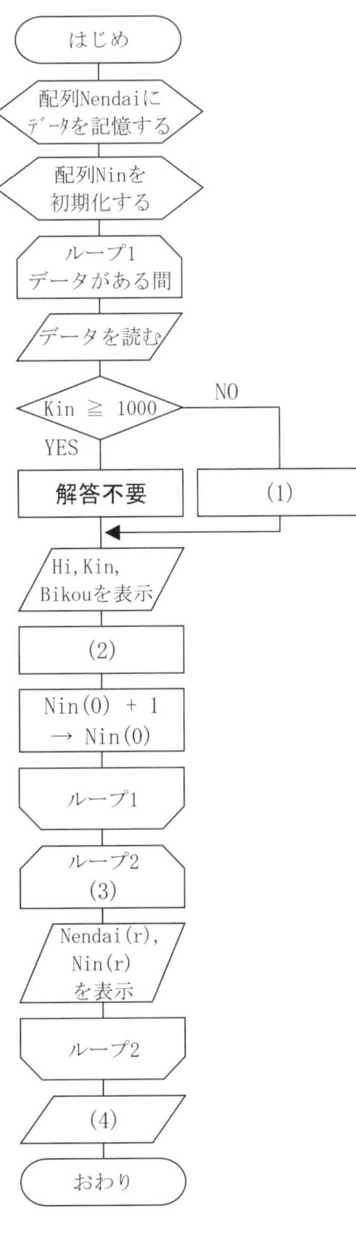

解答群

ア. Nin(0)を表示　　イ. Nin(r)を表示　　ウ. rは1から1ずつ増やして r ≦ 7 の間

エ. "○" → Bikou　　オ. "　" → Bikou　　カ. rは1から1ずつ増やして r ≦ 6 の間

キ. Nin(Nban) + 1 → Nin(Nban)　　ク. Nin(Nban) + Kin → Nin(Nban)

(1)	(2)	(3)	(4)

3章(2級)

[5] 流れ図の説明を読んで，流れ図の(1)〜(3)にあてはまる答えを解答群から選び，記号で答えなさい。

＜流れ図の説明＞

処理内容

あるドラッグストアの売上データを読み，売上一覧表と性別ごとの売上金額の平均を表示する。

入力データ

伝票番号 (Dban)	性別番号 (Sban)	売上金額 (Ukin)
×〜×	×	×〜×

(第１図)

実行結果

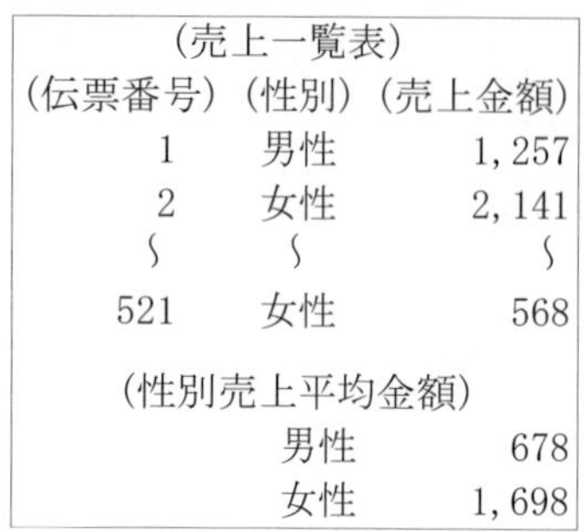

(売上一覧表)

(伝票番号)	(性別)	(売上金額)
1	男性	1,257
2	女性	2,141
⟆	⟆	⟆
521	女性	568

(性別売上平均金額)

男性	678
女性	1,698

(第２図)

処理条件

1. 性別番号は１（男），２（女）である。
2. 配列Seiに性別を記憶する。なお，Seiの添字は性別番号と対応している。

   配列

Sei	(0)	(1)	(2)
		男性	女性

3. 第１図の入力データを読み，次の処理を行う。
   - 伝票番号から売上金額までを第２図のように表示する。
   - 性別ごとに配列Skinに売上金額を，配列Scntにデータ件数を集計する。なお，SkinとScntの添字は性別番号と対応している。

   配列

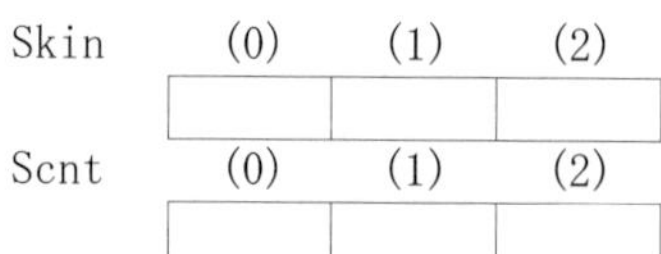

Skin	(0)	(1)	(2)

Scnt	(0)	(1)	(2)

4. 入力データが終了したら，売上平均金額を次の計算式を参考にして求め，性別売上平均金額を第２図のように表示する。

   売上平均金額(男) ＝ 売上金額合計(男) ÷ データ件数(男)

5. データにエラーはないものとする。

＜流れ図＞

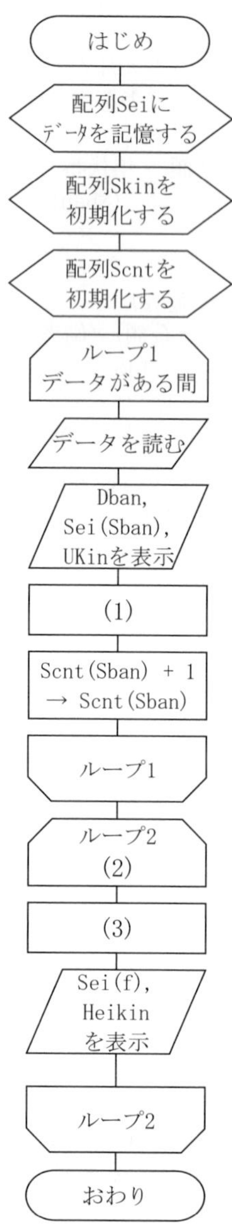

解答群

ア. Skin(Sban) + Ukin → Skin(Sban)	イ. fは1から1ずつ増やして f ＜ 2 の間
ウ. Skin(Sban) + 1 → Skin(Sban)	エ. fは1から1ずつ増やして f ≦ 2 の間
オ. Skin(f) ÷ Scnt(f) → Heikin	カ. Scnt(f) ÷ Skin(f) → Heikin

(1)	(2)	(3)

3章（2級）

[6] 流れ図の説明を読んで，流れ図の(1)～(4)にあてはまる答えを解答群から選び，記号で答えなさい。

＜流れ図の説明＞

処理内容

　ある地域の温泉旅館の１ヵ月間の売上データを読み，旅館別来客数一覧を表示する。

入力データ

日付 (Hi)	旅館ｺｰﾄﾞ (Rcd)	温泉利用数 (Osu)	宿泊客数 (Ssu)
×～×	×	×～×	×～×

(第１図)

実行結果

(旅館別来客数一覧)			
(旅館名)	(温泉利用数)	(宿泊客数)	(備考)
やすらぎの湯	1,271	975	
ぽっぽの湯	1,476	1,215	
湯の里	1,963	1,147	○
	(総計)	3,337	

(第２図)

処理条件

1. 旅館コードは０～２までの数値が入力されている。
2. 配列Yadoに旅館名を記憶する。なお，Yadoの添字は旅館コードと対応している。

   配列

Yado	(0)	(1)	(2)
	やすらぎの湯	ぽっぽの湯	湯の里

3. 第１図の入力データを読み，配列Okeiに温泉利用数を，配列Skeiに宿泊客数を旅館別に集計する。なお，OkeiとSkeiの添字は旅館コードと対応している。

   配列

   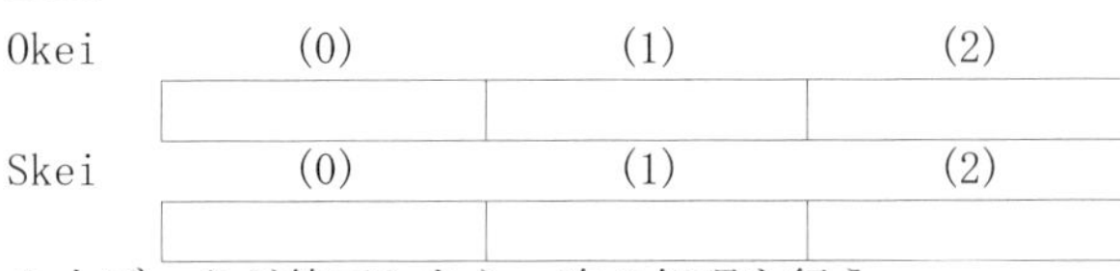

4. 入力データが終了したら，次の処理を行う。
   - 旅館ごとに，旅館名，温泉利用数，宿泊客数，備考を第２図のように表示する。なお，備考は温泉利用数が1,500を超える場合は"○"を表示する。
   - 宿泊客数の総計を求め，第２図のように表示する。
5. データにエラーはないものとする。

＜流れ図＞

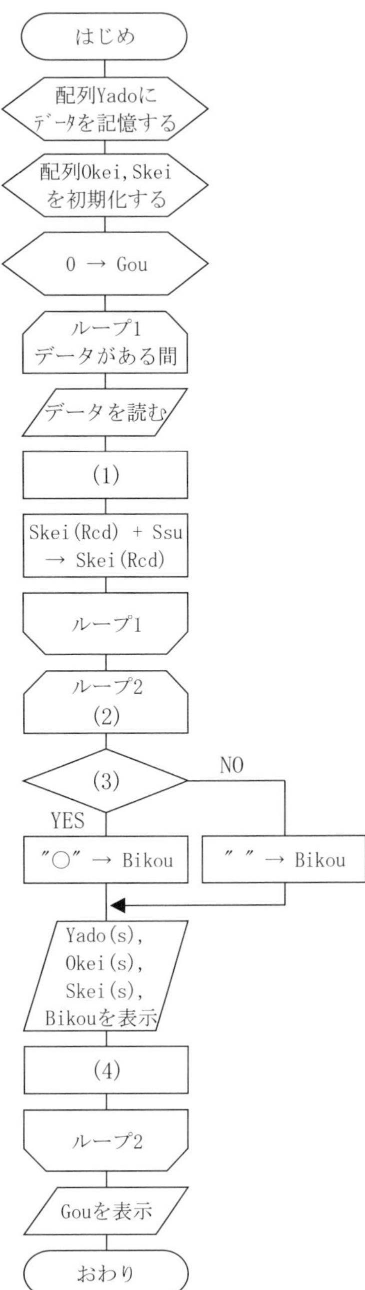

解答群

ア．Gou + Ssu → Gou	イ．Osu ＞ 1500	ウ．sは1から1ずつ増やして s ≦ 2 の間
エ．Gou + Skei(s) → Gou	オ．Okei(s) ＞ 1500	カ．sは0から1ずつ増やして s ＜ 3 の間
キ．Okei(Rcd) + Osu → Okei(Rcd)	ク．Okei(Rcd) + 1 → Okei(Rcd)	

(1)	(2)	(3)	(4)

3章(2級)

3章6節　配列と入力データ

動画URL

入力データの中には，複数の情報を一つにまとめたものがあります。

下の入力データを見てみましょう。

入力データ

生徒番号 (Ban)	得点 (Ten)
2305	10
2114	8
2227	7
2302	8
2117	7
2228	7

配列

Kumi

(0)	(1)	(2)	(3)
	1組	2組	3組

Tokuten

(0)	(1)	(2)	(3)

今回の入力データの生徒番号は全て2年生のデータです。また，次の構成で作成されています。

例　2125　→　2 年 1 組 2 5 番

例えば，生徒番号から組を取り出すことは，次の計算式でできます。

組 ＝ （生徒番号 － 2000） ÷ 100　　　※小数点以下切り捨て

上の入力データと配列をもとに組ごとの得点の合計を求めたものが，下の流れ図です。

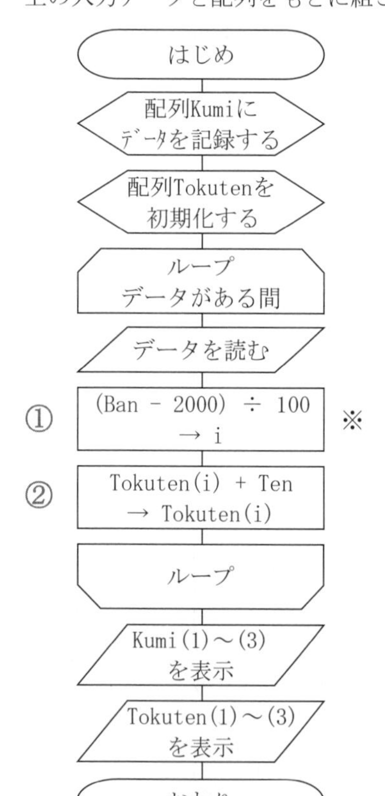

流れ図解説

①の処理は生徒番号から組を抜き出しています。
①と②の処理の変数Ban，i，Tenに値を代入すると下記のようになります。

1件目　① (2305 － 2000) ÷ 100 → 3
　　　　② Tokuten(3) ＋ 10 → Tokuten(3)
2件目　① (2114 － 2000) ÷ 100 → 1
　　　　② Tokuten(1) ＋ 8 → Tokuten(1)
3件目　① (2227 － 2000) ÷ 100 → 2
　　　　② Tokuten(2) ＋ 7 → Tokuten(2)
4件目　① (2302 － 2000) ÷ 100 → 3
　　　　② Tokuten(3) ＋ 8 → Tokuten(3)
5件目　① (2117 － 2000) ÷ 100 → 1
　　　　② Tokuten(1) ＋ 7 → Tokuten(1)
6件目　① (2228 － 2000) ÷ 100 → 2
　　　　② Tokuten(2) ＋ 7 → Tokuten(2)

上記の結果，①の処理で組の値を求め，②の処理で該当の組に得点を集計しています。

実行結果

1組	2組	3組
15	14	18

※　小数点以下切り捨て

このように，入力データを計算式で加工することにより各クラスの合計を求めることができています。

配列を使った集計では，上の流れ図のように添字の値を計算式で求めることはよくあることです。とても大切な考え方ですのでしっかり理解しましょう。

3章（2級）

【3-6】次の問題に答えなさい。

[1] 次の流れ図にしたがって処理するとき，最後に表示されるGkei(1)～(3)の値を答えなさい。

はじめ
配列Gkeiを初期化する
ループ データがある間
データを読む
Scode ÷ 1000 → t
Gkei(t) + Ten → Gkei(t)
ループ
Gkei(1)～(3)を表示
おわり

※ 小数点以下切り捨て

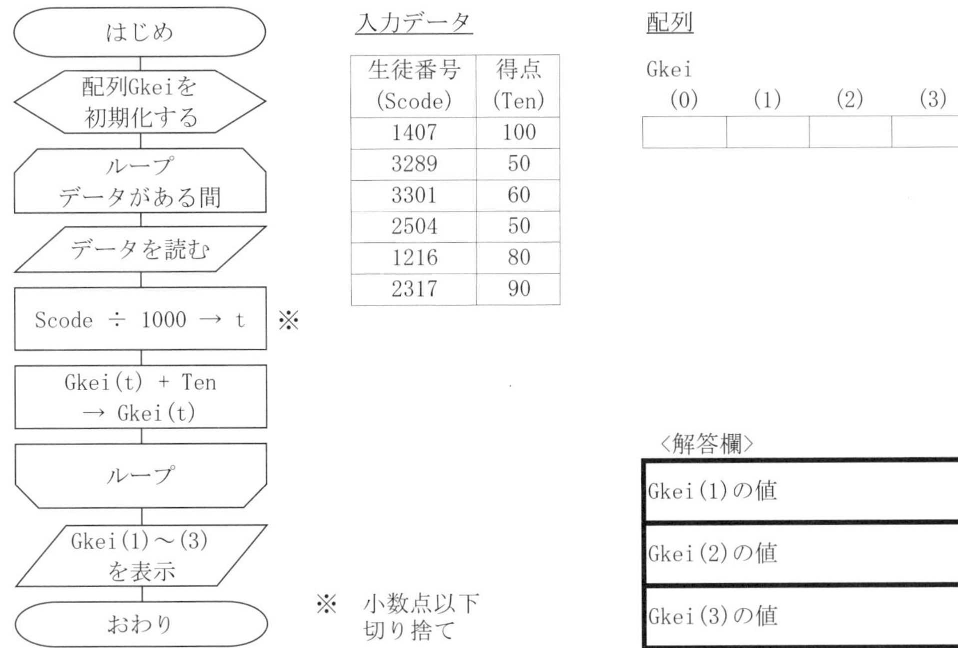

入力データ

生徒番号(Scode)	得点(Ten)
1407	100
3289	50
3301	60
2504	50
1216	80
2317	90

配列

Gkei

(0)	(1)	(2)	(3)

〈解答欄〉

Gkei(1)の値	
Gkei(2)の値	
Gkei(3)の値	

[2] 次の流れ図にしたがって処理するとき，最後に表示されるUkei(0)～(2)の値を答えなさい。

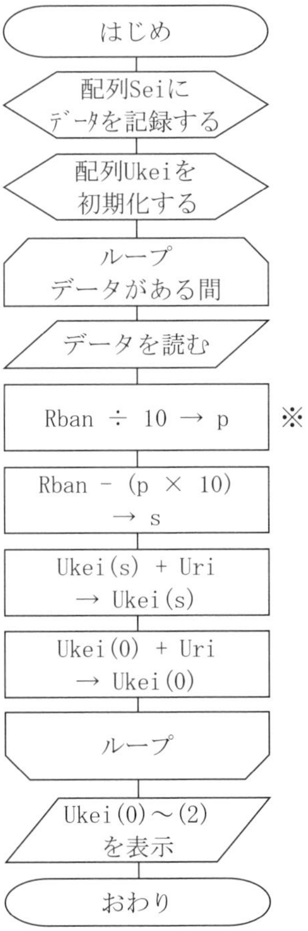

はじめ
配列Seiにデータを記録する
配列Ukeiを初期化する
ループ データがある間
データを読む
Rban ÷ 10 → p
Rban − (p × 10) → s
Ukei(s) + Uri → Ukei(s)
Ukei(0) + Uri → Ukei(0)
ループ
Ukei(0)～(2)を表示
おわり

※ 小数点以下切り捨て

入力データ

レシート番号(Rban)	売上(Uri)
10011	100
10021	50
10032	60
10041	50
10052	80
10061	90

配列

Sei

(0)	(1)	(2)
総計	男	女

Ukei

(0)	(1)	(2)

〈解答欄〉

Ukei(0)の値	
Ukei(1)の値	
Ukei(2)の値	

3章（2級）

[3] 流れ図の説明を読んで，流れ図の(1)～(3)にあてはまる答えを解答群から選び，記号で答えなさい。

＜流れ図の説明＞

処理内容

あるホームセンターの１ヵ月の売上データを読み，購入価格帯別売上件数を表示する。

入力データ

伝票番号 (Dban)	売上金額 (Ukin)
×～×	×～×

（第１図）

実行結果

（購入価格帯別売上件数）	
（価格帯）	（件数）
0～999円	326
1,000～1,999円	243
2,000～2,999円	108
3,000～3,999円	41
4,000～4,999円	23
5,000～5,999円	15
6,000～6,999円	7
7,000～7,999円	8
8,000～8,999円	12
9,000～9,999円	8
10,000円以上	7

（第２図）

＜流れ図＞

はじめ
配列Ktaiにデータを記憶する
配列Kninを初期化する
ループ1 データがある間
データを読む
(1)　YES → 10 → m　／　NO → (2) ※
Knin(m) + 1 → Knin(m)
ループ1
ループ2 (3)
Ktai(g), Knin(g) を表示
ループ2
おわり

※小数点以下切り捨て

3章（2級）

処理条件

1. 配列Ktaiに価格帯を記憶する。なお，Ktaiの添字は配列Kninの添字と対応している。

配列

Ktai	(0)	(1)	～	(9)	(10)
	0～999円	1,000～1,999円	～	9,000～9,999円	10,000円以上

2. 第１図の入力データを読み，売上金額をもとに，価格帯ごとの件数を配列Kninに集計する。なお，Knin(10)には売上金額が10,000以上の件数を集計する。

配列

Knin	(0)	(1)	～	(9)	(10)
			～		

3. 入力データが終了したら，価格帯と件数を第２図のように表示する。
4. データにエラーはないものとする。

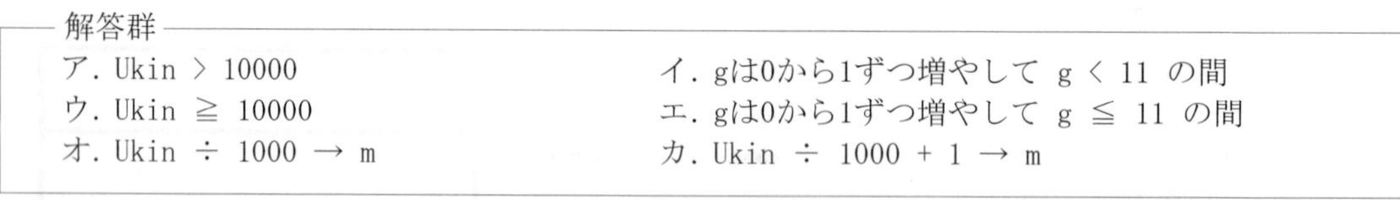

解答群

ア．Ukin ＞ 10000
イ．gは0から1ずつ増やして g ＜ 11 の間
ウ．Ukin ≧ 10000
エ．gは0から1ずつ増やして g ≦ 11 の間
オ．Ukin ÷ 1000 → m
カ．Ukin ÷ 1000 + 1 → m

(1)	(2)	(3)

[4] 流れ図の説明を読んで，流れ図の(1)～(3)にあてはまる答えを解答群から選び，記号で答えなさい。

＜流れ図の説明＞

処理内容

ある港の船舶の利用データを読み，重量ごとの利用数を表示する。

入力データ

日時 (Hi)	船舶番号 (Sban)	船舶重量(千トン) (Sju)
×～×	×～×	×××

（第１図）

実行結果

（重量ごとの船舶利用数）	
（重量区分）	（利用数）
0～4千トン未満	16
4～8千トン未満	12
8～12千トン未満	18
12～16千トン未満	8
16～20千トン未満	15
20～24千トン未満	8
24～28千トン未満	4
28～32千トン未満	7
32～36千トン未満	6
36～40千トン未満	4
40千トン以上	3

（第２図）

＜流れ図＞

- はじめ
- 配列Kubunにデータを記憶する
- 配列Rsuを初期化する
- ループ1 データがある間
  - データを読む
  - Sju ≧ 40
    - YES：(1)
    - NO：(2) ※
  - Rsu(p) + 1 → Rsu(p)
- ループ1
- ループ2 (3)
  - Kubun(a), Rsu(a) を表示
- ループ2
- おわり

※小数点以下切り捨て

処理条件

1. 配列Kubunに重量区分を記憶する。なお，Kubunの添字は配列Rsuの添字と対応している。

配列

Kubun	(0)	(1)	～	(10)	(11)
		0～4千トン未満	～	36～40千トン未満	40千トン以上

2. 第１図の入力データを読み，船舶重量(千トン)をもとに，４千トンごとの利用数を配列Rsuに集計する。なお，船舶重量(千トン)が40千トン以上の場合はRsu(11)に集計をする。

配列

Rsu	(0)	(1)	～	(10)	(11)
			～		

3. 入力データが終了したら，重量区分と利用数を第２図のように表示する。
4. データにエラーはないものとする。

解答群

ア．0 → p　　イ．aは1から1ずつ増やして a ＜ 11 の間
ウ．11 → p　　エ．aは1から1ずつ増やして a ≦ 11 の間
オ．Sju ÷ 4 → p　　カ．Sju ÷ 4 + 1 → p

(1)	(2)	(3)

3章（2級）

[5] 流れ図の説明を読んで，流れ図の(1)～(4)にあてはまる答えを解答群から選び，記号で答えなさい。

＜流れ図の説明＞

<u>処理内容</u>

　工場の受注データを読み，製品別の受注一覧を表示する。

<u>入力データ</u>

受注番号 (Jban)	顧客名 (Kmei)	数量 (Su)
×××××	×～×	×××

（第１図）

<u>実行結果</u>

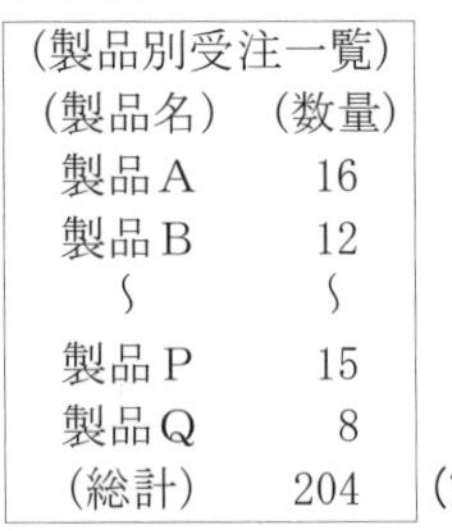

(製品別受注一覧)	
(製品名)	(数量)
製品Ａ	16
製品Ｂ	12
⁝	⁝
製品Ｐ	15
製品Ｑ	8
(総計)	204

（第２図）

<u>処理条件</u>

1. 第１図の受注番号は，次の例のように構成されている。なお，製品コードは1～17までの17種類である。
　例　１０７１２　→　<u>１０７</u>（連番）　<u>１２</u>（製品コード）
2. 配列Shinに製品名を記憶する。なお，Shinの添字は製品コードと対応している。

<u>配列</u>

Shin	(0)	(1)	～	(16)	(17)
		製品Ａ	～	製品Ｐ	製品Ｑ

3. 第１図の入力データを読み，配列Skeiに製品別の数量を集計する。なお，Skei(0)は総計用に利用する。また，Skeiの添字は製品コードと対応している。

Skei	(0)	(1)	～	(16)	(17)
			～		
	(総計)				

4. 入力データが終了したら，次の処理を行う。
   - 製品名と数量を第２図のように表示する。
   - 総計を第２図のように表示する。
5. データにエラーはないものとする。

＜流れ図＞

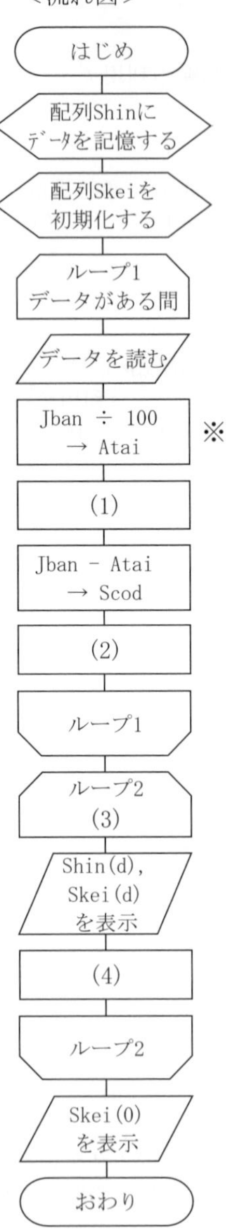

解答群

ア．Atai × 100 → Atai
イ．Skei(0) + Skei(Scod) → Skei(0)
ウ．Skei(Jban) + Su → Skei(Jban)
エ．dは1から1ずつ増やして d ≦ 17 の間
オ．Skei(0) + Skei(d) → Skei(0)
カ．Jban × 100 → Atai
キ．dは0から1ずつ増やして d ≦ 17 の間
ク．Skei(Scod) + Su → Skei(Scod)

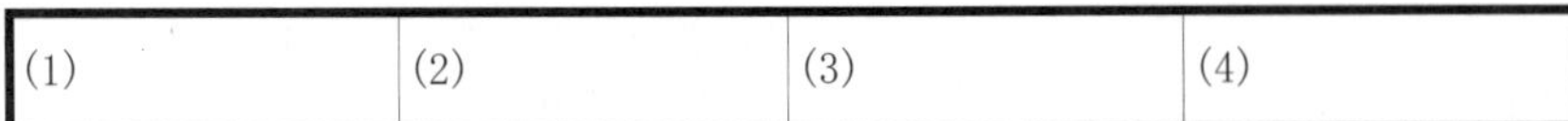

(1)	(2)	(3)	(4)

[6] 流れ図の説明を読んで，流れ図の(1)～(4)にあてはまる答えを解答群から選び，記号で答えなさい。

＜流れ図の説明＞

処理内容

　アイスクリーム店の１ヵ月の販売データを読み，時間帯別販売一覧を表示する。

入力データ

日付 (Hi)	時刻 (Jikoku)	品名 (Mei)	販売数 (Hsu)
×～×	××××	×～×	×××

(第１図)

実行結果

(時間帯別販売一覧)	
(時間帯)	(販売数)
9時台	510
10時台	478
｜	｜
19時台	534
20時台	251
(総計)	6,390

(第２図)

処理条件

1. 第１図の時刻は，９時00分から20時59分であり，次の例のように構成されている。
   例　１０２３　→　１０時２３分
2. 配列Jdaiに時間帯を記憶する。なお，Jdaiの添字は配列Jkeiの添字と対応している。

   配列

Jdai	(0)	(1)	(2)	～	(11)	(12)
		9時台	10時台	～	19時台	20時台

3. 第１図の入力データを読み，配列Jkeiに時間帯別の販売数を集計する。なお，Jkei(0)は総計用に利用する。

   配列

   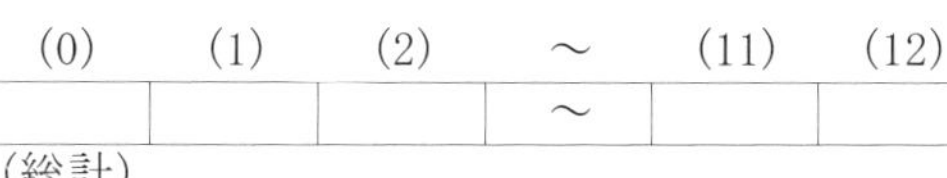

Jkei	(0)	(1)	(2)	～	(11)	(12)
	(総計)			～		

4. 入力データが終了したら，次の処理を行う。
   - 時間帯と販売数を第２図のように表示する。
   - 総計を第２図のように表示する。
5. データにエラーはないものとする。

＜流れ図＞

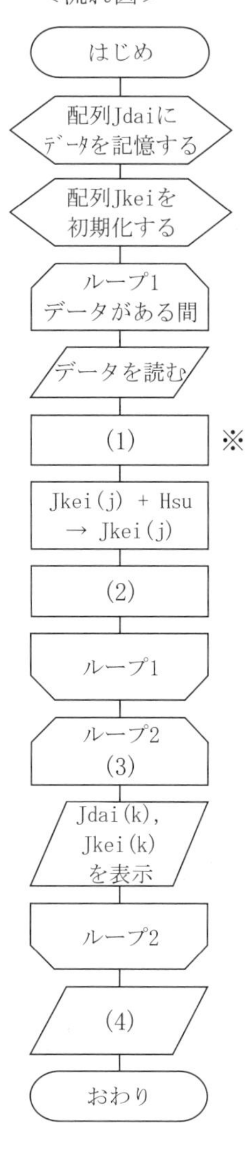

解答群

ア．Jikoku ÷ 100 → j	イ．Jkei(0) + Jkei(j) → Jkei(0)
ウ．Jkei(0)を表示	エ．kは0から1ずつ増やして k ≦ 13 の間
オ．Jkei(0) + Hsu → Jkei(0)	カ．Jikoku ÷ 100 － 8 → j
キ．kは1から1ずつ増やして k ＜ 13 の間	ク．Sokeiを表示

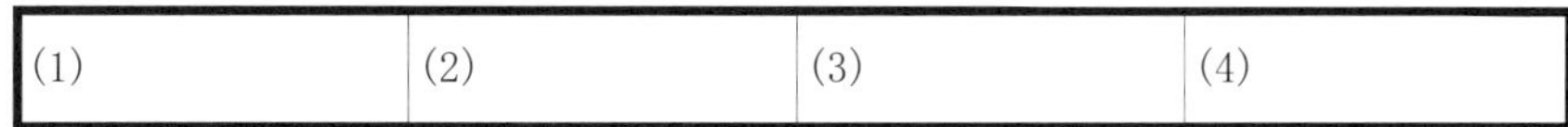

(1)	(2)	(3)	(4)

3章（2級）

3章7節　線形探索

コンピュータ内部でデータを探すという処理は，とても多く行われています。その中でも線形探索は代表的なデータ探索方法です。

例えば，Tcodeにある値が配列Hcodeのどこにあるか探したい場合，配列の左端から一つずつ順番に探索する方法が線形探索です。

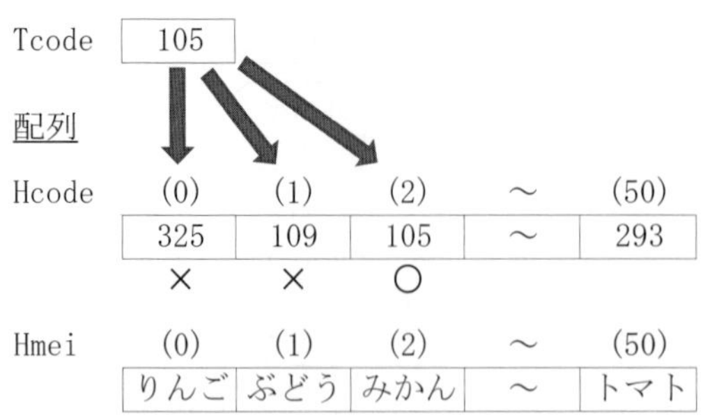

この線形探索では，探したいデータと同じものが見つかるまで順番に配列を調べていくことになります。また探索する配列の添字は他の配列と対応していることが多く，今回の例では，配列Hcodeと配列Hmeiの添字が対応していることから，探したいデータは「みかん」であることが分かります。

上の線形探索を図で示したものが，下の流れ図です。

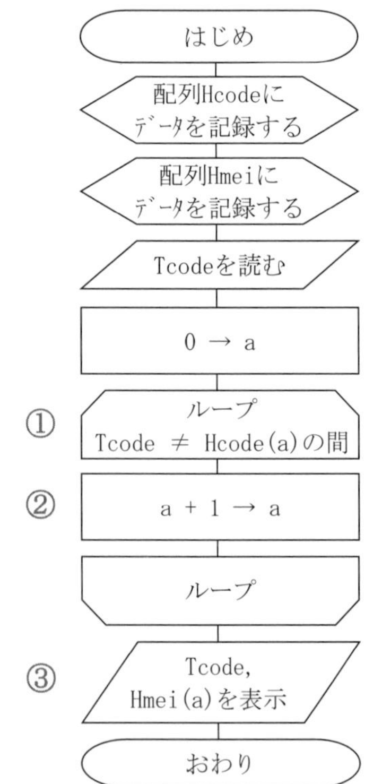

流れ図解説

①の処理は②の処理でaの値が変化することにより，下記のようになります。（変数aに数値を代入）

1回目　①　Tcode ≠ Hcode(0)
2回目　①　Tcode ≠ Hcode(1)
3回目　①　Tcode ≠ Hcode(2)

3回目の処理を実行したときに探したいデータが見つかりループを抜けます。

③の処理で下記のようにデータが表示されます。

このように，線形探索では1件ずつ順番にデータを確認し，探したいデータを見つけます。

【3-7】次の問題に答えなさい。

[1] 次の流れ図にしたがって処理するとき，①の処理を実行するときのｋの値を答えなさい。

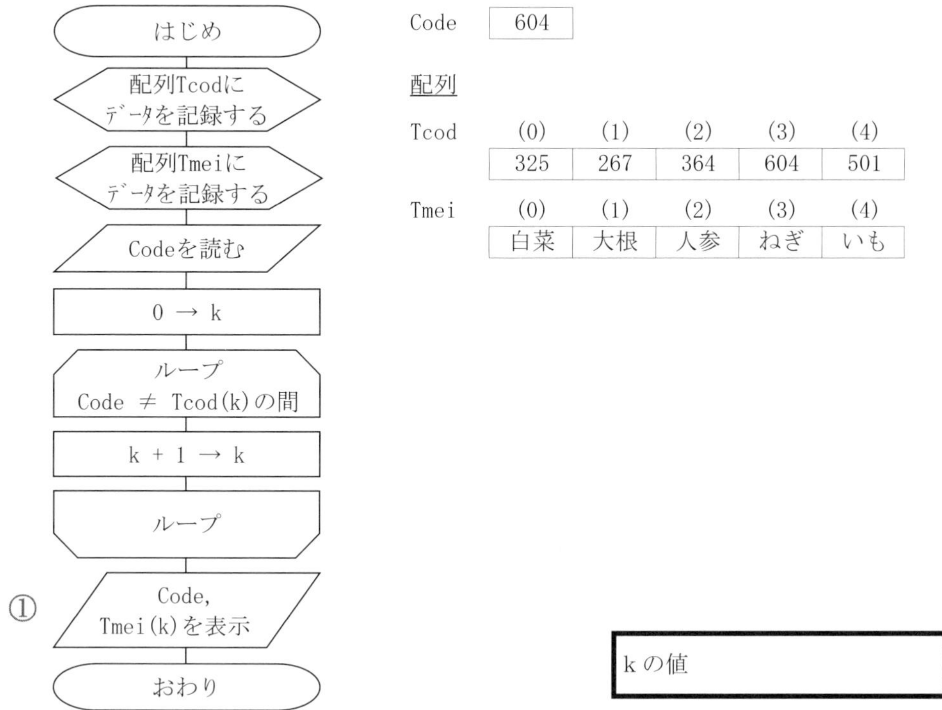

Code　604

配列

Tcod	(0)	(1)	(2)	(3)	(4)
	325	267	364	604	501

Tmei	(0)	(1)	(2)	(3)	(4)
	白菜	大根	人参	ねぎ	いも

ｋの値

[2] 次の流れ図にしたがって処理するとき，①の処理を何回実行するか答えなさい。

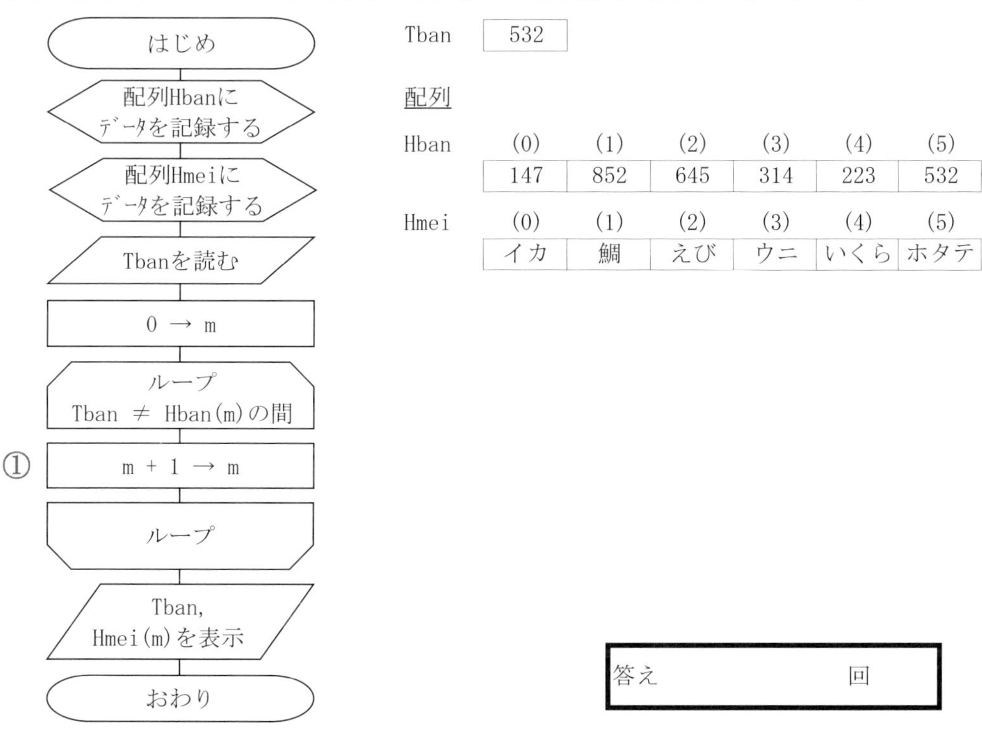

Tban　532

配列

Hban	(0)	(1)	(2)	(3)	(4)	(5)
	147	852	645	314	223	532

Hmei	(0)	(1)	(2)	(3)	(4)	(5)
	イカ	鯛	えび	ウニ	いくら	ホタテ

答え　　　　　回

３章（２級）

[3] 流れ図の説明を読んで，流れ図の(1)～(3)にあてはまる答えを解答群から選び，記号で答えなさい。

＜流れ図の説明＞

処理内容

　ある会社の得意先ごとの売上データを読み，得意先売上一覧を表示する。

入力データ

得意先ｺｰﾄﾞ (Tco)	売上金額 (Ukin)
××××	×～×

（第１図）

実行結果

（得意先売上一覧）		
（得意先ｺｰﾄﾞ）	（得意先名）	（売上金額）
1035	青山物産	234,321
1004	北川商事	158,746
∫	∫	∫
1006	秋田商会	320,876

（第２図）

処理条件

1. 第１図の得意先コードは20種類である。
2. 配列Kcoに得意先コードを，配列Kmeiに得意先名を記憶する。なお，KcoとKmeiの添字は対応している。

配列

Kco	(0)	(1)	～	(19)
	1004	1008	～	1035
Kmei	(0)	(1)	～	(19)
	北川商事	山口商会	～	青山物産

3. 第１図の入力データを読み，得意先コードをもとに配列Kcoを探索し，得意先コードから売上金額までを第２図のように表示する。
4. データにエラーはないものとする。

＜流れ図＞

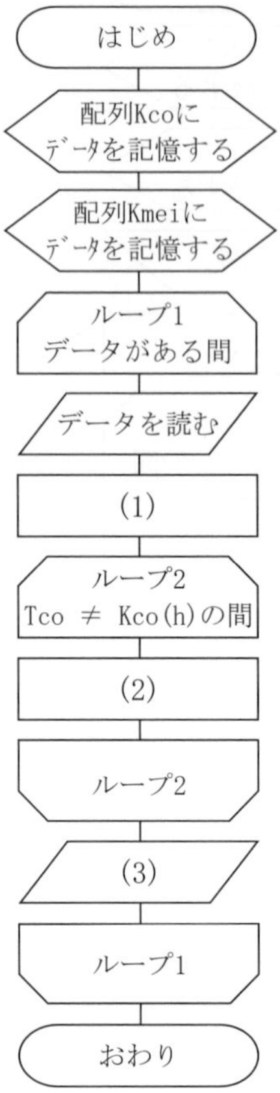

- はじめ
- 配列Kcoにﾃﾞｰﾀを記憶する
- 配列Kmeiにﾃﾞｰﾀを記憶する
- ループ1　データがある間
  - データを読む
  - (1)
  - ループ2　Tco ≠ Kco(h)の間
    - (2)
  - ループ2
  - (3)
- ループ1
- おわり

解答群

ア．Tco, Kco(h), Ukinを表示	イ．Tco, Kmei(h), Ukinを表示
ウ．h + 1 → h	エ．h － 1 → h
オ．0 → h	カ．1 → h

(1)	(2)	(3)

[4] 流れ図の説明を読んで，流れ図の(1)～(3)にあてはまる答えを解答群から選び，記号で答えなさい。

＜流れ図の説明＞

処理内容

あるスーパーマーケットの１日の売上データを読み，売上一覧を表示する。

入力データ

商品ｺｰﾄﾞ (Bco)	売上金額 (Kin)
××××	×～×

（第１図）

実行結果

（○月○日　売上一覧）		
（商品ｺｰﾄﾞ）	（商品名）	（売上金額）
A103	みかん	326
G205	D弁当	531
∫	∫	∫
A101	ぶどう	356

（第２図）

処理条件

1. 第１図の商品コードは500種類である。
2. 配列Hcoに商品コードを，配列Hmeiに商品名を記憶する。なお，HcoとHmeiの添字は対応している。

配列

	(0)	(1)	～	(499)
Hco	A101	A102	～	G205
	(0)	(1)	～	(499)
Hmei	ぶどう	バナナ	～	D弁当

3. 第１図の入力データを読み，商品コードをもとに配列Hcoを探索し，商品コードから売上金額までを第２図のように表示する。
4. データにエラーはないものとする。

＜流れ図＞

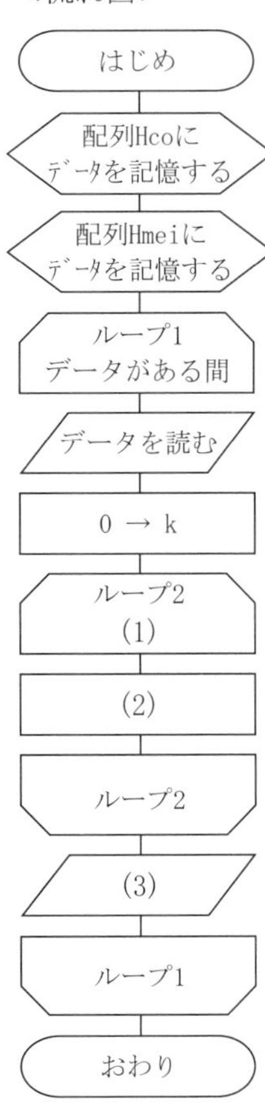

解答群

ア．k － 1 → k　　イ．Bco, Hco(k), Kinを表示
ウ．Bco, Hmei(k), Kinを表示　　エ．k ＋ 1 → k
オ．Bco ≠ Hco(k) の間　　カ．Bco ≠ Hmei(k) の間

(1)	(2)	(3)

[5] 流れ図の説明を読んで，流れ図の(1)～(3)にあてはまる答えを解答群から選び，記号で答えなさい。

＜流れ図の説明＞

処理内容

　ある商社の仕入先ごとの仕入データを読み，仕入一覧を表示する。

入力データ

仕入先ｺｰﾄﾞ (Sco)	仕入金額 (Skin)
××××	×～×

（第１図）

実行結果

(仕入一覧)		
(仕入先ｺｰﾄﾞ)	(仕入先名)	(仕入金額)
1001	日本畜産	685,781
8012	長崎物産	432,851
∫	∫	∫
8008	山口物産	129,678

（第２図）

処理条件

1. 第１図の仕入先コードは100種類である。
2. 配列Icoに仕入先コードを，配列Imeiに仕入先名を記憶する。なお，IcoとImeiの添字は対応している。

   配列

Ico	(0)	(1)	～	(99)
	1001	1002	～	8012
Imei	(0)	(1)	～	(99)
	日本畜産	日本食品	～	長崎物産

3. 第１図の入力データを読み，仕入先コードをもとに配列Icoを探索し，仕入先コードから仕入金額までを第２図のように表示する。
4. データにエラーはないものとする。

＜流れ図＞

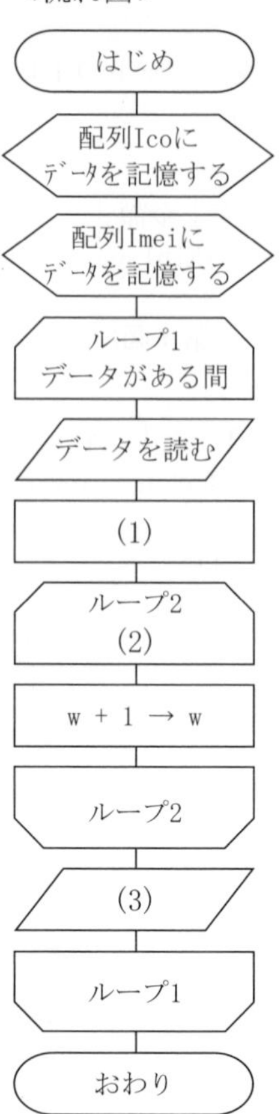

解答群

ア．0 → w　　イ．Sco ＝ Ico(w) の間

ウ．Sco, Imei(Sco), Skinを表示　　エ．1 → w

オ．Sco ≠ Ico(w) の間　　カ．Sco, Imei(w), Skinを表示

(1)	(2)	(3)

[6] 流れ図の説明を読んで，流れ図の(1)～(3)にあてはまる答えを解答群から選び，記号で答えなさい。

＜流れ図の説明＞

処理内容

　ある学校の通学方法に関するデータを読み，通学方法一覧を表示する。

入力データ

生徒名 (Smei)	通学記号 (Tki)
×～×	×

（第１図）

実行結果

（通学方法一覧）	
（生徒名）	（通学方法）
Aさん	バス
Bさん	自転車
∫	∫
Zさん	電車

（第２図）

処理条件

1. 第１図の通学記号は６種類である。
2. 配列Kigouに通学記号を，配列Houhouに通学方法を記憶する。なお，配列KigouとHouhouの添字は対応している。

   配列

	(0)	(1)	～	(5)
Kigou	J	B	～	S

	(0)	(1)	～	(5)
Houhou	自転車	バス	～	その他

3. 第１図の入力データを読み，通学記号をもとに配列Kigouを探索し，生徒名と通学方法を第２図のように表示する。
4. データにエラーはないものとする。

＜流れ図＞

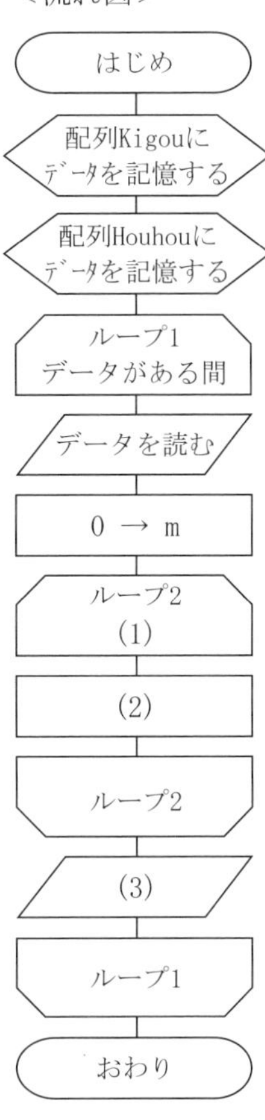

解答群

ア．m + 1 → m　　イ．Smei ≠ Kigou(m) の間
ウ．Tki ≠ Kigou(m) の間　　エ．Smei,Houhou(m)を表示
オ．Smei,Tkiを表示　　カ．m - 1 → m

3章8節　線形探索(応用)

線形探索を応用すると，単体の値を探索するのではなく，その値が含まれる範囲の探索を行うことができます。例えば，重さによってS・M・Lといったサイズを決定したい場合，重さの範囲で探索ができると便利です。

Imoをもとに配列Kijyunで探索します。

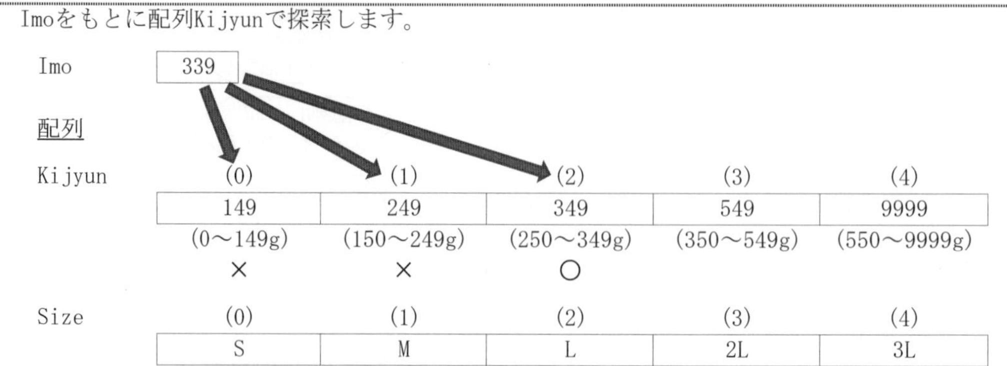

今回のデータは339のためLが選択されます。上の線形探索を図にしたものが，下の流れ図です。

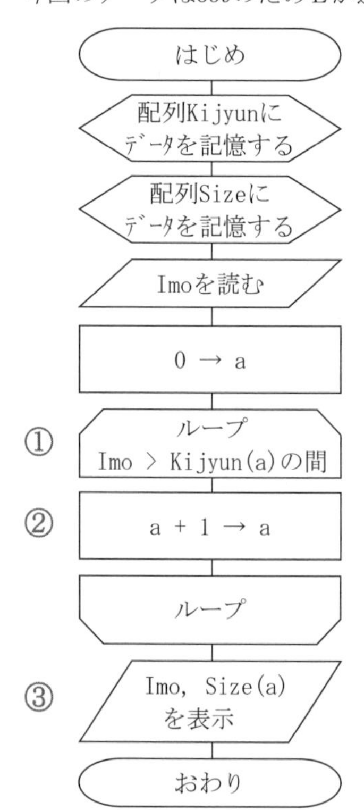

流れ図解説

①の処理は②の処理でaの値が変化することにより，下記のようになります。(変数aに数値を代入)

１回目　①　Imo ＞ Kijyun(0)
２回目　①　Imo ＞ Kijyun(1)
３回目　①　Imo ＞ Kijyun(2)

３回目の処理で「Imo ＞ Kijyun(a)」の条件が満たせなくなりループを抜けます。
③の処理で下記のようにデータが表示されます。

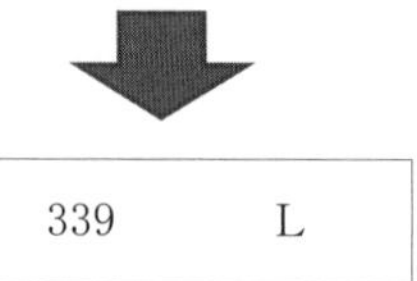

このように，線形探索で不等号を用いてループの繰返し条件を設定することで，範囲を意識した線形探索を行うことができます。なお，この方法で線形探索を行う場合，探索する配列は昇順や降順などの順番に並んでいる必要があることに注意してください。

3章(2級)

【3-8】次の問題に答えなさい。

[1] 次の流れ図にしたがって処理するとき，①で表示されるSize(i)の値を答えなさい。なおOmosaは999未満とする。

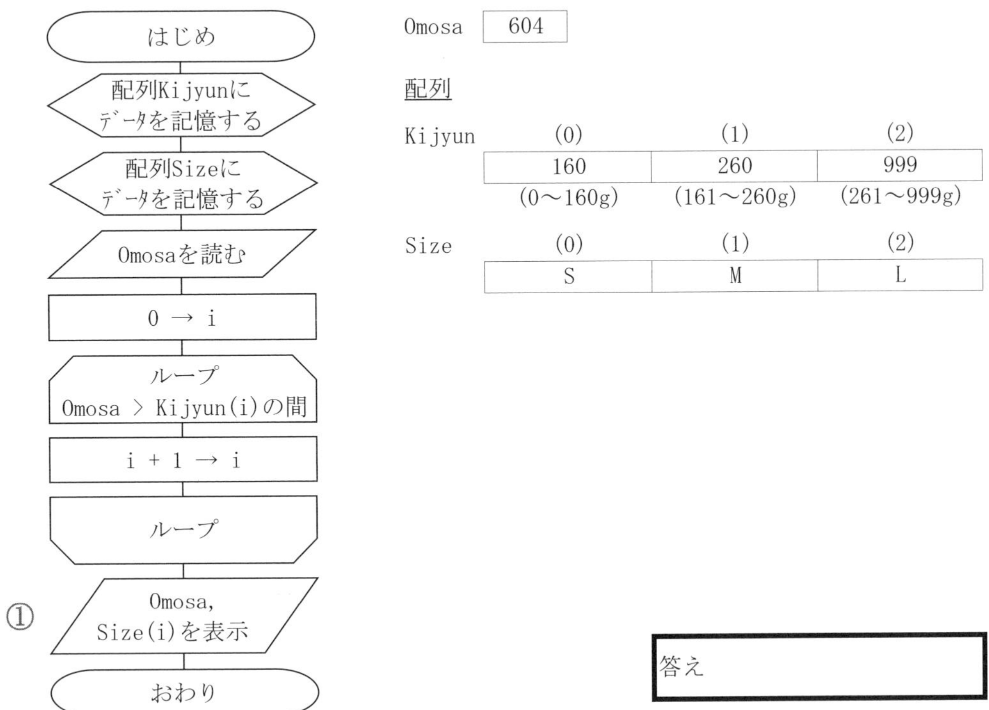

Kijyun	(0)	(1)	(2)
	160	260	999
	(0～160g)	(161～260g)	(261～999g)

Size	(0)	(1)	(2)
	S	M	L

[2] 次の流れ図にしたがって処理するとき，①の処理を何回実行するか答えなさい。なおUriageは99999未満とする。

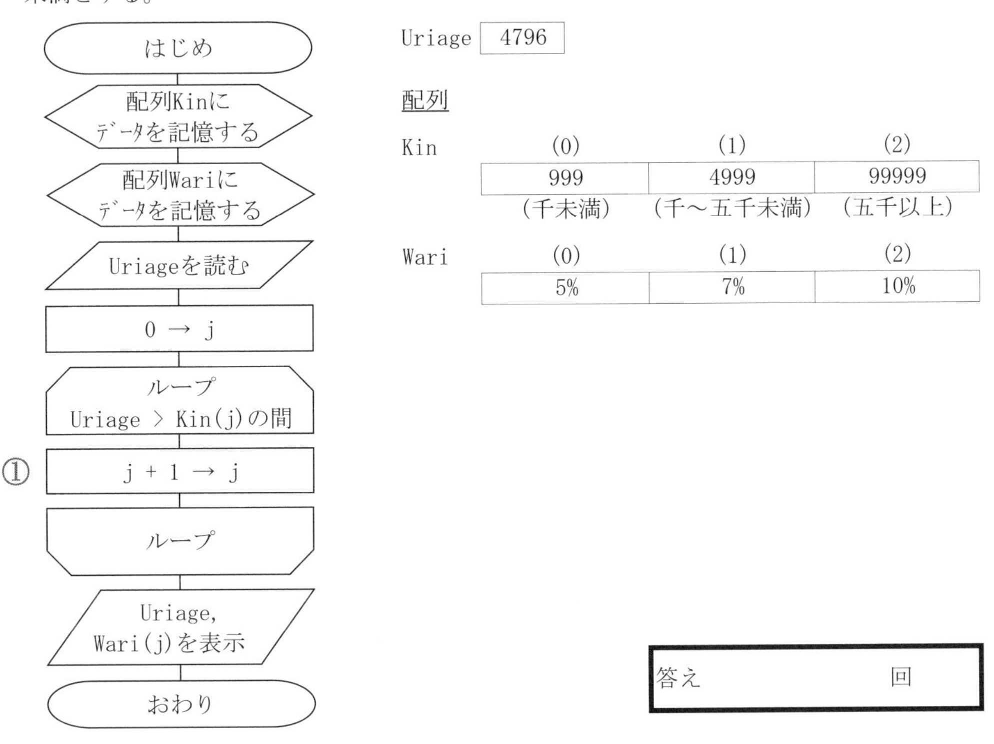

Kin	(0)	(1)	(2)
	999	4999	99999
	(千未満)	(千～五千未満)	(五千以上)

Wari	(0)	(1)	(2)
	5%	7%	10%

[3] 流れ図の説明を読んで，流れ図の(1)～(3)にあてはまる答えを解答群から選び，記号で答えなさい。

＜流れ図の説明＞

処理内容

　ある市場のメロンの糖度データを読み，メロン等級一覧を表示する。

入力データ

検査番号 (Kban)	糖度 (Tou)
××××	××

(第１図)

実行結果

(メロン等級一覧)	
(検査番号)	(等級)
1001	A級
1002	B級
∫	∫
1354	B級

(第２図)

処理条件

1. 第１図の糖度は，メロン１個あたりの糖度が記録されている。なお，糖度は16以下である。
2. 配列Kijyunに基準となる糖度を，配列Tokyuに等級を記憶する。なお，KijyunとTokyuの添字は対応している。

   配列

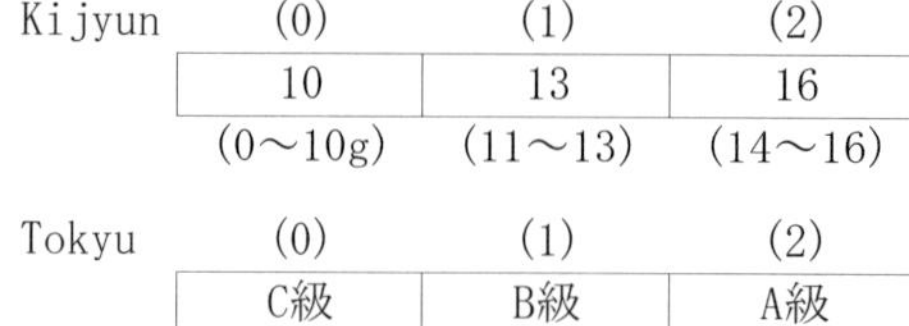

Kijyun	(0)	(1)	(2)
	10	13	16
	(0～10g)	(11～13)	(14～16)

Tokyu	(0)	(1)	(2)
	C級	B級	A級

3. 第１図の入力データを読み，糖度をもとに配列Kijyunを探索し，検査番号と等級を第２図のように表示する。
4. データにエラーはないものとする。

＜流れ図＞

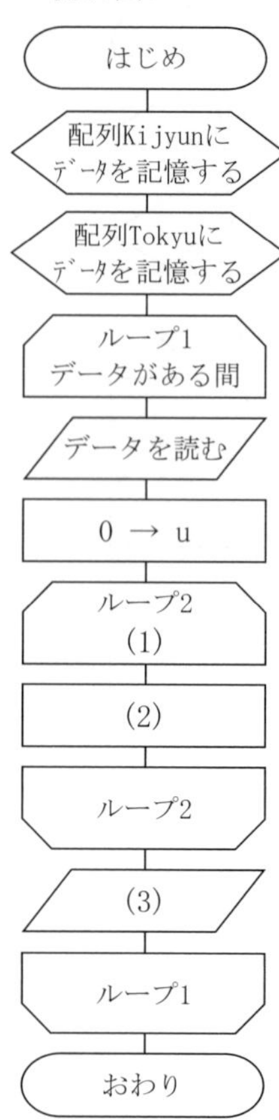

解答群

ア．Tou ＞ Kijyun(u) の間
イ．Tou ≦ Kijyun(u) の間
ウ．u + 3 → u
エ．Kban, Touを表示
オ．Tou ≠ Kijyun(u) の間
カ．u + 1 → u
キ．Kban, Tokyu(u)を表示

(1)	(2)	(3)

[4] 流れ図の説明を読んで，流れ図の(1)～(4)にあてはまる答えを解答群から選び，記号で答えなさい。

＜流れ図の説明＞

処理内容

　ある農園のマンゴーの収穫データを読み，収穫一覧を表示する。

入力データ

番号 (Ban)	重さ(g) (Mg)
××××	××××

(第１図)

実行結果

(収穫一覧)	
(サイズ)	(数)
S	54
M	135
L	31

(第２図)

処理条件

1. 第１図の重さ(g)は，収穫したマンゴー１個あたりの重さが記録されている。なお，重さ(g)は9999以下である。
2. 配列Mkiに基準の重さ(g)を，配列Msizeにサイズを記憶する。なお，MkiとMsizeの添字は対応している。

   配列

Mki	(0)	(1)	(2)
	179	274	9999
	(0～179g)	(180～274g)	(275～9999g)

Msize	(0)	(1)	(2)
	S	M	L

3. 第１図の入力データを読み，重さ(g)をもとに配列Mkiを探索し，サイズごとの個数を配列Msyuに集計する。なお，Msyuの添字はMkiの添字と対応している。

   配列

   Msyu　(0)　(1)　(2)

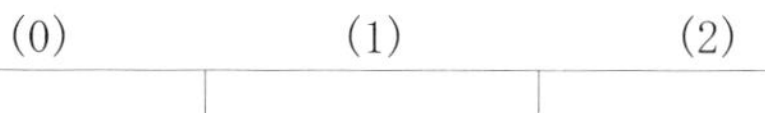

4. 入力データが終了したら，サイズと数を第２図のように表示する。
5. データにエラーはないものとする。

＜流れ図＞

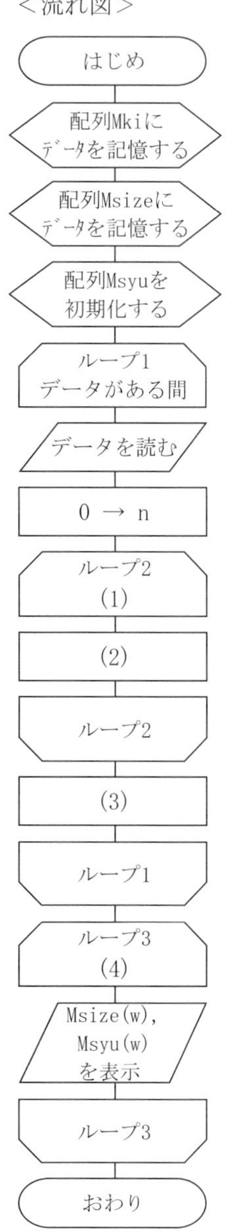

解答群

ア. n + 180 → n	イ. Msyu(n) + Mg → Msyu(n)
ウ. wは0から1ずつ増やして w ＜ 2 の間	エ. Mg ≦ Mki(n) の間
オ. Msyu(n) + 1 → Msyu(n)	カ. n + 1 → n
キ. Mg ≠ Mki(n) の間	ク. Mg ＞ Mki(n) の間
ケ. wは0から1ずつ増やして w ＜ 3 の間	

(1)	(2)	(3)	(4)

3章(2級)

[5] 流れ図の説明を読んで，流れ図の(1)～(4)にあてはまる答えを解答群から選び，記号で答えなさい。

＜流れ図の説明＞

処理内容

　あるお菓子メーカーの検査データを読み，検査結果一覧を表示する。

入力データ

番号 (Ban)	重さ(g) (Og)
××××	×××

(第１図)

実行結果

(検査結果一覧)	
(量)	(数)
少量	54
適量	85,631
多量	342

(第２図)

処理条件

1. 第１図の重さ(g)は，袋詰めしたお菓子の１袋あたりの重さが記録されている。なお，重さ(g)は200以下である。
2. 配列Omsに基準の重さ(g)を，配列Oryouに量を記憶する。なお，OmsとOryouの添字は対応している。

配列

Oms	(0)	(1)	(2)
	99	130	200
	(0～99g)	(100～130g)	(131～200g)

Oryou	(0)	(1)	(2)
	少量	適量	多量

3. 第１図の入力データを読み，重さ(g)をもとに配列Omsを探索し，量ごとの個数を配列Osyuに集計する。なお，Osyuの添字はOmsの添字と対応している。

配列

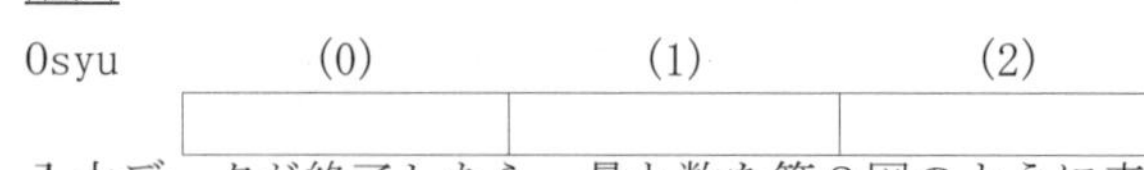

Osyu	(0)	(1)	(2)

4. 入力データが終了したら，量と数を第２図のように表示する。
5. データにエラーはないものとする。

＜流れ図＞

- はじめ
- 配列Omsにデータを記憶する
- 配列Oryouにデータを記憶する
- 配列Osyuを初期化する
- ループ1　データがある間
- データを読む
- (1)
- ループ2　(2)
- d + 1 → d
- ループ2
- (3)
- ループ1
- ループ3　(4)
- Oryou(e), Osyu(e)を表示
- ループ3
- おわり

解答群

ア. Oms(d) ≦ Og の間	イ. eは0から1ずつ増やして e ≦ 2 の間
ウ. 0 → d	エ. Oms(d) ≠ Og の間
オ. Oms(d) ＜ Og の間	カ. 200 → d
キ. eは0から1ずつ増やして e ≦ 3 の間	ク. Osyu(e) + 1 → Osyu(e)
ケ. Osyu(d) + 1 → Osyu(d)	

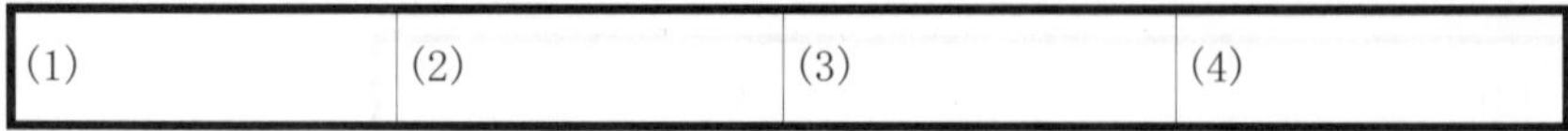

(1)	(2)	(3)	(4)

3章(2級)

全商情報処理検定試験プログラミング部門1・2級対応

アルゴリズム入門

解　答

こたえ

1章　流れ図（フローチャート）の基礎基本

1章1節　流れ図と記号

例題1 (p3)

(1) 顔を洗う (2) ご飯を食べる
(3) 歯を磨く (4) 家を出る
※解答例のため、どの答えでも正解。

【1-1】(p4)

[1] 判断記号 [2] 結合子
[3] 準備記号 [4] 端子記号
[5] 処理記号 [6] データ記号

1章2節　処理記号

【1-2】(p5〜p7)

[1](a) 456 [2](b) 12 [3](c) 6
[4](d) AB [5](e) あいう [6](f) かきく
[7](g) 8 [8](h) 39 [9](i) 77
[10](j) 13 [11](k) 21 [12](l) 10
[13](m) 35 [14](n) 5 [15](o) 4
[16](p) 54 [17](q) 6 [18](r) 13
[19](s) 385 (t) 385
[20](u) B (v) ABC
[21](w) D (x) ON
[22](y) 12 (z) 32 (aa) 44
[23](ab) 9 (ac) 5 (ad) 1
[24](ae) 13 (af) 3 (ag) 39

1章3節　判断記号

例題1 (p8)

答え A

例題2 (p8)

(1) B (2) A (3) A

例題3 (p9)

(1) A (2) C (3) B

【1-3】(p10〜p13)

[1](1) × (2) ○ (3) ○
[2](1) ≠ (2) = (3) ≠
[3](1) 下 (2) 下 (3) 上
[4](1) C (2) C (3) A
[5](1) 以外 (2) 50 (3) 以外
[6](1) × (2) ◎ (3) ○
[7](1) 優秀 (2) OK (3) 追試
[8](1) 良 (2) 優 (3) 優
[9](1) □ (2) △ (3) ○
[10](1) 国語 ≧ 60
(2) "A" → 判定
(3) "C" → 判定
[11](1) 国語 ≧ 75
(2) "C" → 判定
(3) "B" → 判定
[12](1) 数学 < 60
(2) "C" → 判定
(3) "B" → 判定
[13](1) 数学 > 80
(2) "C" → 判定
(3) "B" → 判定
[14](1) 理科 < 70
(2) "優" → 評価
(3) "良" → 評価
[15](1) 社会 ≦ 60
(2) "良" → 評価
(3) "優" → 評価
[16](1) 理科 ≦ 50
(2) "優" → 評価
(3) "可" → 評価
[17](1) 社会 > 60
(2) "良" → 評価
(3) "可" → 評価

1章4節　判断記号の複合条件

例題1 (p14)

(1)その他 (2)その他 (3)中間

【1-4】(p15〜p16)

[1](1) なし (2) なし (3) 優
[2](1) × (2) ○ (3) ○
[3](1) △ (2) △ (3) △
[4](1) ○ (2) ○ (3) ×
[5](1) 60 (2) 60 (3) NOT
[6](1) 追試 (2) セーフ (3) セーフ
[7](1) 合 (2) 不 (3) 合
[8](1) ○ (2) ○ (3) ○
[9](1) 可 (2) 良 (3) 良
[10](1) NOT (2) 満点 (3) NOT

こたえ

１章５節　多分岐の判断記号

例題１（p17）

(1) 農業 (2) 工業 (3) 商業

【1-5】(p18～p19)

[1](1) 魚 (2) 肉 (3) 惣菜

[2](1) 晴れ (2) 雨 (3) 曇り

[3](1) 東区 (2) 北区 (3) 南区

[4](1) 黄 (2) 青 (3) 赤

[5](1) B5 (2) なし (3) A4

[6](1) 黒 (2) シアン (3) マゼンタ

[7](1) 家電 (2) 家具 (3) 文具

[8](1) 青 (2) 緑 (3) 赤

[9](1) D区 (2) B区 (3) C区

[10](1) 大雨 (2) 高潮 (3) 暴風

１章６節　データ記号

例題１（p21）

答え Aさん, 70, 80, 150

【1-6】(p21～p22)

[1](1) 8 (2) 6 (3) 10 (4) 70 (5) 70

[2](1) 10 (2) 8 (3) 40 (4) 40

[3](1) 100 (2) 12 (3) 1200 (4) 1200

[4](1) 100 (2) 80 (3) 70 (4) 250 (5) 250

[5] B品, 30, 40, 1200

１章　総合問題(p24～p27)

[1](1) カ (2) エ (3) コ (4) ア (5) サ
(6) ク (7) オ (8) キ (9) ケ (10) ウ

[2](1)A. 4 (2)B. 5 C. 2
(3)D. 3 E. 4 F. 12

[3](1) ○ (2) ◎ (3) △ (4) ×

[4](1) A (2) A (3) C (4) B

[5](1) 優 (2) 優 (3) 良 (4) 良

[6](1) OK (2) 検討 (3) 検討 (4) NO

[7](1) ○ (2) ○ (3) × (4) ○

[8](1) ◎ (2) △ (3) △ (4) △

[9](1) 合 (2) 合 (3) 合 (4) 合

[10](1) 情報 (2) 金 (3) 物 (4) 人

[11](1) 小 (2) 中 (3) 大

[12](縦) 6 (横) 8 (高さ) 10
(体積) 160 (出力される値) 160

２章　流れ図の基本パターン

２章１節　順次・選択・繰返し

【2-1】(p28)

[1] 繰返し [2] 選択 [3] 順次

２章２節　トレース

例題１（p29）

トレース表 1, 3, 5, 7, 9, 11

出力結果 1, 3, 5, 7, 9, 11

【2-2】(p30)

[1] 15 [2] 25 [3] 15 [4] 55

２章３節　処理結果が同じ流れ図

例題１（p31）

(a) 0 → N (b) N ＜ 5 又は N ≦ 4

(c) N + 1 → N (d) 1 → N

(e) N ＜ 6 又は N ≦ 5 (f) N + 1 → N

【2-3】(p32～p34)

[1](1)(a) 0→Y (b) Y+2→Y (c) Y<100
(2)(d) 0→Y (e) Y<100 (f) Y+2→Y
(3)(g) 2→Y (h) Y<100 (i) Y+2→Y
(4)(j) 2→Y (k) Y+2→Y (l) Y≦100
(5)(m) 2→Y (n) Y≦100 (o) Y+2→Y
(6)(p) 0→Y (q) Y+2→Y (r) Y≦100

[2](1)(a) 5→F (b) F<100 (c) F+5→F
(2)(d) 5→F (e) F+5→F (f) F≦100
(3)(g) 0→F (h) F+5→F (i) F≦100
(4)(j) 0→F (k) F<100 (l) F+5→F
(5)(m) 0→F (n) F+5→F (o) F<100
(6)(p) 5→F (q) F≦100 (r) F+5→F

[3](1)(a) 1→P (b) P≦50 (c) P+1→P
(2)(d) 0→P (e) P+1→P (f) P≦50
(3)(g) 0→P (h) P+1→P (i) P<50
(4)(j) 1→P (k) P<50 (l) P+1→P
(5)(m) 0→P (n) P<50 (o) P+1→P
(6)(p) 1→P (q) P+1→P (r) P≦50

こたえ

2章4節　データの交換

【2-4】(p36～p37)

[1](1) ウ (2) エ (3) イ

[2](1) ア (2) エ (3) イ

[3](1) ア (2) エ (3) イ

[4](1) ア (2) エ (3) イ

[5](1) ア (2) イ (3) ウ

[6](1) イ (2) エ (3) ウ

[7](1) ア (2) ウ (3) エ

[8](1) ア (2) エ (3) イ

2章5節　件数・合計の求め方

【2-5】(p39～p43)

[1](1) オ (2) ク (3) ウ (4) カ

[2](1) イ (2) ケ (3) エ (4) カ

[3](1) ス (2) サ (3) キ (4) タ (5) ウ (6) ケ (7) カ (8) イ (9) ソ

[4](1) エ (2) カ (3) キ (4) サ (5) セ (6) コ (7) ウ (8) シ (9) ア

[5](1) サ (2) コ (3) ケ (4) ウ (5) エ (6) ク (7) カ (8) シ (9) キ

[(4)(5)は順不同]

[6](1) ス (2) イ (3) キ (4) カ (5) サ (6) コ (7) オ (8) ウ (9) ケ (10) エ

[(5)(6)は順不同]

2章6節　ループ記号

【2-6】(p45～p49)

[1](1) 20 (2) 15 (3) 25 (4) 375

[2](1) イ (2) キ (3) ウ (4) オ (5) ケ

[(3)(4)は順不同]

[3](1) エ (2) ク (3) ア (4) ケ

[(3)(4)は順不同]

[4](1) キ (2) オ (3) イ (4) ア (5) カ

[5](1) オ (2) カ (3) キ (4) コ (5) ケ

2章　総合問題(p50～p54)

[1](1) コ (2) ケ (3) オ (4) ク (5) キ

[(4)(5)は順不同]

[2](1) ア (2) カ (3) イ (4) ケ (5) オ

[3](1) オ (2) ク (3) エ (4) キ (5) コ

[4](1) キ (2) ア (3) エ (4) カ (5) ケ

[5](1) キ (2) イ (3) ク (4) ア (5) ケ

[(2)(3)は順不同]

3章　アルゴリズム(初級)

3章1節　最大・最小の求め方

【3-1】(p57～60)

[1](1) エ (2) オ (3) イ

[2](1) ウ (2) カ (3) ア

[3](1) エ (2) イ (3) キ (4) ク (5) カ

[4](1) サ (2) ケ (3) オ (4) エ (5) ア

[5](1) エ (2) キ (3) カ (4) ク (5) ア

3章2節　最大・最小の求め方(応用)

【3-2】(p62～65)

[1](1) エ (2) オ (3) ア

[2](1) オ (2) エ (3) ク

[3](1) カ (2) ア (3) オ (4) コ (5) イ (6) ケ (7) ウ

[4](1) ウ (2) オ (3) サ (4) ク (5) コ (6) カ (7) エ

[5](1) エ (2) カ (3) コ (4) キ (5) オ

3章3節　配列

例題1 (p66)

(1) Gさん (2) Iさん (3) Aさん (4) Dさん (5) Eさん

例題2 (p66)

答え 375

【3-3】(p67～68)

[1](1) Hさん (2) 100 (3) Fさん (4) 53 (5) 48

[2](1) D品 (2) F品 (3) 87 (4) G品 (5) 75

[3](1) 103 (2) M品 (3) 107 (4) Q品 (5) 109

[4] 303

[5] 271

こたえ

３章４節　配列を活用した集計

例題１（p69）

kensuu(1)の値 3
kensuu(2)の値 1
kensuu(3)の値 2

【3-4】(p70～71)

[1]Kei(0)の値 382
Kei(1)の値 387
Kei(2)の値 507
[2]Syukei(1)の値 1
Syukei(2)の値 4
Syukei(3)の値 2
[3]Sakutenの(1)値 18
Sakutenの(2)値 20
Sakutenの(3)値 17
[4]Total(0)の値 1
Total(1)の値 2
Total(2)の値 4
Total(3)の値 3

３章５節　配列とループ記号

【3-5】(p73～77)

[1]　112
[2]　岩手
[3](1) ア (2) ク (3) ウ (4) オ
[4](1) オ (2) キ (3) カ (4) ア
[5](1) ア (2) エ (3) オ
[6](1) キ (2) カ (3) オ (4) エ

３章６節　配列と入力データ

【3-6】(p79～83)

[1] Gkei(1)の値 180
Gkei(2)の値 140
Gkei(3)の値 110
[2] Ukei(0)の値 430
Ukei(1)の値 290
Ukei(2)の値 140
[3](1) ウ (2) オ (3) イ
[4](1) ウ (2) カ (3) エ
[5](1) ア (2) ク (3) エ (4) オ
[6](1) カ (2) オ (3) キ (4) ウ

３章７節　線形探索

【3-7】(p85～89)

[1] kの値 3
[2] 答え 5回
[3](1)オ (2)ウ (3)イ
[4](1)オ (2)エ (3)ウ
[5](1)ア (2)オ (3)カ
[6](1)ウ (2)ア (3)エ

３章８節　線形探索（応用）

【3-8】(p91～95)

[1] 答え L
[2] 答え １回
[3](1) ア (2) カ (3) キ
[4](1) ク (2) カ (3) オ (4) ケ
[5](1) ウ (2) オ (3) ケ (4) イ
[6](1) イ (2) エ (3) カ

３章９節　線形探索（エラーチェック）

【3-9】(p97～101)

[1](a) k ＜ 5 又は k ≦ 4
[2](a) h ＜ 500 又は h ≦ 499
[3](1) オ (2) ア (3) ウ
[4](1) イ (2) ア (3) キ (4) エ
[5](1) ウ (2) イ (3) ク (4) カ
[6](1) オ (2) ウ (3) ア (4) キ

３章　総合問題(p102～p111)

[1](1) イ (2) ク (3) オ (4) エ (5) カ
(6) ア (7) ス
[2](1) イ (2) ス (3) コ (4) エ (5) カ
(6) セ (7) シ
[3](1) ス (2) シ (3) ウ (4) エ (5) カ
(6) サ (7) ケ
[4](1) ク (2) ア (3) キ (4) セ (5) サ
(6) ス (7) コ
[5](1) キ (2) コ (3) カ (4) サ (5) ア
(6) エ (7) ス

こたえ

４章　アルゴリズム(中級)

４章１節　コントロールブレイク

【4-1】(p114～p119)

[1](1) イ (2) カ (3) ク (4) ウ (5) キ
[(2)(3)は順不同]
[2](1) ケ (2) イ (3) ウ (4) コ (5) キ
[3](1) エ (2) オ (3) ア (4) イ (5) カ
[4](1) コ (2) ウ (3) オ (4) キ (5) ク
[5](1) ア (2) ク (3) オ (4) キ (5) カ
[6](1) ケ (2) ウ (3) ク (4) カ (5) オ

４章２節　二分探索

【4-2】(p122～p126)

[1](1) ウ (2) エ
[2](1) イ (2) ア
[3](1) ウ (2) イ
[4](1) ウ (2) エ
[5](1) エ (2) ア (3) カ (4) コ (5) イ
[6](1) カ (2) オ (3) イ (4) ケ (5) エ
[7](1) エ (2) ケ (3) オ (4) カ (5) キ

４章３節　２次元配列

例題１ (p127)

(1) Ｃさん (2) Ｆさん (3) Ｊさん
(4) Ｄさん (5) Ｌさん

【4-3】(p128～p132)

[1]Sakuten(1,1)の値 17
Sakuten(1,2)の値 18
Sakuten(1,3)の値 9
Sakuten(2,1)の値 8
Sakuten(2,2)の値 16
Sakuten(2,3)の値 8
[2]Syukei(1,1)の値 4
Syukei(1,2)の値 2
Syukei(2,1)の値 3
Syukei(2,2)の値 1
Syukei(3,1)の値 1
Syukei(3,2)の値 1
[3](1) キ (2) エ (3) カ (4) ア
[4](1) オ (2) ク (3) キ (4) カ
[5](1) キ (2) ア (3) カ (4) ク
[(1)(2)は順不同]
[6](1) ク (2) エ (3) カ (4) オ

４章４節　順位づけ①(単純優先)

【4-4】(p134～p137)

[1](1) エ (2) ア
[2](1) ア (2) エ
[3](1) ク (2) エ (3) キ (4) コ (5) オ
[4](1) オ (2) ウ (3) コ (4) ケ (5) イ
[5](1) ケ (2) カ (3) オ (4) ウ (5) ク

４章５節　順位づけ②(効率優先)

【4-5】(p139～p142)

[1](1) エ (2) イ (3) ウ
[2](1) カ (2) ア (3) オ
[3](1) ウ (2) イ (3) エ (4) ケ (5) キ
[4](1) イ (2) オ (3) ウ (4) キ (5) ケ
[5](1) ア (2) カ (3) ウ (4) コ (5) オ

４章６節　順位づけ③(整列済み)

【4-6】(p144～p146)

[1](1) ウ (2) カ (3) イ
[2](1) オ (2) ア (3) イ
[3](1) イ (2) ア (3) エ
[4](1) オ (2) ウ (3) イ
[5](1) オ (2) ウ (3) ア
[6](1) オ (2) カ (3) ウ

４章７節　文字列結合

【4-7】(p148～p150)

[1](1) エ (2) イ
[2](1) エ (2) イ
[3](1) オ (2) イ (3) カ
[4](1) ウ (2) ア (3) イ
[5](1) エ (2) イ
[6](1) イ (2) エ (3) カ

４章　総合問題(p152～p161)

[1](1) ケ (2) ア (3) シ (4) コ (5) オ
(6) サ
[2](1) シ (2) ス (3) ア (4) ケ (5) ウ
(6) セ (7) オ
[3](1) シ (2) カ (3) ウ (4) ク (5) イ
(6) エ (7) キ
[4](1) サ (2) オ (3) イ (4) シ (5) ア
(6) ケ (7) ク
[5](1) セ (2) ク (3) イ (4) エ (5) キ
(6) カ (7) コ

こたえ

5章　アルゴリズム(上級)

5章1節　バブルソート(Bubble Sort)

【5-1】(p163～p167)

[1](1) イ (2) ア (3) カ

[2](1) エ (2) カ (3) オ

[3](1) ケ (2) ア (3) コ (4) ウ (5) エ

[4](1) ア (2) ウ (3) オ (4) イ (5) ク

[5](1) エ (2) キ (3) ケ (4) カ (5) ウ
(6) サ (7) コ

5章2節　選択ソート(Selection Sort)

【5-2】(p169～p173)

[1](1) カ (2) エ (3) ア

[2](1) エ (2) カ (3) オ

[3](1) カ (2) コ (3) イ (4) エ (5) ケ

[4](1) ア (2) キ (3) ク (4) オ (5) イ

[5](1) ウ (2) イ (3) コ (4) サ (5) カ
(6) ア (7) セ

5章3節　挿入ソート(Insertion Sort)

【5-3】(p175～p179)

[1](1) カ (2) エ (3) オ

[2](1) エ (2) イ (3) カ

[3](1) カ (2) エ (3) コ (4) ク (5) ウ

[4](1) ク (2) ウ (3) ア (4) キ (5) ケ

[5](1) サ (2) セ (3) ウ (4) ス (5) コ
(6) エ (7) ケ

5章　総合問題(p180～p197)

[1](1) セ (2) イ (3) ウ (4) シ (5) ク
(6) オ (7) キ

[2](1) カ (2) ア (3) ウ (4) コ (5) キ
(6) ク (7) イ

[3](1) ク (2) キ (3) イ (4) セ (5) ア
(6) オ (7) サ

[4](1) オ (2) ケ (3) キ (4) エ (5) サ
(6) カ (7) セ

[5](1) ケ (2) オ (3) カ (4) エ (5) ウ
(6) ス (7) ク　[(6)(7)は順不同]

[6](1) ス (2) カ (3) コ (4) ケ (5) ク
(6) オ (7) エ

[7](1) オ (2) シ (3) ス (4) ウ (5) エ
(6) サ (7) ケ

[8](1) エ (2) セ (3) ウ (4) オ (5) カ
(6) ス (7) キ

[9](1) オ (2) ス (3) ウ (4) キ (5) サ
(6) ケ (7) イ

[6] 流れ図の説明を読んで，流れ図の(1)～(3)にあてはまる答えを解答群から選び，記号で答えなさい。

＜流れ図の説明＞

処理内容

あるホームセンターは特売日に売上金額に応じた割引販売を行っている。特売日の販売データを読み，特売日割引販売一覧を表示する。

入力データ

レシート番号 (Ban)	売上金 (Uri)
××××	×～×

(第１図)

実行結果

(特売日割引販売一覧)		
(レシート番号)	(売上金)	(割引)
0001	823	5%
0002	3,451	7%
∫	∫	∫
0351	8,972	10%

(第２図)

処理条件

1. 第１図の売上金は99,999以下であり，売上金に応じて割引率が決定している。
2. 配列Wkinに割引する基準の売上金を，配列Writuに割引を記憶する。なお，WkinとWrituの添字は対応している。

配列

Wkin	(0)	(1)	(2)
	999	4999	99999
	(千未満)	(千～五千未満)	(五千以上)

Writu	(0)	(1)	(2)
	5%	7%	10%

3. 第１図の入力データを読み，売上金をもとに配列Wkinを探索し，レシート番号から割引までを第２図のように表示する。
4. データにエラーはないものとする。

＜流れ図＞

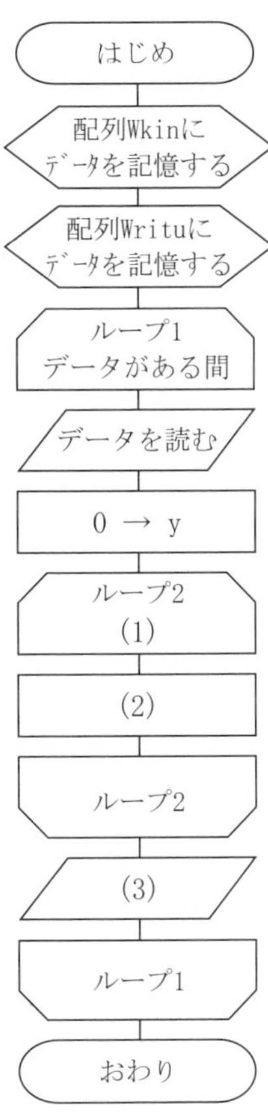

解答群

ア．Wkin(y) ≦ Uri の間
イ．Wkin(y) ＜ Uri の間
ウ．Ban,Uri,Wkin(y)を表示
エ．y + 1 → y
オ．Wkin(y) ≠ Uri の間
カ．Ban,Uri,Writu(y)を表示
キ．y - 1 → y

(1)	(2)	(3)

3章9節　線形探索(エラーチェック)

　探索処理を行う場合，探しているデータが必ず見つかるとは限りません。そのため，探したいデータが見つからなかったときの処理を考えて流れ図を作成する必要があります。

　Tcodeをもとに配列Hcodeを探索します。また，Hcodeと配列Hmeiの添字は対応しています。

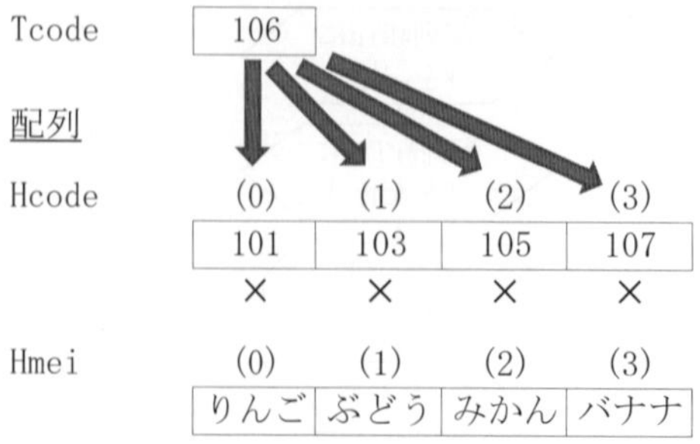

Tcode　106

配列

Hcode	(0)	(1)	(2)	(3)
	101	103	105	107
	×	×	×	×

Hmei	(0)	(1)	(2)	(3)
	りんご	ぶどう	みかん	バナナ

　この線形探索を実行すると，探索したいデータが配列にないことが分かります。そこで，このようにデータがない場合を考えた流れ図を作成する必要があります。

はじめ
配列Hcodeにデータを記憶する
配列Hmeiにデータを記憶する
Tcodeを読む
0 → a
① ループ　a ＜ 4 かつ　Tcode ≠ Hcode(a)の間
② a + 1 → a
ループ
③ a ＜ 4　YES：Tcode, Hmei(a)を表示　NO：④ Tcode,″エラー″を表示
おわり

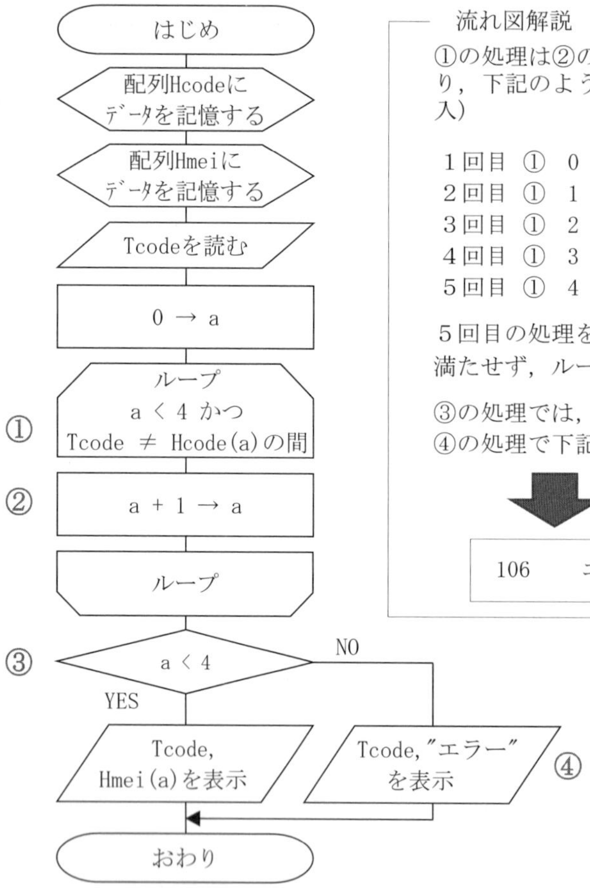

流れ図解説

①の処理は②の処理でaの値が変化することにより，下記のようになります。(変数aに数値を代入)

1回目　①　0 ＜ 4　かつ　Tcode ≠ Hcode(0)
2回目　①　1 ＜ 4　かつ　Tcode ≠ Hcode(1)
3回目　①　2 ＜ 4　かつ　Tcode ≠ Hcode(2)
4回目　①　3 ＜ 4　かつ　Tcode ≠ Hcode(3)
5回目　①　4 ＜ 4

　5回目の処理を実行したときに「a ＜ 4」の条件を満たせず，ループを抜けます。

③の処理では，探索できたかを判断しています。
④の処理で下記のようにデータが表示されます。

106	エラー

　ループの繰返し条件「a ＜ 4」は，今回の探索したい配列Hcodeの添字が(3)までしかないため，aが4になったらループを抜けるようにしています。この「a ＜ 4」の条件を付けることにより，見つからなかったときにループを抜け出すことができます。

【3-9】次の問題に答えなさい。

[1] 次の流れ図は線形探索を行う流れ図である。空欄(a)に入る答えを埋めなさい。

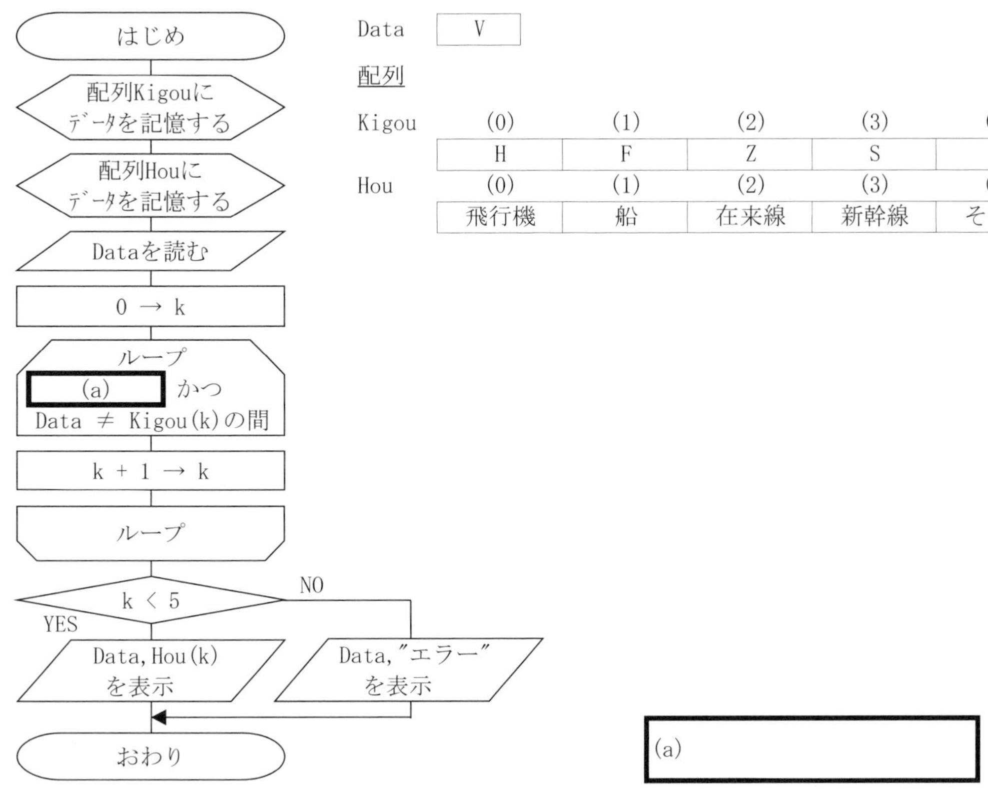

[2] 次の流れ図は線形探索を行う流れ図である。空欄(a)に入る答えを埋めなさい。

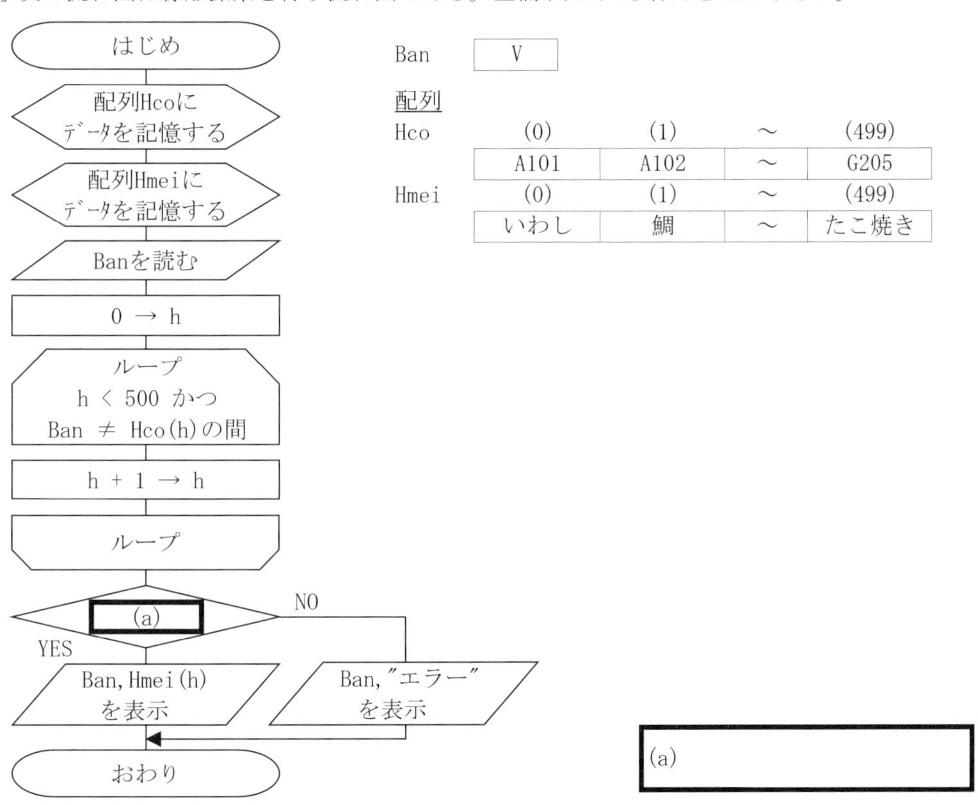

[3] 流れ図の説明を読んで，流れ図の(1)～(3)にあてはまる答えを解答群から選び，記号で答えなさい。

＜流れ図の説明＞

処理内容

　あるデパートの売上データを読み，店舗別売上一覧を表示する。

入力データ

店舗ｺｰﾄﾞ (Cod)	売上金 (Ukin)
×××	×～×

(第１図)

実行結果

(店舗別売上一覧)		
(店舗ｺｰﾄﾞ)	(店舗名)	(売上金)
101	資勢堂	187,654
301	和服屋	147,635
∫	∫	∫
318	新店舗	132,156

(第２図)

処理条件

1. 第１図の店舗コードは40種類である。
2. 配列Tcdに店舗コードを，配列Tmeiに店舗名を記憶する。なお，TcdとTmeiの添字は対応している。

配列

	(0)	(1)	～	(39)
Tcd	101	102	～	317
	(0)	(1)	～	(39)
Tmei	資勢堂	SK23	～	ｺﾝﾀｸﾄ市場

3. 第１図の入力データを読み，店舗コードをもとに配列Tcdを探索し，店舗コードから売上金までを第２図のように表示する。なお，店舗コードがTcdにない場合は店舗名に″新店舗″と表示する。

＜流れ図＞

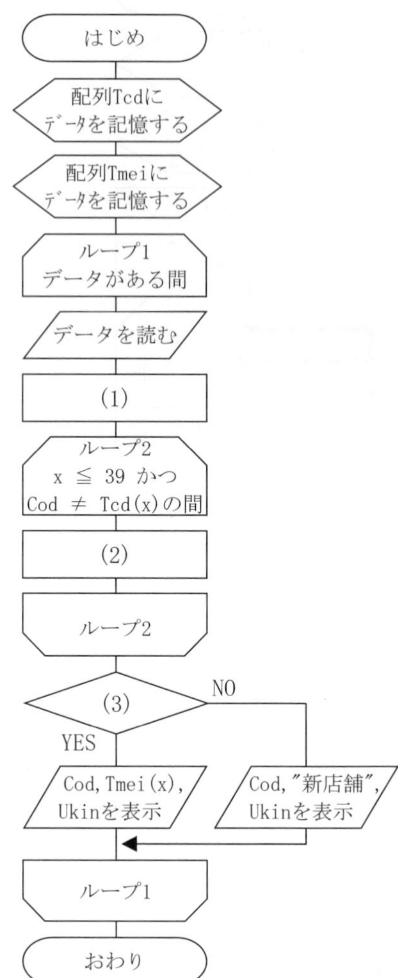

解答群

ア．x + 1 → x	イ．1 → x
ウ．x ≦ 39	エ．x － 1 → x
オ．0 → x	カ．x ＞ 39

(1)	(2)	(3)

[4] 流れ図の説明を読んで，流れ図の(1)～(4)にあてはまる答えを解答群から選び，記号で答えなさい。

＜流れ図の説明＞

処理内容

あるデパ地下の食料品の売上データを読み，売上一覧を表示する。

入力データ

商品ｺｰﾄﾞ (Sco)	数量 (Su)
××××	×～×

（第１図）

実行結果

（売上一覧）			
（商品ｺｰﾄﾞ）	（商品名）	（数量）	（金額）
1001	りんご	5	540
3021	牛肉(300g)	3	2,100
∫	∫	∫	∫
4937	該当ﾅｼ		

（第２図）

処理条件

1. 第１図の商品コードは3000種類である。
2. 配列Tcoに商品コードを，配列Smeiに商品名を，配列Stanに単価を記憶する。なお，TcoとSmeiとStanの添字は対応している。

配列

	(0)	(1)	～	(2999)
Tco	1001	1002	～	5067
Smei	りんご	ぶどう	～	A弁当
Stan	108	432	～	678

3. 第１図の入力データを読み，次の処理を行う。
   - 商品コードをもとに配列Tcoを探索し，商品コードから金額までを第２図のように表示する。なお，商品コードがTcoにない場合は商品コードと″該当ﾅｼ″を表示する。
   - 金額を次の計算式で求める。

     金額 ＝ 数量 × 単価

＜流れ図＞

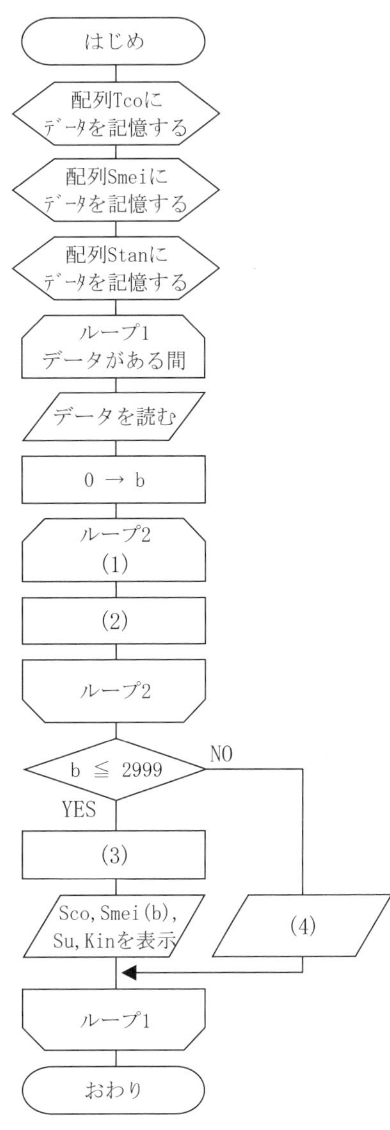

解答群

ア．b ＋ 1 → b　　イ．b ≦ 2999 かつ Sco ≠ Tco(b) の間
ウ．b － 1 → b　　エ．Sco,″該当ﾅｼ″を表示
オ．Sco,″エラー″を表示　　カ．Sco ≦ 2999 かつ Sco ≠ Tco(b) の間
キ．Stan(b) × Su → Kin　　ク．Sco × Su → Kin

(1)	(2)	(3)	(4)

[5] 流れ図の説明を読んで，流れ図の(1)～(4)にあてはまる答えを解答群から選び，記号で答えなさい。

<流れ図の説明>

処理内容

ある学校の図書室の１ヵ月の貸出データを読み，貸出回数一覧を表示する。

入力データ

日付 (Hi)	本番号 (Hb)
×～×	×××××

(第１図)

実行結果

(貸出回数一覧)		
(本番号)	(題名)	(貸出件数)
-	該当ﾅｼ	3
10001	平家物語	1
∫	∫	∫
50768	徒然草	2

(第２図)

処理条件

1. 第１図の本番号は整数５桁で20,000種類である。
2. 配列Hcoに本番号を，配列Dmeiに題名を記憶する。なお，HcoとDmeiの添字は対応している。

配列

	(0)	(1)	～	(20000)
Hco	-	10001	～	50768

	(0)	(1)	～	(20000)
Dmei	該当ﾅｼ	平家物語	～	徒然草

3. 第１図の入力データを読み，本番号をもとに配列Hcoを探索し，本ごとの貸出件数を配列Syuに集計する。なお，本番号が配列Hcoにない場合は，該当ナシとしてSyu(0)に集計する。また，Syuの添字はHcoの添字と対応している。

配列

Syu　(0)　(1)　～　(20000)

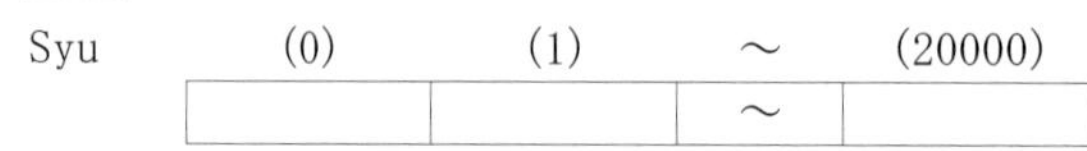

4. 入力データが終了したら，本番号から貸出件数までを第２図のように表示する。

<流れ図>

- はじめ
- 配列Hcoにﾃﾞｰﾀを記憶する
- 配列Dmeiにﾃﾞｰﾀを記憶する
- 配列Syuを初期化する
- ループ1　データがある間
  - データを読む
  - 1 → f
  - ループ2　(1)
    - (2)
  - ループ2
  - f ≦ 20000
    - YES：Syu(f) + 1 → Syu(f)
    - NO：(3)
- ループ1
- ループ3　(4)
  - Hco(h), Dmei(h), Syu(h)を表示
- ループ3
- おわり

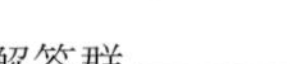

解答群

ア. f ≦ 20000 かつ Hb = Hco(f) の間　　イ. f + 1 → f
ウ. f ≦ 20000 かつ Hb ≠ Hco(f) の間　　エ. hは1から1ずつ増やして h ≦ 20000 の間
オ. Syu(f) + 1 → Syu(0)　　カ. hは0から1ずつ増やして h ≦ 20000 の間
キ. Hb → f　　ク. Syu(0) + 1 → Syu(0)

(1)	(2)	(3)	(4)

[6] 流れ図の説明を読んで，流れ図の(1)～(4)にあてはまる答えを解答群から選び，記号で答えなさい。

<流れ図の説明>

処理内容

ある部品メーカーの部品問い合わせデータを読み，問い合わせ部品在庫データを表示する。

入力データ

日付 (Hi)	型番 (Ban)
×～×	×～×

(第１図)

実行結果

(問い合わせ部品在庫データ)

(日付)	(型番)	(在庫数)
9月21日	BF0378	47
9月21日	AR0123	該当ﾅｼ
～	～	～
9月21日	DW0521	32

(第２図)

処理条件

1. 第１図の型番は1000種類である。
2. 配列Ktaに型番を，配列Kzaに在庫数を記憶する。なお，KtaとKzaの添字は対応している。

配列

Kta	(0)	(1)	～	(999)
	BF0378	ET1024	～	RW0987
Kza	(0)	(1)	～	(999)
	47	28	～	35

3. 第１図の入力データを読み，型番をもとに配列Ktaを探索し，日付から在庫数までを第２図のように表示する。なお，型番がKtaにない場合は，在庫数の代わりに"該当ﾅｼ"と表示する。

<流れ図>

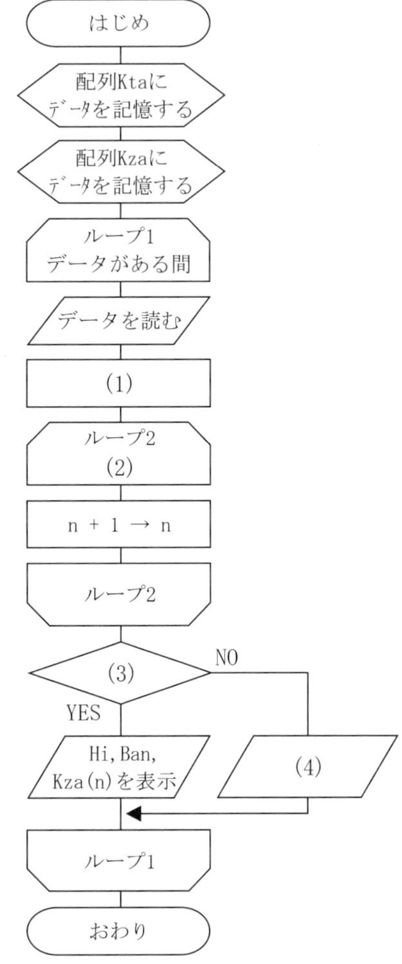

解答群

ア．n ＜ 1000　　イ．1 → n
ウ．n ＜ 1000 かつ Ban ≠ Kta(n) の間　　エ．"該当ﾅｼ",Hi,Kza(n)を表示
オ．0 → n　　カ．n ≦ 1000 かつ Ban ≠ Kta(n) の間
キ．Hi,Ban,"該当ﾅｼ"を表示　　ク．n ≦ 1000

(1)	(2)	(3)	(4)

【3章　総合問題】

[1] 流れ図の説明を読んで，流れ図の(1)～(7)にあてはまる答えを解答群から選び，記号で答えなさい。

＜流れ図の説明＞

処理内容

あるスーパーの1日の売上データを読み，売上一覧表と分類別売上集計表を表示する。

入力データ

商品ｺｰﾄﾞ (Scod)	分類番号 (Bun)	数量 (Su)
×～×	×	×××

(第1図)

実行結果

(売上一覧表)

(商品ｺｰﾄﾞ)	(商品名)	(単価)	(数量)	(金額)
10234	玉ねぎ	57	150	8,550
20784	秋刀魚	198	35	6,930
∫	∫	∫	∫	∫
70578	歯ブラシ	98	2	196
		(売上金額合計)		1,564,321

(分類別売上集計表)

(分類名)	(金額合計)
青果	245,368
鮮魚	361,472
∫	∫
日用品	13,756
(分類別最大金額合計)	361,472

(第2図)

処理条件

1. 第1図の商品コードは4000種類であり，分類番号は1～7の7種類である。
2. 配列Hscに商品コードを，配列Hmeiに商品名を，配列Htanに単価を，配列Hbunに分類名を記憶する。なお，HscとHmeiとHtanの添字は対応し，Hbunの添字は分類番号と対応している。

配列

Hsc	(0)	(1)	(2)	～	(3999)	(4000)
		10001	10004	～	70851	70987

Hmei	(0)	(1)	(2)	～	(3999)	(4000)
		りんご	ぶどう	～	ペン	マスク

Htan	(0)	(1)	(2)	～	(3999)	(4000)
		108	432	～	108	298

Hbun	(0)	(1)	(2)	～	(6)	(7)
		青果	鮮魚	～	缶詰	日用品

3. 第1図の入力データを読み，次の処理を行う。
   - 商品コードをもとに配列Hscを探索し，金額を次の計算式で求め，商品コードから金額までを第2図のように表示する。

     金額 = 数量 × 単価
   - 金額を分類ごとに配列Bkinに集計する。なお，Bkinの添字は分類番号と対応している。

     配列

Bkin	(0)	(1)	(2)	～	(6)	(7)
				～		

4. 入力データが終了したら，次の処理を行う。
   - 売上金額合計を第2図のように表示する。
   - 分類名と金額合計を第2図のように表示する。
   - 分類別最大金額合計を第2図のように表示する。
5. データにエラーはないものとする。

解答群

ア．Bkin(s) ＞ Max	イ．0 → Kingou
ウ．Scod ≦ Hsc(m)	エ．Bkin(Bun) + Kin → Bkin(Bun)
オ．Su × Htan(m) → Kin	カ．sは1から1ずつ増やして s ≦ 7
キ．Bkin(s) ≦ Max	ク．Scod ≠ Hsc(m)
ケ．Bkin(m) + Kin → Bkin(m)	コ．sは1から1ずつ増やして s ≦ 4000
サ．0 → Max	シ．Su × Htan(Bun) → Kin
ス．Maxを表示	セ．Bkin(s)を表示

＜流れ図＞

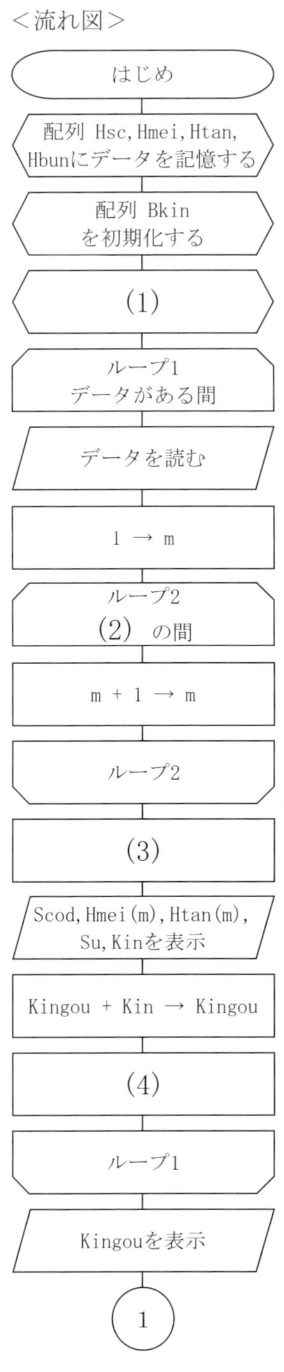

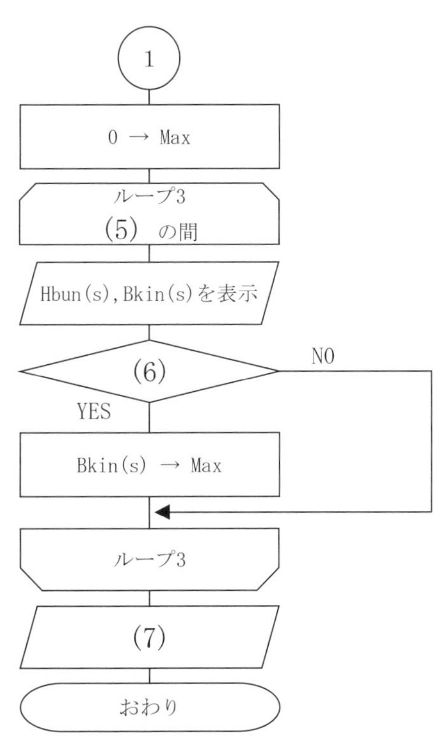

(1)	(2)	(3)	(4)	(5)
(6)	(7)			

3章（2級）

[2] 流れ図の説明を読んで，流れ図の(1)～(7)にあてはまる答えを解答群から選び，記号で答えなさい。
＜流れ図の説明＞
処理内容
あるドラッグストアの１日の売上データを読み，売上一覧表と商品別売上数集計表を表示する。

入力データ

ﾚｼｰﾄ番号	商品番号	数量
(Rban)	(Ban)	(Su)
×～×	×～×	×××

(第１図)

実行結果

(売上一覧表)

(ﾚｼｰﾄ番号)	(商品名)	(単価)	(数量)	(売上金額)
0001	キロソニン	753	1	753
0002	リポA	118	10	1,180
∫	∫	∫	∫	∫
0348	葛根湯	369	4	1,476

(商品別売上数集計表)

(商品名)	(売上数量)
フェミニナ	4
アクビア	1
∫	∫
天然水	6

(最大売上数量の商品)　葛根湯

(第２図)

処理条件
1. 第１図の商品番号は5000種類である。
2. 配列Dcoに商品番号を，配列Dmeiに商品名を，配列Dtanに単価を記憶する。なお，DcoとDmeiとDtanの添字は対応している。

配列

	(0)	(1)	～	(4998)	(4999)
Dco	10001	10002	～	40355	40356
Dmei	フェミニナ	アクビア	～	緑茶	天然水
Dtan	2880	1080	～	133	88

3. 第１図の入力データを読み，次の処理を行う。
   - 商品番号をもとに配列Dcoを探索し，売上金額を次の計算式で求め，レシート番号から売上金額までを第２図のように表示する。
     売上金額 = 数量 × 単価
   - 数量を商品ごとに配列Syuに集計する。なお，Syuの添字は配列Dcoの添字と対応している。

配列

	(0)	(1)	～	(4998)	(4999)
Syu			～		

4. 入力データが終了したら，次の処理を行う。
   - 商品名と売上数量を第２図のように表示する。
   - 最大売上数量の商品を第２図のように表示する。なお，最大売上数量の商品が複数あった場合，先に入力されたデータを優先する。
5. データにエラーはないものとする。

解答群

ア．Syu(t) + Kin → Syu(t)
イ．0 → Max
ウ．Ban → t
エ．Rban, Dmei(t), Dtan(t), Su, Kinを表示
オ．1 → Max
カ．Syu(t) + Su → Syu(t)
キ．1 → t
ク．kは1から1ずつ増やして k ＜ 5000
ケ．Ban, Dmei(t), Dtan(t), Su, Kinを表示
コ．t + 1 → t
サ．Bkin(k) → Maxmei
シ．Dmei(k) → Maxmei
ス．0 → t
セ．kは0から1ずつ増やして k ≦ 4999

＜流れ図＞

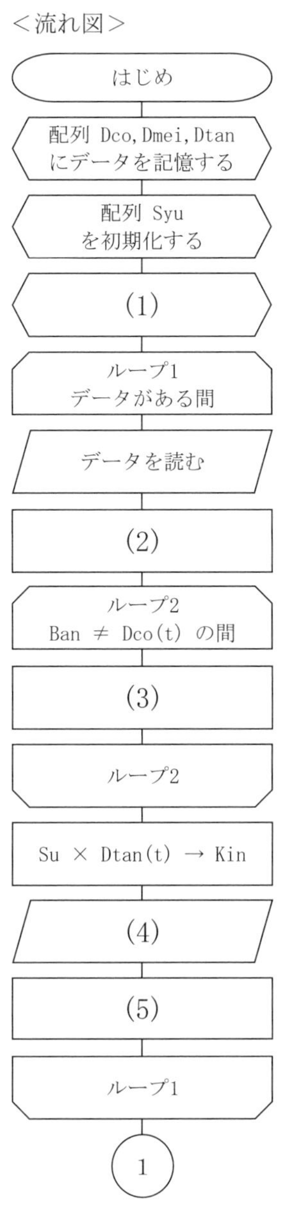

はじめ
配列 Dco,Dmei,Dtan
にデータを記憶する
配列 Syu
を初期化する
(1)
ループ1
データがある間
データを読む
(2)
ループ2
Ban ≠ Dco(t) の間
(3)
ループ2
Su × Dtan(t) → Kin
(4)
(5)
ループ1
1

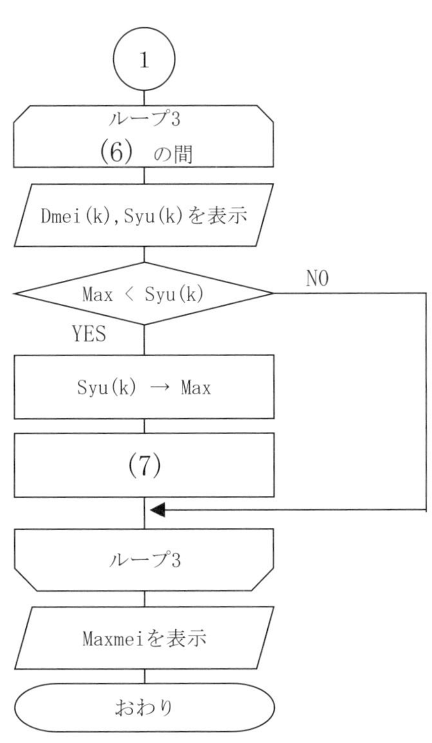

1
ループ3
(6) の間
Dmei(k),Syu(k)を表示
Max < Syu(k)
NO
YES
Syu(k) → Max
(7)
ループ3
Maxmeiを表示
おわり

(1)	(2)	(3)	(4)	(5)
(6)	(7)			

[3] 流れ図の説明を読んで，流れ図の(1)～(7)にあてはまる答えを解答群から選び，記号で答えなさい。
＜流れ図の説明＞
処理内容
　ある教科の２年生の中間考査の点数データを読み，中間考査一覧表と組別平均表を表示する。

入力データ

生徒番号 (Sban)	得点 (Ten)
××××	×××

（第１図）

実行結果

（中間考査一覧表）

（生徒番号）	（生徒名）	（得点）
2101	Aさん	78
2102	Bさん	65
～	～	～
2540	Zさん	53

（組別平均表）

（組）	（得点平均）
1	75.1
2	67.2
3	61.3
4	77.6
5	57.6
（最小平均点）	57.6

（第２図）

処理条件
1. 第１図の生徒番号は200種類であり，データ１件分につき１人分のデータである。また，組の人数は最大40人であり，生徒番号の構成は次の通りである。なお，得点の最大は100とする。
　例　２５３３　→　２年５組３３番
2. 配列Tscに生徒番号を，配列Tmeiに生徒名を記憶する。なお，TscとTmeiの添字は対応している。
配列

Tsc	(0)	(1)	(2)	～	(199)	(200)
		2101	2102	～	2539	2540

Tmei	(0)	(1)	(2)	～	(199)	(200)
		Aさん	Bさん	～	Yさん	Zさん

3. 第１図の入力データを読み，次の処理を行う。
   - 生徒番号をもとに配列Tscを探索し，生徒番号から得点までを第２図のように表示する。
   - 各組の得点を配列Ktenに集計し，各組の人数をKninに集計する。なお，KtenとKninの添字は組と対応している。

配列

Kten	(0)	(1)	(2)	(3)	(4)	(5)

Knin	(0)	(1)	(2)	(3)	(4)	(5)

4. 入力データが終了したら，次の処理を行う。
   - 各組の得点平均を次の計算式で求め，組と得点平均を第２図のように表示する。
     各組の得点平均 ＝ 各組の得点合計 ÷ 各組の人数
   - 最小平均点を第２図のように表示する。
5. データにエラーはないものとする。

解答群

ア．0 → Min
イ．nは1から1ずつ増やして n ＜ 201
ウ．b ＋ 1 → b
エ．Knin(k) ＋ 1 → Knin(k)
オ．Hei ＞ Min
カ．nは1から1ずつ増やして n ＜ 6
キ．Sban ＝ Tsc(b)
ク．Knin(k) ＋ Ten → Knin(k)
ケ．Hei ＜ Min
コ．Kten(n) ÷ n → Hei
サ．Kten(n) ÷ Knin(n) → Hei
シ．Sban ≠ Tsc(b)
ス．101 → Min
セ．Sban → b

＜流れ図＞

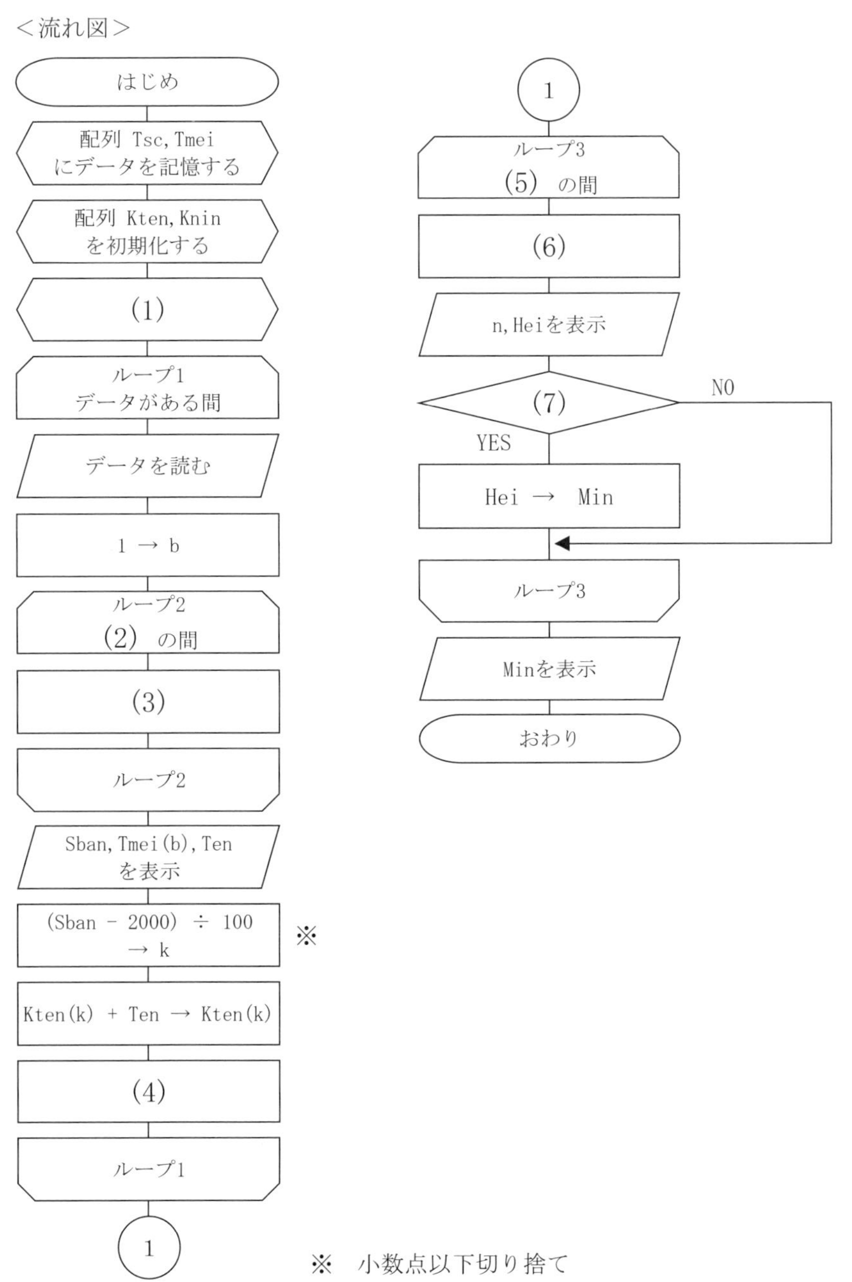

※　小数点以下切り捨て

<table>
<tr><td>(1)</td><td>(2)</td><td>(3)</td><td>(4)</td><td>(5)</td></tr>
<tr><td>(6)</td><td>(7)</td><td></td><td></td><td></td></tr>
</table>

3章（2級）

［4］流れ図の説明を読んで，流れ図の(1)～(7)にあてはまる答えを解答群から選び，記号で答えなさい。

＜流れ図の説明＞

処理内容

海外旅行キャンセルデータを読み，キャンセル一覧表と行先別キャンセル一覧表を表示する。

入力データ

受付番号 (Uban)	行先番号 (Iban)	キャンセル日数 (Kyan)	旅行代金 (Dai)
×～×	×××	××	×～×

（第１図）

実行結果

（キャンセル一覧表）

（受付番号）	（行先名）	（キャンセル日数）	（キャンセル料）
100041	グアム	1	40,974
100005	台湾	5	26,358
⁀	⁀	⁀	⁀
100162	フランス	15	24,265

（行先別キャンセル一覧表）

（行先名）	（キャンセル数）
アメリカ	5
イギリス	4
⁀	⁀
パラオ	3
（行先別最大キャンセル数）	9

（第２図）

処理条件

1. 第１図の行先番号は195種類であり，キャンセル日数は20以下である。
2. 配列Tikiに行先名を記憶する。なお，Tikiの添字は行先番号と対応している。

配列

Tiki	(0)	(1)	(2)	～	(194)	(195)
		アメリカ	イギリス	～	インド	パラオ

3. 配列Tnitiに基準となるキャンセル日数を，配列Twariにキャンセル料の割合を記憶する。なお，TnitiとTwariの添字は対応している。

配列

Tniti	(0)	(1)	(2)	(3)	(4)
		0	1	7	20
		（当日）	（1日前）	（2～7日前）	（8～20日前）

Twari	(0)	(1)	(2)	(3)	(4)
		1	0.5	0.3	0.2

4. 第１図の入力データを読み，次の処理を行う。
   - キャンセル日数をもとに配列Tnitiを探索し，キャンセル料を次の計算式で求め，受付番号からキャンセル料までを第２図のように表示する。

     キャンセル料 ＝ 旅行代金 × キャンセル料の割合
   - キャンセルの件数を行先ごとに配列Ksuに集計する。なお，Ksuの添字は行先番号と対応している。

     配列

Ksu	(0)	(1)	(2)	～	(194)	(195)
				～		

5. 入力データが終了したら，次の処理を行う。
   - 行先名とキャンセル数を第２図のように表示する。
   - 行先別最大キャンセル数を第２図のように表示する。
6. データにエラーはないものとする。

解答群

ア．Uban, Tiki(Iban), Kyan, Ryouを表示	イ．Tiki(p) → Max
ウ．Uban, Tiki(f), Kyan, Ryouを表示	エ．pは1から1ずつ増やして p ≦ 4
オ．Ksu(f) + 1 → Ksu(f)	カ．Tiki(p) ＞ Max
キ．Ksu(Iban) + 1 → Ksu(Iban)	ク．Kyan ＞ Tniti(f)
ケ．Kyan ≠ Tniti(f)	コ．Maxを表示
サ．Ksu(p) ＞ Max	シ．Tiki(Max)を表示
ス．Ksu(p) → Max	セ．pは1から1ずつ増やして p ≦ 195

＜流れ図＞

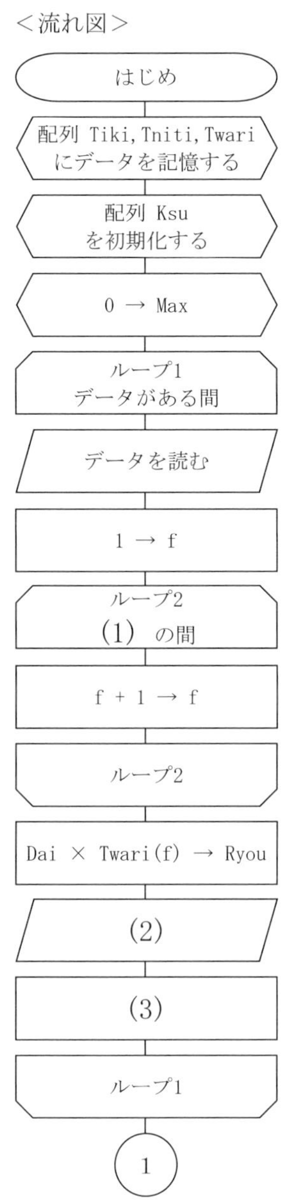

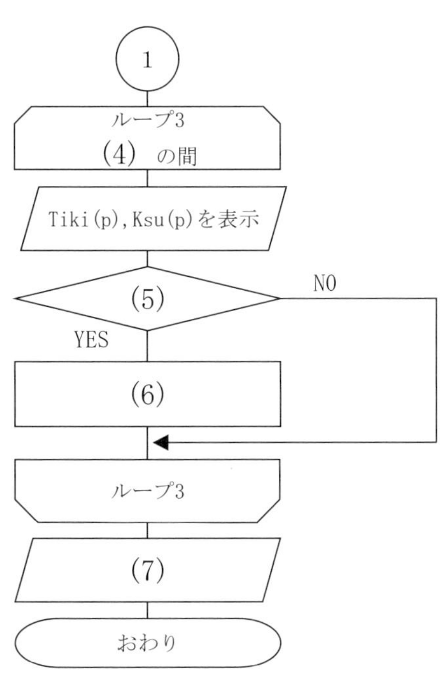

(1)	(2)	(3)	(4)	(5)
(6)	(7)			

3章（2級）

[5] 流れ図の説明を読んで，流れ図の(1)～(7)にあてはまる答えを解答群から選び，記号で答えなさい。
＜流れ図の説明＞
処理内容
映画館の入場チケット販売データを読み，チケット販売一覧表と時間帯別売上枚数表を表示する。

入力データ

販売ｺｰﾄﾞ (Hco)	上映時刻 (Jyou)	金額 (Kin)
××××××	××××	×～×

（第１図）

実行結果

(販売ｺｰﾄﾞ)	(映画名)	(上映時刻)	(金　額)
000115	刑事K	810	850
000114	ジョージ	1510	1,000
∫	∫	∫	∫
120103	侍７人	2030	700

（チケット販売一覧表）

（時間帯別売上枚数表）

(時　間　帯)	(売上枚数)
8:00 ～ 9:59	87
10:00 ～ 19:59	976
20:00 ～ 23:00	138

（最低売上枚数時間帯）8:00～9:59

（第２図）

処理条件
1. データ件数は9999未満であり，１件のデータにつき１枚のチケットの販売を表している。
2. 第１図の販売コードは６桁で，次の例のように構成されている。なお，映画コードは15種類である。
   例　１１０７１２　→　１１０７（連番）　１２（映画コード）
3. 第１図の上映時刻は４桁で，８時から23時までであり，次の例のように構成されている。
   例　１５２０　→　15時20分
4. 配列Tjikoに基準となる上映時刻を，配列Jtaiに時間帯を，配列Emeiに映画名を記憶する。なお，TjikoとJtaiの添字は対応している。また，Emeiの添字は映画コードと対応している。

配列

Tjiko	(0)	(1)	(2)
	959	1959	2300
	(8:00～9:59)	(10:00～19:59)	(20:00～23:00)

Jtai	(0)	(1)	(2)
	8:00～9:59	10:00～19:59	20:00～23:00

Emei	(0)	(1)	(2)	～	(14)	(15)
		青春	情熱の花	～	ジョージ	刑事K

5. 第１図の入力データを読み，次の処理を行う。
   - 販売コードから金額までを第２図のように表示する。
   - 上映時刻をもとに配列Tjikoを探索し，時間帯ごとの売上枚数を配列Tsyuに集計する。なお，Tsyuの添字はTjikoの添字と対応している。

配列

Tsyu	(0)	(1)	(2)

6. 入力データが終了したら，次の処理を行う。
   - 時間帯と売上枚数を第２図のように表示する。
   - 最低売上枚数時間帯を第２図のように表示する。なお，最低売上枚数時間帯が複数ある場合は先に入力されたデータを優先する。
7. データにエラーはないものとする。

解答群

ア．Tsyu(a) + 1 → Tsyu(a)	イ．0 → Min
ウ．Hco - Ren → Ei	エ．rは0から1ずつ増やして r ＜ 3
オ．Jyou ≠ Tjiko(a)	カ．Jyou ＞ Tjiko(a)
キ．9999 → Min	ク．rは1から1ずつ増やして r ≦ 2
ケ．Jtai(r) → Tai	コ．Hco - Ren × 100 → Ei
サ．a + 1 → a	シ．Tsyu(a) + Kin → Tsyu(a)
ス．r → Tai	セ．a - 1 → a

<流れ図>

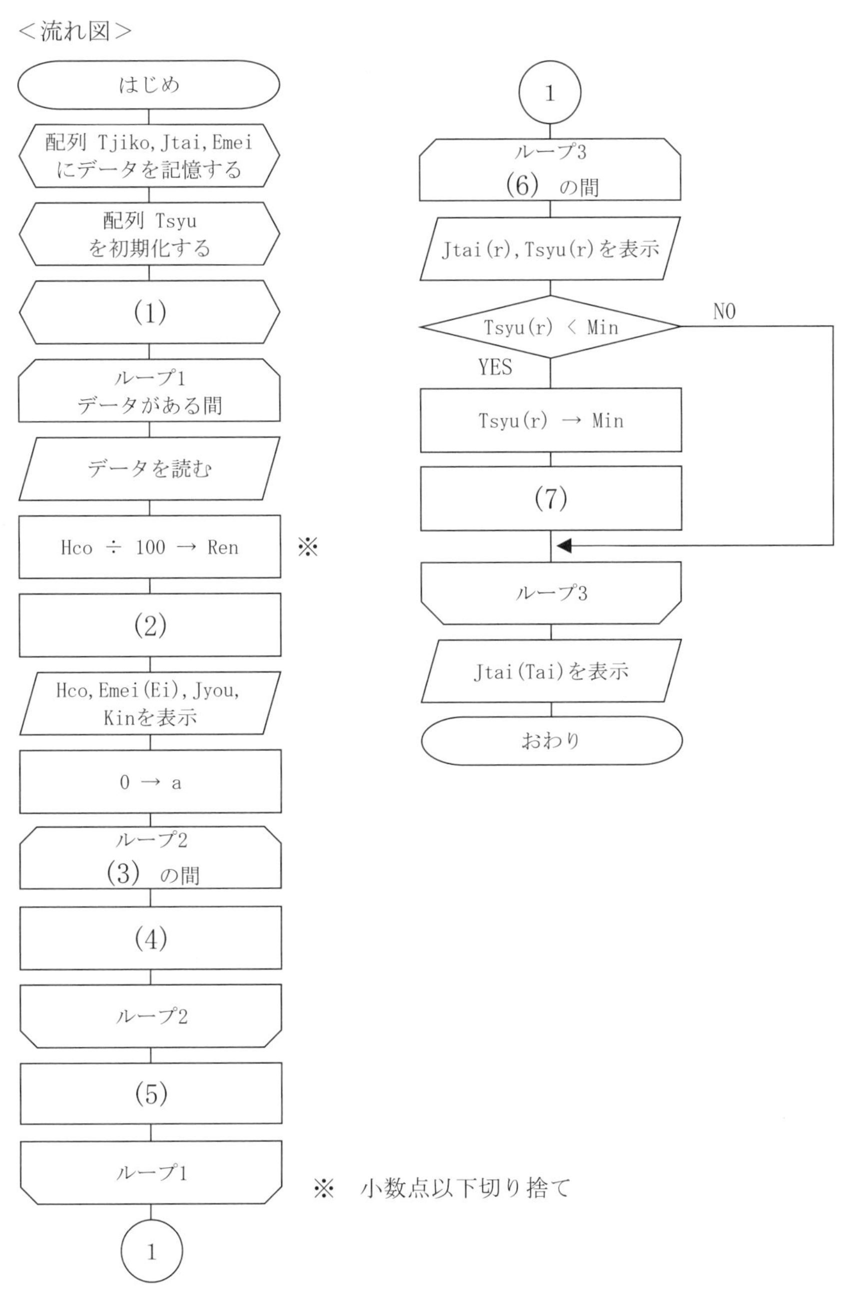

※　小数点以下切り捨て

<table>
<tr><td>(1)</td><td>(2)</td><td>(3)</td><td>(4)</td><td>(5)</td></tr>
<tr><td>(6)</td><td>(7)</td><td></td><td></td><td></td></tr>
</table>

4章　アルゴリズム（中級）

この章では，プログラミングの代表的なアルゴリズムや，サブルーチンなど，プログラムを作成していくうえで必要な考え方について学習します。

4章1節　コントロールブレイク

キー項目によって整列されたデータをグループごとに集計する処理は，１件ずつデータを読み，キー項目の値が変わるまで集計することで実現できます。このような処理をコントロールブレイクといいます。

左の入力データをグループごとに集計すると，右のような実行結果になります。

入力データ

ｺｰﾄﾞ	売上
1001	100
1001	300
1002	200
1002	500
1003	200
1003	100

実行結果

(ｺｰﾄﾞ)	(売上)
1001	100
1001	300
(合計)	400
1002	200
1002	500
(合計)	700
1003	200
1003	100
(合計)	300

上の処理を流れ図にすると下のようになります。

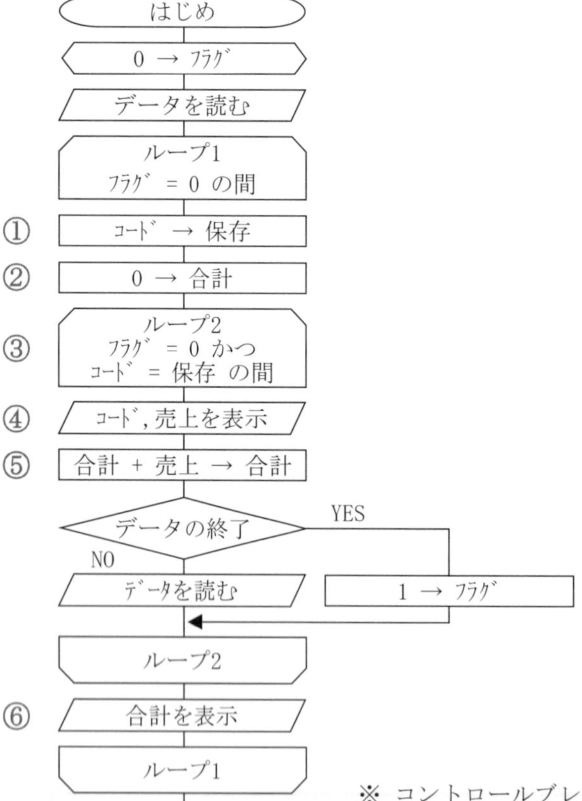

流れ図解説

① コードを保存に入れる
順番に並んでいるデータをグループごとに集計するためには基準となるキー項目の値を保存しておく必要があります。それを行っているのが①です。

② 合計に0を入れる
合計はグループごとに行います。そのため，グループが変わるたびに合計を０にする必要があります。

③ ループ２
③はコードが同じ間，繰返しをしています。これは，同じコードの売上合計を計算するためです。なお，データがなくなってもループを終える必要があるため，ループの継続条件は２つとなります。

④ コード，売上を表示

⑤ 売上の合計を計算

⑥ 合計を表示
コードが変わるかデータが終了するとループ２を出ます。そのため⑥の位置で合計を出力することになります。

※ コントロールブレイクを行うためには，入力データはキー項目をもとに昇順か降順に並んでいなければなりません。

また，コントロールブレイクはグループの合計のみを表示する場合もあります。

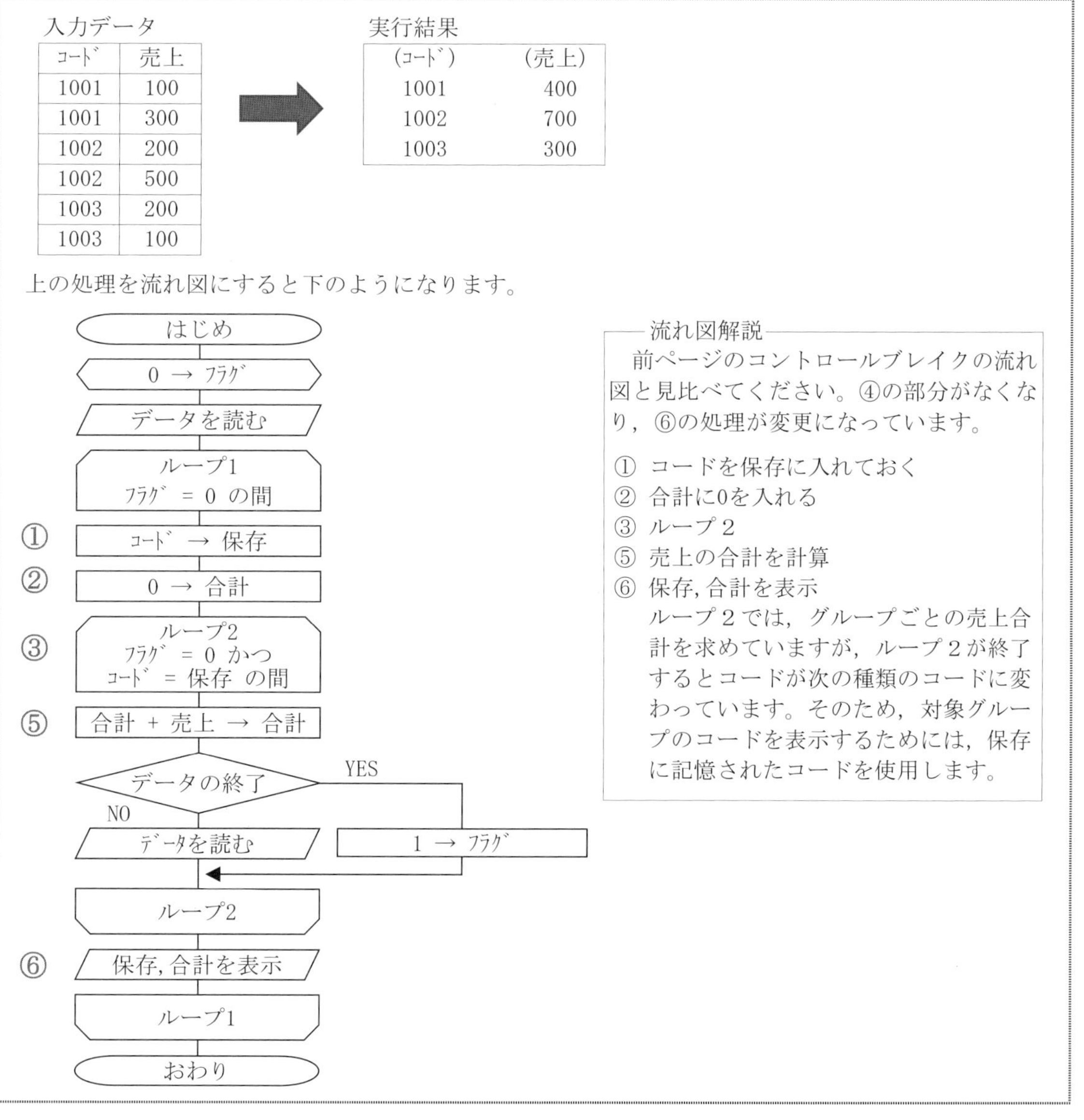

入力データ

ｺｰﾄﾞ	売上
1001	100
1001	300
1002	200
1002	500
1003	200
1003	100

実行結果

(ｺｰﾄﾞ)	(売上)
1001	400
1002	700
1003	300

上の処理を流れ図にすると下のようになります。

流れ図解説

前ページのコントロールブレイクの流れ図と見比べてください。④の部分がなくなり，⑥の処理が変更になっています。

① コードを保存に入れておく
② 合計に0を入れる
③ ループ２
⑤ 売上の合計を計算
⑥ 保存, 合計を表示
ループ２では，グループごとの売上合計を求めていますが，ループ２が終了するとコードが次の種類のコードに変わっています。そのため，対象グループのコードを表示するためには，保存に記憶されたコードを使用します。

【4-1】次の問題に答えなさい。

[1] 流れ図の説明を読んで，流れ図の(1)～(5)にあてはまる答えを解答群から選び，記号で答えなさい。

＜流れ図の説明＞

処理内容

あるドラッグストアの売上データを読み，売上一覧を表示する。

入力データ

分類番号 (Bun)	品名 (Hin)	売上 (Uri)
×	×～×	×～×

(第１図)

実行結果

(分類番号)	(品名)	(売上)
	(売上一覧)	
1	湿布	3,200
∫	∫	∫
1	テーピング	680
	(合計)	148,020
	∫	
8	チョコ	5,430
∫	∫	∫
8	ガム	7,350
	(合計)	78,500

(第２図)

処理条件

1. 第１図の入力データは分類番号の昇順に記録されており，分類番号は１～８の８種類である。
2. 第１図の入力データを読み，次の処理を行う。
   - 分類番号から売上までを第２図のように表示する。
   - 分類番号が変わるごとに売上の合計を第２図のように表示する。
3. データにエラーはないものとする。

＜流れ図＞

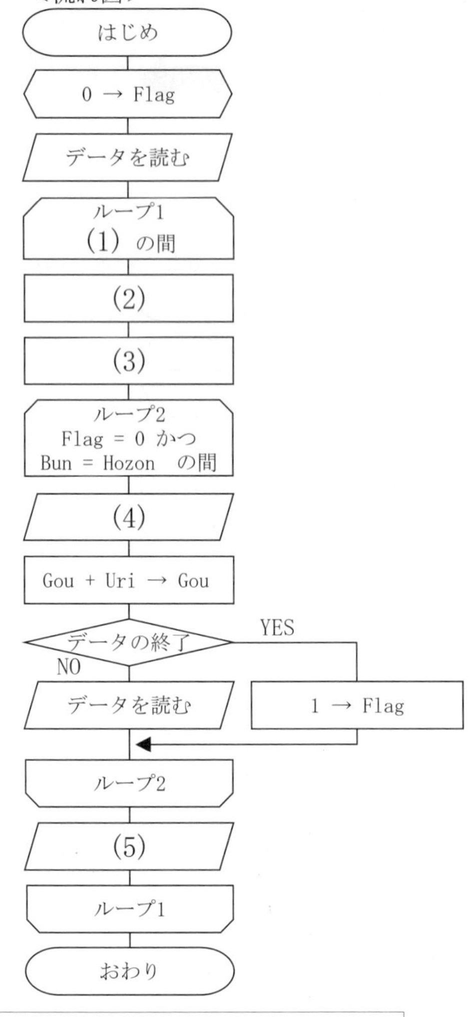

解答群

ア. Hin → Hozon	イ. Flag = 0
ウ. Bun, Hin, Uriを表示	エ. Uriを表示
オ. Flag = 1	カ. Bun → Hozon
キ. Gouを表示	ク. 0 → Gou

(1)	(2)	(3)	(4)	(5)

※ (2)(3)は順不同

4章(1級)

[2] 流れ図の説明を読んで，流れ図の(1)～(5)にあてはまる答えを解答群から選び，記号で答えなさい。

＜流れ図の説明＞

処理内容

　あるスーパーマーケットの売上データを読み，売上一覧を表示する。

入力データ

分類ｺｰﾄﾞ (Code)	品名 (Hin)	売上金額 (Kin)
×	×～×	×～×

（第１図）

実行結果

(売上一覧)		
(分類名)	(品名)	(売上金額)
青果		
	みかん	5,430
	∫	∫
	ぶどう	7,350
	(合計)	238,020
∫		
日用品		
	鉛筆	600
	∫	∫
	消しゴム	100
	(合計)	14,250

（第２図）

処理条件

1. 第１図の入力データは分類コードの昇順に記録されており，分類コードは１～５である。
2. 配列Bmeiに分類名を記憶する。なお，Bmeiの添字は分類コードと対応している。

　配列

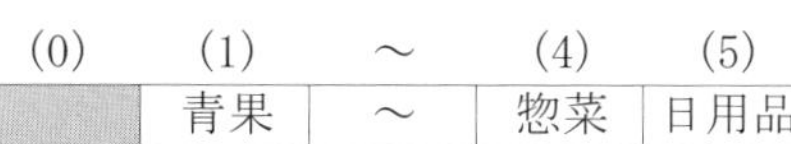

Bmei	(0)	(1)	～	(4)	(5)
		青果	～	惣菜	日用品

3. 第１図の入力データを読み，次の処理を行う。
   - 分類コードが変わるごとに分類名を表示する。
   - 品名と売上金額を第２図のように表示する。
   - 分類コードが変わるごとに売上金額の合計を第２図のように表示する。
4. データにエラーはないものとする。

＜流れ図＞

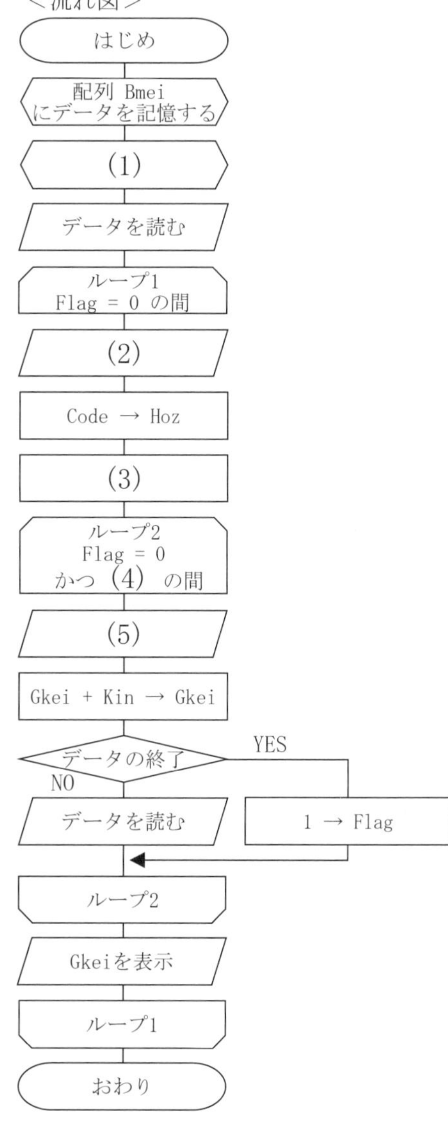

解答群

ア．Code,Hin,Kinを表示	イ．Bmei(Code)を表示
ウ．0 → Gkei	エ．Kin → Gkei
オ．1 → Flag	カ．Codeを表示
キ．Hin,Kinを表示	ク．Code ≠ Hoz
ケ．0 → Flag	コ．Code = Hoz

(1)	(2)	(3)	(4)	(5)

4章（1級）

[3] 流れ図の説明を読んで，流れ図の(1)～(5)にあてはまる答えを解答群から選び，記号で答えなさい。

＜流れ図の説明＞

処理内容

ある自動車販売店の１か月間の販売成績データを読み，販売成績一覧表を表示する。

入力データ

社員番号 (Sban)	販売日 (Hi)	販売台数 (Dai)
××××	×～×	×～×

(第１図)

実行結果

(販売成績一覧表)		
(社員番号)	(販売日)	(販売台数)
1001		
	3月3日	1
	3月12日	2
	∫	∫
	(計)	12
∫		
1013		
	3月7日	2
	3月16日	1
	∫	∫
	(計)	10
	(総合計)	91

(第２図)

処理条件

1. 第１図の入力データは社員番号，販売日の昇順に記録されている。
2. 第１図の入力データを読み，次の処理を行う。
   - 社員番号が変わるごとに社員番号を表示する。
   - 販売日と販売台数を第２図のように表示する。
   - 社員番号が変わるごとに販売台数の計を第２図のように表示する。
3. 入力データが終了したら，総合計を第２図のように表示する。
4. データにエラーはないものとする。

＜流れ図＞

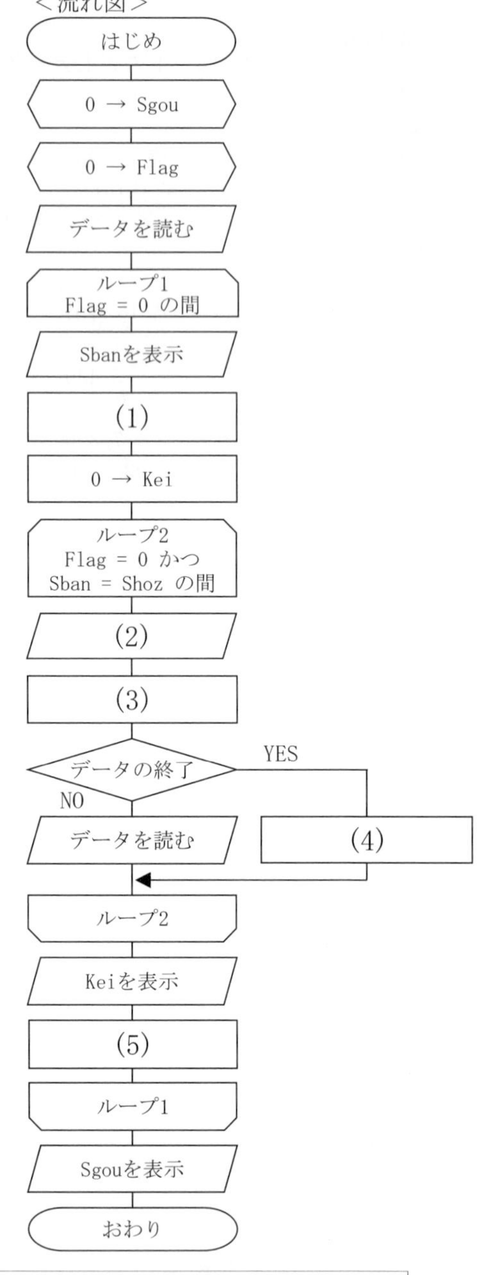

解答群

ア. Kei + Dai → Kei	イ. 1 → Flag
ウ. Dai + Kei → Sgou	エ. Sban → Shoz
オ. Hi, Daiを表示	カ. Sgou + Kei → Sgou
キ. データを読む	ク. Sban, Hi, Daiを表示
ケ. 0 → Flag	コ. Dai + Dai → Kei

(1)	(2)	(3)	(4)	(5)

[4] 流れ図の説明を読んで，流れ図の(1)～(5)にあてはまる答えを解答群から選び，記号で答えなさい。

＜流れ図の説明＞

処理内容

ある学校の遠足先アンケートデータを読み，遠足アンケート集計結果を表示する。

入力データ

年 (Nen)	組 (Kumi)	番号 (Ban)	評価 (Hyo)
×	×	××	×

(第１図)

実行結果

(遠足アンケート集計結果)					
(学年)	(満足)	(やや満足)	(普通)	(やや不満)	(不満)
1年	32	68	52	35	13
2年	25	78	34	42	21
3年	68	75	25	27	5

(第２図)

処理条件

1. 第１図の入力データは年，組，番号の昇順に記録されている。なお，年は１(1年)～３(3年)，評価は１(満足)～５(不満)である。
2. 配列Gakuに学年を記憶する。なお，Gakuの添字は年と対応している。

配列

Gaku	(0)	(1)	(2)	(3)
		1年	2年	3年

3. 第１図の入力データを読み，次の処理を行う。
   - 学年ごとに配列Gsyuに評価別の件数を集計する。なお，Gsyuの添字は評価と対応している。

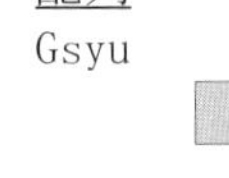

配列

Gsyu	(0)	(1)	～	(5)
			～	
		(満足)	～	(不満)

   - 年が変わるごとに学年から不満までを第２図のように表示する。
4. データにエラーはないものとする。

＜流れ図＞

- はじめ
- 配列 Gaku にデータを記憶する
- 配列 Gsyu を準備する
- 0 → Flag
- (1)
- ループ1 Flag = 0 の間
  - 配列 Gsyu を初期化する
  - (2)
  - ループ2 (3) かつ Nen = Nhoz の間
    - (4)
    - データの終了 — YES: 1 → Flag ／ NO: データを読む
  - ループ2
  - (5)
- ループ1
- おわり

解答群

ア. Gaku(Nen),Gsyu(1)～(5)を表示	イ. Flag = 1
ウ. Nen → Nhoz	エ. Gsyu + Hyo → Gsyu
オ. Flag = 0	カ. Gsyu(Kumi) + 1 → Gsyu(Kumi)
キ. Gsyu(Hyo) + 1 → Gsyu(Hyo)	ク. Gaku(Nhoz),Gsyu(1)～(5)を表示
ケ. Kumi → Nhoz	コ. データを読む

(1)	(2)	(3)	(4)	(5)

[5] 流れ図の説明を読んで，流れ図の(1)～(5)にあてはまる答えを解答群から選び，記号で答えなさい。

＜流れ図の説明＞

処理内容

　ある地点の１ヵ月の交差点の交通量調査の調査データを読み，集計結果をディスプレイに表示する。

入力データ

日付 (Hi)	時間帯ｺｰﾄﾞ (Ji)	車種ｺｰﾄﾞ (Sya)
×～×	××	×

（第１図）

実行結果

	（○○交差点　交通量）			
（日付）	（時間帯）	（軽自動車）	～	（二輪車）
8/1				
	8時台	56	～	4
	9時台	63	～	5
	⟆	⟆	～	⟆
	20時台	25	～	10
⟆			～	
8/31				
	8時台	36	～	11
	⟆	⟆	～	⟆
	20時台	14	～	7

（第２図）

処理条件

1. 第１図の入力データは，日付，時間帯コードの昇順に記録されている。また，時間帯コードは8(8時台)～20(20時台)であり，車種コードは1(軽自動車)～5(二輪車)である。
2. 配列Jdaiに時間帯を記憶する。なお，Jdai(1)から(13)までに8～20時台を順番に記憶している。

配列

Jdai	(0)	(1)	(2)	～	(12)	(13)
		8時台	9時台	～	19時台	20時台

3. 第１図の入力データを読み，次の処理を行う。
   - 日付が変わるごとに日付を表示する。
   - 時間帯別に配列Skenに車種別の件数を集計する。なお，Skenの添字は車種コードと対応している。

配列

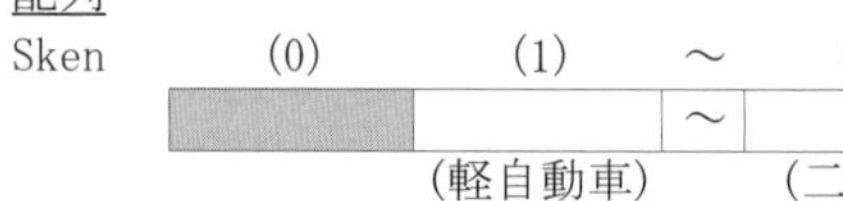

Sken	(0)	(1)	～	(5)
			～	
		(軽自動車)		(二輪車)

   - 時間帯コードが変わるごとに，時間帯から二輪車までを第２図のように表示する。
4. データにエラーはないものとする。

＜流れ図＞

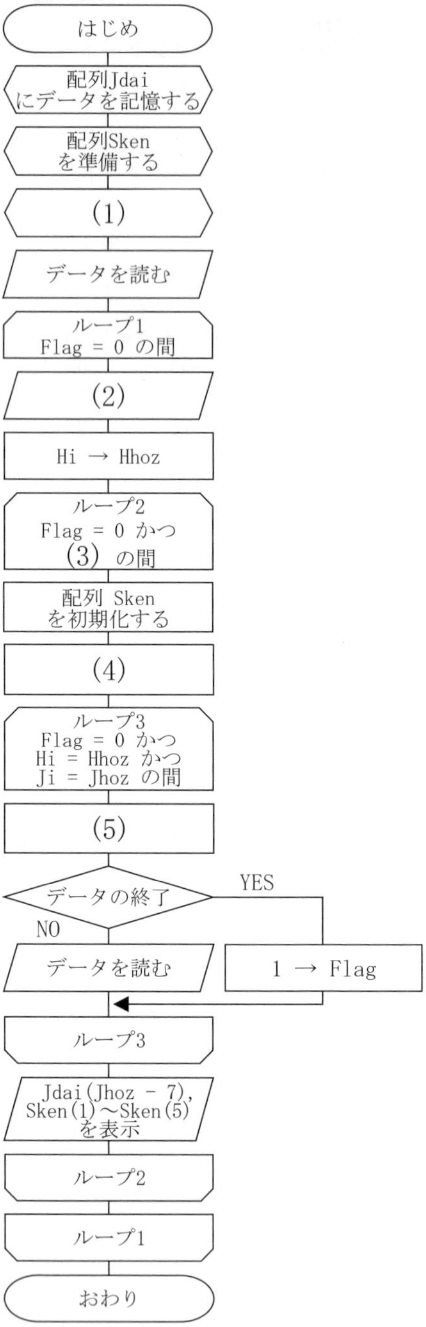

- はじめ
- 配列Jdai にデータを記憶する
- 配列Sken を準備する
- (1)
- データを読む
- ループ1　Flag = 0 の間
  - (2)
  - Hi → Hhoz
  - ループ2　Flag = 0 かつ (3) の間
    - 配列 Sken を初期化する
    - (4)
    - ループ3　Flag = 0 かつ Hi = Hhoz かつ Ji = Jhoz の間
      - (5)
      - データの終了　YES → 1 → Flag ／ NO → データを読む
    - ループ3
    - Jdai(Jhoz - 7), Sken(1)～Sken(5) を表示
  - ループ2
- ループ1
- おわり

解答群

ア. 0 → Flag	イ. 1 → Flag
ウ. Ji → Hhoz	エ. Ji = Jhoz
オ. Hi = Hhoz	カ. Sken(Sya) + 1 → Sken(Sya)
キ. Ji → Jhoz	ク. Hiを表示
ケ. Hi, ji, Sken(1)～(5)を表示	コ. Sken(Ji) + 1 → Sken(Ji)

(1)	(2)	(3)	(4)	(5)

[6] 流れ図の説明を読んで，流れ図の(1)～(5)にあてはまる答えを解答群から選び，記号で答えなさい。

<流れ図の説明>

処理内容

あるホームセンターの１か月分の売上データを読み，売上一覧表を表示する。

入力データ

大分類番号 (Dai)	中分類番号 (Tyu)	商品名 (Mei)	売上金 (Kin)
×	××	×～×	×～×

(第１図)

実行結果

(○月　売上一覧表)		
(大分類名)	(中分類名)	(売上金)
DIY用品		
	大工用品	368,720
	∫	∫
	塗料・養生用品	127,864
∫		
家電用品		
	家電品	238,756
	∫	∫
	照明用品	132,416

(第２図)

処理条件

1. 第１図の入力データは，大分類番号，中分類番号の昇順に記録されている。なお，大分類番号は１～８，中分類番号は１～86である。
2. 配列Dmeiに大分類名を，配列Tmeiに中分類名を記憶する。なお，Dmeiの添字は大分類番号と対応し，Tmeiの添字は中分類番号と対応している。

配列

	(0)	(1)	～	(8)
Dmei		DIY用品	～	家電用品

	(0)	(1)	～	(86)
Tmei		大工用品	～	照明用品

3. 第１図の入力データを読み，次の処理を行う。
   - 大分類番号が変わるごとに大分類名を表示する。
   - 中分類ごとに売上金を集計し，中分類番号が変わるごとに中分類名と売上金を第２図のように表示する。
4. データにエラーはないものとする。

<流れ図>

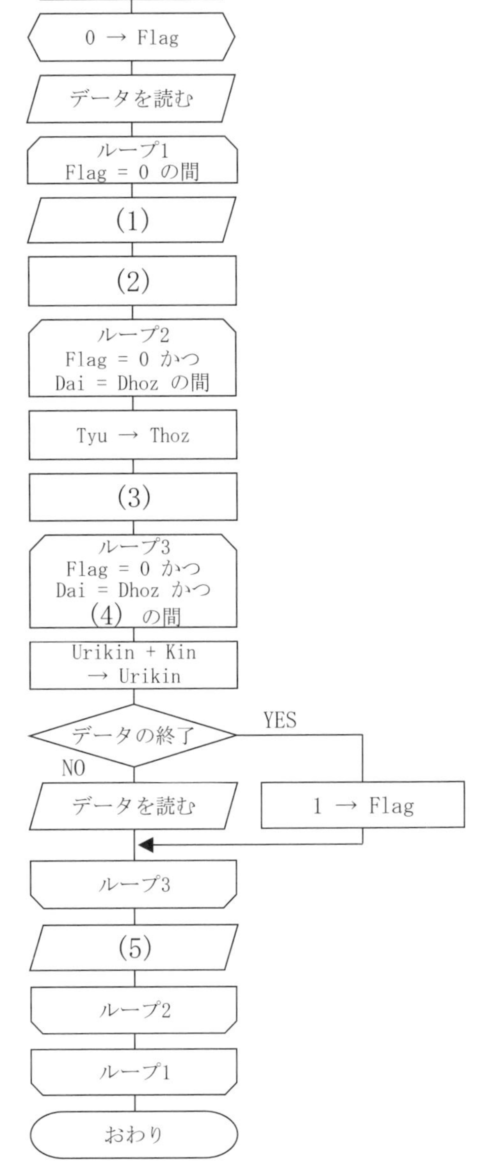

解答群

ア．1 → Flag	イ．Tmei(Dai)を表示
ウ．Dai → Dhoz	エ．Dai = Dhoz
オ．Tmei(Thoz),Urikinを表示	カ．Tyu = Thoz
キ．0 → Dhoz	ク．0 → Urikin
ケ．Dmei(Dai)を表示	コ．Tmei(Tyu),Urikinを表示

(1)	(2)	(3)	(4)	(5)

4章(1級)

4章2節　二分探索

データを二分することを繰返し行い，データを探索する探索処理を二分探索といいます。

二分探索はキー項目が昇順または降順になっている状態で，以下の手順で行います。

探索コード（Tcd）　160

	ｺｰﾄﾞ(Code)		商品名(Smei)	1回目	2回目	3回目
(0)	110	(0)	ＳＳＤ	下限 0		
(1)	120	(1)	プリンタ			
(2)	130	(2)	ビデオカメラ			
(3)	140	(3)	スキャナ			
(4)	150	(4)	ディスプレイ	中央値 4		
(5)	160	(5)	マウス		下限 5	下限，中央値 5
(6)	170	(6)	タブレット			上限 6
(7)	180	(7)	プロジェクタ		中央値 7	
(8)	190	(8)	延長コード			
(9)	200	(9)	ビデオカメラ	上限 9	上限 9	

手順

1. 上限と下限を設定します。(今回は配列の範囲が添字の０～９のため，下限０上限９となります)
2. 配列の中央値(中央の添字）を次の計算式で求めます。
   中央値 ＝（上限 ＋ 下限）÷ ２　　（小数点以下切り捨て）
3. 探索コードと配列(中央値)の値を比較します。
   「探索コード」と「配列(中央値)の値」が同じ・・・・・　探索終了
   「探索コード」が「配列(中央値)の値」より大きい・・・　中央値 ＋ １ → 下限　2.に戻る
   「探索コード」が「配列(中央値)の値」より小さい・・・　中央値 － １ → 上限　2.に戻る

上手順の流れ図は下のようになります。

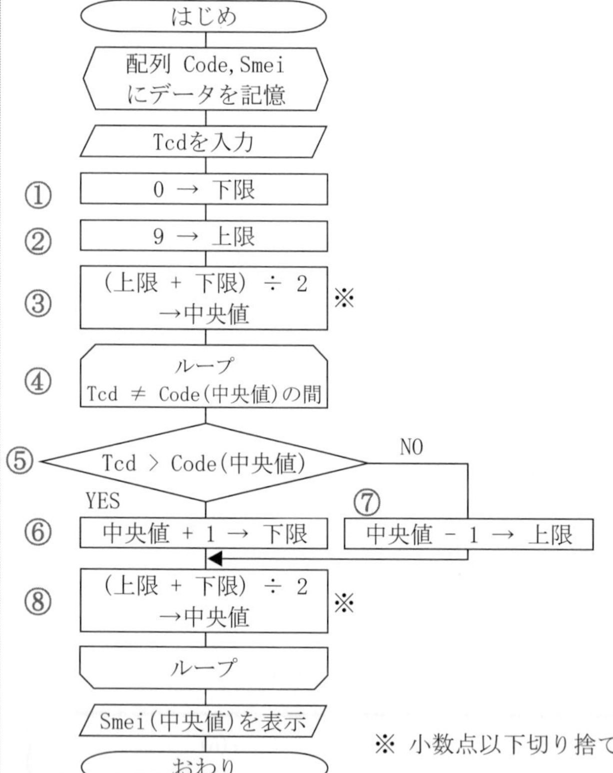

※ 小数点以下切り捨て

流れ図解説

① 下限を設定
　配列は０からデータが入っているため下限に０を入れています。
② 上限を設定
　配列は９までデータが入っているため上限に９を入れています。
③ ⑧ 中央値を計算
　(上限＋下限)÷２で中央値を求めます。
④ ループ
　TcdとCode(中央値)がイコールになるまでループを繰り返します。
⑤ TcdとCode(中央値)を比較
⑥ 中央値＋１の値を下限に入れる
　TcdがCode(中央値)より大きいとき，中央値＋１の値を下限に入れることにより，探索範囲を狭めます。
⑦ 中央値－１の値を上限に入れる
　TcdがCode(中央値)より小さいとき，中央値－１の値を上限に入れることにより，探索範囲を狭めます。

また，二分探索は線形探索と同じように見つからなかった場合も考え，流れ図を作成する必要があります。

前ページの二分探索の流れ図を，見つからなかったときを考えて変更したものが以下の流れ図です。

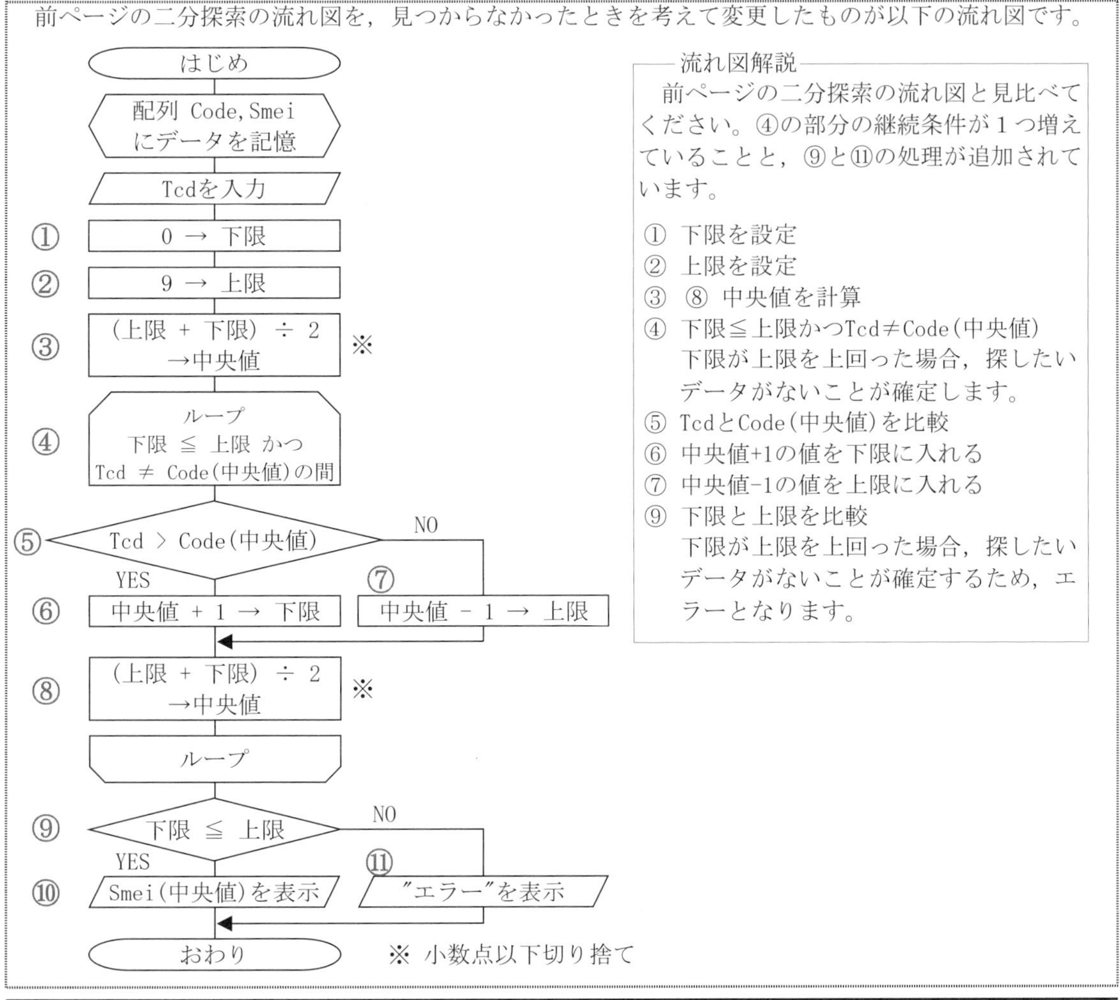

流れ図解説

前ページの二分探索の流れ図と見比べてください。④の部分の継続条件が１つ増えていることと，⑨と⑪の処理が追加されています。

① 下限を設定
② 上限を設定
③ ⑧ 中央値を計算
④ 下限≦上限かつTcd≠Code(中央値)
　下限が上限を上回った場合，探したいデータがないことが確定します。
⑤ TcdとCode(中央値)を比較
⑥ 中央値+1の値を下限に入れる
⑦ 中央値-1の値を上限に入れる
⑨ 下限と上限を比較
　下限が上限を上回った場合，探したいデータがないことが確定するため，エラーとなります。

【4-2】次の問題に答えなさい。

[1] 流れ図の説明を読んで，流れ図の(1)～(2)にあてはまる答えを解答群から選び，記号で答えなさい。

＜流れ図の説明＞

処理内容

配列に記憶した数値を探索し，メッセージをディスプレイに表示する。

処理条件

1. 配列Suuに数値を昇順に記憶する。また，データ件数はn件であり，同じ数値はないものとする。

Suu	(0)	(1)	～	(n － 2)	(n － 1)
	101	102	～	239	240

2. キーボードから数値を入力し，入力データをもとに配列Suuを探索する。データが見つかった場合は"データあり"を表示し，見つからなかった場合は"データなし"を表示する。

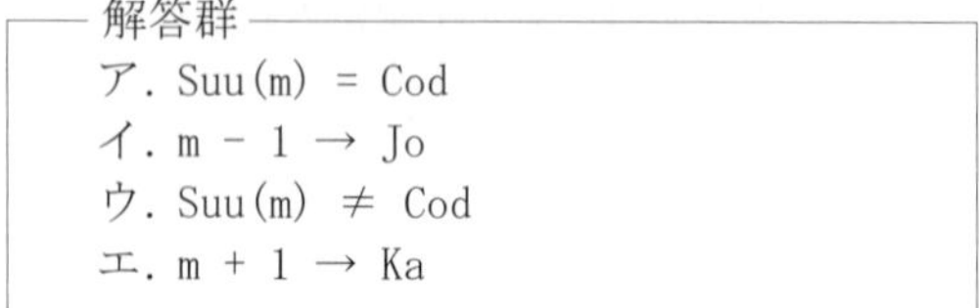

解答群

ア．Suu(m) ＝ Cod
イ．m － 1 → Jo
ウ．Suu(m) ≠ Cod
エ．m ＋ 1 → Ka

（注）　先に記述された条件式が偽になった時点で，判定を終了する。

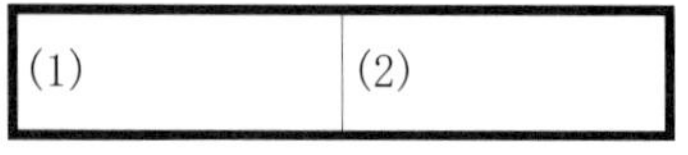

(1)	(2)

＜流れ図＞

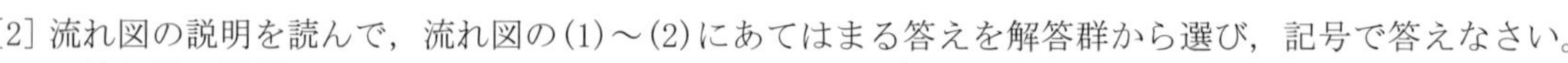

[2] 流れ図の説明を読んで，流れ図の(1)～(2)にあてはまる答えを解答群から選び，記号で答えなさい。

＜流れ図の説明＞

処理内容

配列に記憶した文字列を探索し，メッセージをディスプレイに表示する。

処理条件

1. 配列Jiに文字列を昇順に記憶する。また，データ件数はn件であり，同じ文字列はないものとする。

Ji	(0)	(1)	～	(n － 2)	(n － 1)
	A101	B102	～	D104	E105

2. キーボードから文字列を入力し，入力データをもとに配列Jiを探索する。データが見つかった場合は"データあり"を表示し，見つからなかった場合は"データなし"を表示する。

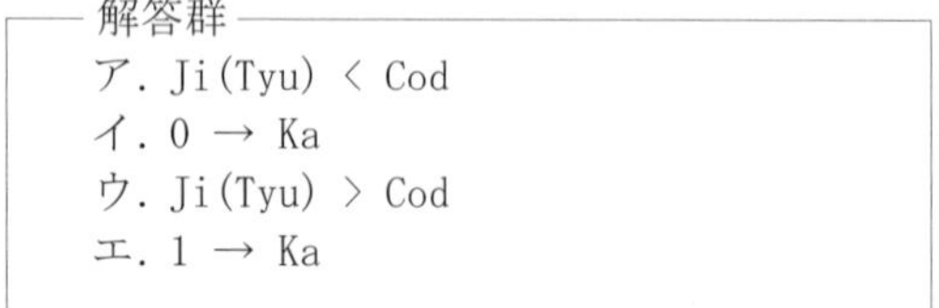

解答群

ア．Ji(Tyu) ＜ Cod
イ．0 → Ka
ウ．Ji(Tyu) ＞ Cod
エ．1 → Ka

（注）　先に記述された条件式が偽になった時点で，判定を終了する。

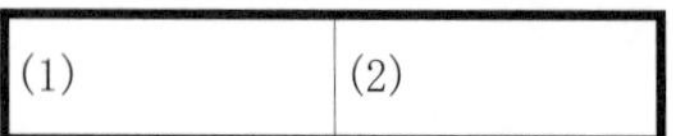

(1)	(2)

＜流れ図＞

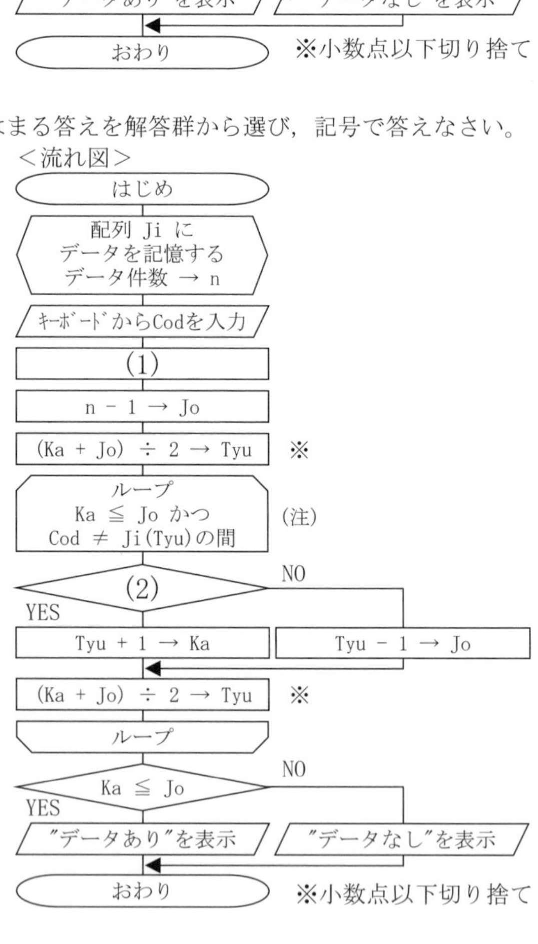

[3] 流れ図の説明を読んで，流れ図の(1)～(2)にあてはまる答えを解答群から選び，記号で答えなさい。

＜流れ図の説明＞

処理内容

配列に記憶してある文字列を探索し，メッセージをディスプレイに表示する。

処理条件

1. 配列Mojiに文字列を昇順に記憶する。また，データ件数はn件であり，同じ文字列はないものとする。

Moji	(0)	(1)	～	(n - 2)	(n - 1)
	apple	banana	～	grape	orange

2. キーボードから文字列を入力し，入力データをもとに配列Mojiを探索する。データが見つかった場合は"データあり"を表示し，見つからなかった場合は"データなし"を表示する。

解答群

ア. Moji(Tyu) ＜ Data
イ. Moji(Tyu) ＞ Data
ウ. Moji(Tyu) ≠ Data
エ. Moji(Tyu) = Data

(注)　先に記述された条件式が偽になった時点で，判定を終了する。

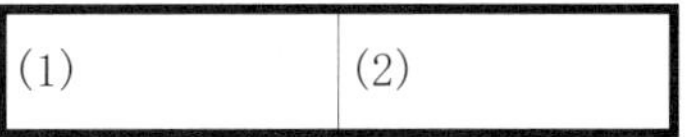

(1)	(2)

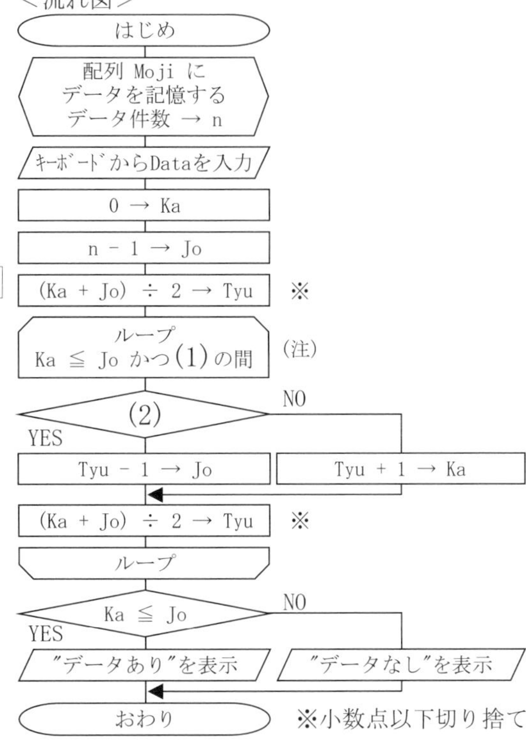

[4] 流れ図の説明を読んで，流れ図の(1)～(2)にあてはまる答えを解答群から選び，記号で答えなさい。

＜流れ図の説明＞

処理内容

配列に記憶してある文字列を探索し，メッセージをディスプレイに表示する。

処理条件

1. 配列Dataに文字列を昇順に記憶する。また，データ件数はn件であり，同じ文字列はないものとする。

Data	(0)	(1)	～	(n - 2)	(n - 1)
	cocoa	coffee	～	milk	tea

2. キーボードから文字列を入力し，入力データをもとに配列Dataを探索する。データが見つかった場合は"データあり"を表示し，見つからなかった場合は"データなし"を表示する。

解答群

ア. Jo + Ka ÷ 2 → Tyu
イ. Jo ≦ Ka
ウ. (Jo + Ka) ÷ 2 → Tyu
エ. Ka ≦ Jo

(注)　先に記述された条件式が偽になった時点で，判定を終了する。

(1)	(2)

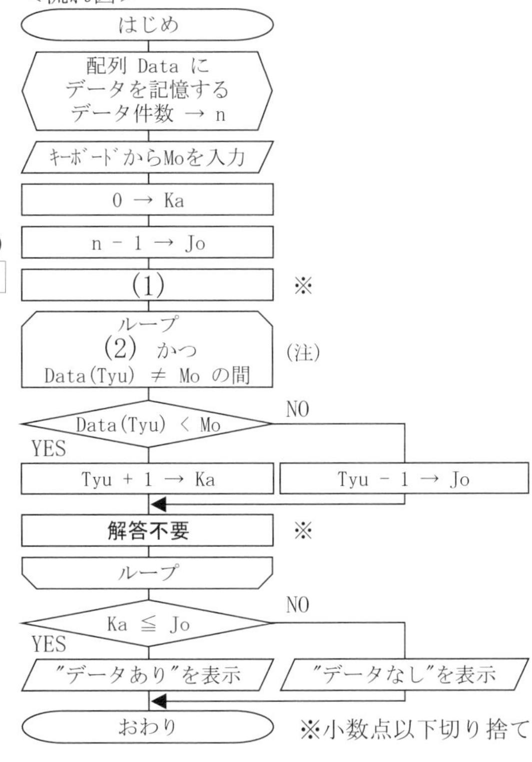

4章（1級）

[5] 流れ図の説明を読んで，流れ図の(1)～(5)にあてはまる答えを解答群から選び，記号で答えなさい。

＜流れ図の説明＞

処理内容

　ある企業の取引のデータを読み，売上一覧を表示する。

入力データ

取引先ｺｰﾄﾞ (Tco)	売上金額 (Urikin)
××××	×～×

(第１図)

実行結果

(売上一覧)		
(取引先ｺｰﾄﾞ)	(取引先名)	(売上金額)
1001	鳥取商事	234,521
1002	岡山物産	157,412
∫	∫	∫
1020	山口商会	234,521

(第２図)

処理条件

1. 取引先は全部で20件である。
2. 配列Scoに昇順に取引先コードを，配列Smeiに取引先名を記憶する。なお，ScoとSmeiの添字は対応している。

   配列

	(0)	(1)	～	(19)
Sco	1001	1002	～	1020
Smei	鳥取商事	岡山物産	～	山口商会

3. 第１図の入力データを読み，取引先コードをもとに配列Scoを探索し，取引先コードから売上金額までを第２図のように表示する。なお，取引先コードがScoにない場合は取引先コードと″該当なし″を表示する。

(注)　先に記述された条件式が偽になった時点で，判定を終了する。

＜流れ図＞

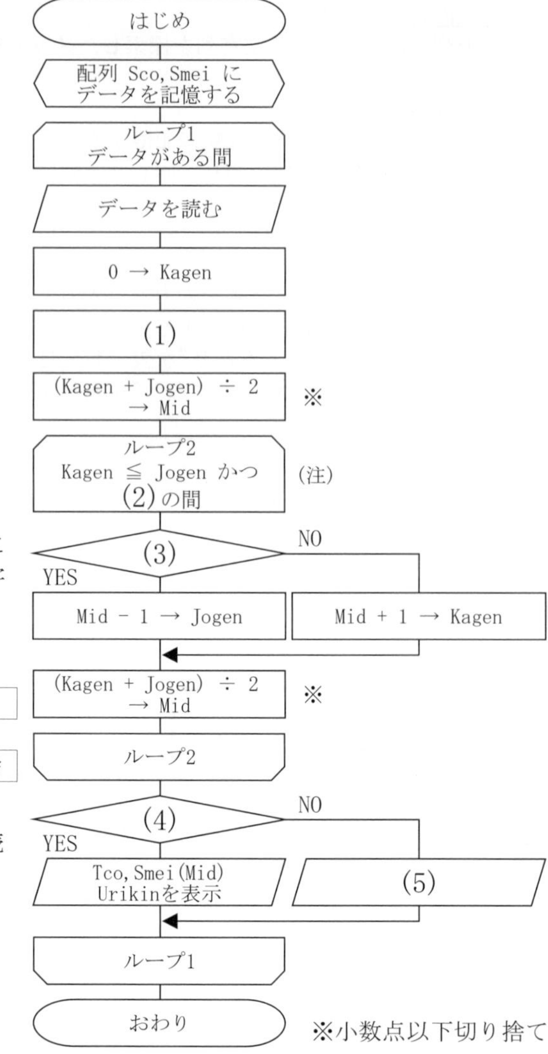

※小数点以下切り捨て

解答群

ア. Sco(Mid) ≠ Tco	イ. Tco,″該当なし″を表示
ウ. Sco(Mid),″該当なし″を表示	エ. 19 → Jogen
オ. Sco(Mid) ＜ Tco	カ. Sco(Mid) ＞ Tco
キ. Kagen ≧ Jogen	ク. Sco(Mid) = Tco
ケ. 20 → Jogen	コ. Kagen ≦ Jogen

(1)	(2)	(3)	(4)	(5)

4章(1級)

[6] 流れ図の説明を読んで，流れ図の(1)～(5)にあてはまる答えを解答群から選び，記号で答えなさい。

＜流れ図の説明＞

処理内容

　あるコンビニエンスストアの売上データを読み，売上一覧を表示する。

入力データ

商品ｺｰﾄﾞ (Bco)	数量 (Suu)
××××	×～×

(第１図)

実行結果

	(売上一覧)		
(商品ｺｰﾄﾞ)	(商品名)	(数量)	(売上金額)
2562	A弁当	2	956
1002	緑茶	3	378
∫	∫	∫	∫
1020	からあげ	1	108

(第２図)

処理条件

1. 商品は全部で1000件である。
2. 配列Kcoに昇順に商品コードを，配列Kmeiに商品名を，配列Ktanに単価を記憶する。なお，Kco，Kmei，Ktanの添字は対応している。

配列

	(0)	(1)	～	(999)
Kco	1001	1002	～	2562
Kmei	コーヒー	緑茶	～	A弁当
Ktan	115	126	～	478

3. 第１図の入力データを読み，商品コードをもとに配列Kcoを探索し，売上金額を次の計算式で求め，商品コードから売上金額までを第２図のように表示する。なお，商品コードがKcoにない場合は商品コードと″データなし″を表示する。

売上金額 ＝ 単価 × 数量

(注)　先に記述された条件式が偽になった時点で，判定を終了する。

＜流れ図＞

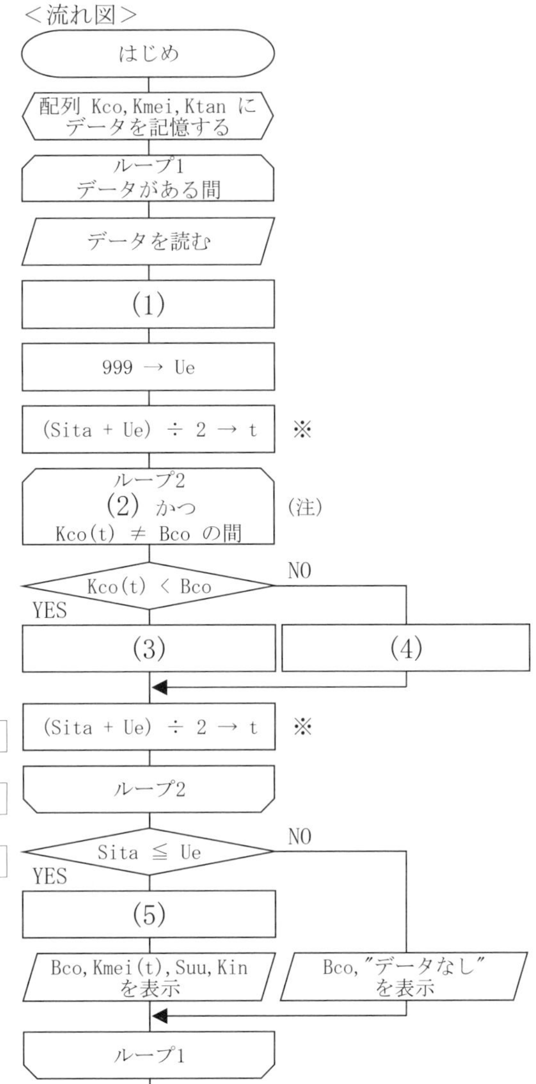

※小数点以下切り捨て

解答群

ア．Ue ≦ Sita	イ．t ＋ 1 → Sita
ウ．t － 1 → Sita	エ．Ktan(t) × Suu → Kin
オ．Sita ≦ Ue	カ．0 → Sita
キ．Ktan(Bco) × Suu → Kin	ク．1 → Sita
ケ．t － 1 → Ue	コ．t ＋ 1 → Ue

(1)	(2)	(3)	(4)	(5)

4章(1級)

[7] 流れ図の説明を読んで，流れ図の(1)～(5)にあてはまる答えを解答群から選び，記号で答えなさい。

＜流れ図の説明＞

処理内容

　ある図書館の貸出データを読み，貸出一覧を表示する。

入力データ

日付 (Hi)	本番号 (Ban)
×～×	×～×

(第１図)

実行結果

(貸出一覧)	
(日付)	(本題名)
11月1日	一寸法師
11月1日	桃太郎
∫	∫
11月23日	浦島太郎

(第２図)

処理条件

1. 本は全部で30000件である。
2. 配列Hbanに昇順に本番号を，配列Hdaiに本題名を記憶する。なお，HbanとHdaiの添字は対応している。

配列

Hban	(0)	(1)	～	(29999)
	100001	100005	～	506895

Hdai	(0)	(1)	～	(29999)
	シンデレラ	白雪姫	～	傘地蔵

3. 第１図の入力データを読み，本番号をもとに配列Hbanを探索し，日付と本題名を第２図のように表示する。なお，本番号がHbanにない場合は本番号と"該当データなし"を表示する。

(注)　先に記述された条件式が偽になった時点で，判定を終了する。

＜流れ図＞

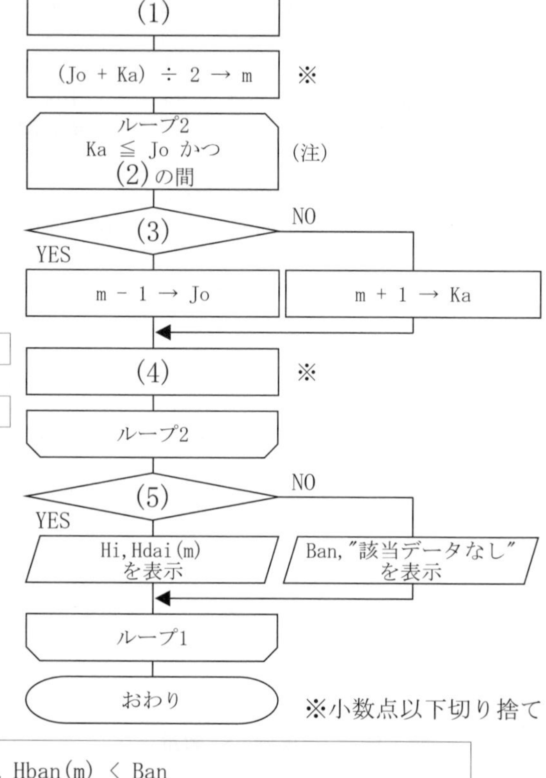

解答群

ア．Hban(Ka) ≠ Ban	イ．Hban(m) ＜ Ban
ウ．Ka ≧ Jo	エ．29999 → Jo
オ．Hban(m) ＞ Ban	カ．(Jo + Ka) ÷ 2 → m
キ．Ka ≦ Jo	ク．Jo + Ka ÷ 2 → m
ケ．Hban(m) ≠ Ban	コ．30000 → Jo

(1)	(2)	(3)	(4)	(5)

4章3節　2次元配列

配列を行と列で表したものを２次元配列といいます。

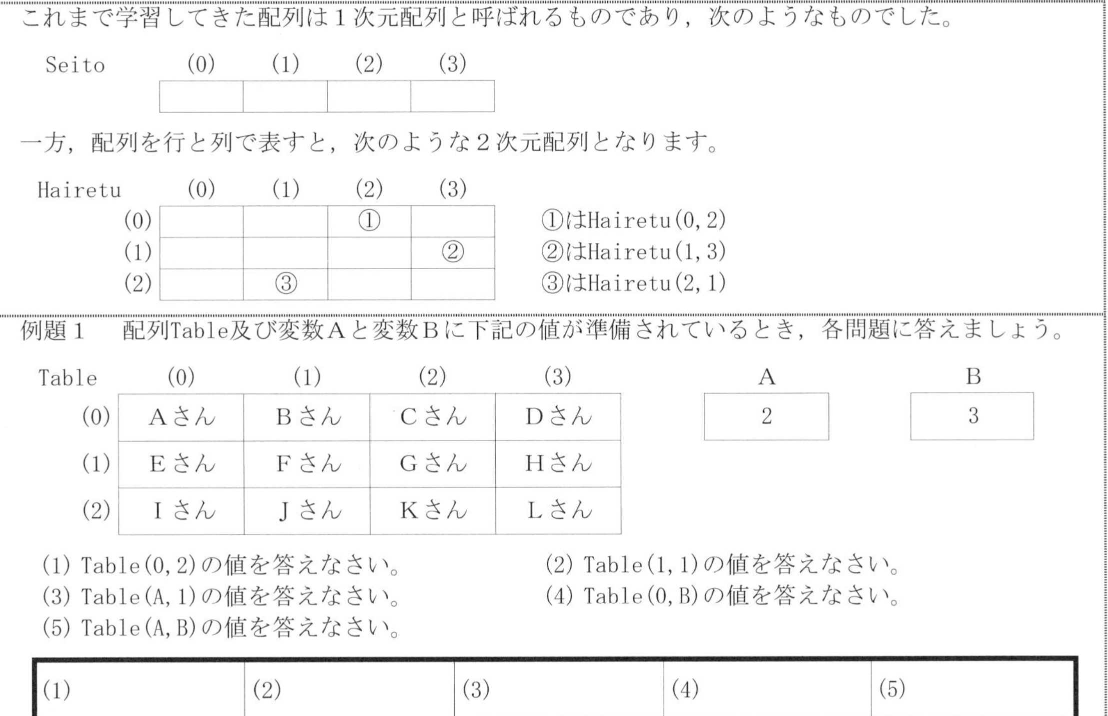

これまで学習してきた配列は１次元配列と呼ばれるものであり，次のようなものでした。

Seito

(0)	(1)	(2)	(3)

一方，配列を行と列で表すと，次のような２次元配列となります。

Hairetu

	(0)	(1)	(2)	(3)
(0)			①	
(1)				②
(2)		③		

①はHairetu(0,2)
②はHairetu(1,3)
③はHairetu(2,1)

例題１　配列Table及び変数Ａと変数Ｂに下記の値が準備されているとき，各問題に答えましょう。

Table

	(0)	(1)	(2)	(3)
(0)	Ａさん	Ｂさん	Ｃさん	Ｄさん
(1)	Ｅさん	Ｆさん	Ｇさん	Ｈさん
(2)	Ｉさん	Ｊさん	Ｋさん	Ｌさん

A	B
2	3

(1) Table(0,2)の値を答えなさい。　(2) Table(1,1)の値を答えなさい。
(3) Table(A,1)の値を答えなさい。　(4) Table(0,B)の値を答えなさい。
(5) Table(A,B)の値を答えなさい。

(1)	(2)	(3)	(4)	(5)

項目が２種類あるような場合，２次元配列を用いると効果的に集計などを行えます。

アンケートを２次元配列で集計すると次のような流れ図になります。

入力データ

設問番号 (Sb)	回答番号 (Kb)
2	1
2	3
1	2
1	2
2	1
1	1

Syu　(回答番号)

(設問番号)	(0)	(1)	(2)	(3)
(0)				
(1)				
(2)				

実行後の配列Syuの値

	(0)	(1)	(2)	(3)
(0)				
(1)		1	2	
(2)		2		1

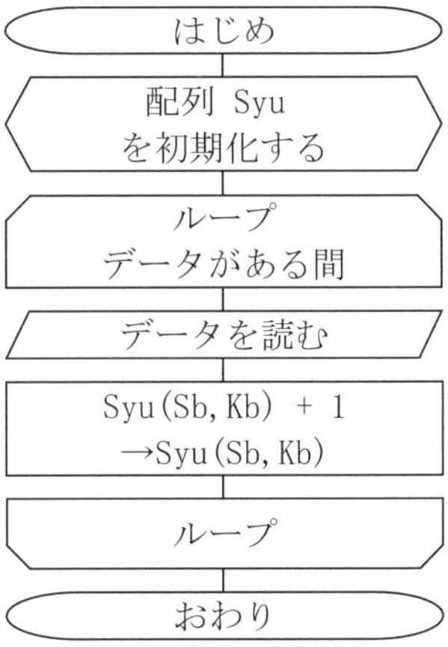

はじめ
配列 Syu を初期化する
ループ データがある間
データを読む
Syu(Sb, Kb) ＋ 1 →Syu(Sb, Kb)
ループ
おわり

4章（1級）

【4-3】次の問題に答えなさい。

[1] 次の流れ図にしたがって処理するとき，①で表示されるSakuten(1, 1)～(2, 3)の値を答えなさい。

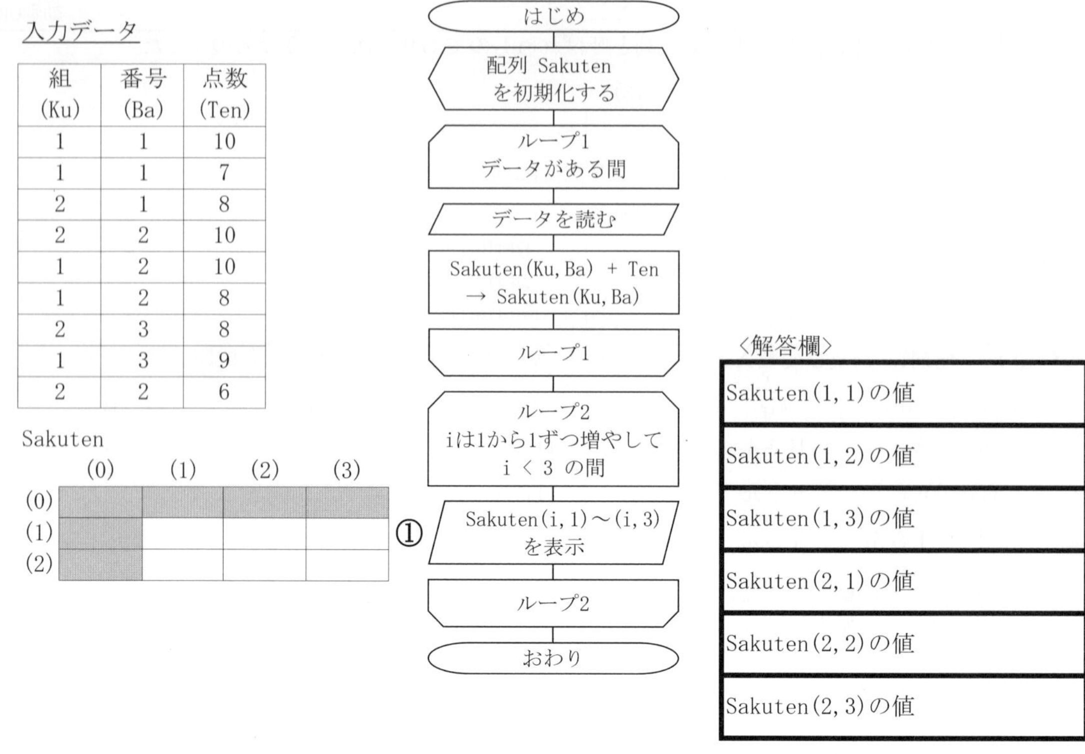

入力データ

組 (Ku)	番号 (Ba)	点数 (Ten)
1	1	10
1	1	7
2	1	8
2	2	10
1	2	10
1	2	8
2	3	8
1	3	9
2	2	6

Sakuten

	(0)	(1)	(2)	(3)
(0)				
(1)				
(2)				

はじめ
配列 Sakuten
を初期化する
ループ1
データがある間
データを読む
Sakuten(Ku, Ba) + Ten
→ Sakuten(Ku, Ba)
ループ1
ループ2
iは1から1ずつ増やして
i < 3 の間
①
Sakuten(i, 1)～(i, 3)
を表示
ループ2
おわり

〈解答欄〉

Sakuten(1, 1)の値	
Sakuten(1, 2)の値	
Sakuten(1, 3)の値	
Sakuten(2, 1)の値	
Sakuten(2, 2)の値	
Sakuten(2, 3)の値	

[2] 次の流れ図にしたがって処理するとき，①で表示されるSyukei(1, 1)～(3, 2)の値を答えなさい。

入力データ

設問番号 (Se)	解答番号 (Ka)
1	1
1	2
2	1
2	2
1	1
1	1
3	1
1	2
2	1
3	2
1	1
2	1

Syukei

	(0)	(1)	(2)
(0)			
(1)			
(2)			
(3)			

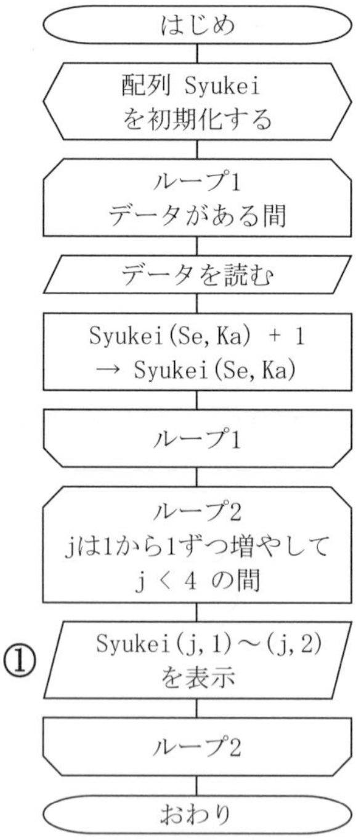

はじめ
配列 Syukei
を初期化する
ループ1
データがある間
データを読む
Syukei(Se, Ka) + 1
→ Syukei(Se, Ka)
ループ1
ループ2
jは1から1ずつ増やして
j < 4 の間
①
Syukei(j, 1)～(j, 2)
を表示
ループ2
おわり

〈解答欄〉

Syukei(1, 1)の値	
Syukei(1, 2)の値	
Syukei(2, 1)の値	
Syukei(2, 2)の値	
Syukei(3, 1)の値	
Syukei(3, 2)の値	

[3] 流れ図の説明を読んで，流れ図の(1)～(4)にあてはまる答えを解答群から選び，記号で答えなさい。

＜流れ図の説明＞

処理内容

ある高校の放課後のパソコン教室入室データを読み，利用一覧を表示する。

入力データ

日付 (Hi)	学年 (Ne)	組 (Ku)	番号 (Ba)
×～×	×	×	××

(第１図)

実行結果

(パソコン教室　放課後利用一覧)					
	(1組)	(2組)	(3組)	(4組)	(合計)
(1年)	6	18	11	8	43
(2年)	13	12	7	4	36
(3年)	17	9	12	16	54

(第２図)

処理条件

1. 学年は１（１年）～３（３年）で，組は１（１組）～４（４組）である。
2. 第１図の入力データを読み，配列Keiに学年別，組ごとの利用人数の集計を行う。なお，０列目は学年ごとの利用人数の合計を求める。また，Keiの行方向の添字は学年と対応しており，列方向の添字は組と対応している。

   配列

   Kei

	(0)	(1)	(2)	(3)	(4)	
(0)						
(1)						(１年)
(2)						(２年)
(3)						(３年)
	(合計)	(１組)	(２組)	(３組)	(４組)	

3. 入力データが終了したら，学年別に１組から合計までを第２図のように表示する。
4. データにエラーはないものとする。

＜流れ図＞

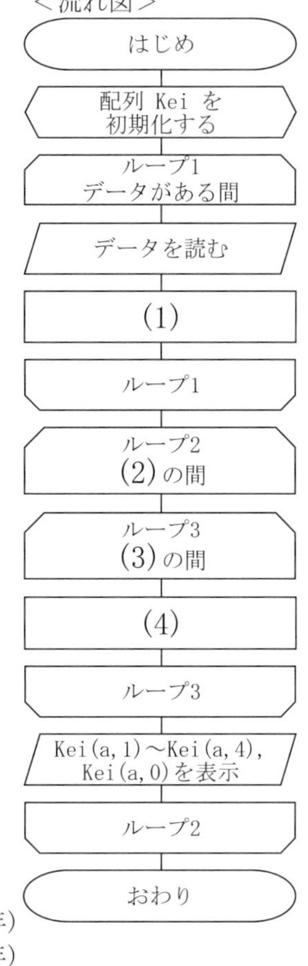

解答群

ア. Kei(a,0) + Kei(a,b) → Kei(a,0)　　イ. aは0から1ずつ増やして a ＜ 4

ウ. Kei(0,b) + Kei(a,b) → Kei(0,b)　　エ. aは1から1ずつ増やして a ＜ 4

オ. Kei(Ku,Ne) + 1 → Kei(Ku,Ne)　　カ. bは1から1ずつ増やして b ≦ 4

キ. Kei(Ne,Ku) + 1 → Kei(Ne,Ku)　　ク. bは1から1ずつ増やして b ≦ 3

(1)	(2)	(3)	(4)

[4] 流れ図の説明を読んで，流れ図の(1)～(4)にあてはまる答えを解答群から選び，記号で答えなさい。

＜流れ図の説明＞

処理内容

　ある高校の進路希望調査データを読み，進路希望調査一覧を表示する。

入力データ

生徒番号 (Ban)	進路希望 (Sin)	性別 (Sei)
×～×	×	×

(第１図)

実行結果

(進路希望調査一覧)			
	(男)	(女)	(計)
(進学)	58	61	119
(就職)	35	29	64
(未定)	6	5	11
		(合計)	194

(第２図)

処理条件

1. 進路希望は1(進学)，2(就職)，3(未定)であり，性別は1(男)，2(女)である。
2. 第1図の入力データを読み，配列Syuに進路希望別，性別ごとの人数の集計を行う。なお，Syuの行方向の添字は進路希望と対応しており，列方向の添字は性別と対応している。

　配列

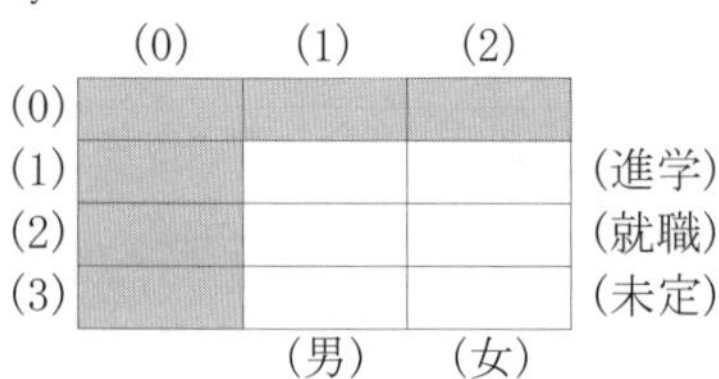

3. 入力データが終了したら，次の処理を行う。
　・計を次の計算式で求め，進路別に男から計までを第2図のように表示する。
　　計 = 男 + 女
　・合計を第2図のように表示する。
4. データにエラーはないものとする。

＜流れ図＞

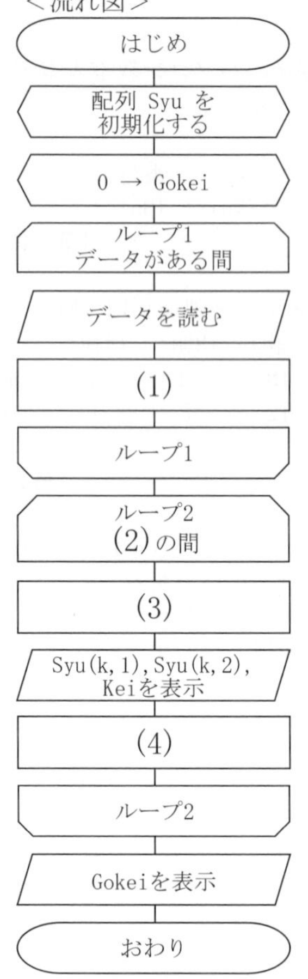

解答群

ア. Syu(k, 1) + Syu(k, 2) → Gokei　　イ. Syu(Sei, Sin) + 1 → Syu(Sei, Sin)
ウ. Syu(k, 1) + Syu(k, 2) → Syu(k, 0)　　エ. kは0から1ずつ増やして k < 4
オ. Syu(Sin, Sei) + 1 → Syu(Sin, Sei)　　カ. Gokei + Kei → Gokei
キ. Syu(k, 1) + Syu(k, 2) → Kei　　ク. kは1から1ずつ増やして k < 4

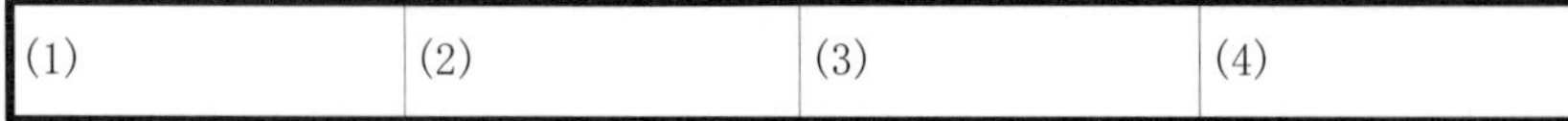

(1)	(2)	(3)	(4)

[5] 流れ図の説明を読んで，流れ図の(1)～(4)にあてはまる答えを解答群から選び，記号で答えなさい。

＜流れ図の説明＞

処理内容

あるメーカーの部品の入出庫データを読み，部品在庫一覧を表示する。

入力データ

部品番号 (Bu)	入出庫 (Nyu)	数量 (Suu)
×	×	×～×

(第１図)

実行結果

	(部品在庫一覧)		
	(入庫)	(出庫)	(在庫)
(A品)	120	36	84
(B品)	48	12	36
(C品)	65	27	38
(合計)	233	75	

(第２図)

処理条件

1. 部品番号は１(A品)，２(B品)，３(C品)の３種類であり，入出庫は１(入庫)，２(出庫)の２種類である。
2. 第１図の入力データを読み，配列Zaiに部品ごとに入庫数，出庫数の集計を行う。なお，Zaiの行方向の添字は部品番号と対応しており，列方向の添字は入出庫と対応している。また，Zaiの０行目には合計を求める

   配列

   Zai

	(0)	(1)	(2)	
(0)				(合計)
(1)				(A品)
(2)				(B品)
(3)				(C品)
		(入庫)	(出庫)	

3. 入力データが終了したら，次の処理を行う。
   - 在庫を次の計算式で求め，部品ごとに入庫，出庫，在庫を第２図のように表示する。

     在庫 = 入庫 - 出庫
   - 入庫の合計，出庫の合計を第２図のように表示する。
4. データにエラーはないものとする。

＜流れ図＞

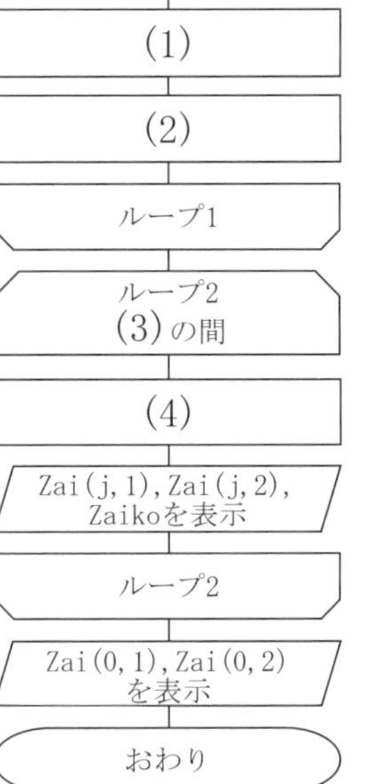

解答群

ア．Zai(0,Nyu) + Suu → Zai(0,Nyu)　　イ．Zai(Nyu,Bu) + Suu → Zai(Nyu,Bu)
ウ．Zai(0,Bu) + Suu → Zai(0,Bu)　　エ．Zai(j,2) - Zai(j,1) → Zaiko
オ．jは0から1ずつ増やして j ＜ 4　　カ．jは1から1ずつ増やして j ＜ 4
キ．Zai(Bu,Nyu) + Suu → Zai(Bu,Nyu)　　ク．Zai(j,1) - Zai(j,2) → Zaiko

(1)	(2)	(3)	(4)

※ (1)(2)は順不同

4章(1級)

[6] 流れ図の説明を読んで，流れ図の(1)～(4)にあてはまる答えを解答群から選び，記号で答えなさい。

＜流れ図の説明＞

<u>処理内容</u>

　ある商店の取引データを読み，取引先別売掛金一覧を表示する。

<u>入力データ</u>

取引先番号 (Ban)	取引内容 (Nai)	金額 (Kin)
×	×	×～×

(第１図)

<u>実行結果</u>

	(取引先別売掛金一覧)		
	(売上額)	(入金額)	(売掛金)
(A店)	457,863	123,451	334,412
(B店)	726,352	603,211	123,141
(C店)	534,782	369,874	164,908
		(合計)	622,461

(第２図)

<u>処理条件</u>

1. 取引先番号は１(A店)，２(B店)，３(C店)の３種類であり，取引内容は１(売上額)，２(入金額)の２種類である。
2. 第１図の入力データを読み，配列Kakeに取引先ごとに，売上額，入金額の集計を行う。なお，Kakeの行方向の添字は取引先番号と対応しており，列方向の添字は取引内容と対応している。

<u>配列</u>

Kake

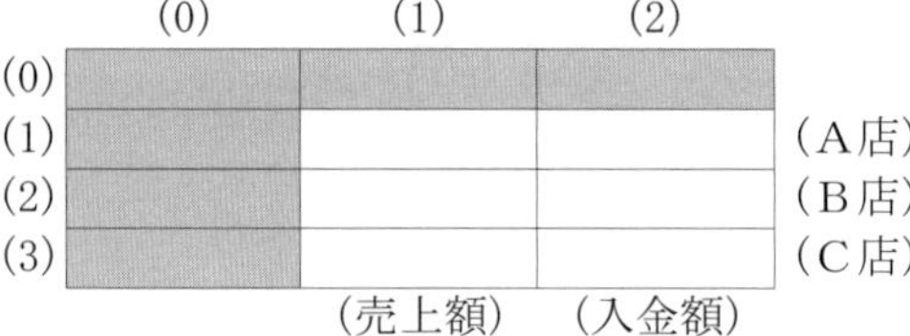

3. 入力データが終了したら，次の処理を行う。
   - 売掛金を次の計算式で求め，取引先ごとに，売上額，入金額，売掛金を第２図のように表示する。
     売掛金 = 売上額 - 入金額
   - 売掛金の合計を第２図のように表示する。
4. データにエラーはないものとする。

＜流れ図＞

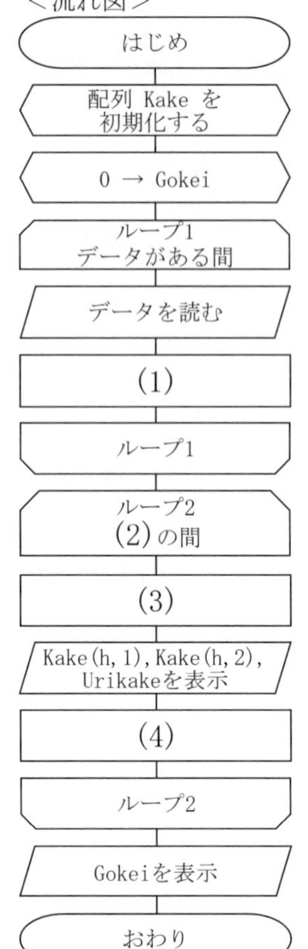

解答群

ア．Kake(h,2) - Kake(h,1) → Urikake	イ．Kake(Nai,Ban) + Kin → Kake(Nai,Ban)
ウ．Gokei + Kake(Nai,Ban) → Gokei	エ．hは1から1ずつ増やして h ≦ 3
オ．Gokei + Urikake → Gokei	カ．Kake(h,1) - Kake(h,2) → Urikake
キ．hは1から1ずつ増やして h ＜ 3	ク．Kake(Ban,Nai) + Kin → Kake(Ban,Nai)

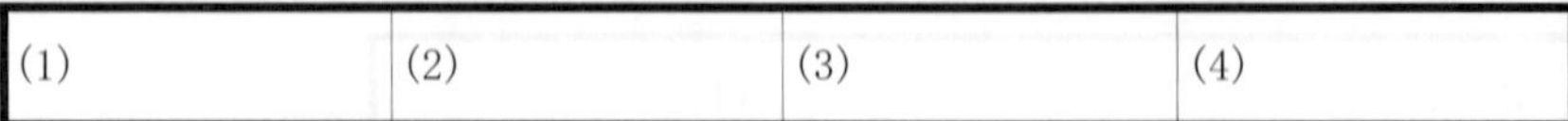

(1)	(2)	(3)	(4)

4章4節　順位づけ①(単純優先)

データの値の大小により順位をつけることを順位づけといいます。順位づけは大きく3つの方法で行います。ここでは，処理の手順をできるだけコンパクトにした単純優先の考え方で行う順位づけを学習します。

例えば下の配列Tenにある値を大きい順に順位をつけ，その結果を配列Junに入れると次のようになります。なお，TenとJunの添字は対応していることとします。

Ten	(0)	(1)	(2)	(3)	(4)
	70	40	90	60	80

Jun	(0)	(1)	(2)	(3)	(4)
	3	5	1	4	2

上の順位づけの処理を流れ図にすると下のようになります。

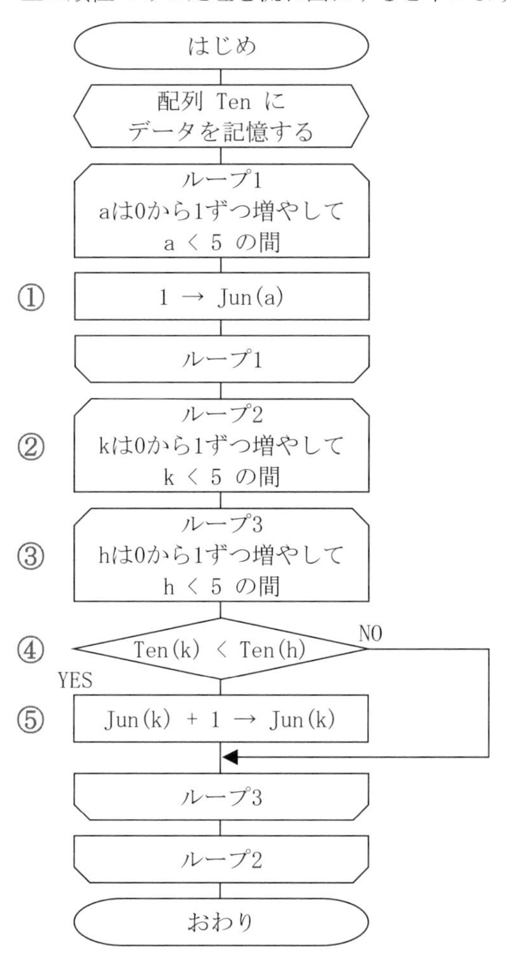

流れ図解説

① 配列Junに1を入れる
順位づけを行うための初期値を設定しています。

② ループ2
変数kは順位づけを行う際の添字として使用します。なお，今回のデータ件数は5件のため，ループの継続条件はk＜5となっています。

③ ループ3
変数hは順位づけを行う際の添字として使用します。なお，今回のデータ件数は5件のため，ループの継続条件はh＜5となっています。

④ Tenを比較
もし，Ten(k)がTen(h)より小さい場合，⑤で順位に＋1することによりTen(k)の順位を下げます。

【4-4】次の問題に答えなさい。

[1] 流れ図の説明を読んで，流れ図の(1)～(2)にあてはまる答えを解答群から選び，記号で答えなさい。

＜流れ図の説明＞

<u>処理内容</u>

　配列に記憶した数値に順位をつけ，ディスプレイに表示する。

<u>処理条件</u>

1. 配列Timに数値を記憶する。また，データ件数はn件である。

Tim	(0)	(1)	～	(n － 2)	(n － 1)
	15.3	11.2	～	12.6	13.5

2. 配列Junに，配列Timの昇順に順位をつけ，TimとJunの値を表示する。なお，数値が同じ時は同順位とする。

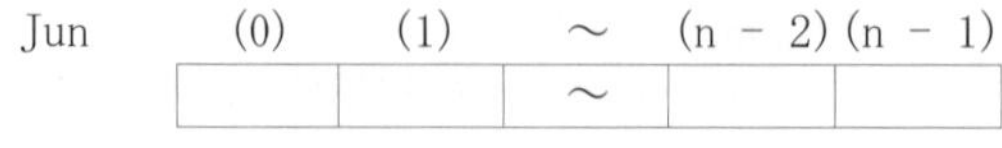

Jun	(0)	(1)	～	(n － 2)	(n － 1)
			～		

解答群

ア．Tim(k) ＞ Tim(j)
イ．0 → Jun(i)
ウ．Tim(k) ＜ Tim(j)
エ．1 → Jun(i)

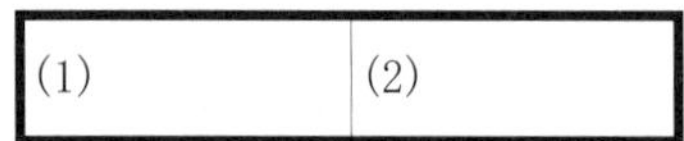

(1)	(2)

＜流れ図＞

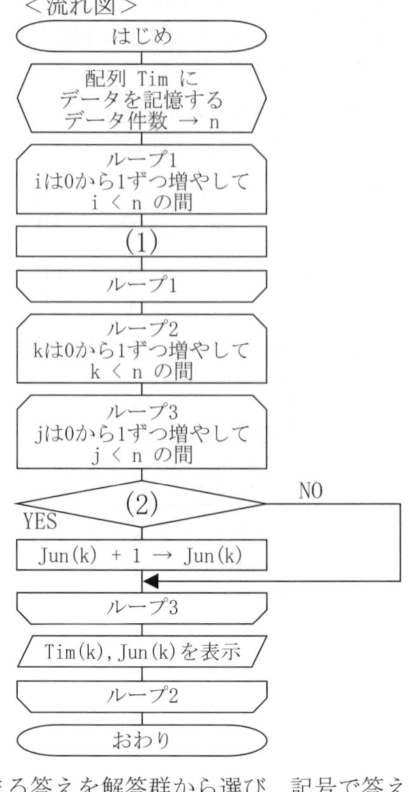

[2] 流れ図の説明を読んで，流れ図の(1)～(2)にあてはまる答えを解答群から選び，記号で答えなさい。

＜流れ図の説明＞

<u>処理内容</u>

　配列に記憶した数値に順位をつけ，ディスプレイに表示する。

<u>処理条件</u>

1. 配列Kazに数値を記憶する。また，データ件数はn件である。

Kaz	(0)	(1)	～	(n － 2)	(n － 1)
	14.2	12.1	～	13.7	11.8

2. 配列Junに，配列Kazの降順に順位をつけ，KazとJunの値を表示する。なお，数値が同じ時は同順位とする。

Jun	(0)	(1)	～	(n － 2)	(n － 1)
			～		

解答群

ア．1 → Jun(b)
イ．1 → Jun(c)
ウ．Jun(c) ＋ 1 → Jun(c)
エ．Jun(b) ＋ 1 → Jun(b)

(1)	(2)

＜流れ図＞

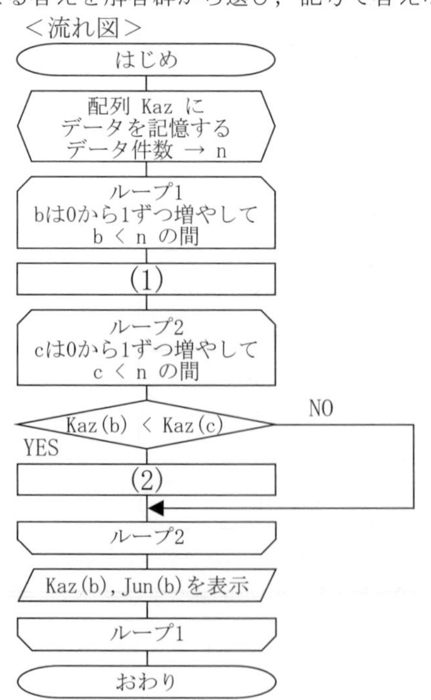

4章(1級)

[3] 流れ図の説明を読んで，流れ図の(1)～(5)にあてはまる答えを解答群から選び，記号で答えなさい。

＜流れ図の説明＞

処理内容

あるお店の売上データを読み，商品別売上順位一覧を表示する。

入力データ

商品番号 (Ban)	売上額 (Gaku)
×××	×～×

(第１図)

実行結果

(商品別売上順位一覧)		
(商品番号)	(売上額)	(順位)
101	67,824	4
105	25,431	25
104	46,578	12
∫	∫	∫

(第２図)

処理条件

1. データは30件である。
2. 第１図の入力データを読み，配列Codeに商品番号を，配列Uriに売上額を記憶する。

   配列

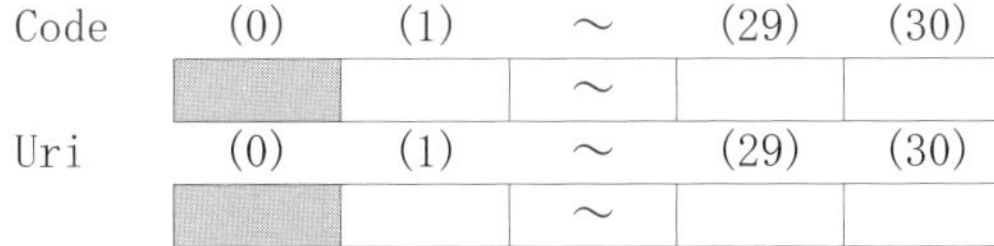

3. 入力データが終了したら，配列Rankを利用し売上額の降順に順位をつけ，商品番号から順位までを第２図のように表示する。なお，売上額が同じ場合は同順位とする。

   配列

4. データにエラーはないものとする。

＜流れ図＞

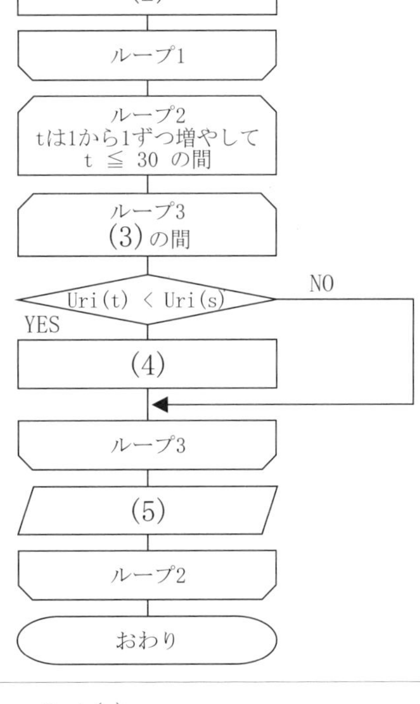

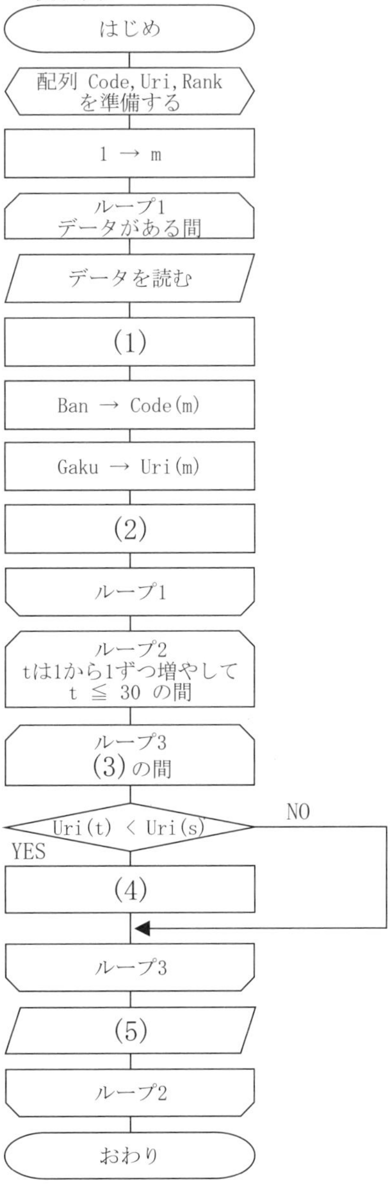

解答群

ア．m － 1 → m	イ．0 → Rank(m)
ウ．Rank(s) ＋ 1 → Rank(s)	エ．m ＋ 1 → m
オ．Code(t),Uri(t),Rank(t)を表示	カ．sは1から1ずつ増やして s ＜ 30
キ．sは1から1ずつ増やして s ≦ 30	ク．1 → Rank(m)
ケ．Code(s),Uri(s),Rank(s)を表示	コ．Rank(t) ＋ 1 → Rank(t)

(1)	(2)	(3)	(4)	(5)

[4] 流れ図の説明を読んで，流れ図の(1)～(5)にあてはまる答えを解答群から選び，記号で答えなさい。

＜流れ図の説明＞

処理内容

　ある自動車販売会社の１ヵ月の販売データを読み，販売成績順位一覧を表示する。

入力データ

日付 (Hi)	社員番号 (Ban)	販売額 (Han)
×～×	××	×～×

(第１図)

実行結果

(販売成績順位一覧)		
(社員番号)	(販売額)	(順位)
1	14,785,432	5
2	17,836,785	2
3	9,453,215	9
∫	∫	∫

(第２図)

処理条件

1. 社員番号は１～10である。
2. 第１図の入力データを読み，社員ごとの販売額を配列Shanに集計する。なお，Shanの添字は社員番号と対応している。

配列

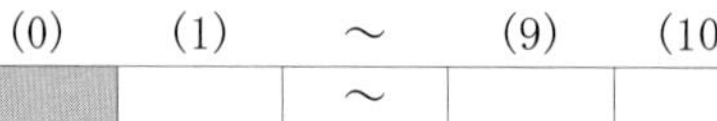

3. 入力データが終了したら，配列Junを利用し，配列Shanの降順に順位をつけ，社員番号から順位までを第２図のように表示する。なお，ShanとJunの添字は対応しており，Shanの値が同じ場合は同順位とする。

配列

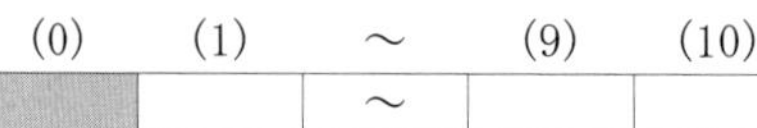

4. データにエラーはないものとする。

＜流れ図＞

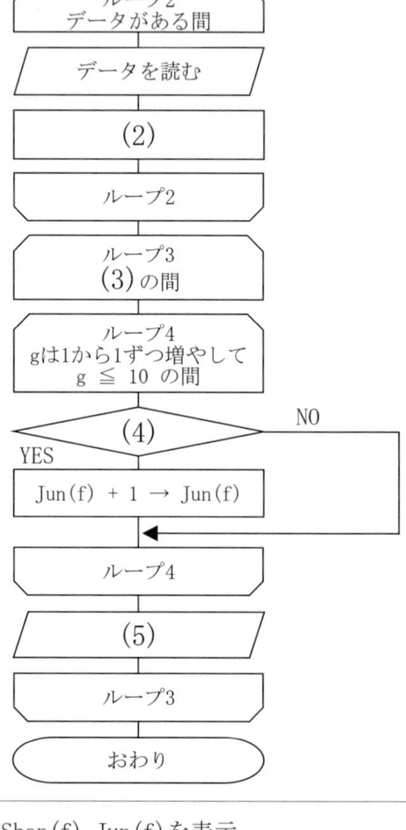

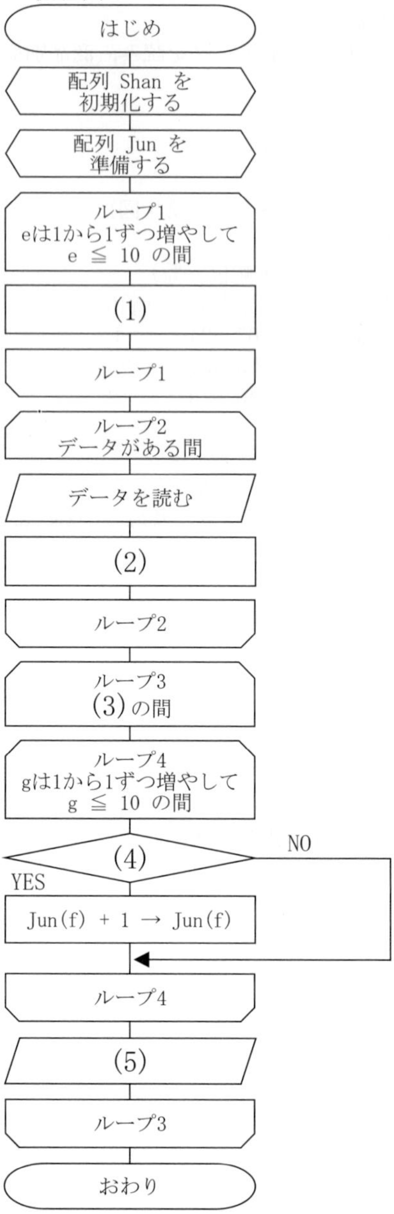

解答群

ア．fは1から1ずつ増やして f ＜ 10
イ．f, Shan(f), Jun(f)を表示
ウ．Shan(Ban) + Han → Shan(Ban)
エ．0 → Jun(e)
オ．1 → Jun(e)
カ．Shan(f) ＞ Shan(g)
キ．g, Shan(g), Jun(g)を表示
ク．Shan(Ban) + 1 → Shan(Ban)
ケ．Shan(f) ＜ Shan(g)
コ．fは1から1ずつ増やして f ≦ 10

(1)	(2)	(3)	(4)	(5)

[5] 流れ図の説明を読んで，流れ図の(1)～(5)にあてはまる答えを解答群から選び，記号で答えなさい。

＜流れ図の説明＞

処理内容

　あるゴルフ大会の打数データを読み，順位一覧を表示する。

入力データ

選手番号 (Sen)	ホール (Ho)	打数 (Da)
××	××	××

(第１図)

実行結果

(ゴルフ大会順位一覧)		
(選手番号)	(総打数)	(順位)
1	86	10
2	96	18
3	79	2
∫	∫	∫

(第２図)

処理条件

1. 選手番号は１～20であり，全員１～18ホールまで競技を行うものとする。
2. 第１図の入力データを読み，選手ごとの打数を配列Golfの１列目に集計する。なお，Golfの行方向の添字は選手番号と対応している。

配列

Golf	(0)	(1)	(2)
(0)			
(1)			
∫	∫	∫	∫
(20)			
		(打数)	(順位)

3. 入力データが終了したら，配列Golfの２列目に，Golfの１列目の昇順に順位をつけ，選手番号から順位までを第２図のように表示する。なお，Golfの１列目の値が同じ場合は同順位とする。
4. データにエラーはないものとする。

＜流れ図＞

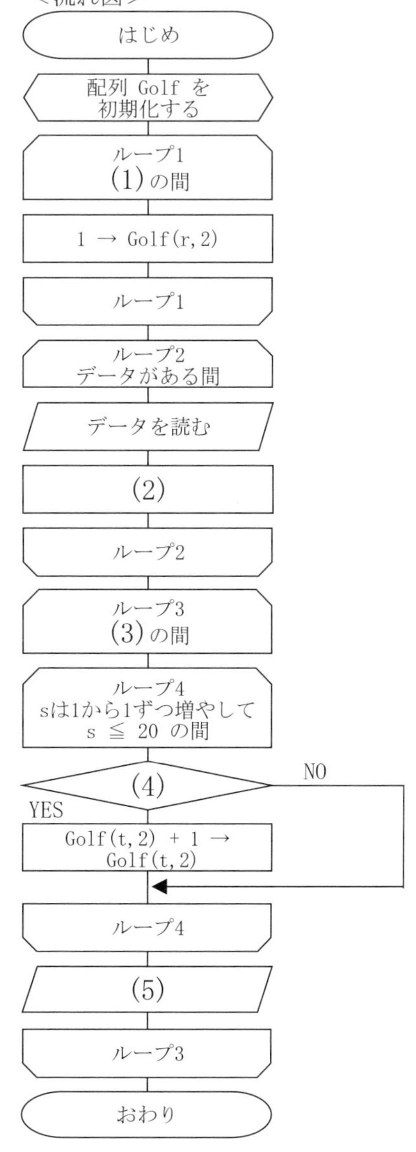

解答群

ア. Golf(Sen, 2) + Da → Golf(Sen, 2)　　イ. rは0から1ずつ増やして r ≦ 21
ウ. Golf(t, 1) ＞ Golf(s, 1)　　エ. tは0から1ずつ増やして t ≦ 20
オ. tは1から1ずつ増やして t ≦ 20　　カ. Golf(Sen, 1) + Da → Golf(Sen, 1)
キ. t, Golf(1, t), Golf(2, t)を表示　　ク. t, Golf(t, 1), Golf(t, 2)を表示
ケ. rは1から1ずつ増やして r ≦ 20　　コ. Golf(t, 1) ＜ Golf(s, 1)

(1)	(2)	(3)	(4)	(5)

4章5節　順位づけ②(効率優先)

4章4節の順位づけでは，処理の手順をコンパクトに表現した流れ図でしたが，1度比較したデータを何度も比較する必要がありました。4章5節では，そのような無駄を省ける効率優先の順位づけを学習します。

効率を優先した順位づけを流れ図にすると下のようになります。なお，配列Tenと配列Junの添字は対応していることとします。（Tenの降順に順位づけ）

Ten	(0)	(1)	(2)	(3)	(4)
	70	40	90	60	80

Jun	(0)	(1)	(2)	(3)	(4)

はじめ

配列 Ten に
データを記憶する

ループ1
aは0から1ずつ増やして
a < 5 の間

1 → Jun(a)

ループ1

① ループ2
kは0から1ずつ増やして
k < 4 の間

② k + 1 → f

③ ループ3
hはfから1ずつ増やして
h < 5 の間

④ Ten(k) < Ten(h)　YES → ⑤　NO → ⑥

⑤ Jun(k) + 1 → Jun(k)

⑥ Ten(k) > Ten(h)　YES → ⑦　NO

⑦ Jun(h) + 1 → Jun(h)

ループ3

ループ2

おわり

流れ図解説

4章4節（p133）で学習した流れ図と見比べてください。違う点は②と⑥と⑦が追加されている点と，①③が変更されている点です。

② k + 1 → f

③ ループ3
②でk＋1をfに入れ，③のループ3でhはfから始まります。そのため，④を最初に実行する際に，隣同士の配列を比較することができます。

④ Tenを比較
Ten(k)とTen(h)を比較し，Ten(k)が小さければ⑤でJun(k)に＋1をします。

⑥ Tenを比較
Ten(k)とTen(h)を比較し，Ten(h)が小さければ⑦でJun(h)に＋1をします。

【4-5】次の問題に答えなさい。

[1] 流れ図の説明を読んで，流れ図の(1)～(3)にあてはまる答えを解答群から選び，記号で答えなさい。

＜流れ図の説明＞

<u>処理内容</u>

配列に記憶した数値に順位をつけ，ディスプレイに表示する。

<u>処理条件</u>

1. 配列Tenに数値を記憶する。また，データ件数はn件である。

Ten	(0)	(1)	～	(n － 2)	(n － 1)
	52	91	～	82	75

2. 配列Ranに，配列Tenの降順に順位をつけ，TenとRanの値を表示する。なお，数値が同じ時は同順位とする。

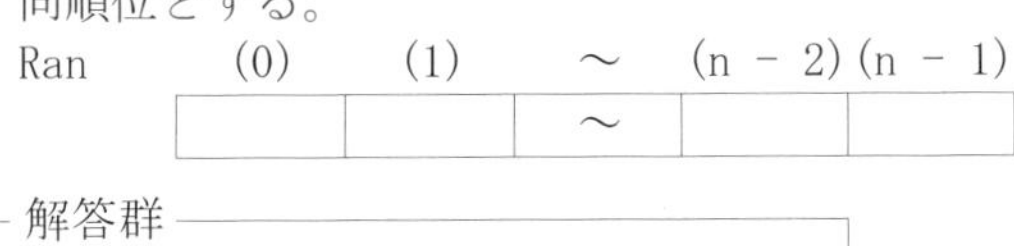

Ran	(0)	(1)	～	(n － 2)	(n － 1)
			～		

解答群
ア. Ran(k) ＞ Ran(i)
イ. Ten(k) ＜ Ten(i)
ウ. Ten(k) ＞ Ten(i)
エ. 1 → Ran(j)
オ. Ran(k) ＜ Ran(i)
カ. 0 → Ran(j)

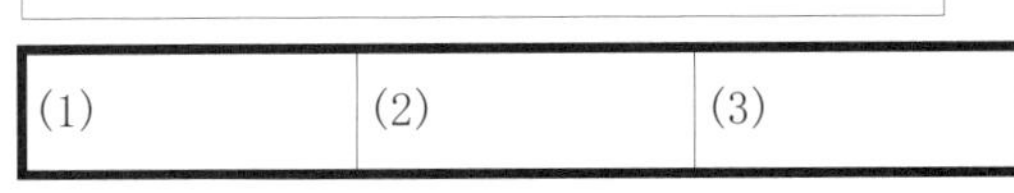

(1)	(2)	(3)

＜流れ図＞

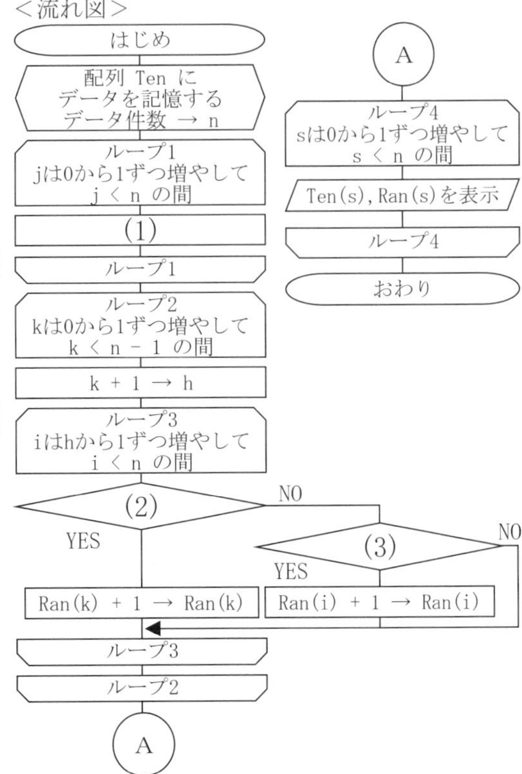

[2] 流れ図の説明を読んで，流れ図の(1)～(3)にあてはまる答えを解答群から選び，記号で答えなさい。

＜流れ図の説明＞

<u>処理内容</u>

配列に記憶した数値に順位をつけ，ディスプレイに表示する。

<u>処理条件</u>

1. 配列Scrに数値を記憶する。また，データ件数はn件である。

Scr	(0)	(1)	～	(n － 2)	(n － 1)
	89	96	～	78	87

2. 配列Junに，配列Scrの昇順に順位をつけ，ScrとJunの値を表示する。なお，数値が同じ時は同順位とする。

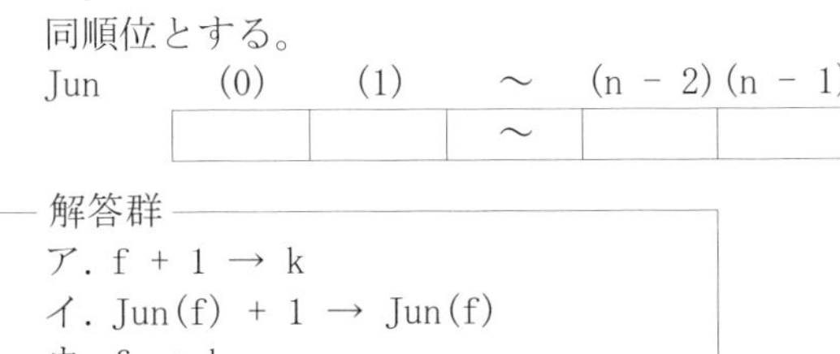

Jun	(0)	(1)	～	(n － 2)	(n － 1)
			～		

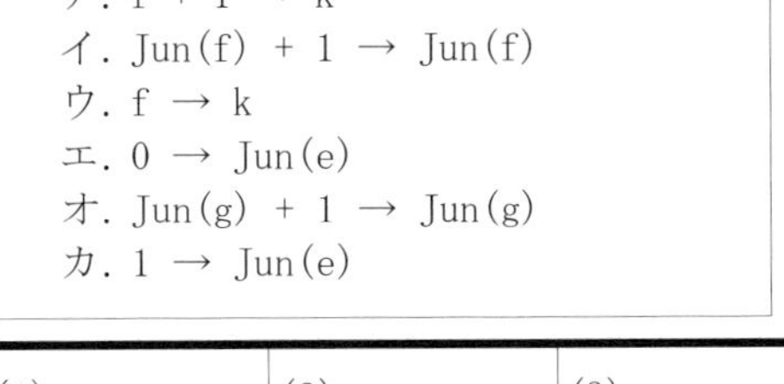

解答群
ア. f ＋ 1 → k
イ. Jun(f) ＋ 1 → Jun(f)
ウ. f → k
エ. 0 → Jun(e)
オ. Jun(g) ＋ 1 → Jun(g)
カ. 1 → Jun(e)

(1)	(2)	(3)

＜流れ図＞

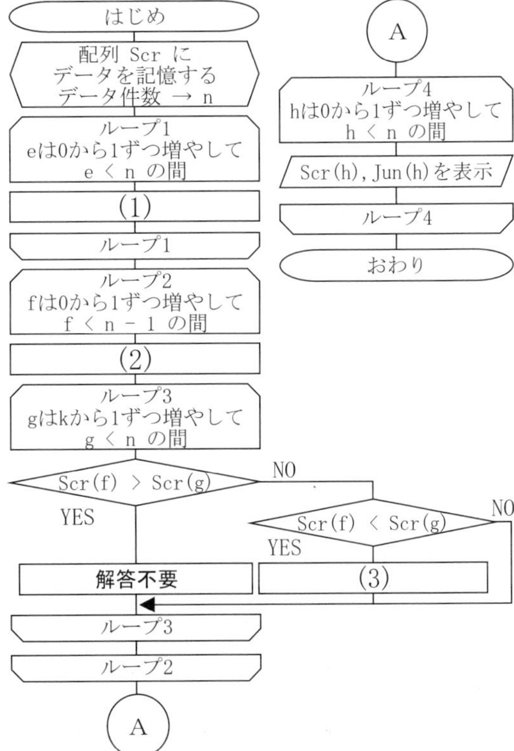

4章(1級)

[3] 流れ図の説明を読んで，流れ図の(1)～(5)にあてはまる答えを解答群から選び，記号で答えなさい。

＜流れ図の説明＞

処理内容

ある水泳大会の記録データを読み，水泳大会順位一覧を表示する。

入力データ

選手番号 (Ban)	記録 (Kiro)
×××	×～×

(第１図)

実行結果

(水泳大会順位一覧)		
(選手番号)	(記録)	(順位)
101	49.36	31
102	48.92	12
103	47.87	1
∫	∫	∫

(第２図)

処理条件

1. 大会出場選手は40名で，入力データは選手番号順に入力される。
2. 第１図の入力データを読み，配列Numに選手番号を，配列Timに記録を記憶する。

配列

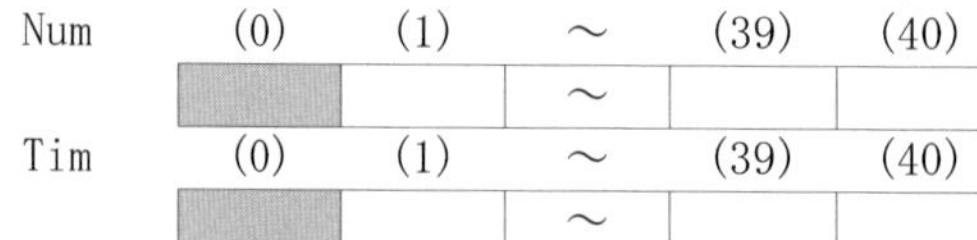

3. 入力データが終了したら，配列Junを利用し記録の昇順に順位をつけ，選手番号から順位までを第２図のように表示する。なお，記録が同じ場合は同順位とする。

配列

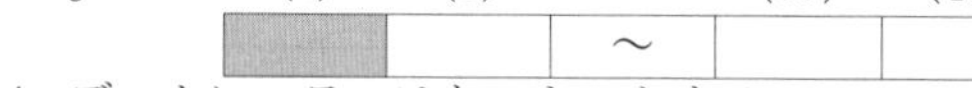

4. データにエラーはないものとする。

＜流れ図＞

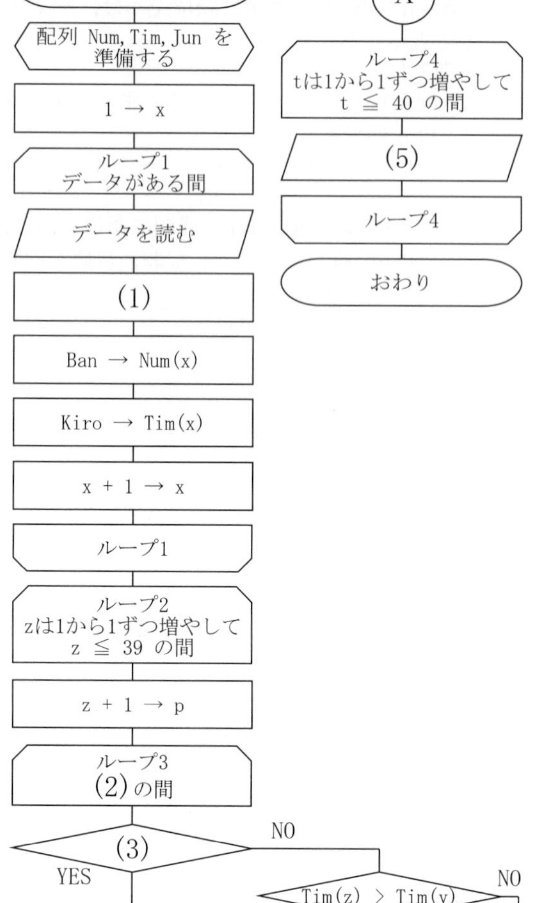

解答群

ア．Tim(z) ≦ Tim(y)	イ．yはpから１ずつ増やして y ≦ 40
ウ．1 → Jun(x)	エ．Tim(z) ＜ Tim(y)
オ．yは１から１ずつ増やして y ≦ 40	カ．Jun(y) + 1 → Jun(y)
キ．Num(t),Tim(t),Jun(t)を表示	ク．Ban,Tim(t),Jun(t)を表示
ケ．Jun(z) + 1 → Jun(z)	コ．0 → Jun(x)

(1)	(2)	(3)	(4)	(5)

[4] 流れ図の説明を読んで，流れ図の(1)～(5)にあてはまる答えを解答群から選び，記号で答えなさい。

＜流れ図の説明＞

<u>処理内容</u>

　サッカーのリーグ戦の勝ち点データを読み，順位一覧を表示する。

<u>入力データ</u>

試合日 (Hi)	ﾁｰﾑ番号 (Tban)	勝ち点 (Ten)
×～×	××	×

(第１図)

<u>実行結果</u>

(リーグ順位一覧)		
(ﾁｰﾑ番号)	(勝ち点)	(順位)
1	64	2
2	41	11
3	57	7
∫	∫	∫

(第２図)

<u>処理条件</u>

1. チームは18チームあり，チーム番号は１～18である。また，勝ち点は０，１，３のいずれかである。
2. 第１図の入力データを読み，チーム番号ごとの勝ち点を配列Katに集計する。なお，Katの添字はチーム番号と対応している。

   <u>配列</u>

   Kat　(0)　(1)　～　(17)　(18)

   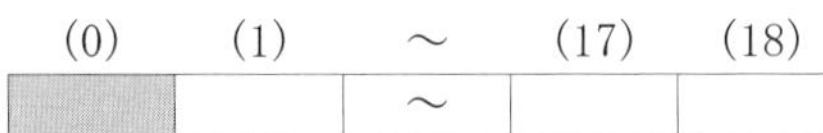
3. 入力データが終了したら，配列Ranを利用し，配列Katの降順に順位をつけ，チーム番号から順位までを第２図のように表示する。なお，KatとRanの添字は対応しており，Katの値が同じ場合は同順位とする。

   <u>配列</u>

   Ran　(0)　(1)　～　(17)　(18)
4. データにエラーはないものとする。

＜流れ図＞

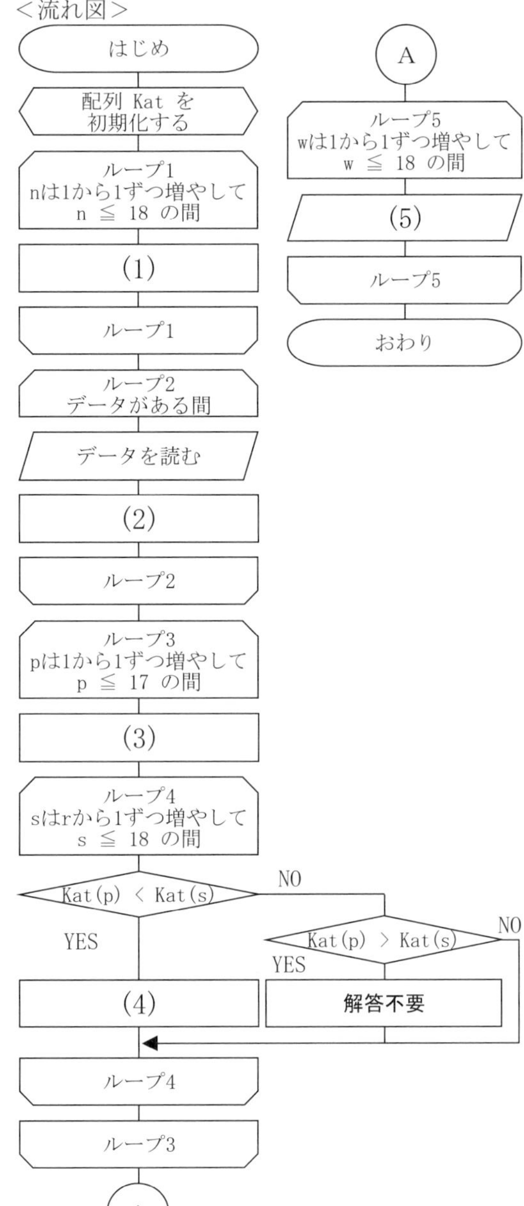

解答群

ア．Ran(s) ＋ 2 → Ran(s)	イ．1 → Ran(n)
ウ．p ＋ 1 → r	エ．Kat(Tban) ＋ 1 → Kat(Tban)
オ．Kat(Tban) ＋ Ten → Kat(Tban)	カ．0 → Ran(n)
キ．Ran(p) ＋ 1 → Ran(p)	ク．w, Ran(w), Kat(w)を表示
ケ．w, Kat(w), Ran(w)を表示	コ．1 → r

(1)	(2)	(3)	(4)	(5)

4章(1級)

[5] 流れ図の説明を読んで，流れ図の(1)～(5)にあてはまる答えを解答群から選び，記号で答えなさい。

＜流れ図の説明＞

処理内容

あるご当地グルメの投票データを読み，順位一覧を表示する。

入力データ

整理番号 (Sei)	投票番号 (Tou)
××××	××

(第１図)

実行結果

(ご当地グルメ順位一覧)		
(ｸﾞﾙﾒ番号)	(投票数)	(順位)
1	78	13
2	136	8
3	235	2
～	～	～

(第２図)

処理条件

1. ご当地グルメは20種類あり，投票番号は１～20である。
2. 第１図の入力データを読み，投票番号の件数を配列Grmの１列目に集計する。なお，Grmの行方向の添字は投票番号と対応しており，グルメ番号を表している。

配列

Grm	(0)	(1)	(2)
(0)			
(1)			
～	～	～	～
(20)			
		(投票数)	(順位)

3. 入力データが終了したら，配列Grmの２列目に，Grmの１列目の降順に順位をつけ，グルメ番号から順位までを第２図のように表示する。
4. データにエラーはないものとする。

＜流れ図＞

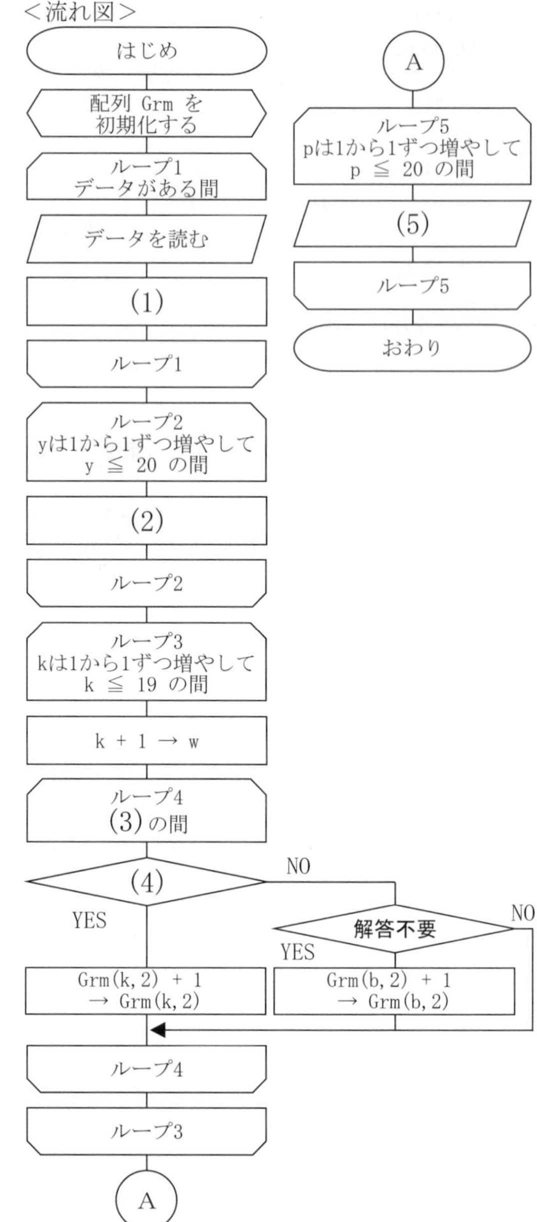

解答群

ア．Grm(Tou,1) + 1 → Grm(Tou,1)
イ．Grm(1,Tou) + 1 → Grm(1,Tou)
ウ．bはwから1ずつ増やして b ≦ 20
エ．bは1から1ずつ増やして b ≦ 20
オ．p,Grm(p,1),Grm(p,2)を表示
カ．1 → Grm(y,2)
キ．Grm(k,2) ＜ Grm(b,2)
ク．p,Grm(1,p),Grm(2,p)を表示
ケ．1 → Grm(y,1)
コ．Grm(k,1) ＜ Grm(b,1)

(1)	(2)	(3)	(4)	(5)

4章6節　順位づけ③(整列済み)

順位づけは，順位の基準となる項目が順番に並んでいると効率よく行うことができます。

下の配列Tenのように整列済みのデータを順位づけすると次のようになります。

Ten	(0)	(1)	(2)	(3)	(4)	(5)
		90	85	75	75	60
		↑	↑	↑	↑	↑
		1位	2位	3位	3位	5位

上の配列Tenを順位づけする場合，基本的に1番目のデータが1位，2番目のデータが2位，3番目のデータが3位と続いていきます。ただし，順位づけには同順位もあるため，注意が必要です。この考え方で行う処理を図に表したものが下の流れ図です。

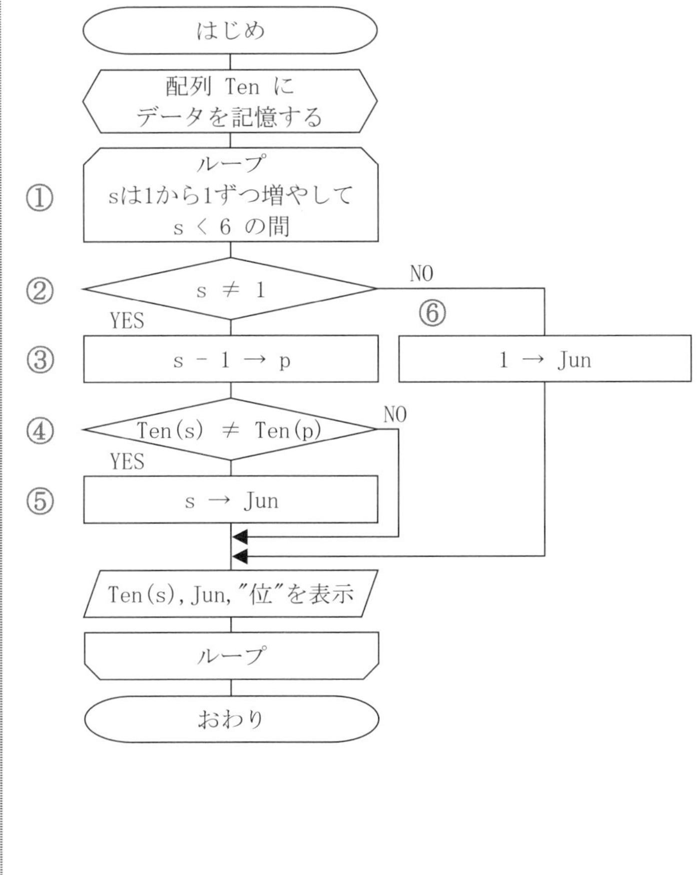

流れ図解説

① ループ
変数sは配列の値を左から順番に処理するため，1から1ずつ増やしています。また，整列済みのデータは1位，2位，3位と順番に順位が付くため，⑤で順位をつける際の値としても使用しています。

② 判断記号
最初のデータの順位は必ず1位となるため，②で判断し，⑥でJunに1を入れています。

③ s − 1 → p
変数pは④で使用します。

④ 配列Tenを比較
順位は基本的に1位，2位，3位とつけていくため，⑤でsの値をJunに入れています。ただし，対象のデータが前のデータの値と同じ場合，同順位にする必要があります。そのため，前のデータと同じでないかを，④で判断しています。

実行結果

90	1位
85	2位
75	3位
75	3位
60	5位

【4-6】次の問題に答えなさい。

[1] 流れ図の説明を読んで，流れ図の(1)～(3)にあてはまる答えを解答群から選び，記号で答えなさい。

＜流れ図の説明＞

<u>処理内容</u>

配列に記憶した数値に順位をつけ，ディスプレイに表示する。

<u>処理条件</u>

1. 配列Suuに数値を降順に記憶する。また，データ件数はn件である。

Suu	(0)	(1)	～	(n － 1)	(n)
		165	～	56	45

2. 配列Suuの降順に順位をつけ，Suuと順位を表示する。なお，数値が同じ時は同順位とする。

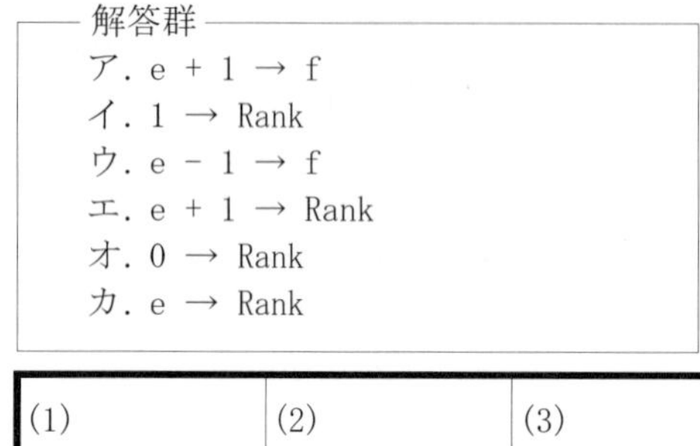

解答群

ア．e ＋ 1 → f
イ．1 → Rank
ウ．e － 1 → f
エ．e ＋ 1 → Rank
オ．0 → Rank
カ．e → Rank

(1)	(2)	(3)

＜流れ図＞

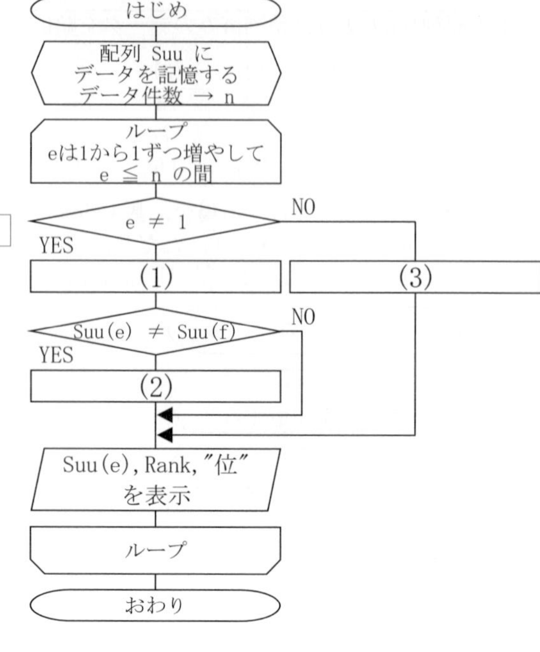

[2] 流れ図の説明を読んで，流れ図の(1)～(3)にあてはまる答えを解答群から選び，記号で答えなさい。

＜流れ図の説明＞

<u>処理内容</u>

配列に記憶した数値に順位をつけ，ディスプレイに表示する。

<u>処理条件</u>

1. 配列Scrに数値を昇順に記憶する。また，データ件数はn件である。

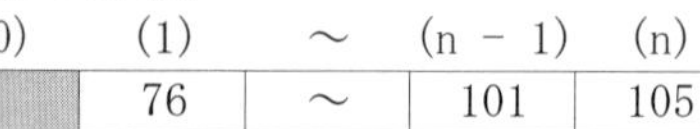

Scr	(0)	(1)	～	(n － 1)	(n)
		76	～	101	105

2. 配列Scrの昇順に順位をつけ，Scrと順位を表示する。なお，数値が同じ時は同順位とする。

解答群

ア．Scr(g) ≠ Scr(h)
イ．g → Jun
ウ．g ＝ 1
エ．Scr(g) ＝ Scr(h)
オ．g ＞ 1
カ．h → Jun

(1)	(2)	(3)

＜流れ図＞

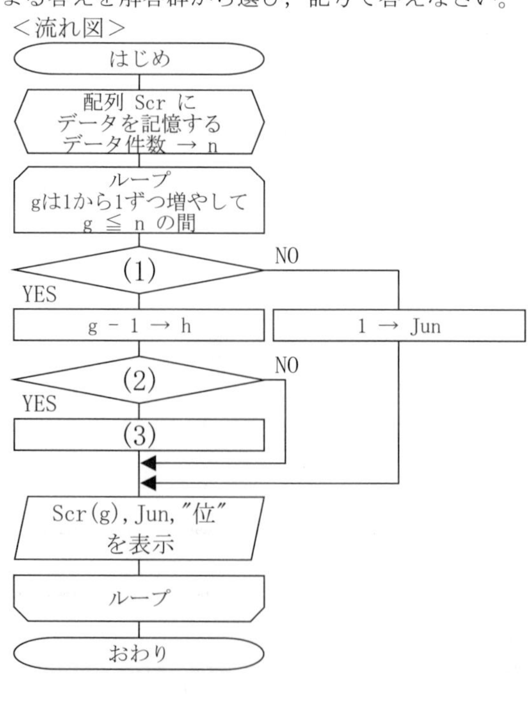

4章(1級)

[3] 流れ図の説明を読んで，流れ図の(1)～(3)にあてはまる答えを解答群から選び，記号で答えなさい。

＜流れ図の説明＞

処理内容

配列に記憶した数値に順位をつけ，ディスプレイに表示する。

処理条件

1. 配列Kazuに数値を降順に記憶する。また，データ件数はｎ件である。

Kazu	(0)	(1)	～	(n － 1)	(n)
		528	～	214	195

2. 配列Kazuの降順に順位をつけ，Kazuと順位を表示する。なお，数値が同じ時は同順位とする。

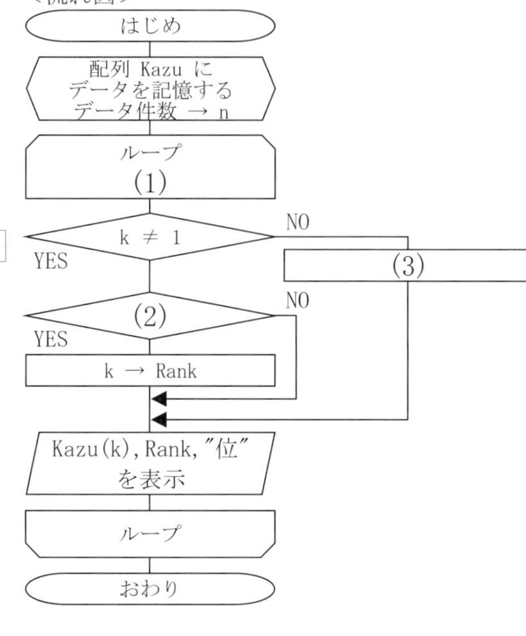

解答群

ア. Kazu(k) ≠ Kazu(k － 1)
イ. kは1から1ずつ増やして k ≦ n の間
ウ. Kazu(k) ≠ Kazu(k ＋ 1)
エ. 1 → Rank
オ. kは1から1ずつ増やして k ＜ n の間
カ. 0 → Rank

(1)	(2)	(3)

[4] 流れ図の説明を読んで，流れ図の(1)～(3)にあてはまる答えを解答群から選び，記号で答えなさい。

＜流れ図の説明＞

処理内容

配列に記憶した数値に順位をつけ，ディスプレイに表示する。

処理条件

1. 配列Timeに数値を昇順に記憶する。また，データ件数はｎ件である。

Time	(0)	(1)	～	(n － 1)	(n)
		132	～	256	389

2. 配列Timeの昇順に順位をつけ，Timeと順位を表示する。なお，数値が同じ時は同順位とする。

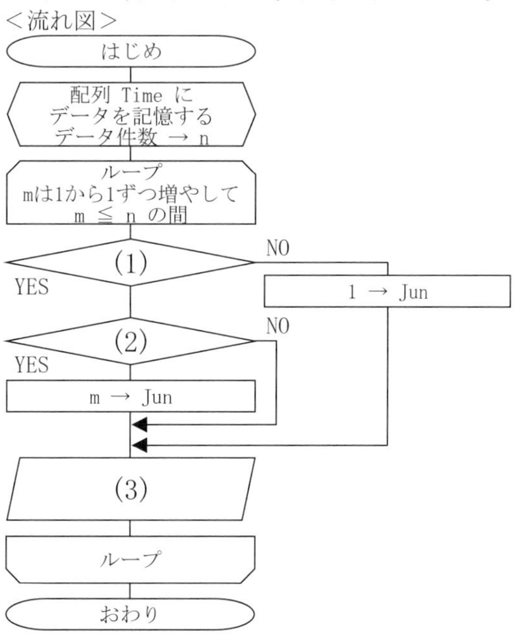

解答群

ア. m = 1
イ. Time(m),Jun,″位″を表示
ウ. Time(m) ＞ Time(m － 1)
エ. Time(m),Rank,″位″を表示
オ. m ＞ 1
カ. Time(m) ＜ Time(m － 1)

(1)	(2)	(3)

4章（1級）

[5] 流れ図の説明を読んで，流れ図の(1)～(3)にあてはまる答えを解答群から選び，記号で答えなさい。

＜流れ図の説明＞

処理内容

配列に記憶した数値に順位をつけ，ディスプレイに表示する。

処理条件

1. 配列Kenに数値を降順に記憶する。また，データ件数はn件である。

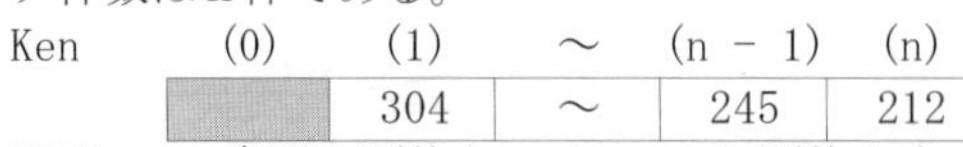

Ken	(0)	(1)	～	(n - 1)	(n)
		304	～	245	212

2. 配列Kenの降順に順位をつけ，Kenと順位を表示する。なお，数値が同じ時は同順位とする。

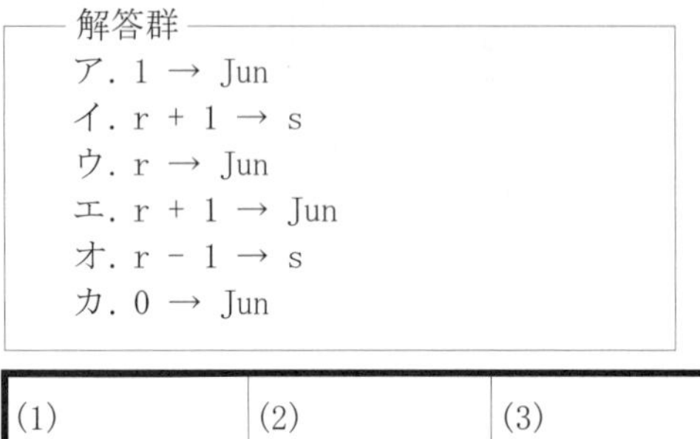

解答群

ア. 1 → Jun
イ. r + 1 → s
ウ. r → Jun
エ. r + 1 → Jun
オ. r - 1 → s
カ. 0 → Jun

＜流れ図＞

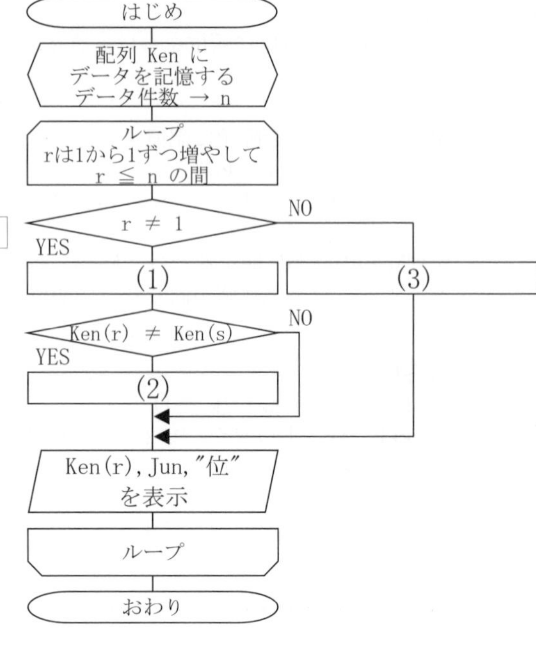

(1)	(2)	(3)

[6] 流れ図の説明を読んで，流れ図の(1)～(3)にあてはまる答えを解答群から選び，記号で答えなさい。

＜流れ図の説明＞

処理内容

配列に記憶した数値に順位をつけ，ディスプレイに表示する。

処理条件

1. 配列Ataiに数値を降順に記憶する。また，データ件数はn件である。

Atai	(0)	(1)	～	(n - 1)	(n)
		762	～	354	246

2. 配列Ataiの降順に順位をつけ，Ataiと順位を表示する。なお，数値が同じ時は同順位とする。

解答群

ア. Atai(f) ≠ Atai(f + 1)
イ. fは1から1ずつ増やして f ＜ n の間
ウ. 1 → Rank
エ. 0 → Rank
オ. fは1から1ずつ増やして f ≦ n の間
カ. Atai(f) ≠ Atai(f - 1)

＜流れ図＞

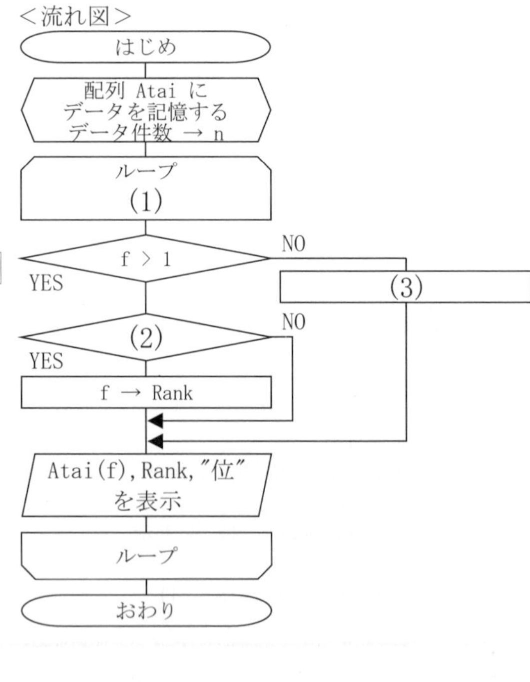

(1)	(2)	(3)

４章７節　文字列結合

動画URL

プログラミングでは文字列と文字列を結合して処理を行うことがあります。

例えば下の配列Nameを，下の実行結果のようにＡグループとＢグループに分けて名前を表示させたいとします。なお，Nameと配列Groupの添字は対応しているものとします。

Name	(0)	(1)	(2)	(3)	(4)	(5)	(6)
	佐藤	鈴木	高橋	田中	伊藤	渡辺	山本

Group	(0)	(1)	(2)	(3)	(4)	(5)	(6)
	A	A	B	A	B	B	A

実行結果

```
Ａグループ：佐藤　鈴木　田中　山本
Ｂグループ：高橋　伊藤　渡辺
```

上の内容を文字列の結合で処理したものが下の流れ図です。

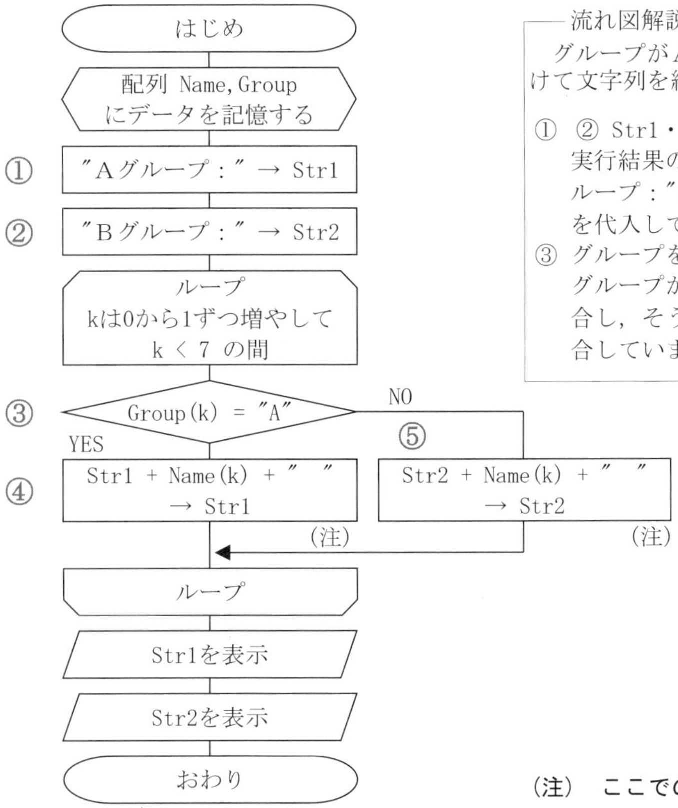

```
はじめ
配列 Name,Group にデータを記憶する
① "Ａグループ：" → Str1
② "Ｂグループ：" → Str2
ループ
  kは0から1ずつ増やして k < 7 の間
  ③ Group(k) = "A"
     YES: ④ Str1 + Name(k) + "　" → Str1 (注)
     NO:  ⑤ Str2 + Name(k) + "　" → Str2 (注)
ループ
Str1を表示
Str2を表示
おわり
```

流れ図解説

グループがＡの名前とグループがＢの名前を分けて文字列を結合し，表示する流れ図です。

① ② Str1・Str2に値を代入
実行結果の左端に"Ａグループ："又は"Ｂグループ："を表示するために，Str1・Str2に値を代入しています。

③ グループを判断
グループがＡであれば④でStr1に文字列を結合し，そうでなければ⑤でStr2に文字列を結合しています。

（注）　ここでの「＋」は文字列結合を意味します。

【4-7】次の問題に答えなさい。

[1] 流れ図の説明を読んで，流れ図の(1)～(2)にあてはまる答えを解答群から選び，記号で答えなさい。

＜流れ図の説明＞

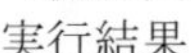
実行結果

70点以上 山田 佐藤 高橋 渡辺 石川～

処理条件

1. 配列Nameに名前を，配列Tenに点数を記憶する。また，NameとTenは添字で対応しており，データ件数はｎ件である。

配列

	(0)	(1)	～	(n-2)	(n-1)
Name	山田	岡本	～	中西	橋本
Ten	85	63	～	72	54

2. 配列Tenが70以上の名前を表示する。

解答群

ア. Name(u)を表示
イ. Strを表示
ウ. Name(u) + ″ ″ + Str → Str
エ. Str + ″ ″ + Name(u) → Str

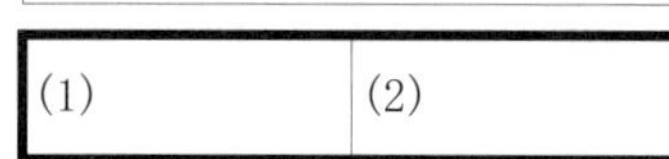

(1)	(2)

＜流れ図＞

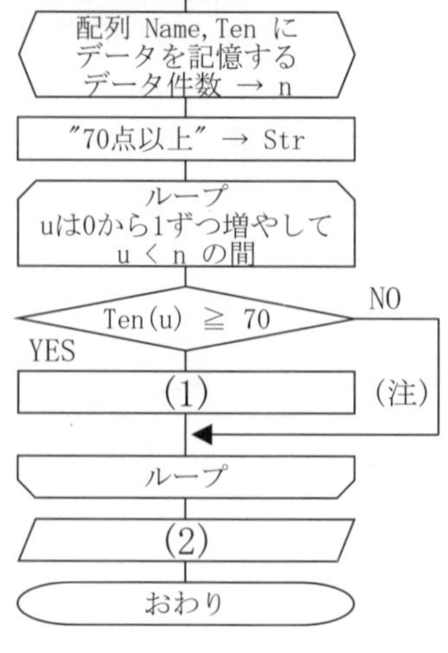

(注) ここでの「+」は文字列結合を意味する。

[2] 流れ図の説明を読んで，流れ図の(1)～(2)にあてはまる答えを解答群から選び，記号で答えなさい。

＜流れ図の説明＞

実行結果

合格者 1001 1005 1007 1008 1010 1011～

処理条件

1. 配列Banに番号を，配列Hanに合否を記憶する。また，BanとHanは添字で対応しており，データ件数はｎ件である。

配列

	(0)	(1)	～	(n-2)	(n-1)
Ban	1001	1002	～	1119	1120
Han	合	不	～	不	合

2. 配列Hanが″合″の番号を表示する。

解答群

ア. Naiyo + ″ ″ + Han(f) → Naiyo
イ. Naiyo + ″ ″ + Ban(f) → Naiyo
ウ. ″　　　″ → Naiyo
エ. ″合格者″ → Naiyo

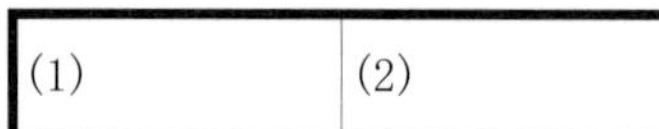

(1)	(2)

＜流れ図＞

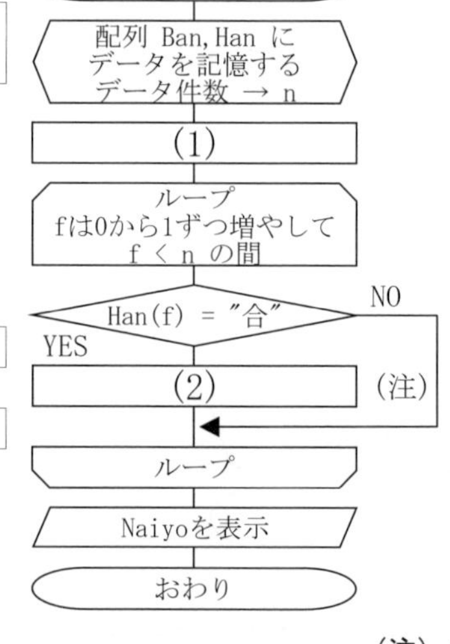

(注) ここでの「+」は文字列結合を意味する。

4章（1級）

[3] 流れ図の説明を読んで，流れ図の(1)～(3)にあてはまる答えを解答群から選び，記号で答えなさい。

＜流れ図の説明＞

実行結果

グループA：日本　イギリス　アメリカ ～ グループB：カナダ　フランス　イタリア ～

処理条件

1. 配列Kuniに国名を，配列Gpにグループを記憶する。また，KuniとGpは添字で対応しており，データ件数はn件である。

配列

	(0)	(1)	～	(n-2)	(n-1)
Kuni	日本	カナダ	～	ドイツ	チリ

	(0)	(1)	～	(n-2)	(n-1)
Gp	A	B	～	B	A

2. グループはAとBの２種類であり，実行結果のようにAとBに分けて国名を表示する。

ア. Str2 + Kuni(t) → Str2
イ. Str1 + Kuni(t) + ″ ″ → Str1
ウ. ″グループB：″ → Str1
エ. Str1 + Kuni(t) → Str1
オ. ″グループB：″ → Str2
カ. Str2 + Kuni(t) + ″ ″ → Str2

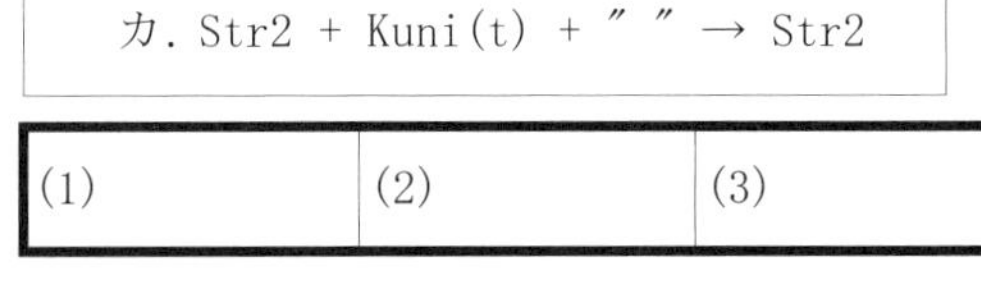

(1)	(2)	(3)

＜流れ図＞

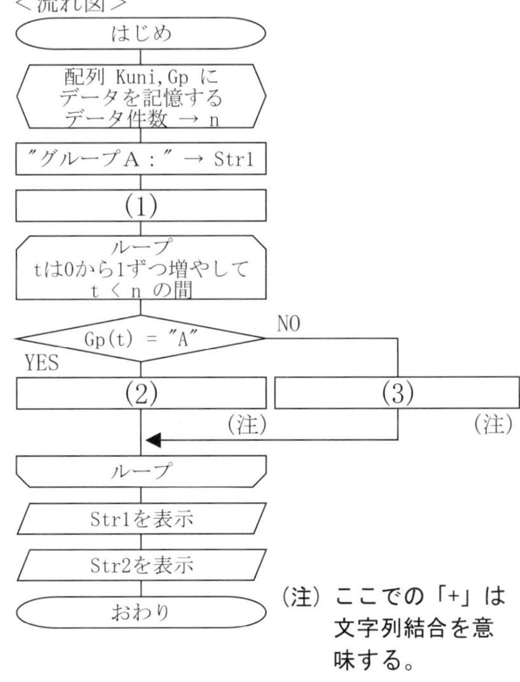

(注) ここでの「+」は文字列結合を意味する。

[4] 流れ図の説明を読んで，流れ図の(1)～(3)にあてはまる答えを解答群から選び，記号で答えなさい。

＜流れ図の説明＞

実行結果

西日本：広島　長崎　兵庫　～ 東日本：茨城　秋田　青森　～

処理条件

1. 配列Kenに都道府県名を，配列Tzに東西を記憶する。また，KenとTzは添字で対応しており，データ件数はn件である。

配列

	(0)	(1)	～	(n-2)	(n-1)
Ken	茨城	広島	～	鹿児島	東京

	(0)	(1)	～	(n-2)	(n-1)
Tz	東	西	～	西	東

2. 東西は西と東の２種類であり，実行結果のように東西に分けて都道府県名を表示する。

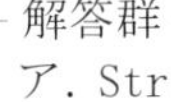

ア. Str1 + Ken(b) + ″ ″ → Str1
イ. Str2を表示
ウ. ″西日本：″ → Str1
エ. ″　　　″ → Str1
オ. Str2 + Ken(b) + ″ ″ → Str2
カ. Ken(b)を表示

(1)	(2)	(3)

＜流れ図＞

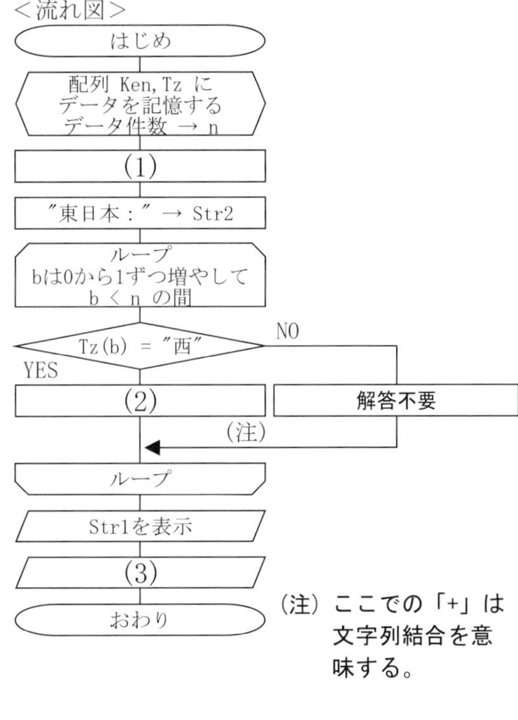

(注) ここでの「+」は文字列結合を意味する。

4章(1級)

[5] 流れ図の説明を読んで，流れ図の(1)～(2)にあてはまる答えを解答群から選び，記号で答えなさい。

＜流れ図の説明＞

実行結果

50点以下 赤城　白石　神山　村本～

処理条件

1. 配列Nameに名前を，配列Testに点数を記憶する。また，NameとTestは添字で対応しており，データ件数はn件である。

配列

	(0)	(1)	～	(n-2)	(n-1)
Name	田沼	赤城	～	山根	石本

	(0)	(1)	～	(n-2)	(n-1)
Test	97	36	～	59	47

2. 配列Testが50以下の名前を表示する。

解答群

ア. Hyoji + Name(s) → Hyoji
イ. Hyoji + Name(s) + ″ ″ → Hyoji
ウ. ″　　　　″ → Hyoji
エ. ″50点以下 ″ → Hyoji

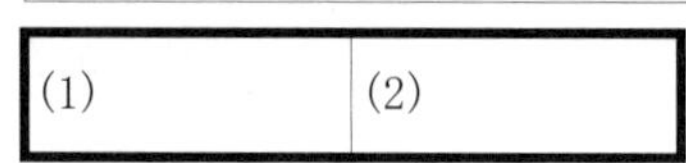

(1)	(2)

＜流れ図＞

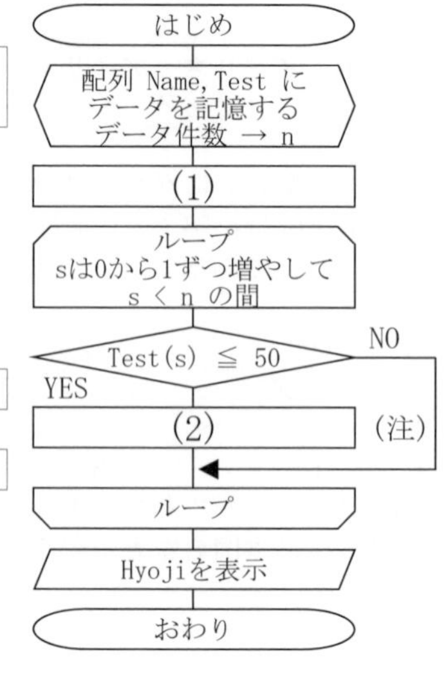

(注) ここでの「+」は文字列結合を意味する。

[6] 流れ図の説明を読んで，流れ図の(1)～(3)にあてはまる答えを解答群から選び，記号で答えなさい。

＜流れ図の説明＞

実行結果

合格　：1101　1104　1107 ～ 不合格：1102　1206　1221 ～

処理条件

1. 配列Banに番号を，配列Hanに合否を記憶する。また，BanとHanは添字で対応しており，データ件数はn件である。

配列

	(0)	(1)	～	(n-2)	(n-1)
Ban	1101	1102	～	1503	1507

	(0)	(1)	～	(n-2)	(n-1)
Han	合	不	～	不	合

2. 実行結果のように合格と不合格に分けて番号を表示する。

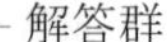

解答群

ア. ″　　　　″ → Str2
イ. ″不合格：″ → Str2
ウ. eは1から1ずつ増やして e ＜ n
エ. eは0から1ずつ増やして e ＜ n
オ. Str2 + Ban(e) + ″ ″ → Str2
カ. Str1 + Ban(e) + ″ ″ → Str1

(1)	(2)	(3)

＜流れ図＞

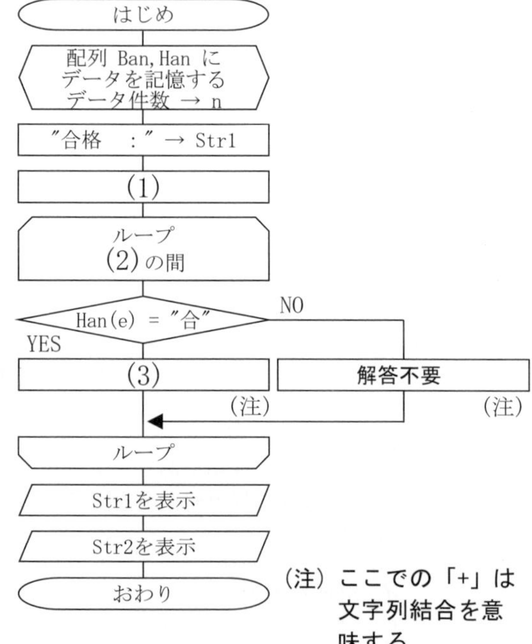

(注) ここでの「+」は文字列結合を意味する。

4章8節　サブルーチン(定義済み処理)

プログラムは一般的に処理の内容が，主プログラムと副プログラムに分かれます。この副プログラムのことをサブルーチン(定義済み処理) といいます。

※　主プログラムと副プログラムに分かれていないサブルーチンをルーチンと呼ぶこともあります。

サブルーチンは，左のような流れ図記号で表します。

入力したデータをもとに配列Scodeを探索し，ディスプレイに表示すると，次のような実行結果となります。

入力データ

生徒番号 (Ban)	得点 (Ten)
2102	10
2103	8
2101	7

配列

Scode

(0)	(1)	(2)	(3)	(4)
2101	2102	2103	2104	2105

Name

(0)	(1)	(2)	(3)	(4)
池原	伊藤	緒方	村上	渡辺

実行結果

(生徒番号)	(名前)	(得点)
2102	伊藤	10
2103	緒方	8
2101	池原	7

上の内容をサブルーチンを使用し，処理したものが下の流れ図です。

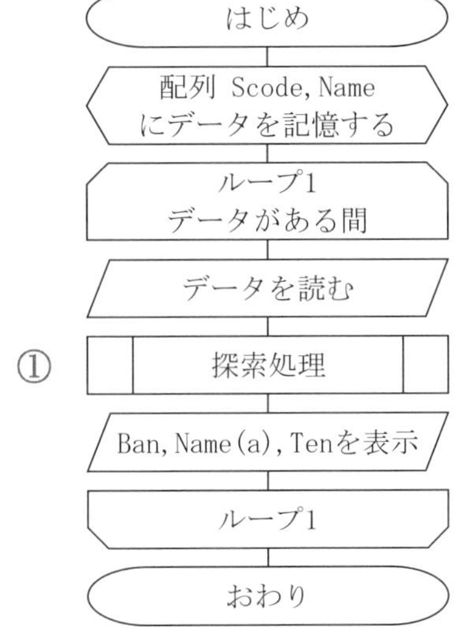

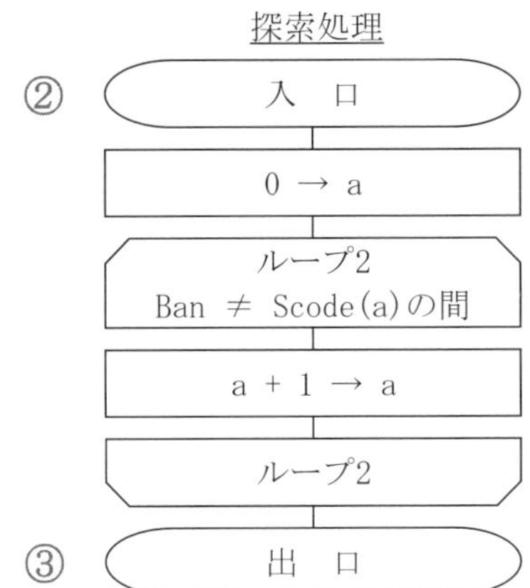

流れ図解説

左の流れ図が主プログラムを表し，右の流れ図が副プログラムを表しています。

① サブルーチン(定義済み処理) の記号
上の流れ図は，主プログラムの端子記号(はじめ) からスタートし，①の記号まで行くと，②の探索処理の入口に飛び，③まで処理をすると再び①に戻り，それ以降の処理を行います。

【4章　総合問題】

[1] 流れ図の説明を読んで，流れ図の(1)～(6)にあてはまる答えを解答群から選び，記号で答えなさい。

＜流れ図の説明＞

処理内容

美術コンテストの評価データを読み，集計結果をディスプレイに表示する。

入力データ

作品番号 (Sban)	審査員番号 (Sin)	評価項目ｺｰﾄﾞ (Cod)	評価点 (Ten)
××	××	×	××

(第１図)

実行結果

	(美術コンテスト評価結果集計一覧)					
(作品番号)	(技術)	(表現)	～	(色彩)	(合計)	(順位)
1	52	66	～	90	319	21
2	41	91	～	73	361	17
3	98	95	～	82	464	2
4	74	93	～	72	391	8
～	～	～	～	～	～	～
(評価項目の独創性で95以上ついた作品番号)						
6, 9, 17, 22,						

(第２図)

処理条件

1. 第１図の作品番号は１～25の25作品である。また，評価項目コードは１(技術)～５(色彩)の５項目であり，評価点は１～10である。
2. 配列Kouに評価項目を記憶する。なお，Kouの添字は評価項目コードと対応している。

配列

Kou

(0)	(1)	(2)	(3)	(4)	(5)
	技術	表現	独創性	インパクト	色彩

3. 第１図の入力データを読み，作品番号別，評価項目ごとに配列Hyoに評価点を集計する。なお，Hyoの６列目には合計を求める。また，Hyoの行方向の添字は作品番号と対応し，列方向の添字は評価項目コードと対応している。

配列

Hyo

	(0)	(1)	(2)	(3)	(4)	(5)	(6)
(0)							
(1)							
(2)							
～	～	～	～	～	～	～	～
(24)							
(25)							
							(合計)

4. 入力データが終了したら，次の処理を行う。
   - 配列Rankを利用して，配列Hyoの合計の降順に順位をつけ，作品番号から順位までを第２図のように表示する。なお，Rankの添字はHyoの行方向と対応している。また，合計の値が同じ場合は同順位とする。

   配列

   Rank

(0)	(1)	(2)	～	(24)	(25)
			～		

   - 評価項目の独創性で95以上ついた作品番号を第２図のように表示する。
5. データにエラーはないものとする。

解答群

ア．1 → Rank(w)	イ．Hyo(Cod, Sban) + Ten → Hyo(Cod, Sban)
ウ．0 → Rank(w)	エ．Hyouji + n → Hyouji
オ．n, Hyo(n, 1)～Hyo(n, 6), Rank(n)を表示	カ．Rank(r) + 1 → Rank(r)
キ．h - 1 → s	ク．r, Hyo(r, 1)～Hyo(r, 6), Rank(r)を表示
ケ．Hyo(Sban, Cod) + Ten → Hyo(Sban, Cod)	コ．Rank(h) + 1 → Rank(h)
サ．Hyouji + n + ″,″ → Hyouji	シ．h + 1 → s

<流れ図>

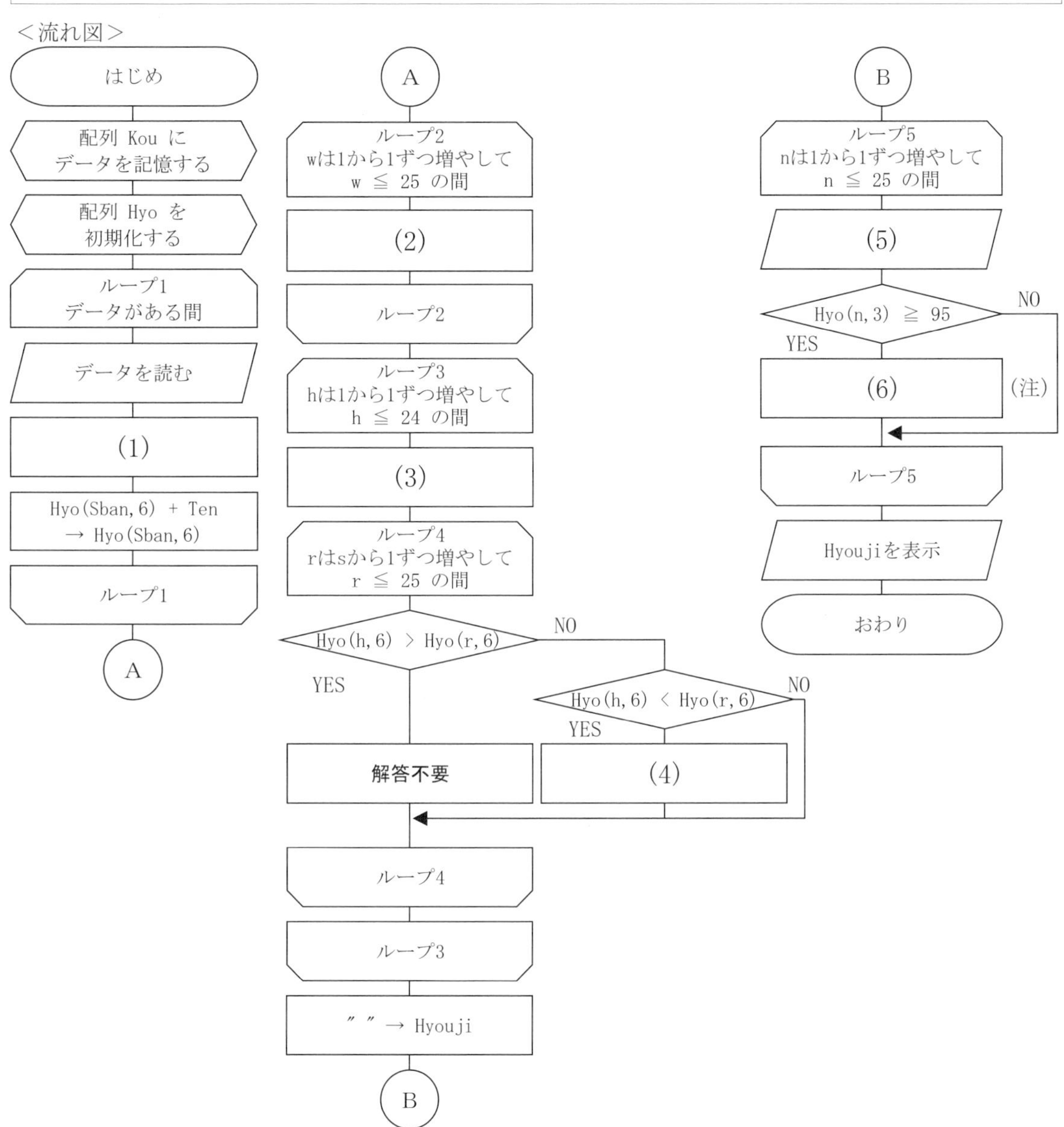

(注)　ここでの「+」は文字列結合を意味する。

(1)	(2)	(3)	(4)	(5)
(6)				

4章(1級)

[2] 流れ図の説明を読んで，流れ図の(1)～(7)にあてはまる答えを解答群から選び，記号で答えなさい。
＜流れ図の説明＞

処理内容

アイスクリーム店の１週間の販売データを読み，販売数量一覧をディスプレイに表示する。

入力データ

日付 (Hi)	時刻 (Ji)	種類 (Rui)	数量 (Suu)
×～×	×～×	×	×××

（第１図）

実行結果

（販売数量一覧）

（日付）	（チョコ）	（バニラ）	（いちご）	（ミント）
8/1	110	135	256	151
8/2	136	153	187	134
8/3	200	350	250	147
～	～	～	～	～

（一週間販売合計）

	（チョコ）	（バニラ）	（いちご）	（ミント）
（販売数量）	952	1,071	1,309	938
（順　位）	3	2	1	4

（第２図）

処理条件

1. 第１図の入力データは，日付，時刻の昇順に記録されている。なお，種類は１(チョコ)～４(ミント)である。
2. 配列Gouに種類ごとの１週間分の販売数量を集計する。なお，Gouの添字は種類と対応している。
   配列

Gou	(0)	(1)	(2)	(3)	(4)
3. 第１図の入力データを読み，次の処理を行う。
   - 配列Skeiに種類ごとの１日分の販売数量を集計する。なお，Skeiの添字は種類と対応している。
   - 日付が変わるごとに，日付からミントまでを第２図のように表示する。

   配列

Skei	(0)	(1)	(2)	(3)	(4)
4. 入力データが終了したら，配列Junを利用して，配列Gouの降順に順位を求め，種類ごとの販売数量と順位を第２図のように表示する。なお，販売数量が同じ場合は同順位とする。
   配列

Jun	(0)	(1)	(2)	(3)	(4)
5. データにエラーはないものとする。

解答群

ア. Hozon,Skei(1)～(4)を表示
イ. Skei(Rui) + 1 → Skei(Rui)
ウ. jは1から1ずつ増やして j ≦ 4
エ. jは0から1ずつ増やして j ≦ 5
オ. Gou(1)～(4)を表示
カ. 0 → Jun(d)
キ. Ji → Hozon
ク. Hi,Gou(1)～(5)を表示
ケ. 1 → Jun(d)
コ. Skei(1)～(4)を表示
サ. Jun(k) + 1 → Jun(k)
シ. Hi → Hozon
ス. Skei(Rui) + Suu → Skei(Rui)
セ. Jun(j) + 1 → Jun(j)

<流れ図>

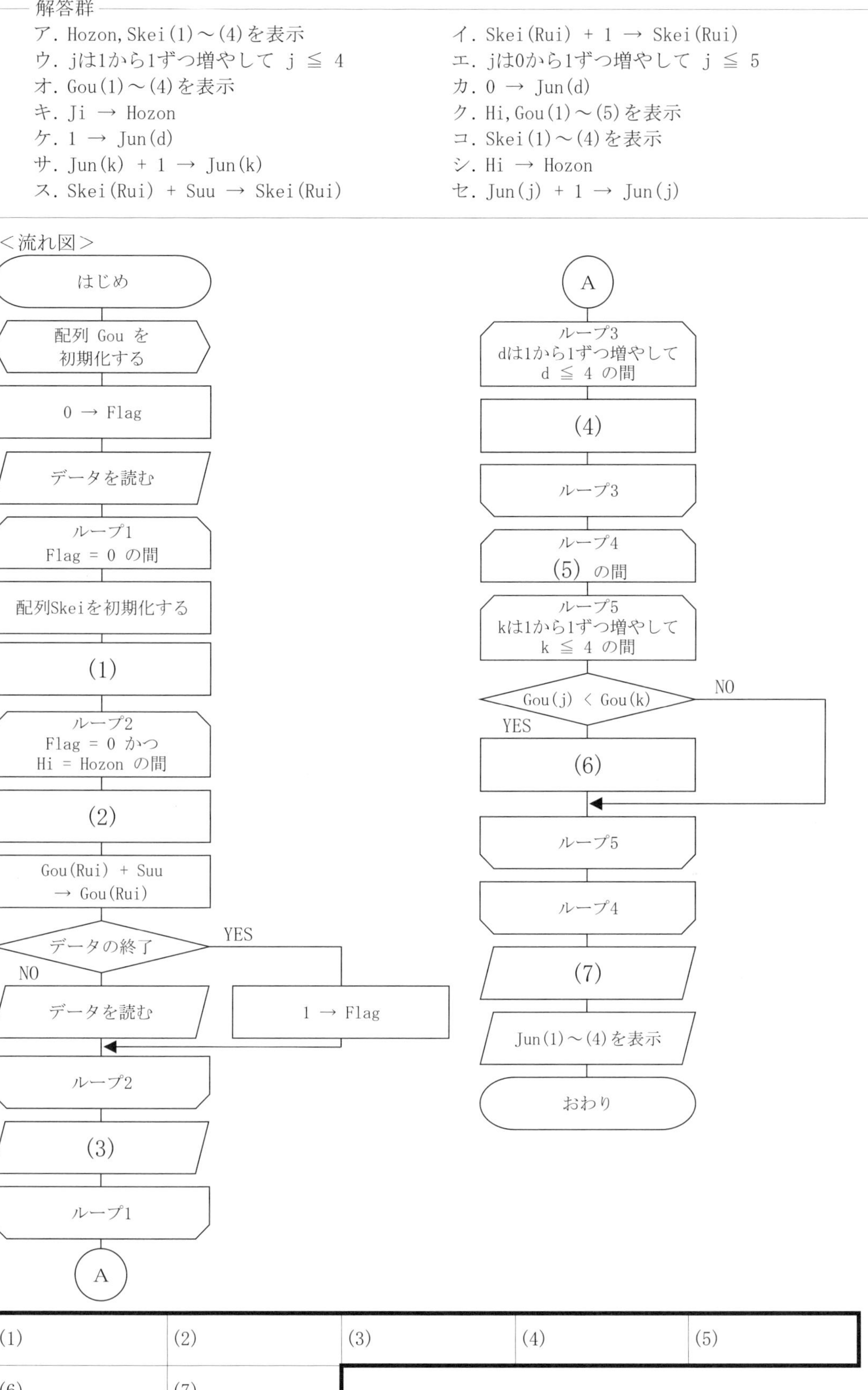

(1)	(2)	(3)	(4)	(5)
(6)	(7)			

[3] 流れ図の説明を読んで，流れ図の(1)～(7)にあてはまる答えを解答群から選び，記号で答えなさい。
＜流れ図の説明＞
処理内容
映画のレンタルショップの１ヵ月分の貸出データを読み，集計結果をディスプレイに表示する。

入力データ

日付 (Hi)	店舗ｺｰﾄﾞ (Tcod)	映画番号 (Ban)
××××	×	××××

(第１図)

実行結果

(映画貸出一覧)

(映画名)	(A店)	(B店)	(C店)	(D店)	(合計)	(順位)
旅立ち	3	2	5	1	11	73
最後の聖戦	24	18	13	19	74	5
伝説の魔宮	1	0	3	2	6	287
～	～	～	～	～	～	～

(人気の映画)
最後の聖戦　失われた秘宝　王国　海賊の朝　最後の侍

(第２図)

処理条件
1. 第１図の店舗コードは１(A店)～４(D店)である。
2. 配列Ecodに映画番号を，配列Emeiに映画名を，映画番号の昇順に記憶する。なお，映画は300種類であり，EcodとEmeiの添字は対応している。

配列

	Ecod		Emei
(0)		(0)	
(1)	1001	(1)	旅立ち
(2)	1002	(2)	最後の聖戦
～	～	～	～
(299)	7045	(299)	ドラゴン
(300)	7046	(300)	ラッシュ

3. 第１図の入力データを読み，映画番号をもとに配列Ecodを探索し，配列Renに映画別，店舗ごとに貸出回数を求める。なお，Renの５列目には合計を求める。また，行方向の添字はEcodの添字と対応し，列方向の添字は店舗コードと対応している。

配列

Ren	(0)	(1)	(2)	(3)	(4)	(5)	(6)
(0)							
(1)							
(2)							
～	～	～	～	～	～	～	～
(299)							
(300)							
						(合計)	(順位)

4. 入力データが終了したら，次の処理を行う。
・ 配列Renの６列目に５列目の合計の降順に順位を求め，映画名から順位までを第２図のように表示する。なお，合計が同じ値の場合は同順位とする。
・ 順位が１位から５位までの映画名を人気の映画として第２図のように表示する。
5. データにエラーはないものとする。

解答群

ア．0 → Ren(i,6)
イ．Str + Emei(m) + ″ ″ → Str
ウ．jは1から1ずつ増やして j ≦ 300
エ．300 → Jo
オ．Str + Ecod(m) + ″ ″ → Str
カ．1 → Ren(i,6)
キ．Mi + 1 → Ka
ク．Ren(j,6) + 1 → Ren(j,6)
ケ．Mi - 1 → Jo
コ．0 → Jo
サ．Ren(k,6) + 1 → Ren(k,6)
シ．Ren(Mi,5) + 1 → Ren(Mi,5)
ス．Ren(Mi,0) + 1 → Ren(Mi,0)
セ．jは0から1ずつ増やして j ≦ 300

<流れ図>

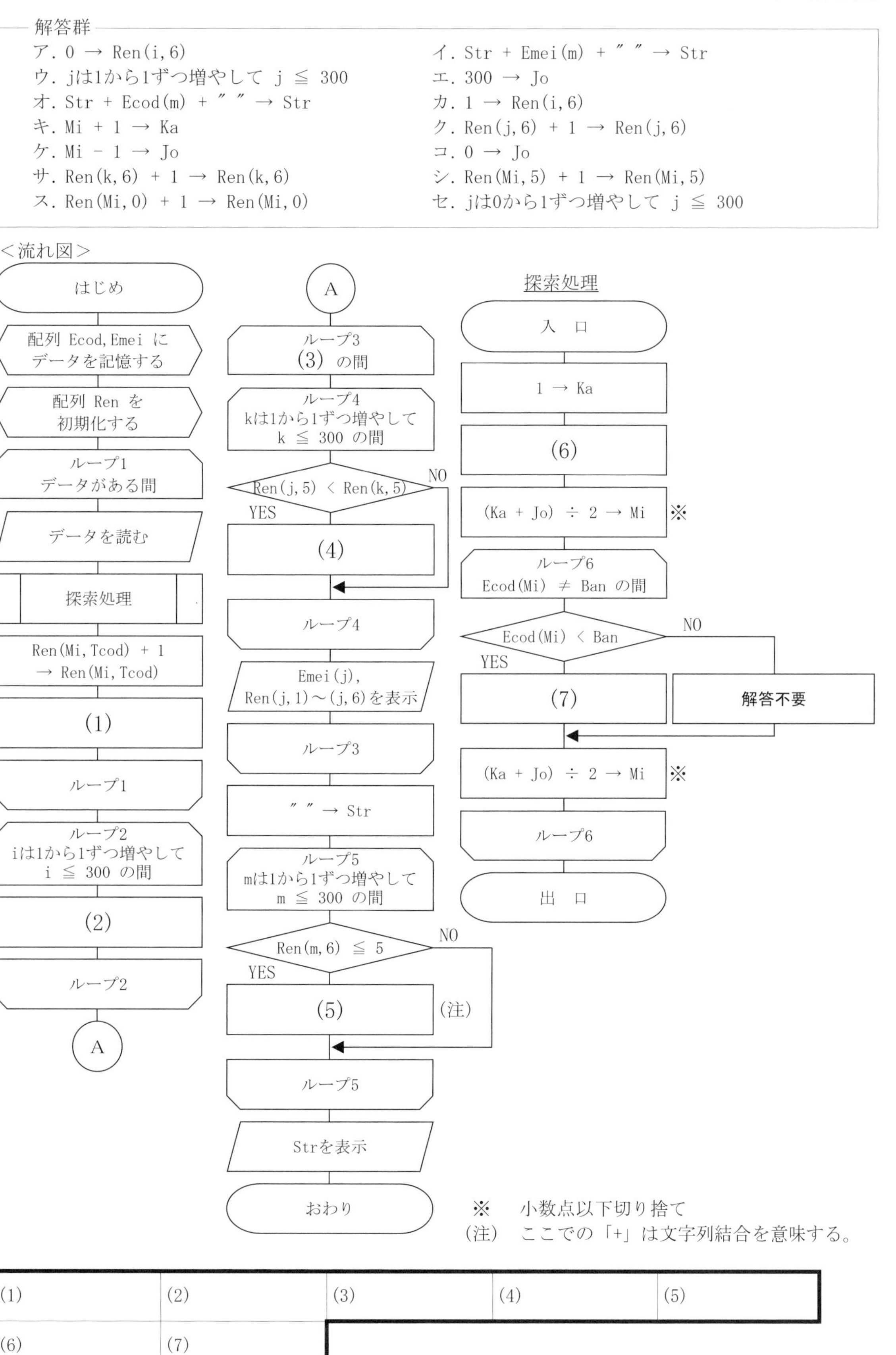

※　小数点以下切り捨て
(注)　ここでの「+」は文字列結合を意味する。

(1)	(2)	(3)	(4)	(5)
(6)	(7)			

4章(1級)

[4] 流れ図の説明を読んで，流れ図の(1)～(7)にあてはまる答えを解答群から選び，記号で答えなさい。

<流れ図の説明>

処理内容

　ある学校の合唱コンクールの評価データを読み，集計結果をディスプレイに表示する。

入力データ

年組 (Nk)	審査員番号 (Sban)	評価項目番号 (Kou)	評価点 (Ten)
××	××	×	××

(第1図)

実行結果

		(合唱コンクール集計一覧)			
(年組)	(声美しさ)	(曲想)	(ハーモニー)	(意欲)	(合計)
1-1	52	66	66	90	274
1-2	41	91	91	73	296
1-3	98	95	95	82	370
1-4	74	93	93	72	332
∫	∫	∫	∫	∫	∫

(学年別組順位)

1年：1組5位　2組4位　3組1位　4組2位　5組3位

2年：1組5位　2組1位　3組2位　4組4位　5組3位

3年：1組2位　2組1位　3組3位　4組5位　5組4位

(第2図)

処理条件

1. 第1図の入力データは，年組の昇順に記録されている。なお，評価項目番号は1(声美しさ)～4(意欲)である。また，年組は次の例のように構成されており，年は1(1年)～3(3年)，組は1(1組)～5(5組)である。

   例　25　→　2 (年)　5 (組)

2. 第1図の入力データを読み，次の処理を行う。
   - 年組ごとに配列Ksyuに評価点を集計する。なお，Ksyuの添字は評価項目番号と対応している。
   - 年組が変わるごとに年組から合計までを第2図のように表示する。
   - 学年別，組ごとに配列Gouに評価点の合計を集計する。なお，Gouの行方向の添字は年と対応し，列方向の添字は組と対応している。

   配列

   Ksyu

(0)	(1)	(2)	(3)	(4)

   Gou

	(0)	(1)	(2)	(3)	(4)	(5)
(0)						
(1)						
(2)						
(3)						

3. 入力データが終了したら，配列Junを利用して，学年別に組ごとの順位を配列Gouの評価点の合計の降順につけ，学年別組順位を第2図のように表示する。また，評価点の合計が同じ場合は同順位とする。

   配列

   Jun　(0)　(1)　(2)　(3)　(4)　(5)

   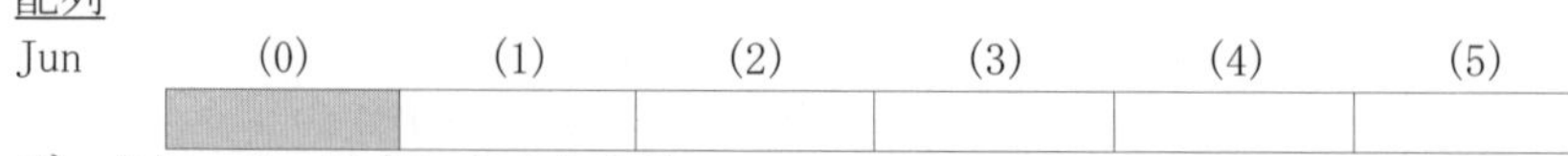

4. データにエラーはないものとする。

解答群

ア．1 → Jun(y)　　　　　　　　　　　イ．Ksyu(Kou) + Ten → Ksyu(Kou)
ウ．Ksyu(Sban) + Ten → Ksyu(Sban)　　エ．Hozon, Ksyu(1)～(4), Gou(Ne, Ku)を表示
オ．Nk = Hozon　　　　　　　　　　　カ．Gou(w, t) ＞ Gou(w, z)
キ．1 → Flag　　　　　　　　　　　　ク．Str + s + ″組″ + Jun(s) + ″位　″ → Str
ケ．Gou(w, t) ＜ Gou(w, z)　　　　　コ．0 → Jun(y)
サ．配列Ksyuを初期化する　　　　　　シ．Ne, ″-″, Ku, Ksyu(1)～(4), Gou(Ne, Ku)を表示
ス．Nk ≠ Hozon　　　　　　　　　　　セ．Str + t + ″組″ + Jun(t) + ″位　″ → Str

<流れ図>

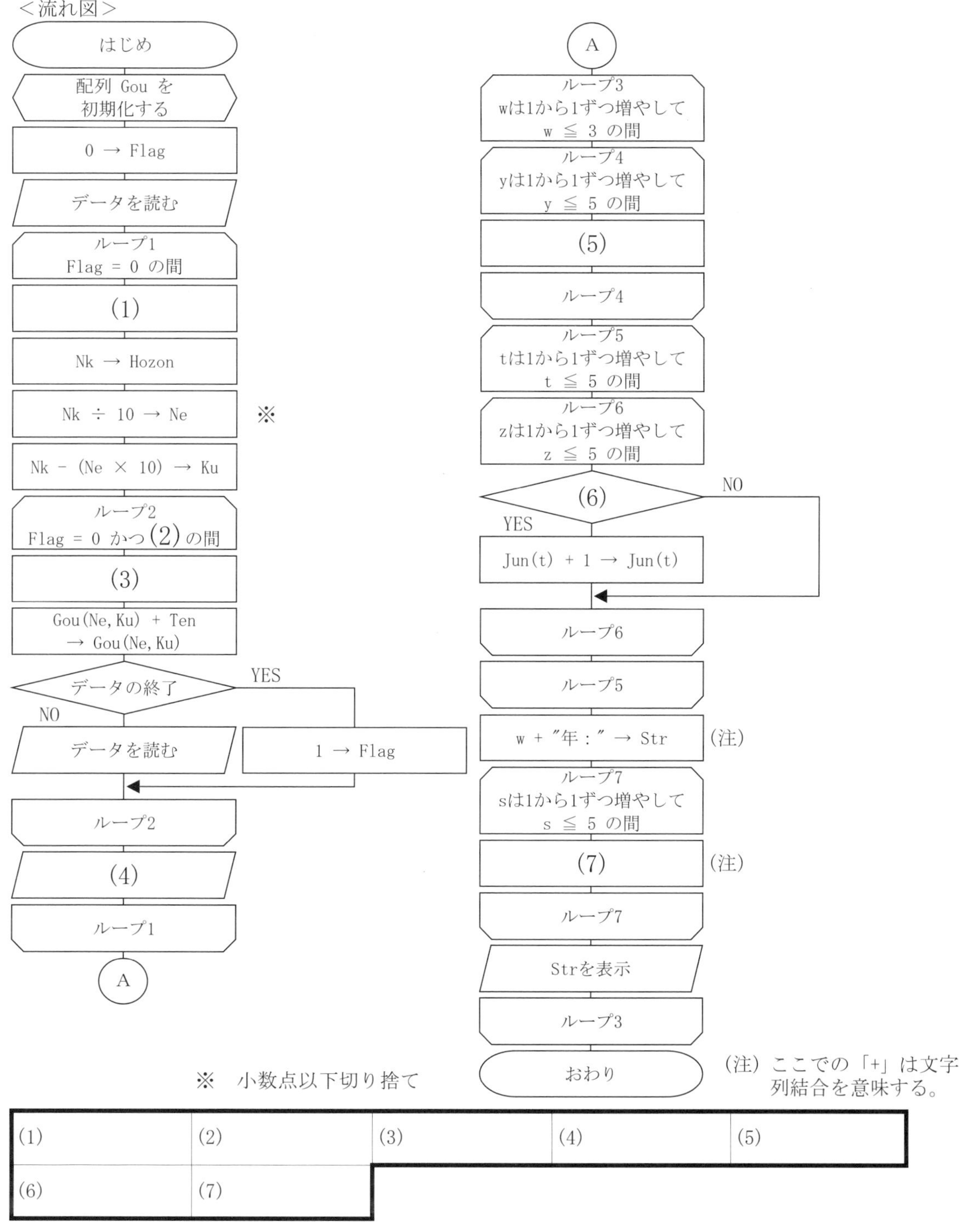

※　小数点以下切り捨て

(注) ここでの「+」は文字列結合を意味する。

(1)	(2)	(3)	(4)	(5)
(6)	(7)			

4章(1級)

[5] 流れ図の説明を読んで，流れ図の(1)～(7)にあてはまる答えを解答群から選び，記号で答えなさい。
<流れ図の説明>

処理内容

学校の体育大会得点データを読み，集計結果をディスプレイに表示する。

入力データ

競技番号 (Ban)	ﾁｰﾑ番号 (Tban)	得点 (Ten)
×××	×	×××

（第１図）

実行結果

(体育大会得点一覧)				
(競技名)	(紅組)	(白組)	(青組)	(黄組)
徒競走	140	213	164	230
障害物競争	175	163	194	205
応援合戦	200	350	300	250
∫	∫	∫	∫	∫
(得点・順位)				
	(紅組)	(白組)	(青組)	(黄組)
(総得点)	2,634	3,648	2,947	3,210
(順　位)	4	1	3	2

（第２図）

処理条件

1. 第１図の入力データは，競技番号の昇順に記録されている。なお，チーム番号は１(紅組)～４(黄組)である。
2. 配列Kbanに競技番号を，配列Kmeiに競技名を記憶する。なお，競技は15種類であり，KbanとKmeiの添字は対応している。

配列

	Kban		Kmei
(0)		(0)	
(1)	101	(1)	徒競走
(2)	102	(2)	障害物競争
∫	∫	∫	∫
(14)	206	(14)	組対抗リレー
(15)	207	(15)	騎馬戦

3. 配列Skeiに組ごとの総得点を集計する。なお，Skeiの添字はチーム番号と対応している。

配列

Skei	(0)	(1)	(2)	(3)	(4)

4. 第１図の入力データを読み，次の処理を行う。
   - 配列Ktに，競技別に組ごとの得点を集計する。なお，Ktの添字はチーム番号と対応している。
   - 競技番号が変わるごとに，配列Kbanを探索し，競技名から黄組までを第２図のように表示する。

配列

Kt	(0)	(1)	(2)	(3)	(4)

5. 入力データが終了したら，配列Ranを利用して，配列Skeiの降順に順位を求め，組ごとの総得点と順位を第２図のように表示する。なお，総得点が同じ場合は同順位とする。

配列

Ran	(0)	(1)	(2)	(3)	(4)

6. データにエラーはないものとする。

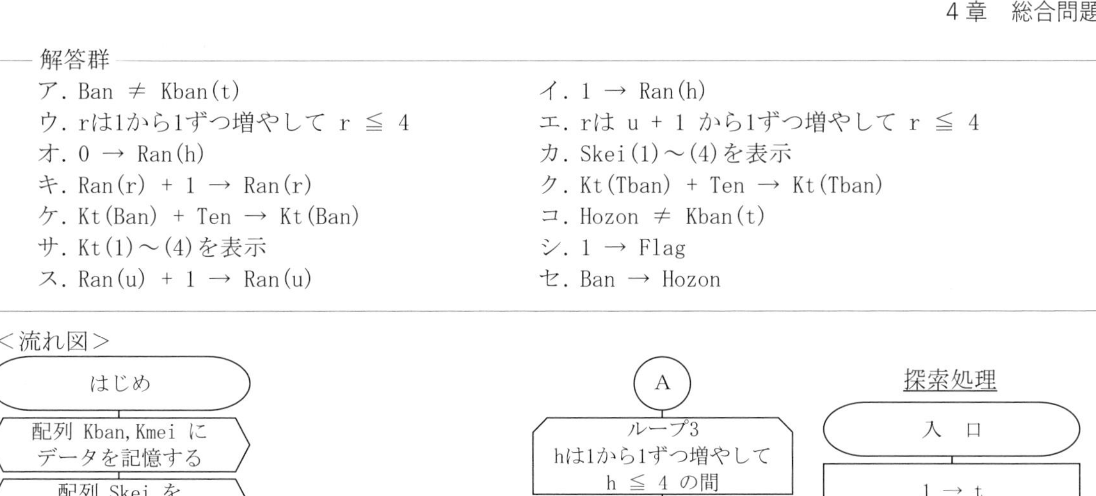

解答群

ア．Ban ≠ Kban(t)	イ．1 → Ran(h)
ウ．rは1から1ずつ増やして r ≦ 4	エ．rは u + 1 から1ずつ増やして r ≦ 4
オ．0 → Ran(h)	カ．Skei(1)～(4)を表示
キ．Ran(r) + 1 → Ran(r)	ク．Kt(Tban) + Ten → Kt(Tban)
ケ．Kt(Ban) + Ten → Kt(Ban)	コ．Hozon ≠ Kban(t)
サ．Kt(1)～(4)を表示	シ．1 → Flag
ス．Ran(u) + 1 → Ran(u)	セ．Ban → Hozon

<流れ図>

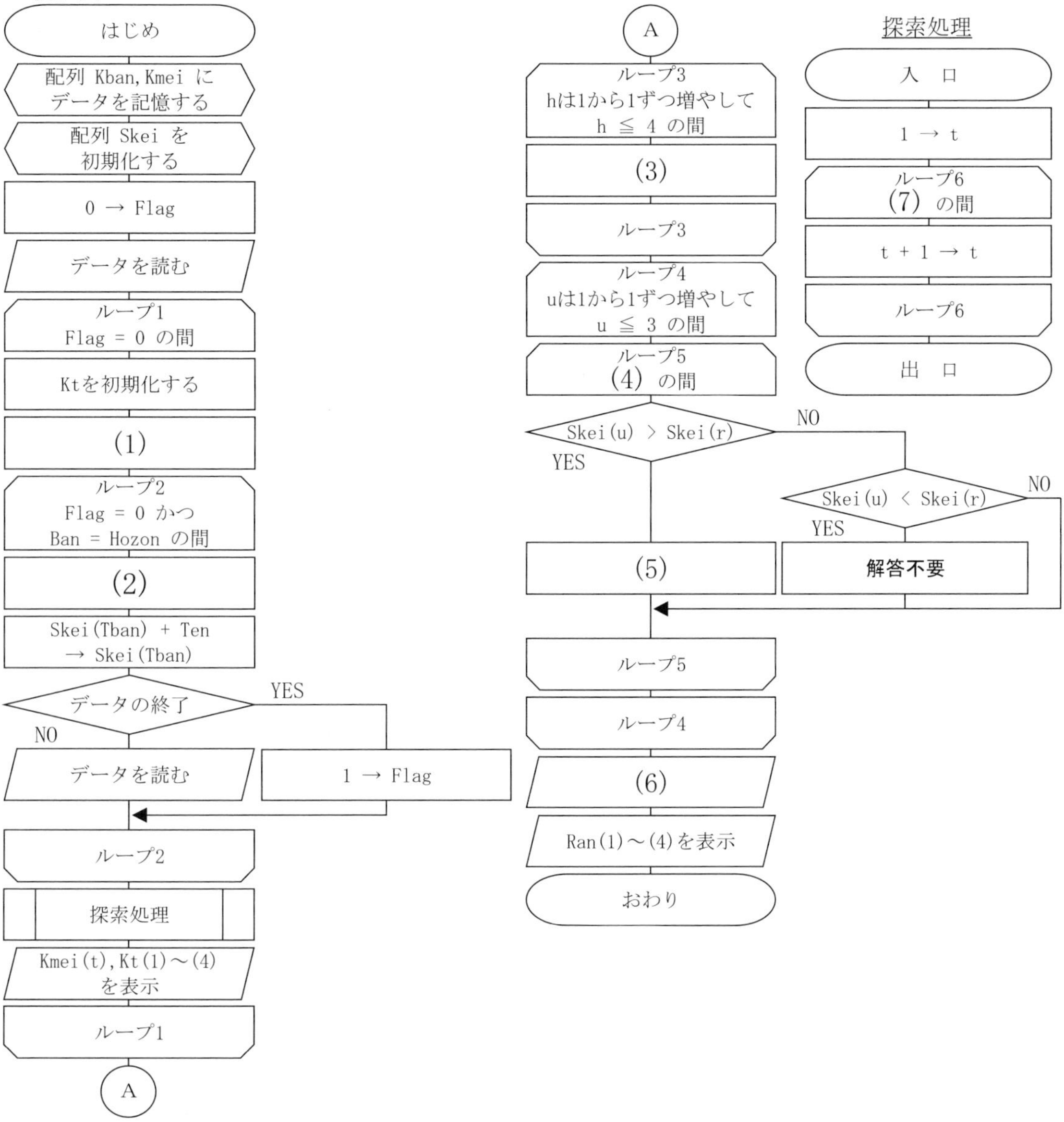

はじめ

配列 Kban, Kmei に データを記憶する

配列 Skei を 初期化する

0 → Flag

データを読む

ループ1 Flag = 0 の間

Ktを初期化する

(1)

ループ2 Flag = 0 かつ Ban = Hozon の間

(2)

Skei(Tban) + Ten → Skei(Tban)

データの終了　YES：1 → Flag　NO：データを読む

ループ2

探索処理

Kmei(t), Kt(1)～(4) を表示

ループ1

A

A

ループ3 hは1から1ずつ増やして h ≦ 4 の間

(3)

ループ3

ループ4 uは1から1ずつ増やして u ≦ 3 の間

ループ5 (4) の間

Skei(u) > Skei(r)　YES：(5)　NO：Skei(u) < Skei(r)　YES：解答不要　NO

ループ5

ループ4

(6)

Ran(1)～(4)を表示

おわり

探索処理

入　口

1 → t

ループ6 (7) の間

t + 1 → t

ループ6

出　口

(1)	(2)	(3)	(4)	(5)
(6)	(7)			

4章(1級)

5章　アルゴリズム（上級）

動画URL

プログラミングでは，データを降順または昇順に並べ替えることをソートといいます。この章では，ソートの代表的手法であるバブルソート，選択ソート，挿入ソートについて学習します。

5章1節　バブルソート(Bubble Sort)

バブルソートは，隣り同士のデータを比較し交換することを繰返し行うことにより，データを降順または昇順に並べ替えるアルゴリズムです。

配列Tenを降順にバブルソートで並べ替えると次のようになります。

Ten	(0)	(1)	(2)	(3)	(4)
	20	30	10	40	50

［1回目］

(0)	(1)	(2)	(3)	(4)
20	30	10	40	50

↑＿＿↑ 交換（(0)と(1)）

Ten(0)とTen(1)を比較 → Ten(0)とTen(1)の値を交換

30	20	10	40	50

↑＿＿↑（(1)と(2)）

Ten(1)とTen(2)を比較 → 処理なし

30	20	10	40	50

↑＿＿↑ 交換（(2)と(3)）

Ten(2)とTen(3)を比較 → Ten(2)とTen(3)の値を交換

30	20	40	10	50

交換 ↑＿＿↑（(3)と(4)）

Ten(3)とTen(4)を比較 → Ten(3)とTen(4)の値を交換

30	20	40	50	10

↑確定（(4)）

Ten(4)が確定

［2回目］

30	20	40	50	10

↑＿＿↑（(0)と(1)）

30	20	40	50	10

↑＿＿↑ 交換（(1)と(2)）

30	40	20	50	10

↑＿＿↑ 交換（(2)と(3)）

30	40	50	20	10

↑確定（(3)）

［3回目］

30	40	50	20	10

↑＿＿↑ 交換（(0)と(1)）

40	30	50	20	10

↑＿＿↑ 交換（(1)と(2)）

40	50	30	20	10

↑確定（(2)）

［4回目］

40	50	30	20	10

↑＿＿↑ 交換（(0)と(1)）

50	40	30	20	10

↑確定　↑確定

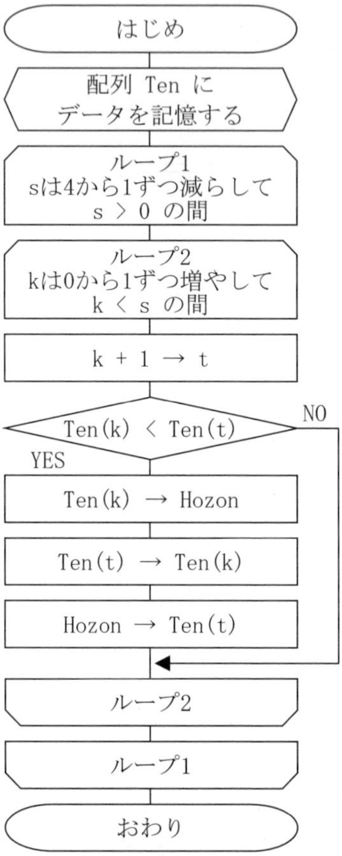

（流れ図）

- はじめ
- 配列 Ten に データを記憶する
- ループ1　sは4から1ずつ減らして　s ＞ 0 の間
  - ループ2　kは0から1ずつ増やして　k ＜ s の間
    - k ＋ 1 → t
    - Ten(k) ＜ Ten(t)　（NO → ループ2の終端へ）
      - YES：
        - Ten(k) → Hozon
        - Ten(t) → Ten(k)
        - Hozon → Ten(t)
  - ループ2
- ループ1
- おわり

5章（1級）

【5-1】次の問題に答えなさい。

[1] 流れ図の説明を読んで，流れ図の(1)～(3)にあてはまる答えを解答群から選び，記号で答えなさい。

＜流れ図の説明＞

処理内容

配列に記憶した数値を並べ替えて表示する。

処理条件

1. 配列Suuに数値を記憶する。なお，データ件数はn件である。

配列

Suu	(0)	(1)	～	(n-2)	(n-1)
	125	624	～	341	423

2. 配列Suuの数値を降順に並べ替える。
3. 並べ替え終了後，配列Suu(0)～(n-1)を表示する。

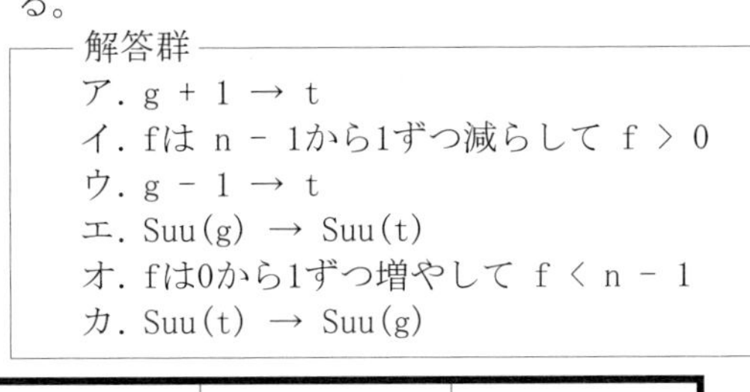

解答群

ア. g + 1 → t
イ. fは n - 1から1ずつ減らして f > 0
ウ. g - 1 → t
エ. Suu(g) → Suu(t)
オ. fは0から1ずつ増やして f < n - 1
カ. Suu(t) → Suu(g)

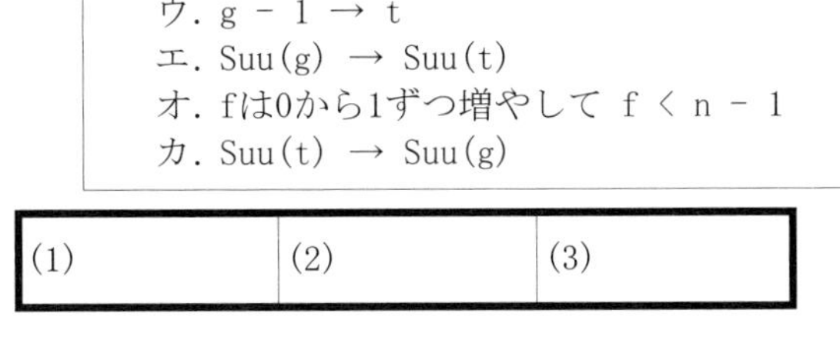

(1)	(2)	(3)

＜流れ図＞

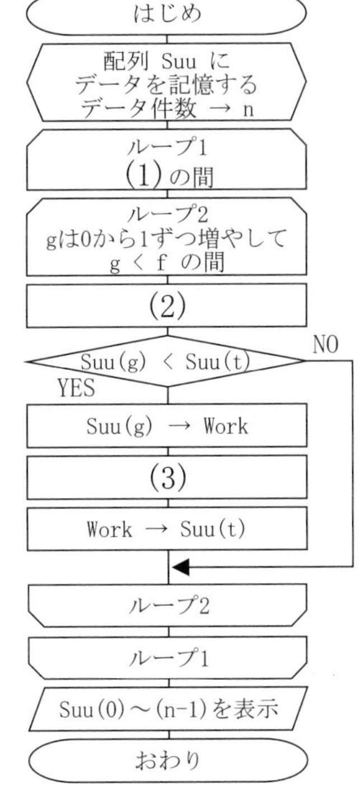

[2] 流れ図の説明を読んで，流れ図の(1)～(3)にあてはまる答えを解答群から選び，記号で答えなさい。

＜流れ図の説明＞

処理内容

配列に記憶した文字列を並べ替えて表示する。

処理条件

1. 配列Jiに文字列を記憶する。なお，データ件数はn件である。

配列

Ji	(0)	(1)	～	(n-2)	(n-1)
	soil	wind	～	fire	water

2. 配列Jiの文字列を昇順に並べ替える。
3. 並べ替え終了後，配列Ji(0)～(n-1)を表示する。

解答群

ア. eはkから1ずつ減らして e > 0
イ. Hozon → Ji(e)
ウ. Ji(e) < Ji(b)
エ. eは0から1ずつ増やして e < k
オ. Hozon → Ji(b)
カ. Ji(e) > Ji(b)

(1)	(2)	(3)

＜流れ図＞

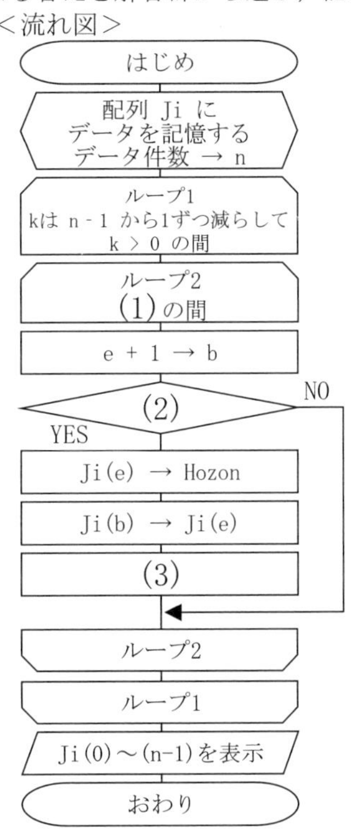

5章(1級)

[3] 流れ図の説明を読んで，流れ図の(1)～(5)にあてはまる答えを解答群から選び，記号で答えなさい。

＜流れ図の説明＞

<u>処理内容</u>

パソコンを用いて10分間でどれだけ文字を打てるかを競う大会において，選手番号と文字数データを読み，大会結果一覧を表示する。

<u>入力データ</u>

選手番号 (Ban)	文字数 (Moji)
×××	×～×

(第１図)

<u>実行結果</u>

(大会結果一覧)	
(選手番号)	(文字数)
115	1,531
106	1,512
101	1,484
103	1,469
∫	∫

(第２図)

<u>処理条件</u>

1. データ件数は40件で，大会出場選手は40名である。
2. 第１図の入力データを読み，配列Numに選手番号を，配列Msuに文字数を記憶する。

<u>配列</u>

Num	(0)	(1)	～	(38)	(39)
			～		
Msu	(0)	(1)	～	(38)	(39)
			～		

3. 配列Num，配列Msuを文字数の降順に並べ替え，選手番号と文字数を第２図のように表示する。
4. データにエラーはないものとする。

＜流れ図＞

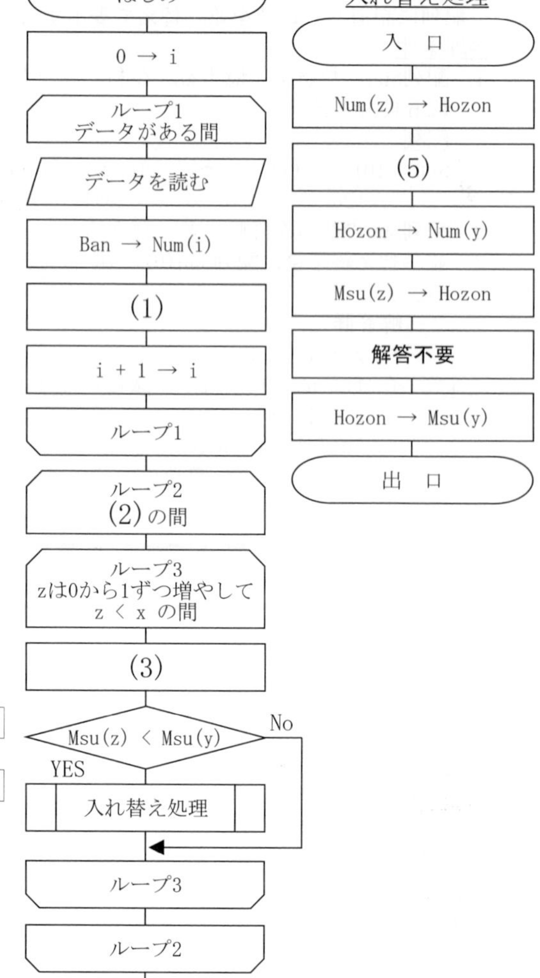

解答群

ア．xは39から1ずつ減らして x ＞ 0	イ．Num(0)～(39)，Msu(0)～(39)を表示
ウ．Num(y)，Msu(y)を表示	エ．Num(y) → Num(z)
オ．xは38から1ずつ減らして x ＞ 0	カ．Msu(i) → Moji
キ．Num(z) → Num(y)	ク．x ＋ 1 → y
ケ．Moji → Msu(i)	コ．z ＋ 1 → y

(1)	(2)	(3)	(4)	(5)

[4] 流れ図の説明を読んで，流れ図の(1)～(5)にあてはまる答えを解答群から選び，記号で答えなさい。

＜流れ図の説明＞

処理内容

　ある漫画雑誌の漫画調査の投票データを読み，人気漫画投票結果一覧を表示する。

入力データ

投票番号
(Tou)
××

(第１図)

実行結果

(人気漫画投票結果一覧)	
(作品名)	(投票数)
龍の玉	16,843
一つの欠片	14,328
忍者トナル	11,248
シルバー魂	10,324
～	～

(第２図)

処理条件

1. 第１図の投票番号は１～15である。
2. 配列Smeiに作品名を記憶する。なお，Smeiの添字は投票番号と対応している。

   配列

Smei	(0)	(1)	～	(15)
		光る碁	～	龍の玉

3. 第１図の入力データを読み，配列Syuに投票数を集計する。なお，Syuの添字は投票番号と対応している。

   配列

Syu	(0)	(1)	～	(15)
			～	

4. 入力データが終了したら，配列Smeiと配列Syuを投票数の降順に並べ替え，作品名と投票数を第２図のように表示する。
5. データにエラーはないものとする。

＜流れ図＞

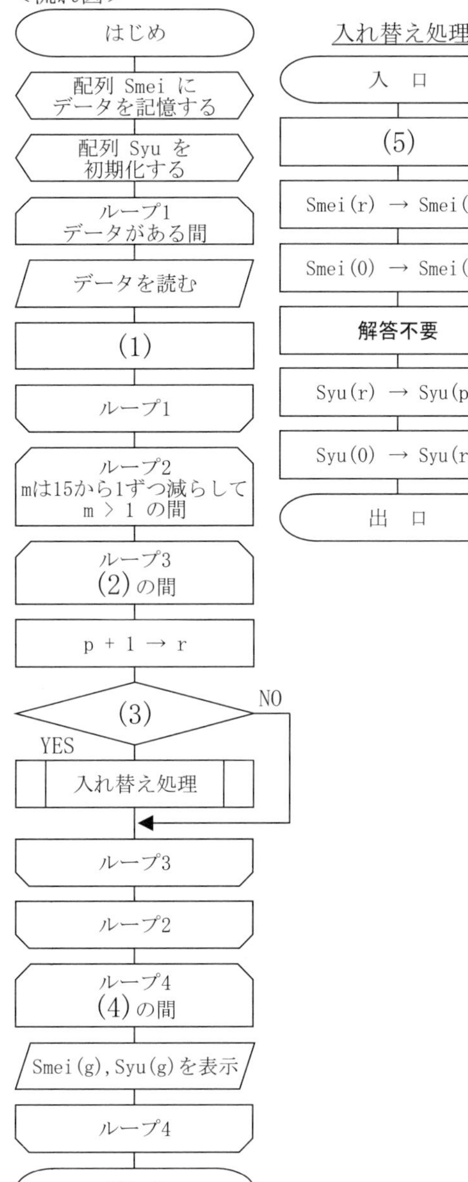

解答群

ア. Syu(Tou) ＋ 1 → Syu(Tou)	イ. gは1から１ずつ増やして g ≦ 15
ウ. pは1から１ずつ増やして p ＜ m	エ. pは1から１ずつ増やして p ≦ m
オ. Syu(p) ＜ Syu(r)	カ. Syu(p) ＞ Syu(r)
キ. gは1から１ずつ増やして g ＜ 15	ク. Smei(p) → Smei(0)
ケ. Smei(r) → Smei(0)	コ. Syu(Tou) ＋ Tou → Syu(Tou)

(1)	(2)	(3)	(4)	(5)

5章(1級)

[5] 流れ図の説明を読んで，流れ図の(1)～(7)にあてはまる答えを解答群から選び，記号で答えなさい。

＜流れ図の説明＞

処理内容

ある自動車メーカーの１ヵ月分の車の販売数を読み，集計結果をディスプレイに表示する。

入力データ

日付 (Hi)	店舗ｺｰﾄﾞ (Tcod)	車番号 (Ban)	販売数 (Suu)
××××	×	××	××

(第１図)

実行結果

(○月　販売数一覧)

(車名)	(東店)	(西店)	(南店)	(北店)	(合計)
コスモ	17	31	25	26	99
サバナン	21	13	18	15	67
ベカラ	18	20	9	12	59
ファミリ	13	12	11	15	51
オート	11	17	13	9	50
∫	∫	∫	∫	∫	∫

(第２図)

処理条件

1. 第１図の店舗コードは１(東店)～４(北店)であり，車番号は１～30である。
2. 配列Smeiに車名を記憶する。なお，Smeiの添字は車番号と対応している。

配列

	Smei
(0)	
(1)	オート
(2)	5CX
∫	∫
(29)	RX201
(30)	コスモ

3. 第１図の入力データを読み，配列Daiに車別，店舗ごとの販売数を集計する。なお，５列目には合計を求める。また，Daiの行方向の添字は車番号と対応し，列方向の添字は店舗コードと対応している。

配列

Dai	(0)	(1)	(2)	(3)	(4)	(5)
(0)						
(1)						
(2)						
∫	∫	∫	∫	∫	∫	∫
(29)						
(30)						
						(合計)

4. 入力データが終了したら，次の処理を行う。
   - 配列Workに実行結果の表示用として車名を記憶する。なお，Workの添字は配列Daiの行方向の添字と対応している。

   配列

   Work　(0)　(1)　(2)　～　(29)　(30)

   - 配列Workを利用し，車ごとに配列Daiを合計の降順に並べ替え，車名から合計までを第２図のように表示する。
5. データにエラーはないものとする。

解答群

ア. Dai(Tcod, Ban) + Suu → Dai(Tcod, Ban)	イ. iは29から1ずつ減らして i ＞ 1
ウ. Work(s), Dai(s, 1)～(s, 5)を表示	エ. Dai(Ban, Tcod) + Suu → Dai(Ban, Tcod)
オ. pは1から1ずつ増やして p ≦ 30	カ. j + 1 → k
キ. Smei(a) → Work(a)	ク. Work(k) → Hozon
ケ. iは30から1ずつ減らして i ＞ 1	コ. pは1から1ずつ増やして p ≦ 5
サ. Work(k) → Work(0)	シ. Smei(s), Dai(s, 1)～(s, 5)を表示
ス. j - 1 → k	セ. 0 → Work(a)

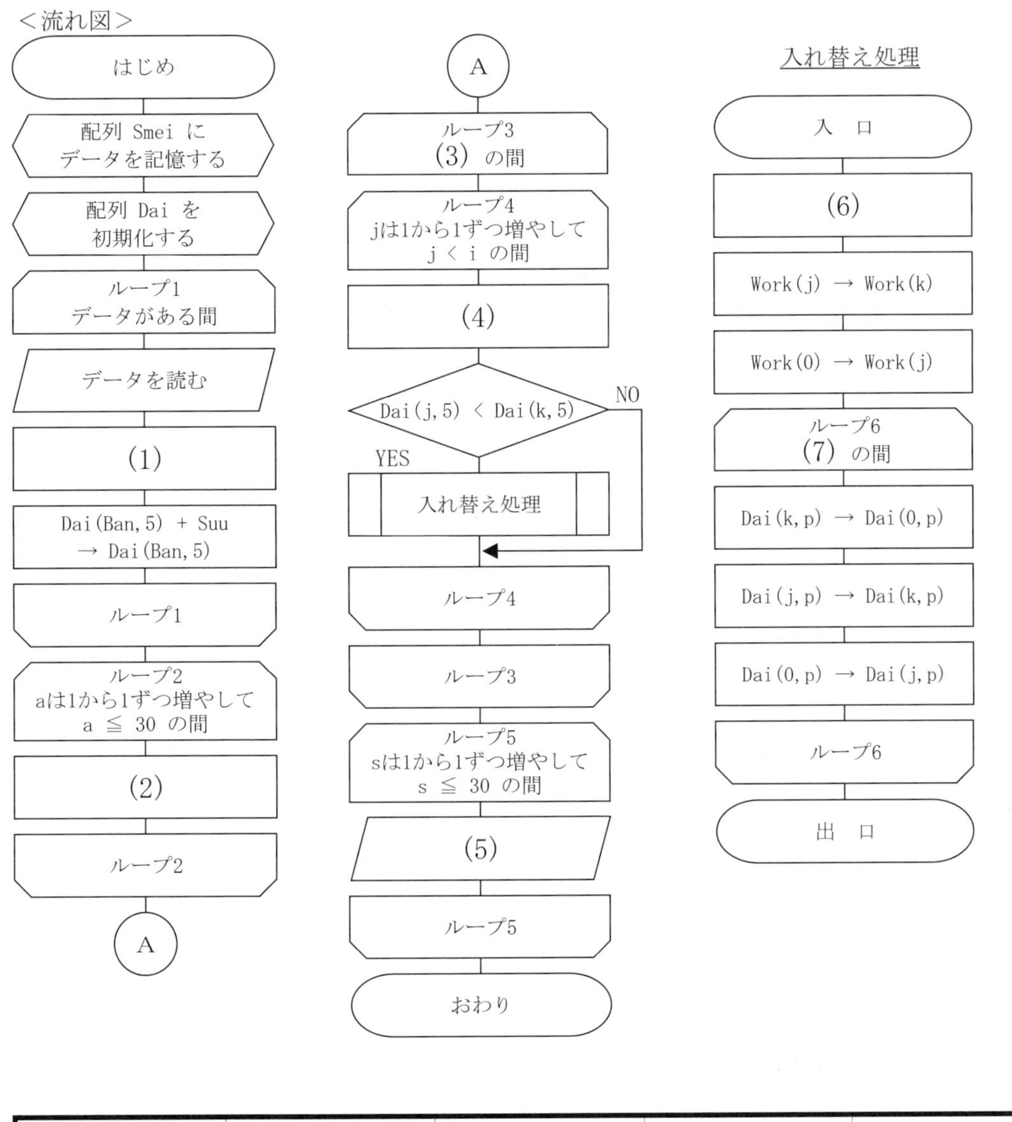

(1)	(2)	(3)	(4)	(5)
(6)	(7)			

5章（1級）

5章2節　選択ソート(Selection Sort)

動画URL

選択ソートは，1番大きな値または小さな値を選択し，左に入れることを繰返すことで並べ替えるアルゴリズムです。配列Tenを降順に選択ソートで並べ替えると次のようになります。

Ten	(0)	(1)	(2)	(3)	(4)
	20	30	10	40	50

［1回目］　0をMaxへ入れる

説明	(0)	(1)	(2)	(3)	(4)	Max
	20	30	10	40	50	0
Ten(Max)とTen(1)を比較 → 1をMaxへ入れる	20	30	10	40	50	1
Ten(Max)とTen(2)を比較 → 処理なし	20	30	10	40	50	1
Ten(Max)とTen(3)を比較 → 3をMaxへ入れる	20	30	10	40	50	3
Ten(Max)とTen(4)を比較 → 4をMaxへ入れる	20	30	10	40	50	4
Ten(0)とTen(Max)を交換し，Ten(0)が確定	50	30	10	40	20	

［2回目］　1をMaxへ入れる

(0)	(1)	(2)	(3)	(4)	Max
50	30	10	40	20	1
50	30	10	40	20	1
50	30	10	40	20	3
50	30	10	40	20	3

Ten(1)とTen(Max)を交換し，Ten(1)が確定

(0)	(1)	(2)	(3)	(4)
50	40	10	30	20

［3回目］　2をMaxへ入れる

(0)	(1)	(2)	(3)	(4)	Max
50	40	10	30	20	2
50	40	10	30	20	3
50	40	10	30	20	3

Ten(2)とTen(Max)を交換し，Ten(2)が確定

(0)	(1)	(2)	(3)	(4)
50	40	30	10	20

［4回目］　3をMaxへ入れる

(0)	(1)	(2)	(3)	(4)	Max
50	40	30	10	20	3
50	40	30	10	20	4

Ten(3)とTen(Max)を交換し，Ten(3)，Ten(4)が確定

(0)	(1)	(2)	(3)	(4)
50	40	30	20	10

はじめ
配列 Ten に データを記憶する
ループ1 sは0から1ずつ増やして s < 4 の間
s → Max
s + 1 → t
ループ2 kはtから1ずつ増やして k < 5 の間
Ten(Max) < Ten(k)　YES / NO
k → Max
ループ2
s ≠ Max　YES / NO
Ten(Max) → Hozon
Ten(s) → Ten(Max)
Hozon → Ten(s)
ループ1
おわり

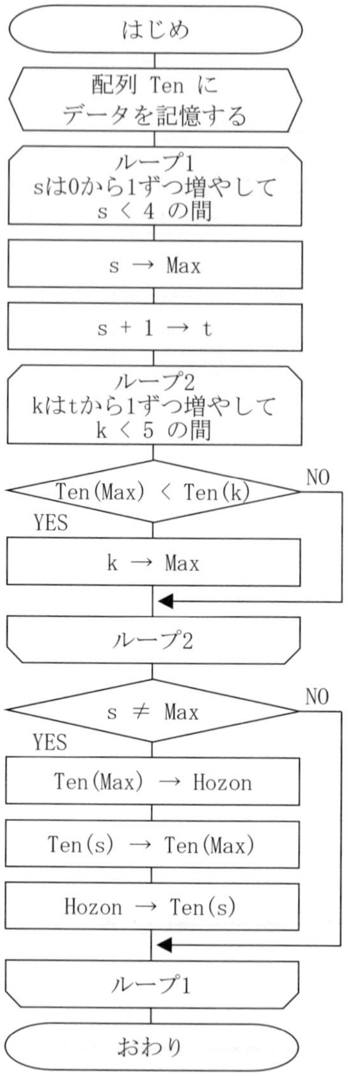

5章(1級)

【5-2】次の問題に答えなさい。

[1] 流れ図の説明を読んで，流れ図の(1)～(3)にあてはまる答えを解答群から選び，記号で答えなさい。

＜流れ図の説明＞

処理内容

配列に記憶した文字列を並べ替えて表示する。

処理条件

1. 配列Moに文字列を記憶する。なお，データ件数はｎ件である。

配列

Mo	(0)	(1)	～	(n-2)	(n-1)
	pen	case	～	ruler	clip

2. 配列Moの文字列を昇順に並べ替える。
3. 並べ替え終了後，配列Mo(0)～(n-1)を表示する。

解答群

ア．Mo(Min) → Work
イ．gは1から1ずつ増やして g ＜ n
ウ．Mo(Min) ＜ Mo(q)
エ．Mo(Min) ＞ Mo(q)
オ．Work → Mo(Min)
カ．gは0から1ずつ増やして g ＜ n － 1

(1)	(2)	(3)

＜流れ図＞

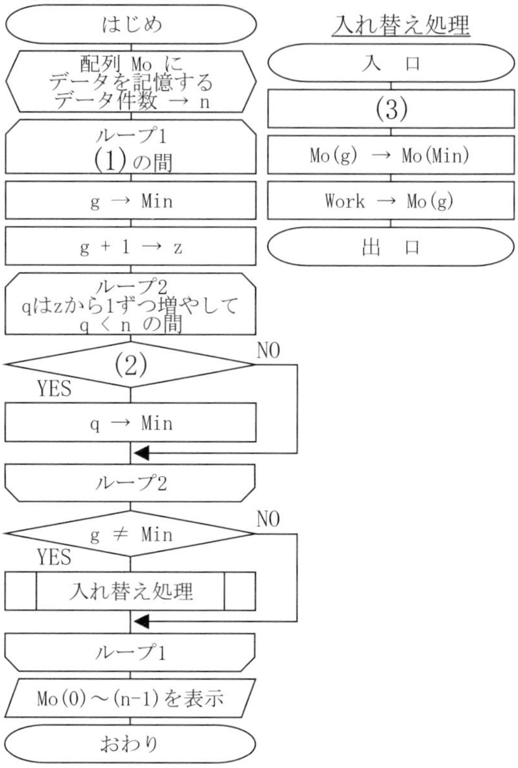

はじめ
配列 Mo に
データを記憶する
データ件数 → n
ループ1
(1) の間
g → Min
g ＋ 1 → z
ループ2
qはzから1ずつ増やして
q ＜ n の間
(2)
NO
YES
q → Min
ループ2
g ≠ Min
NO
YES
入れ替え処理
ループ1
Mo(0)～(n-1)を表示
おわり
入れ替え処理
入　口
(3)
Mo(g) → Mo(Min)
Work → Mo(g)
出　口

[2] 流れ図の説明を読んで，流れ図の(1)～(3)にあてはまる答えを解答群から選び，記号で答えなさい。

＜流れ図の説明＞

処理内容

配列に記憶した数値を並べ替えて表示する。

処理条件

1. 配列Kazに数値を記憶する。なお，データ件数はｎ件である。

配列

Kaz	(0)	(1)	～	(n-2)	(n-1)
	675	327	～	985	256

2. 配列Kazの数値を降順に並べ替える。
3. 並べ替え終了後，配列Kaz(0)～(n-1)を表示する。

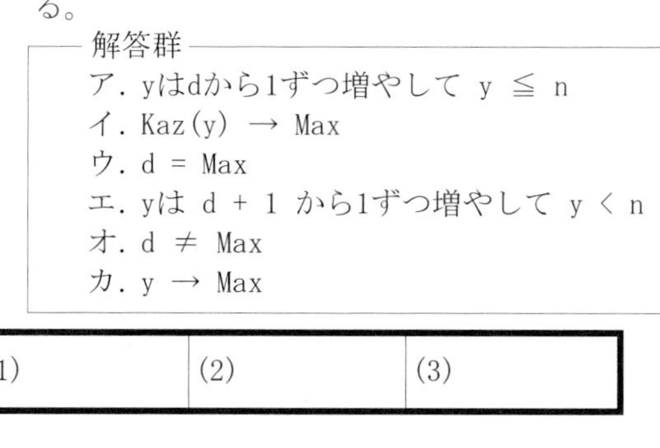

解答群

ア．yはdから1ずつ増やして y ≦ n
イ．Kaz(y) → Max
ウ．d ＝ Max
エ．yは d ＋ 1 から1ずつ増やして y ＜ n
オ．d ≠ Max
カ．y → Max

(1)	(2)	(3)

＜流れ図＞

はじめ
配列 Kaz に
データを記憶する
データ件数 → n
ループ1
dは0から1ずつ増やして
d ＜ n － 1 の間
d → Max
ループ2
(1) の間
Kaz(Max) ＜ Kaz(y)
NO
YES
(2)
ループ2
(3)
NO
YES
入れ替え処理
ループ1
Kaz(0)～(n-1)を表示
おわり
入れ替え処理
入　口
Kaz(Max) → Hozon
Kaz(d) → Kaz(Max)
Hozon → Kaz(d)
出　口

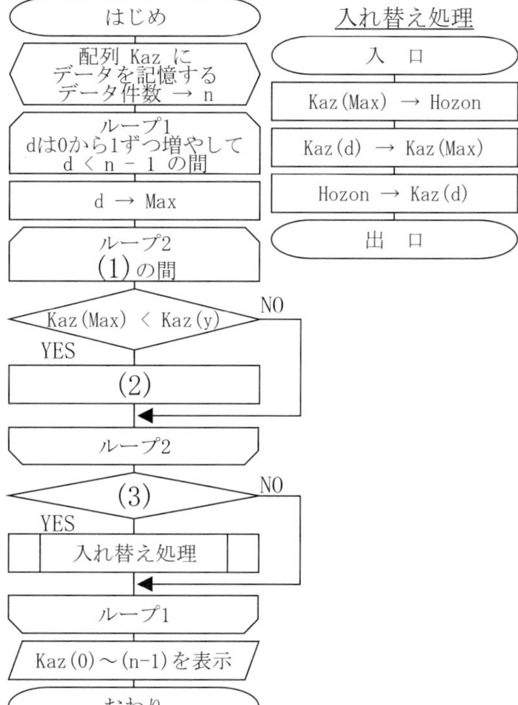

5章(1級)

[3] 流れ図の説明を読んで，流れ図の(1)～(5)にあてはまる答えを解答群から選び，記号で答えなさい。

＜流れ図の説明＞

処理内容

　スポーツテストにおける50m走の記録を読み，記録一覧を表示する。

入力データ

生徒名 (Mei)	記録 (Kiro)
×～×	×～×

(第１図)

実行結果

(50m走記録一覧)	
(生徒名)	(記録)
木村　太郎	6.83
田中　一郎	6.91
斉藤　雄介	7.13
山内　和也	7.24
∫	∫

(第２図)

処理条件

1. データ件数は200件である。
2. 第１図の入力データを読み，配列Smeiに生徒名を，配列Timに記録を記憶する。

　配列

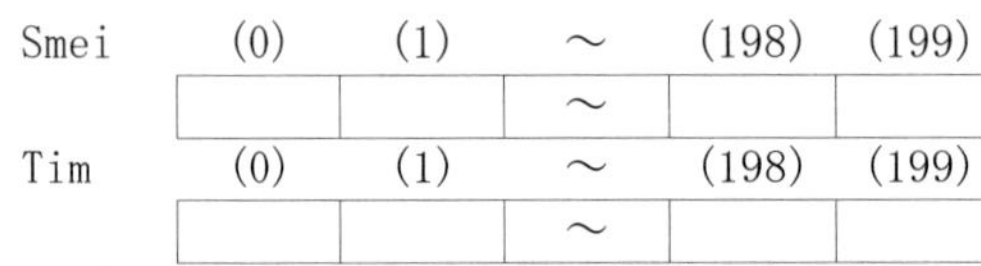

3. 配列Smei，配列Timを記録の昇順に並べ替え，生徒名と記録を第２図のように表示する。
4. データにエラーはないものとする。

＜流れ図＞

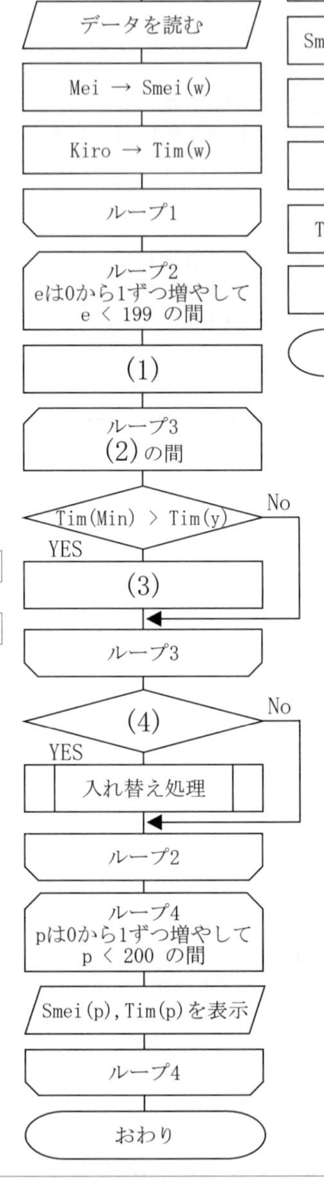

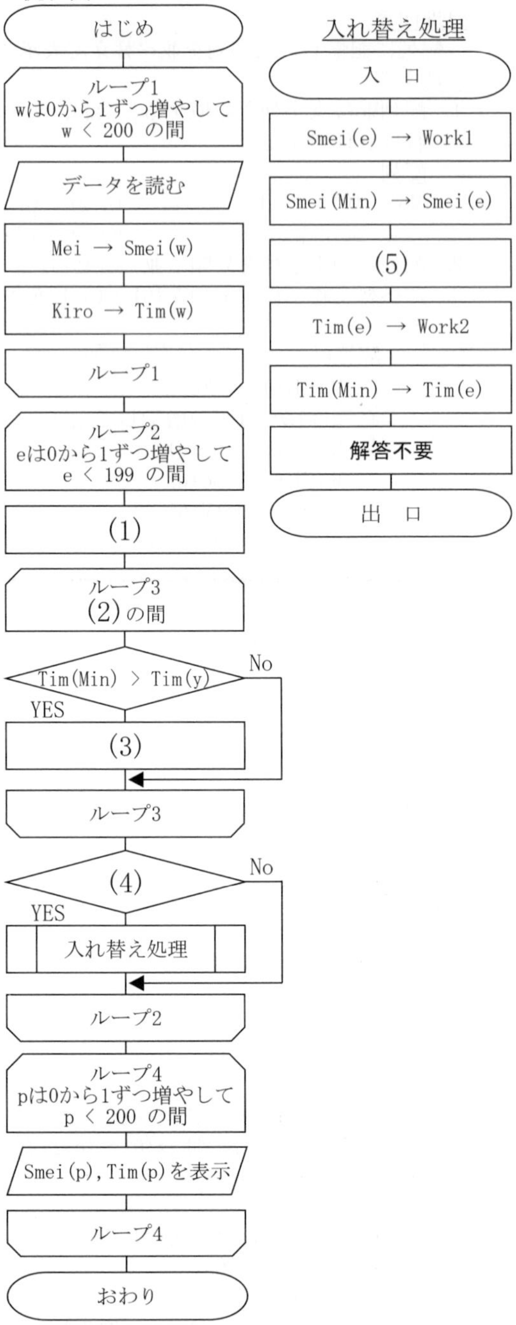

入れ替え処理

入　口

Smei(e) → Work1

Smei(Min) → Smei(e)

(5)

Tim(e) → Work2

Tim(Min) → Tim(e)

解答不要

出　口

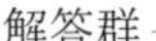

解答群

ア．Work1 → Smei(y)	イ．y → Min
ウ．0 → Min	エ．e ≠ Min
オ．Tim(y) → Min	カ．e → Min
キ．y ≠ Min	ク．yは e + 1 から1ずつ増やして y ＜ 199
ケ．Work1 → Smei(Min)	コ．yは e + 1 から1ずつ増やして y ＜ 200

(1)	(2)	(3)	(4)	(5)

[4] 流れ図の説明を読んで，流れ図の(1)～(5)にあてはまる答えを解答群から選び，記号で答えなさい。

＜流れ図の説明＞

処理内容

選挙の投票データを読み，得票数一覧を表示する。

入力データ

投票番号 (Tb)
××

(第１図)

実行結果

(得票数一覧)	
(候補者名)	(投票数)
加藤友三郎	21,384
黒田清隆	21,121
山縣有朋	20,733
松方正義	19,179
～	～

(第２図)

処理条件

1. 第１図の投票番号は１～40である。
2. 配列Kmeiに候補者名を記憶する。なお，Kmeiの添字は投票番号と対応している。

配列

	(0)	(1)	～	(40)
Kmei		田中義一	～	岡田啓介

3. 第１図の入力データを読み，配列Cntに投票数を集計する。なお，Cntの添字は投票番号と対応している。

配列

	(0)	(1)	～	(40)
Cnt			～	

4. 入力データが終了したら，配列Kmeiと配列Cntを投票数の降順に並べ替え，候補者名と投票数を第２図のように表示する。
5. データにエラーはないものとする。

＜流れ図＞

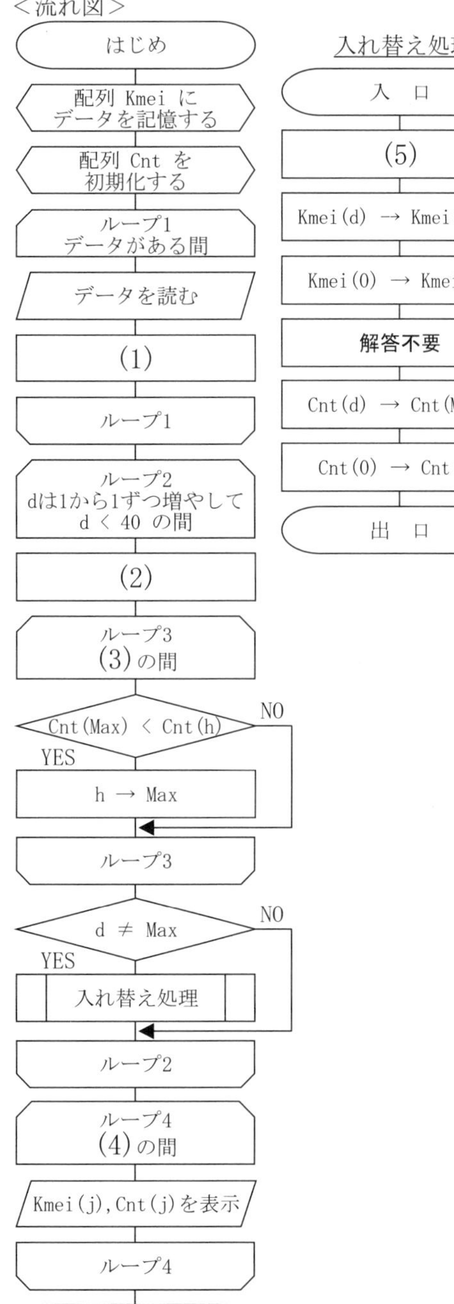

解答群

ア．Cnt(Tb) ＋ 1 → Cnt(Tb)	イ．Kmei(Max) → Kmei(0)
ウ．Kmei(d) → Kmei(0)	エ．hは d ＋ 1 から1ずつ増やして h ＜ 40
オ．jは1から1ずつ増やして j ≦ 40	カ．Cnt(Tb) ＋ Tb → Cnt(Tb)
キ．d → Max	ク．hは d ＋ 1 から1ずつ増やして h ≦ 40
ケ．0 → Max	コ．jは0から1ずつ増やして j ≦ 40

(1)	(2)	(3)	(4)	(5)

[5] 流れ図の説明を読んで，流れ図の(1)～(7)にあてはまる答えを解答群から選び，記号で答えなさい。

＜流れ図の説明＞

処理内容

映画館の顧客の１週間の入場データを読み，集計結果をディスプレイに表示する。

入力データ

日付 (Hi)	店舗ｺｰﾄﾞ (Tcod)	映画番号 (Ban)
××××	×	××

(第１図)

実行結果

(映画別入場者数一覧)				
(映画名)	(祇園店)	(城北店)	(城南店)	(合計)
星戦争	258	295	246	799
王の指輪	241	287	236	764
マジック	216	203	324	743
五丁目の夕日	184	173	165	522
神隠し	174	161	181	516
∫	∫	∫	∫	∫

(第２図)

処理条件

1. 第１図の店舗コードは１(祇園店)～３(城南店)であり，映画番号は１～10である。
2. 配列Emeiに映画名を記憶する。なお，Emeiの添字は映画番号と対応している。

配列

	Emei
(0)	
(1)	天使の歌
(2)	ナポリの休日
∫	∫
(9)	恐竜パーク
(10)	王の指輪

3. 第１図の入力データを読み，配列Syuに映画別，店舗ごとの入場者数を集計する。なお，０列目には合計を求める。また，Syuの行方向の添字は映画番号と対応し，列方向の添字は店舗コードと対応している。

配列

Syu	(0)	(1)	(2)	(3)
(0)				
(1)				
(2)				
∫	∫	∫	∫	∫
(9)				
(10)				
	(合計)			

4. 入力データが終了したら，次の処理を行う。
   - 配列Hozonに実行結果の表示用として映画名を記憶する。なお，Hozonの添字は配列Syuの行方向の添字と対応している。

配列

Hozon　(0)　(1)　(2)　～　(9)　(10)

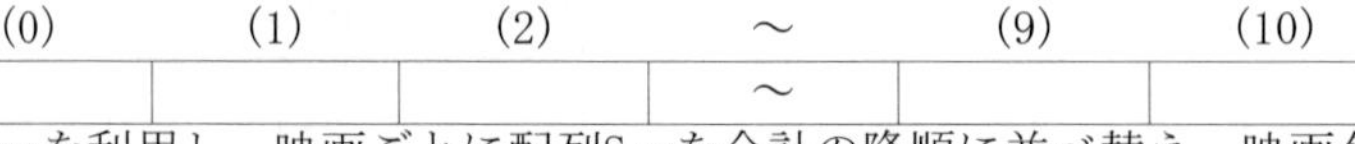

   - 配列Hozonを利用し，映画ごとに配列Syuを合計の降順に並べ替え，映画名から合計までを第２図のように表示する。
5. データにエラーはないものとする。

解答群

ア．Hozon(m) → Hozon(Max)	イ．Emei(b) → Hozon(b)
ウ．Syu(Ban, 0) + 1 → Syu(Ban, 0)	エ．m － 1 → f
オ．Syu(m, 0) ＜ Syu(z, 0)	カ．Hozon(q), Syu(q, 1)～(q, 3), Syu(q, 0)を表示
キ．Emei(q), Syu(q, 1)～(q, 3), Syu(q, 0)を表示	ク．Syu(0, y) → Syu(m, y)
ケ．0 → Hozon(b)	コ．m ＋ 1 → f
サ．Syu(Max, 0) ＜ Syu(z, 0)	シ．Syu(0, Tcod) ＋ 1 → Syu(0, Tcod)
ス．Hozon(Max) → Hozon(m)	セ．Syu(0, y) → Syu(Max, y)

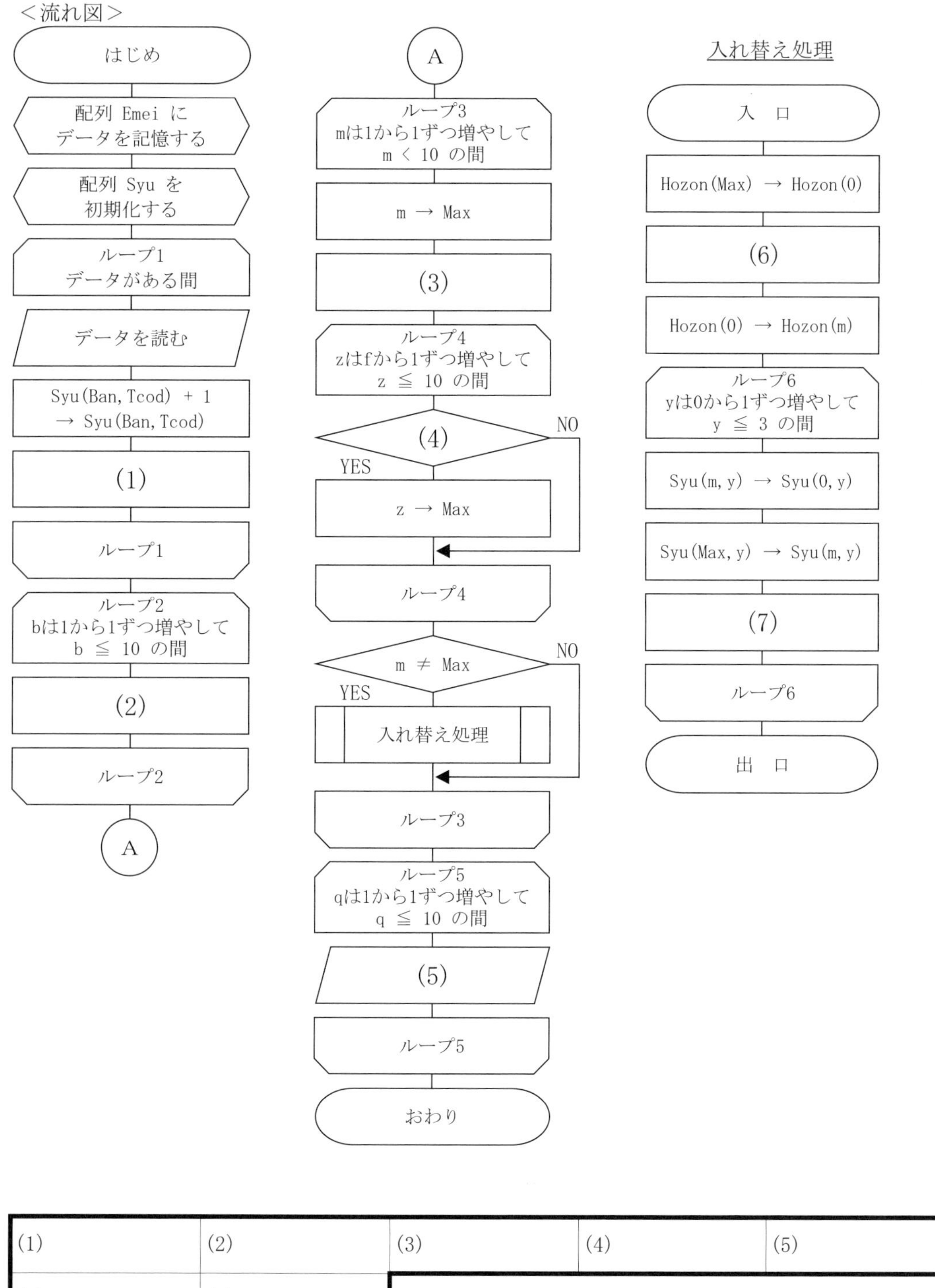

(1)	(2)	(3)	(4)	(5)
(6)	(7)			

5章（1級）

5章3節　挿入ソート(Insertion Sort)

挿入ソートは，配列の左端から１つずつ挿入し確定しながら降順または昇順に並べ替えるアルゴリズムです。配列Tenを降順に挿入ソートで並べ替えると次のようになります。

Ten

(0)	(1)	(2)	(3)	(4)
20	50	30	10	40

［１回目］　Ten(1)をHozonへ入れる

(0)	(1)		(2)	(3)	(4)		Hozon
20 →	50		30	10	40		50

Ten(0)をTen(1)に挿入

20	20		30	10	40		50

HozonをTen(0)に挿入

50	20		30	10	40		50

［２回目］　Ten(2)をHozonへ入れる

(0)	(1)	(2)		(3)	(4)		Hozon
50	20 →	30		10	40		30

Ten(1)をTen(2)に挿入

50	20	20		10	40		30

HozonをTen(1)に挿入

50	30	20		10	40		30

［３回目］　Ten(3)をHozonへ入れる

(0)	(1)	(2)	(3)		(4)		Hozon
50	30	20	10		40		10

Ten(3)がTen(2)より小さいため，処理なし

50	30	20	10		40		10

HozonをTen(3)に挿入

50	30	20	10		40		10

［４回目］　Ten(4)をHozonへ入れる

(0)	(1)	(2)	(3)	(4)		Hozon
50	30	20	10 →	40		40

Ten(3)をTen(4)に挿入

50	30	20 →	10	10		40

Ten(2)をTen(3)に挿入

50	30 →	20	20	10		40

Ten(1)をTen(2)に挿入

50	30	30	20	10		40

HozonをTen(1)に挿入

50	40	30	20	10		40

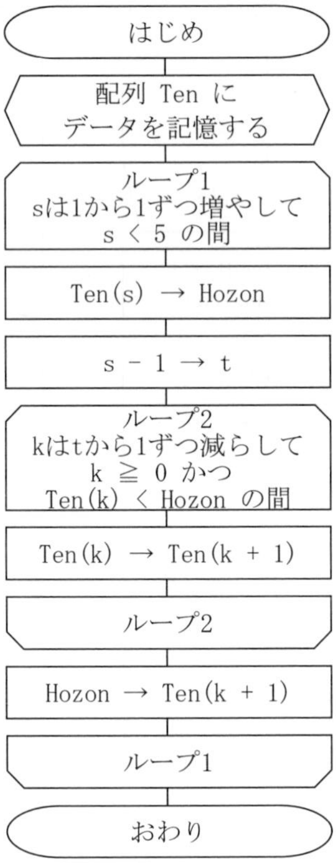

（流れ図）

- はじめ
- 配列 Ten に データを記憶する
- ループ1　sは1から1ずつ増やして　s ＜ 5 の間
  - Ten(s) → Hozon
  - s － 1 → t
  - ループ2　kはtから1ずつ減らして　k ≧ 0 かつ　Ten(k) ＜ Hozon の間
    - Ten(k) → Ten(k ＋ 1)
  - ループ2
  - Hozon → Ten(k ＋ 1)
- ループ1
- おわり

【5-3】次の問題に答えなさい。

[1] 流れ図の説明を読んで，流れ図の(1)～(3)にあてはまる答えを解答群から選び，記号で答えなさい。

＜流れ図の説明＞

<u>処理内容</u>

配列に記憶した数値を並べ替えて表示する。

<u>処理条件</u>

1. 配列Numに数値を記憶する。なお，データ件数はn件である。

<u>配列</u>

Num	(0)	(1)	～	(n-2)	(n-1)
	214	987	～	245	623

2. 配列Numの数値を降順に並べ替える。
3. 並べ替え終了後，配列Num(0)～(n-1)を表示する。

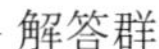
解答群

ア. Work → Num(e)
イ. Num(e) → Num(e - 1)
ウ. y + 1 → p
エ. Num(e) → Num(e + 1)
オ. Work → Num(e + 1)
カ. y - 1 → p

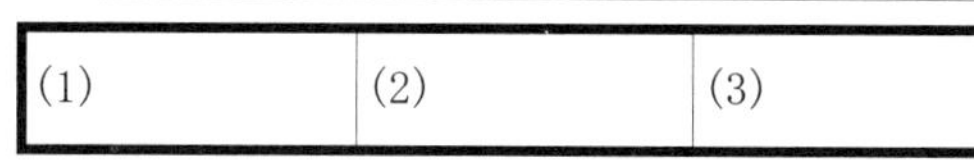

(1)	(2)	(3)

＜流れ図＞

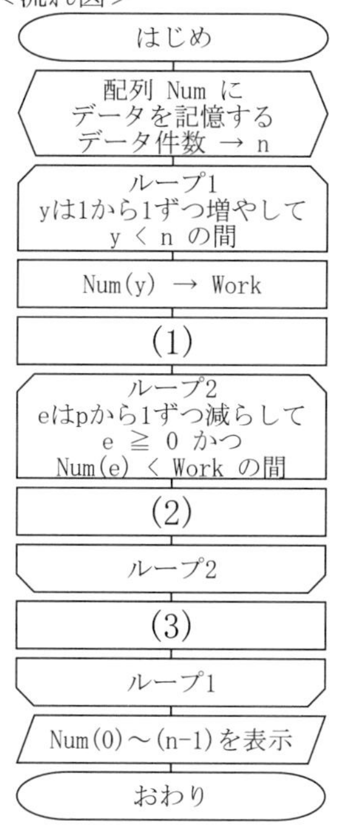

[2] 流れ図の説明を読んで，流れ図の(1)～(3)にあてはまる答えを解答群から選び，記号で答えなさい。

＜流れ図の説明＞

<u>処理内容</u>

配列に記憶した文字列を並べ替えて表示する。

<u>処理条件</u>

1. 配列Strに文字列を記憶する。なお，データ件数はn件である。

<u>配列</u>

Str	(0)	(1)	～	(n-2)	(n-1)
	spike	block	～	ball	serve

2. 配列Strの文字列を昇順に並べ替える。
3. 並べ替え終了後，配列Str(0)～(n-1)を表示する。

解答群

ア. r → Hozon
イ. Str(q) ＞ Hozon
ウ. Str(q) → Str(q - 1)
エ. Str(r) → Hozon
オ. Str(q) ＜ Hozon
カ. Str(q) → Str(q + 1)

(1)	(2)	(3)

＜流れ図＞

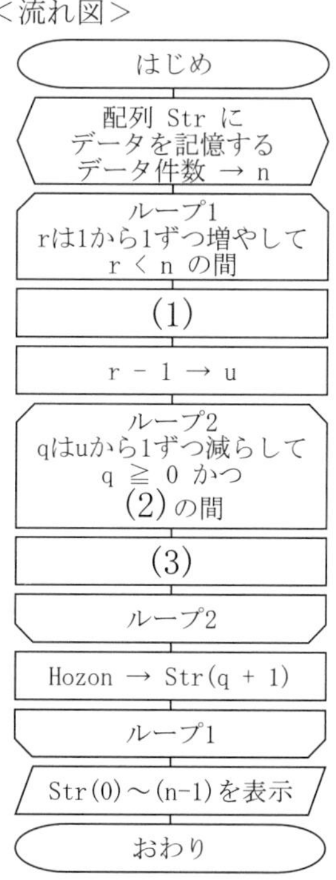

5章(1級)

[3] 流れ図の説明を読んで，流れ図の(1)～(5)にあてはまる答えを解答群から選び，記号で答えなさい。

＜流れ図の説明＞

処理内容

　ボーリング大会において，選手番号とスコアデータを読み，大会結果一覧を表示する。

入力データ

選手番号 (Sen)	スコア (Scr)
×××	×～×

(第１図)

実行結果

(大会結果一覧)	
(選手番号)	(スコア)
116	185
107	181
102	175
104	173
⟆	⟆

(第２図)

処理条件

1. データ件数は30件で，大会出場選手は30名である。
2. 第１図の入力データを読み，配列Sbに選手番号を，配列Tokにスコアを記憶する。

配列

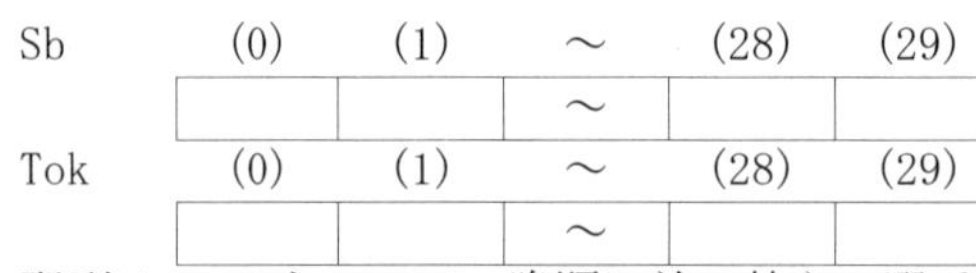

3. 配列Sb，Tokをスコアの降順に並べ替え，選手番号とスコアを第２図のように表示する。
4. データにエラーはないものとする。

＜流れ図＞

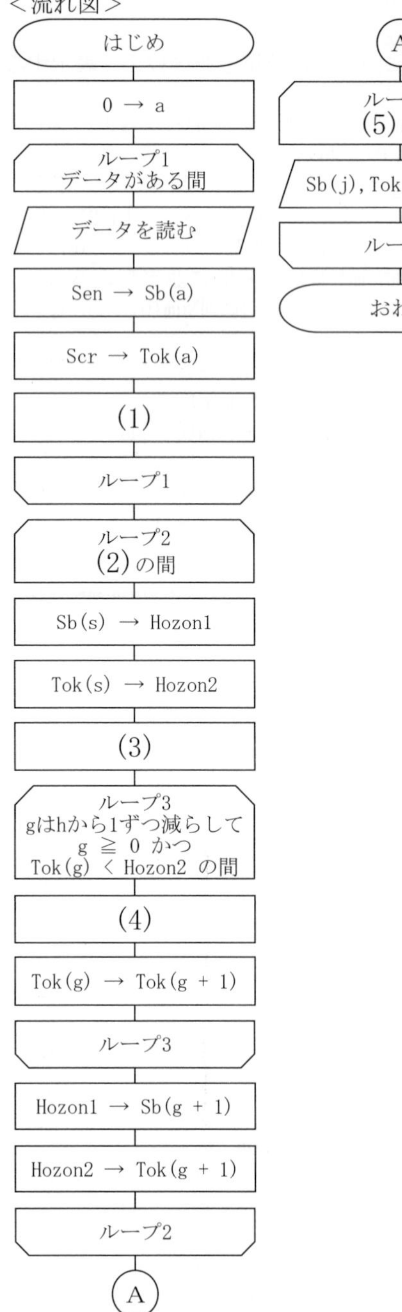

解答群

ア. Tou(g) → Sb(g + 1)　　イ. jは0から1ずつ増やして j ≦ 30
ウ. jは0から1ずつ増やして j ＜ 30　　エ. sは1から1ずつ増やして s ＜ 30
オ. sは1から1ずつ増やして s ≦ 30　　カ. a + 1 → a
キ. s + 1 → h　　ク. Sb(g) → Sb(g + 1)
ケ. a − 1 → a　　コ. s − 1 → h

(1)	(2)	(3)	(4)	(5)

[4] 流れ図の説明を読んで，流れ図の(1)～(5)にあてはまる答えを解答群から選び，記号で答えなさい。

＜流れ図の説明＞

<u>処理内容</u>

人気キャラクター調査の投票データを読み，投票結果一覧を表示する。

<u>入力データ</u>

投票番号 (Ban)
×××

(第１図)

<u>実行結果</u>

(投票結果一覧)	
(キャラクター)	(投票数)
イチハッシー	16,430
ウサモン	16,352
パリーちゃん	9,582
のさまる	7,427
∫	∫

(第２図)

<u>処理条件</u>

1. 第１図の投票番号は１～300である。
2. 配列Kyaにキャラクターを記憶する。なお，Kyaの添字は投票番号と対応している。

   <u>配列</u>

Kya	(0)	(1)	～	(300)
		もとき	～	けんすけ

3. 第１図の入力データを読み，配列Touに投票数を集計する。なお，Touの添字は投票番号と対応している。

   <u>配列</u>

Tou	(0)	(1)	～	(300)
			～	

4. 入力データが終了したら，配列Kyaと配列Touを投票数の降順に並べ替え，キャラクターと投票数を第２図のように表示する。
5. データにエラーはないものとする。

＜流れ図＞

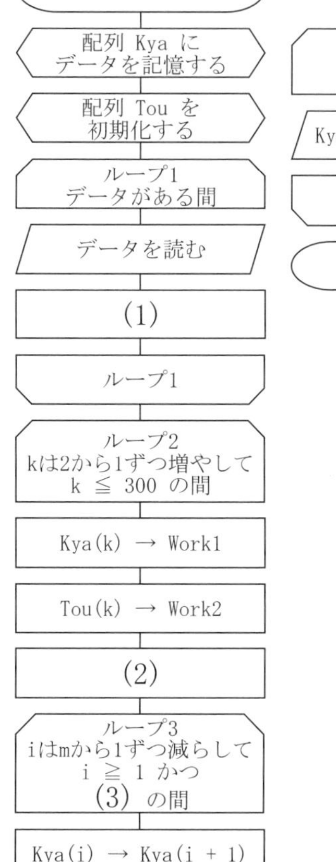

解答群

ア. Tou(i) ＜ Work2	イ. Work2 → Kya(i + 1)
ウ. k - 1 → m	エ. Tou(i) ＞ Work2
オ. Tou(Ban) + Ban → Tou(Ban)	カ. dは1から1ずつ増やして d ＜ 300
キ. Work1 → Kya(i + 1)	ク. Tou(Ban) + 1 → Tou(Ban)
ケ. dは1から1ずつ増やして d ≦ 300	コ. k + 1 → m

(1)	(2)	(3)	(4)	(5)

[5] 流れ図の説明を読んで，流れ図の(1)～(7)にあてはまる答えを解答群から選び，記号で答えなさい。

＜流れ図の説明＞

処理内容

サービスエリアの１日の売上データを読み，集計結果をディスプレイに表示する。

入力データ

時分 (Time)	店ｺｰﾄﾞ (Mcd)	区分 (Ku)	売上額 (Uri)
×～×	×	×	×～×

（第１図）

実行結果

（売上一覧）

（区分名）	（上り店）	（下り店）	（合計）
地域特産品	360,121	427,850	787,971
レストラン	426,781	325,689	752,470
軽食	367,845	235,784	603,629
菓子・飲料	113,487	124,071	237,558
その他土産品	75,941	67,201	143,142

（第２図）

処理条件

1. 第１図の店コードは１（上り店），２（下り店）であり，区分は１～５である。
2. 配列Kmeiに区分名を記憶する。なお，Kmeiの添字は区分と対応している。

配列

	Kmei
(0)	
(1)	軽食
(2)	レストラン
(3)	地域特産品
(4)	菓子・飲料
(5)	その他土産品

3. 第１図の入力データを読み，配列Syuに区分別，店ごとの売上額を集計する。なお，３列目には合計を求める。また，Syuの行方向の添字は区分と対応し，列方向の添字は店コードと対応している。

配列

Syu

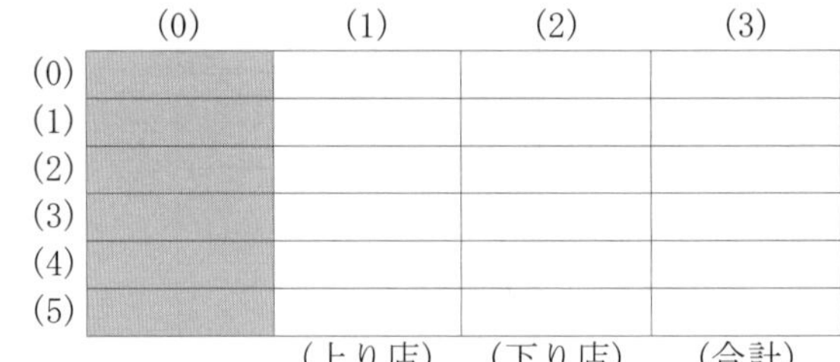

4. 入力データが終了したら，次の処理を行う。
   - 配列Workに実行結果の表示用として区分名を記憶する。なお，Workの添字は配列Syuの行方向の添字と対応している。

配列

Work

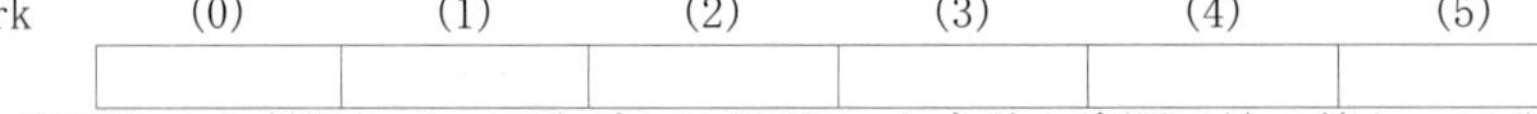

   - 配列Workを利用して，区分ごとに配列Syuを合計の降順に並べ替え，区分名から合計までを第２図のように表示する。
5. データにエラーはないものとする。

解答群

ア．Kmei(e),Syu(e,1)～(e,3)を表示	イ．bは1から1ずつ増やして b ≦ 5
ウ．bは1から1ずつ増やして b ≦ 3	エ．Work(0) → Work(m + 1)
オ．Syu(m + 1,g) → Syu(m,g)	カ．Syu(Mcd,Ku) + Uri → Syu(Mcd,Ku)
キ．Work(m + 1) → Work(0)	ク．Kmei(z) → Syu(z,0)
ケ．Work(e),Syu(e,1)～(e,3)を表示	コ．Syu(m,g) → Syu(m + 1,g)
サ．Syu(Ku,Mcd) + Uri → Syu(Ku,Mcd)	シ．Work(b) → Work(0)
ス．Work(c) → Work(0)	セ．Kmei(z) → Work(z)

<流れ図>

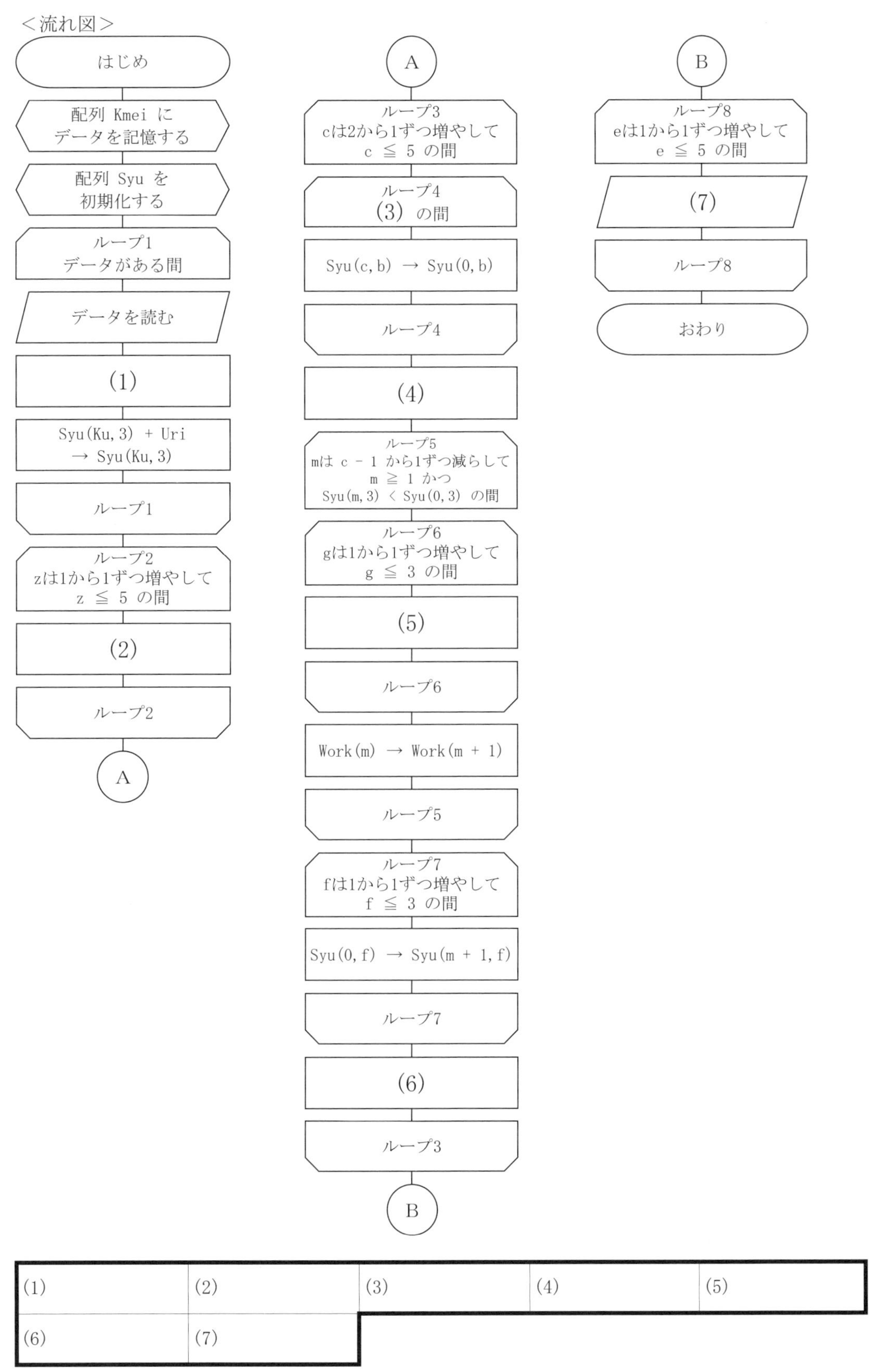

(1)	(2)	(3)	(4)	(5)
(6)	(7)			

5章(1級)

【５章　総合問題】

[1] 流れ図の説明を読んで，流れ図の(1)～(7)にあてはまる答えを解答群から選び，記号で答えなさい。

処理内容

ＤＶＤレンタルショップの１週間の売上データを読み，集計結果をディスプレイに表示する。

入力データ

日付 (Hi)	種類ｺｰﾄﾞ (Rui)	店舗ｺｰﾄﾞ (Ten)	売上額 (Gaku)
×～×	×	×	×～×

（第１図）

実行結果

```
              （ＤＶＤレンタル売上一覧）
（ジャンル）  （Ａ店）    （Ｂ店）    ～  （Ｄ店）
   洋画       100,740     454,080     ～  326,160
   邦画       186,300     382,020     ～  238,680
    ∫           ∫           ∫        ∫     ∫
（今週の売上額(降順)）
 （店舗名）  （売上額合計）
   Ｂ店        1,910,100
   Ｄ店        1,630,800
   Ｃ店        1,193,400
   Ａ店        1,031,500
```

（第２図）

処理条件

1. 第１図の種類コードは１～５であり，店舗コードは１～４である。
2. 配列Jyanにジャンルを，配列Tenpoに店舗名を記憶する。なお，Jyanの添字は種類コードと対応し，Tenpoの添字は店舗コードと対応している。

配列

Jyan	(0)	(1)	(2)	(3)	(4)	(5)
		洋画	邦画	キッズ	アニメ	TVドラマ

Tenpo	(0)	(1)	(2)	(3)	(4)
		Ａ店	Ｂ店	Ｃ店	Ｄ店

3. 第１図の入力データを読み，配列Dayにジャンル別，店舗ごとの売上額を集計する。なお，０行目には各店舗の売上額合計を求める。また，Dayの行方向の添字は種類コードと対応し，列方向の添字は店舗コードと対応している。

配列

Day	(0)	(1)	(2)	(3)	(4)	
(0)						(売上額合計)
(1)						
∫	∫	∫	∫	∫	∫	
(5)						

4. 入力データが終了したら，次の処理を行う。
   - ジャンルごとに，ジャンルからＤ店までを第２図のように表示する。
   - 実行結果の表示用として配列Work1に店舗名，Work2に売上額合計を記憶する。なお，Work1とWork2の添字は対応している。

配列

Work1	(0)	(1)	(2)	(3)	(4)

Work2	(0)	(1)	(2)	(3)	(4)

   - 配列Work1と配列Work2を店舗ごとに売上額合計の降順に並べ替え，店舗名と売上額合計を第２図のように表示する。
5. データにエラーはないものとする。

解答群

ア．Hozon2 → Hozon1	イ．bは1から1ずつ増やして b ≦ 4
ウ．wは2から1ずつ増やして w ≦ 4	エ．Work1(s) → Work2(s)
オ．Hozon2 → Work2(s + 1)	カ．bは1から1ずつ増やして b ＜ 4
キ．Work1(z),Work2(z)を表示	ク．Work1(s) → Work1(s + 1)
ケ．Day(Ten,Rui) + Gaku → Day(Ten,Rui)	コ．Jyan(z),Day(0,z)を表示
サ．Work2(w) → Work1(w)	シ．Work2(w) → Hozon2
ス．wは2から1ずつ増やして w ＜ 4	セ．Day(Rui,Ten) + Gaku → Day(Rui,Ten)

＜流れ図＞

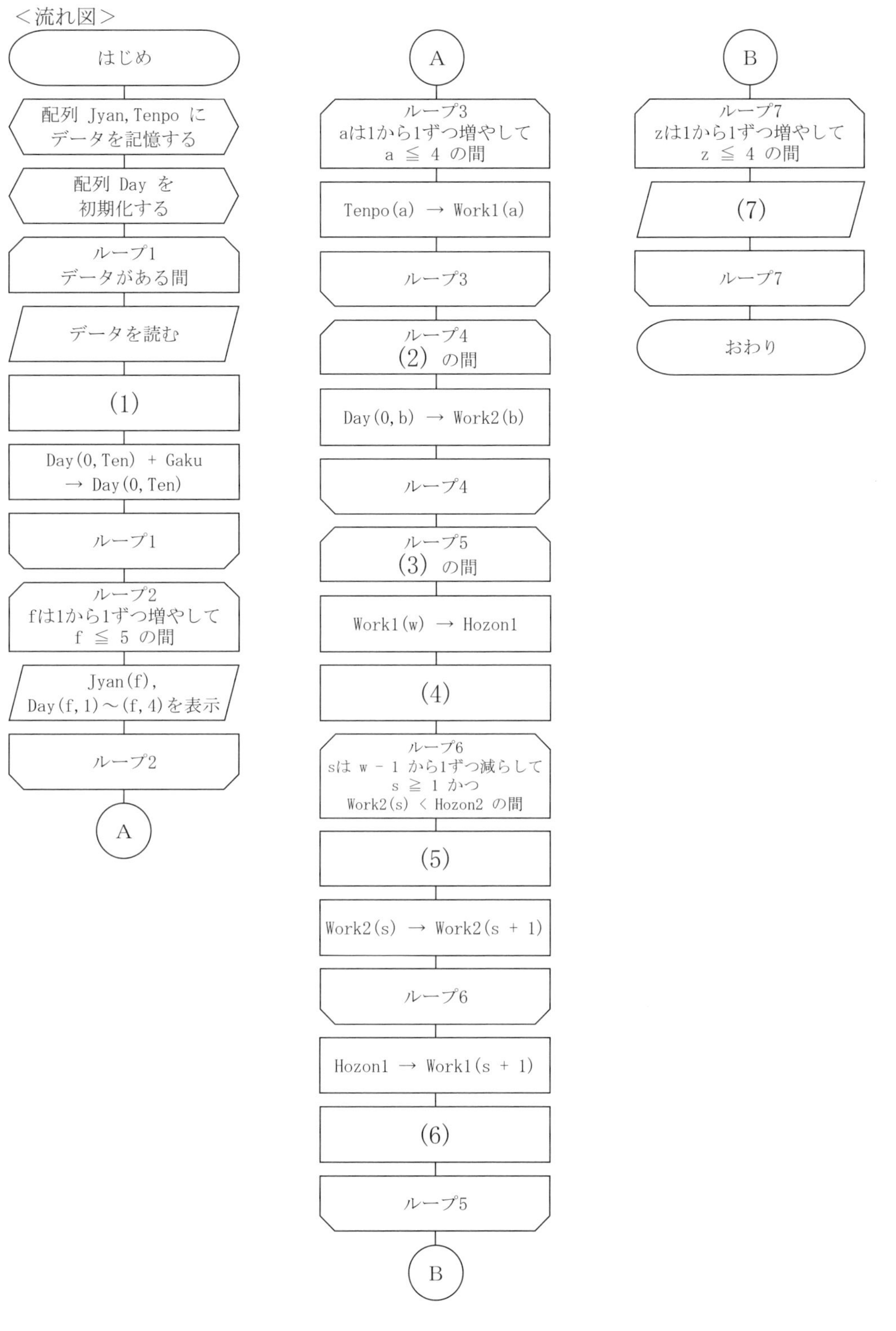

(1)	(2)	(3)	(4)	(5)
(6)	(7)			

5章（1級）

[2] 流れ図の説明を読んで，流れ図の(1)～(7)にあてはまる答えを解答群から選び，記号で答えなさい。
＜流れ図の説明＞

処理内容

ある公園の１日の来園データを読み，集計結果をディスプレイに表示する。

入力データ

時間帯ｺｰﾄﾞ (Ji)	性別 (Sei)
×	×

（第１図）

実行結果

(来園一覧)			
(時間帯)	(男)	(女)	(合計)
16:00～17:00	2	4	6
15:00～16:00	9	8	17
9:00～10:00	8	12	20
10:00～11:00	13	15	28
∫	∫	∫	∫

（第２図）

処理条件

1. 第１図の時間帯コードは１(9:00～10：00）～８(16:00～17:00）であり，性別は１(男），２(女）である。
2. 配列Taiに時間帯を記憶する。なお，Taiの添字は時間帯コードと対応している。

配列

	Tai
(0)	
(1)	9:00～10:00
(2)	10:00～11:00
∫	∫
(7)	15:00～16:00
(8)	16:00～17:00

3. 第１図の入力データを読み，配列Raiに時間帯別，性別ごとの来園件数を集計する。なお，３列目には合計を求める。また，Raiの行方向の添字は時間帯コードと対応し，列方向の添字は性別と対応している。

配列

Rai	(0)	(1)	(2)	(3)
(0)				
(1)				
(2)				
∫	∫	∫	∫	∫
(7)				
(8)				
		(男)	(女)	(合計)

4. 入力データが終了したら，次の処理を行う。
   - 配列Workに実行結果の表示用として時間帯を記憶する。なお，Workの添字は配列Raiの行方向の添字と対応している。

配列

Work　(0)　(1)　(2)　～　(7)　(8)

   - 配列Workを利用し，時間帯ごとに配列Raiを合計の昇順に並べ替え，時間帯から合計までを第２図のように表示する。
5. データにエラーはないものとする。

解答群

ア．Tai(z) → Work(z)	イ．pは1から1ずつ増やして p ≦ 3
ウ．hは1から1ずつ増やして h ＜ j	エ．Rai(0,Sei) + 1 → Rai(0,Sei)
オ．Work(j) → Work(h)	カ．Rai(Ji,3) + 1 → Rai(Ji,3)
キ．Work(t),Rai(t,1)～(t,3)を表示	ク．Work(y) → Work(h)
ケ．Rai(h,3) ＜ Rai(y,3)	コ．Rai(h,3) ＞ Rai(y,3)
サ．hは1から1ずつ増やして h ＜ 30	シ．pは1から1ずつ増やして p ＜ 3
ス．0 → Work(z)	セ．Tai(t),Rai(t,1)～(t,3)を表示

5章（1級）

＜流れ図＞

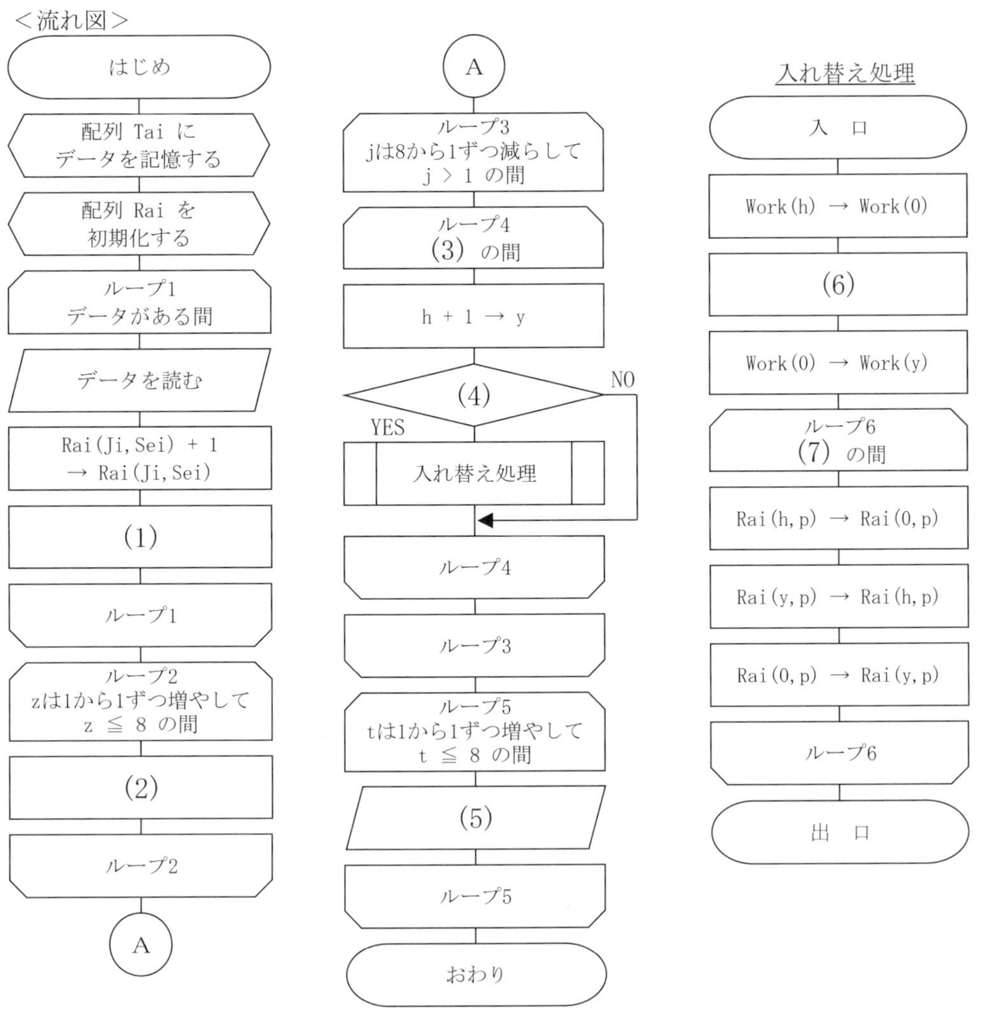

(1)	(2)	(3)	(4)	(5)
(6)	(7)			

5章（1級）

[3] 流れ図の説明を読んで，流れ図の(1)～(7)にあてはまる答えを解答群から選び，記号で答えなさい。

処理内容

ガソリンスタンドの１週間の売上データを読み，集計結果をディスプレイに表示する。

入力データ

日付 (Hi)	分類ｺｰﾄﾞ (Bcd)	店舗ｺｰﾄﾞ (Tcd)	売上額 (Gaku)
×～×	×	×	×～×

(第１図)

実行結果

（ガソリンスタンド売上一覧）

(分類名)	(北店)	(東店)	～	(西店)
ガソリン	1,965,481	2,456,270	～	2,237,849
軽油	897,685	1,268,410	～	986,345
⟆	⟆	⟆	⟆	⟆

(売上額(昇順))

(店舗名)	(売上額合計)
北店	3,859,982
西店	4,367,849
東店	4,865,831
南店	5,238,749

(第２図)

処理条件

1. 第１図の分類コードは１～５であり，店舗コードは１～４である。
2. 配列Bmeiに分類名を，配列Tmeiに店舗名を記憶する。なお，Bmeiの添字は分類コードと対応し，Tmeiの添字は店舗コードと対応している。

配列

Bmei	(0)	(1)	(2)	(3)	(4)	(5)
		ガソリン	軽油	点検・整備	洗車	その他

Tmei	(0)	(1)	(2)	(3)	(4)
		北店	東店	南店	西店

3. 第１図の入力データを読み，配列Gstに分類別，店舗ごとの売上額を集計する。なお，０行目には各店舗の売上額合計を求める。また，Gstの行方向の添字は分類コードと対応し，列方向の添字は店舗コードと対応している。

配列

Gst	(0)	(1)	(2)	(3)	(4)	
(0)						(売上額合計)
(1)						
⟆	⟆	⟆	⟆	⟆	⟆	
(5)						

4. 入力データが終了したら，次の処理を行う。
   - 分類ごとに分類名から西店までを第２図のように表示する。
   - 実行結果の表示用として配列Work1に店舗名，Work2に売上額合計を記憶する。なお，Work1とWork2の添字は対応している。

配列

Work1	(0)	(1)	(2)	(3)	(4)

Work2	(0)	(1)	(2)	(3)	(4)

   - 配列Work1と配列Work2を店舗ごとに売上額合計の昇順に並べ替え，店舗名と売上額合計を第２図のように表示する。
5. データにエラーはないものとする。

解答群

ア．Work2(Min) ＞ Work2(f)	イ．kは1から1ずつ増やして k ＜ 4
ウ．Gst(Bcd,0) + Gaku → Gst(Bcd,0)	エ．Work1(k) → Work1(0)
オ．Work1(k) → Hozon1	カ．Work2(Min) ＜ Work2(f)
キ．Bmei(a),Gst(a,1)～Gst(a,4)を表示	ク．Gst(0,Tcd) + Gaku → Gst(0,Tcd)
ケ．Bmei(a),Gst(1,a)～Gst(4,a)を表示	コ．Work2(0) → Work2(Min)
サ．Hozon2 → Work2(Min)	シ．s → Min
ス．kは2から1ずつ増やして k ＜ 4	セ．k → Min

<流れ図>

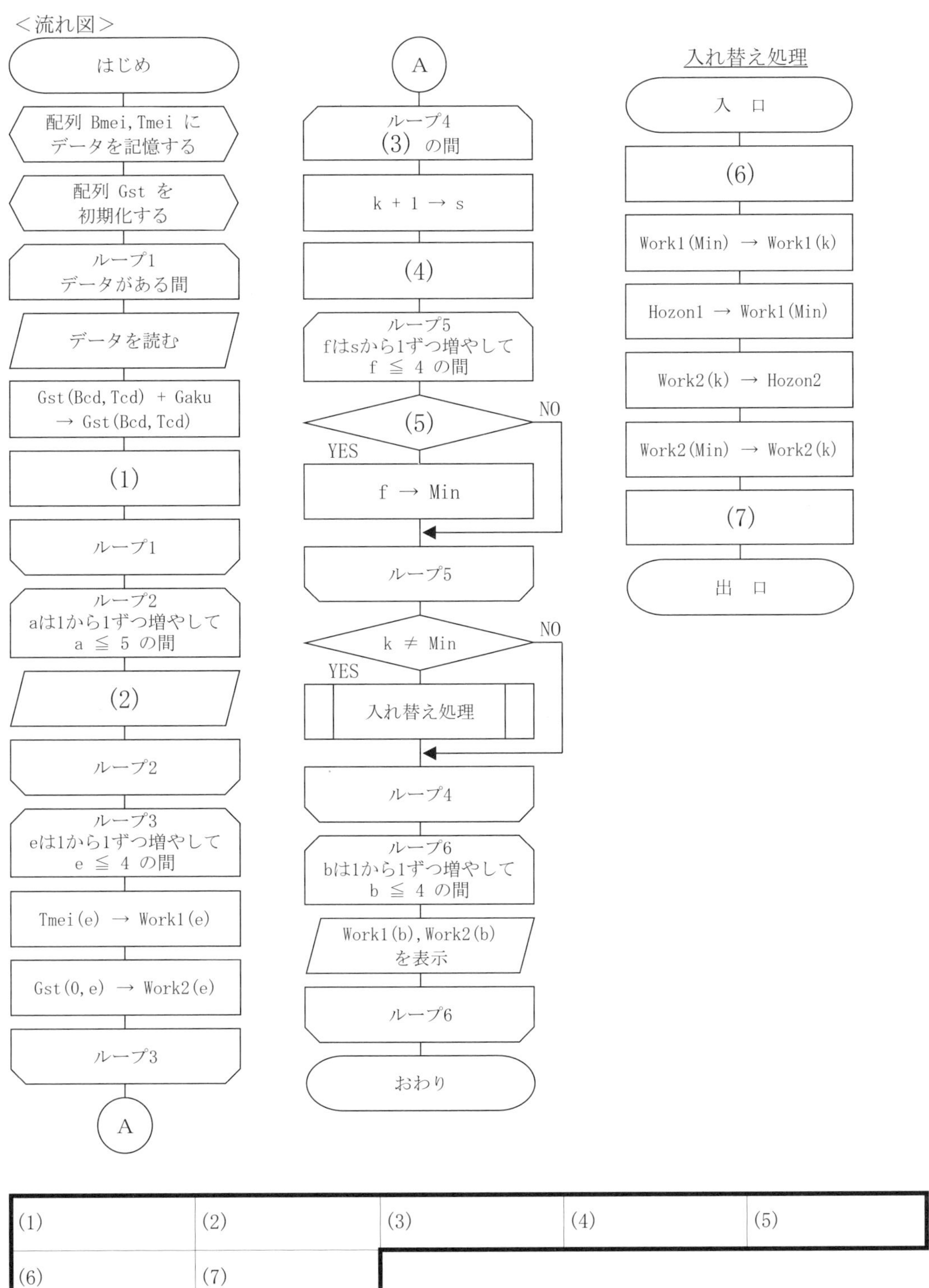

はじめ
配列 Bmei, Tmei に データを記憶する
配列 Gst を 初期化する
ループ1 データがある間
データを読む
Gst(Bcd, Tcd) + Gaku → Gst(Bcd, Tcd)
(1)
ループ1
ループ2 aは1から1ずつ増やして a ≦ 5 の間
(2)
ループ2
ループ3 eは1から1ずつ増やして e ≦ 4 の間
Tmei(e) → Work1(e)
Gst(0, e) → Work2(e)
ループ3
A
A
ループ4 (3) の間
k + 1 → s
(4)
ループ5 fはsから1ずつ増やして f ≦ 4 の間
(5)
NO
YES
f → Min
ループ5
k ≠ Min
NO
YES
入れ替え処理
ループ4
ループ6 bは1から1ずつ増やして b ≦ 4 の間
Work1(b), Work2(b) を表示
ループ6
おわり
入れ替え処理
入　口
(6)
Work1(Min) → Work1(k)
Hozon1 → Work1(Min)
Work2(k) → Hozon2
Work2(Min) → Work2(k)
(7)
出　口

(1)	(2)	(3)	(4)	(5)
(6)	(7)			

[4] 流れ図の説明を読んで，流れ図の(1)～(7)にあてはまる答えを解答群から選び，記号で答えなさい。

処理内容

ある飲食店のアンケートの調査データを読み，集計結果をディスプレイに表示する。

入力データ

質問番号 (Si)	評価 (Hyo)
×	×

（第１図）

実行結果

(アンケート集計一覧)					
(質問内容)	(大変良い)	(良い)	(普通)	(悪い)	(大変悪い)
立地	23	10	16	1	0
接客	19	13	10	5	3
雰囲気	15	18	5	6	6
料理	14	12	11	8	5
∫	∫	∫	∫	∫	∫

（第２図）

処理条件

1. 第１図の質問番号は１(値段) ～７(雰囲気) であり，評価は１(大変良い) ～５(大変悪い) である。
2. 配列Naiに質問内容を記憶する。なお，Naiの添字は質問番号と対応している。

配列

	Nai
(0)	
(1)	値段
(2)	料理
∫	∫
(6)	立地
(7)	雰囲気

3. 第１図の入力データを読み，配列Anに質問内容別，評価ごとの件数を集計する。なお，Anの行方向の添字は質問番号と対応し，列方向の添字は評価と対応している。

配列

An	(0)	(1)	(2)	(3)	(4)	(5)
(0)						
(1)						
(2)						
∫	∫	∫	∫	∫	∫	∫
(6)						
(7)						

4. 入力データが終了したら，次の処理を行う。
   - 配列Hozonに実行結果の表示用として質問内容を記憶する。なお，Hozonの添字は配列Anの行方向の添字と対応している。

   配列

Hozon	(0)	(1)	(2)	～	(6)	(7)
				～		

   - 配列Hozonを利用し，質問内容ごとに配列Anを１列目（大変良い）の降順に並べ替え，質問内容から大変悪いまでを第２図のように表示する。
5. データにエラーはないものとする。

解答群

ア．Nai(q) → Hozon(0)	イ．Nai(b),An(b,1)～(b,5)を表示
ウ．An(r,s) → An(r,0)	エ．tは1から1ずつ増やして t ≦ 5
オ．An(Si,Hyo) + 1 → An(Si,Hyo)	カ．An(0,f) → An(d + 1,f)
キ．An(r,s) → An(0,s)	ク．Hozon(0) → Hozon(d + 1)
ケ．Nai(q) → Hozon(q)	コ．An(0,f) → An(d,f)
サ．Hozon(d) → Hozon(d + 1)	シ．tは1から1ずつ増やして t ≦ 7
ス．An(Hyo,Si) + 1 → An(Hyo,Si)	セ．Hozon(b),An(b,1)～(b,5)を表示

＜流れ図＞

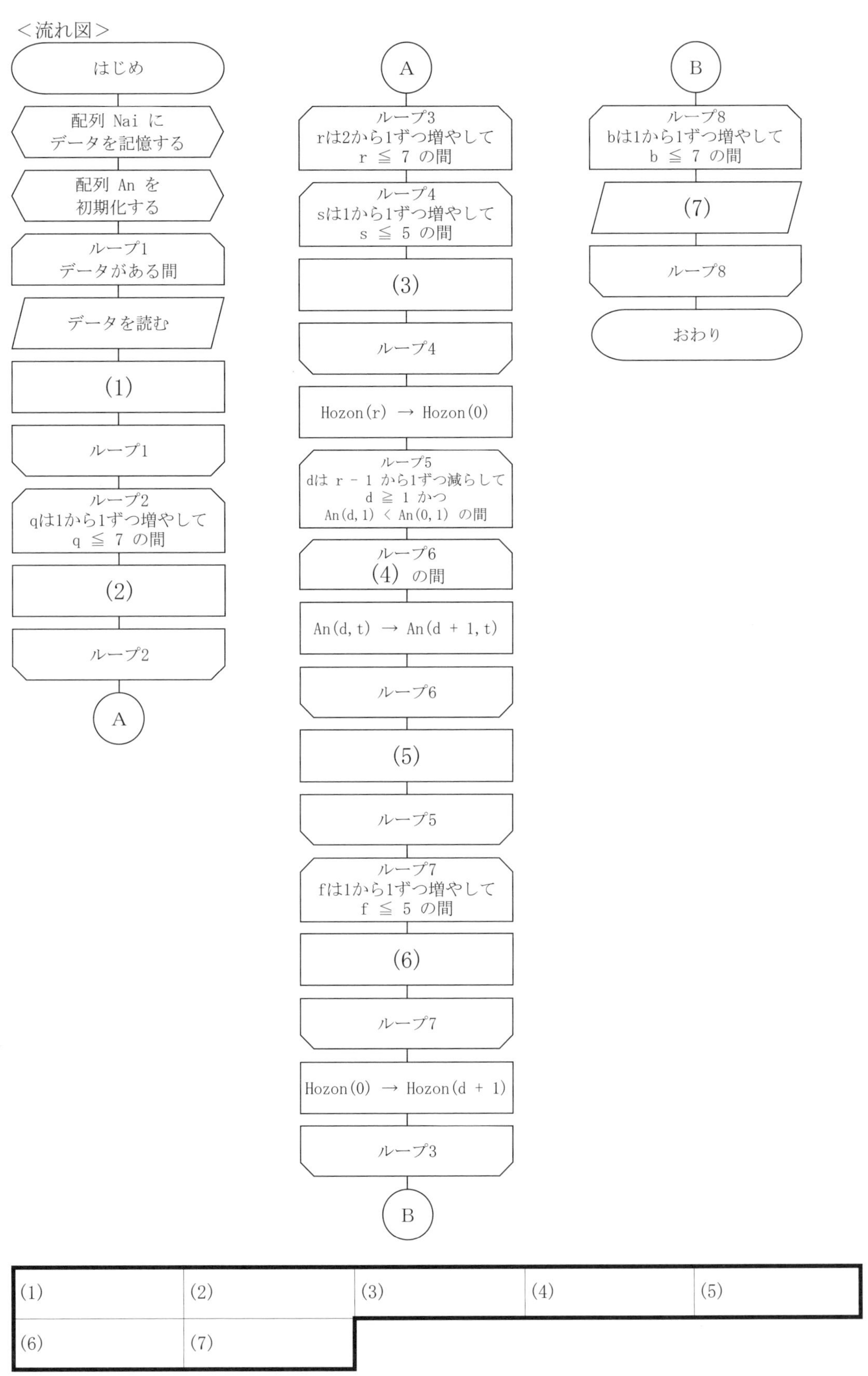

(1)	(2)	(3)	(4)	(5)
(6)	(7)			

5章（1級）

[5] 流れ図の説明を読んで，流れ図の(1)～(7)にあてはまる答えを解答群から選び，記号で答えなさい。

<u>処理内容</u>

ある洋服店の１週間の売上データを読み，集計結果をディスプレイに表示する。

<u>入力データ</u>

日付	店舗番号	分類番号	売上額
(Hi)	(Tban)	(Bban)	(Uri)
×～×	×	×	×～×

(第１図)

<u>実行結果</u>

(店舗別売上一覧)

(分類名)	(城南店)	(城北店)	～	(中央店)
紳士服	1,234,782	865,742	～	1,578,923
婦人服	798,304	1,169,023	～	957,174
⁀	⁀	⁀	⁀	⁀

(売上額(降順))

(店舗名)	(売上額合計)
城西店	4,325,791
中央店	3,423,355
城東店	3,327,645
⁀	⁀

(第２図)

<u>処理条件</u>

1. 第１図の店舗番号は１～５であり，分類番号は１～８である。
2. 配列Tmeiに店舗名を，配列Bmeiに分類名を記憶する。なお，Tmeiの添字は店舗番号と対応し，Bmeiの添字は分類番号と対応している。

<u>配列</u>

Tmei	(0)	(1)	(2)	(3)	(4)	(5)
		城南店	城北店	城西店	城東店	中央店

Bmei	(0)	(1)	(2)	～	(7)	(8)
		紳士服	婦人服	～	靴	その他

3. 第１図の入力データを読み，配列Fukに分類別，店舗ごとの売上額を集計する。なお，０行目には各店舗の売上額合計を求める。また，Fukの行方向の添字は分類番号と対応し，列方向の添字は店舗番号と対応している。

<u>配列</u>

Fuk	(0)	(1)	(2)	(3)	(4)	(5)	
(0)							(売上額合計)
(1)							
⁀	⁀	⁀	⁀	⁀	⁀	⁀	
(8)							

4. 入力データが終了したら，次の処理を行う。
   - 分類ごとに分類名から中央店までを第２図のように表示する。
   - 実行結果の表示用として配列Work1に店舗名，Work2に売上額合計を記憶する。なお，Work1とWork2の添字は対応している。

<u>配列</u>

Work1	(0)	(1)	(2)	(3)	(4)	(5)

Work2	(0)	(1)	(2)	(3)	(4)	(5)

   - 配列Work1と配列Work2を店舗ごとに売上額合計の降順に並べ替え，店舗名と売上額合計を第２図のように表示する。
5. データにエラーはないものとする。

解答群

ア．i － 1 → p	イ．Work1(p) → Work1(0)
ウ．zは1から1ずつ増やして z ≦ 5	エ．i ＋ 1 → p
オ．Fuk(0,h) → Work2(h)	カ．kは5から1ずつ減らして k ＞ 1
キ．Work2(0) → Work2(i)	ク．Work2(i) → Work2(0)
ケ．Fuk(0,Tban) ＋ Uri → Fuk(0,Tban)	コ．Bmei(h) → Work2(h)
サ．kは1から1ずつ増やして k ≦ 5	シ．Fuk(Bban,0) ＋ Uri → Fuk(Bban,0)
ス．Work1(0) → Work1(p)	セ．zは1から1ずつ増やして z ≦ 8

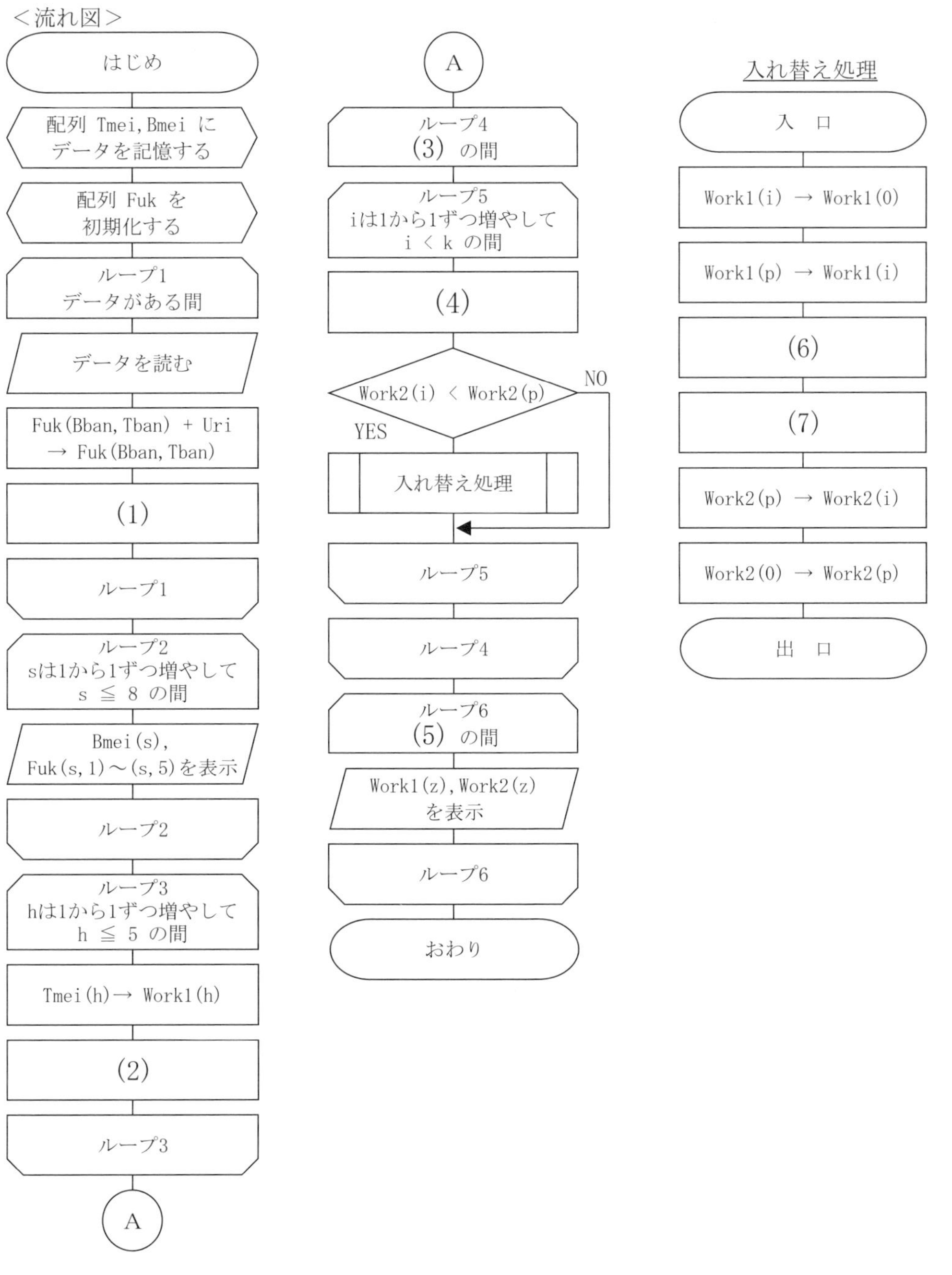

(1)	(2)	(3)	(4)	(5)
(6)	(7)			

※ (6)(7)は順不同

[6] 流れ図の説明を読んで，流れ図の(1)～(7)にあてはまる答えを解答群から選び，記号で答えなさい。

＜流れ図の説明＞

処理内容

都道府県の１年間の天気データを読み，集計結果をディスプレイに表示する。

入力データ

日付 (Hi)	天気ｺｰﾄﾞ (Ten)	都道府県ｺｰﾄﾞ (To)
×～×	×	××

（第１図）

実行結果

（天気調査一覧）					
(都道府県)	(晴れ)	(曇り)	(雨)	(雪)	(その他)
香川	249	28	76	10	2
愛媛	246	32	75	11	1
徳島	245	34	77	8	1
高知	244	34	78	7	2
～	～	～	～	～	～

（第２図）

処理条件

1. 第１図の天気コードは１（晴れ）～５（その他）であり，都道府県コードは１～47である。
2. 配列Kmに都道府県を記憶する。なお，Kmの添字は都道府県コードと対応している。

配列

	Km
(0)	
(1)	北海道
(2)	青森
～	～
(46)	鹿児島
(47)	沖縄

3. 第１図の入力データを読み，配列Tnに都道府県別，天気ごとの件数を集計する。なお，Tnの行方向の添字は都道府県コードと対応し，列方向の添字は天気コードと対応している。

配列

Tn	(0)	(1)	(2)	(3)	(4)	(5)
(0)						
(1)						
(2)						
～	～	～	～	～	～	～
(46)						
(47)						

4. 入力データが終了したら，次の処理を行う。
   - 配列Hozonに実行結果の表示用として都道府県を記憶する。なお，Hozonの添字は配列Tnの行方向の添字と対応している。

配列

Hozon	(0)	(1)	(2)	～	(46)	(47)
				～		

   - 配列Hozonを利用し，都道府県ごとに配列Tnを１列目（晴れ）の降順に並べ替え，都道府県からその他までを第２図のように表示する。
5. データにエラーはないものとする。

解答群

ア．0 → Max	イ．u → Max
ウ．Tn(Ten, To) + 1 → Tn(Ten, To)	エ．Tn(j, k) → Tn(0, k)
オ．Hozon(0) → Hozon(j)	カ．Km(p) → Hozon(p)
キ．Hozon(Max) → Hozon(j)	ク．j ≠ Max
ケ．m → Max	コ．j → Max
サ．Tn(m, k) → Tn(0, k)	シ．j = Max
ス．Tn(To, Ten) + 1 → Tn(To, Ten)	セ．Hozon(p) → Km(p)

5章（1級）

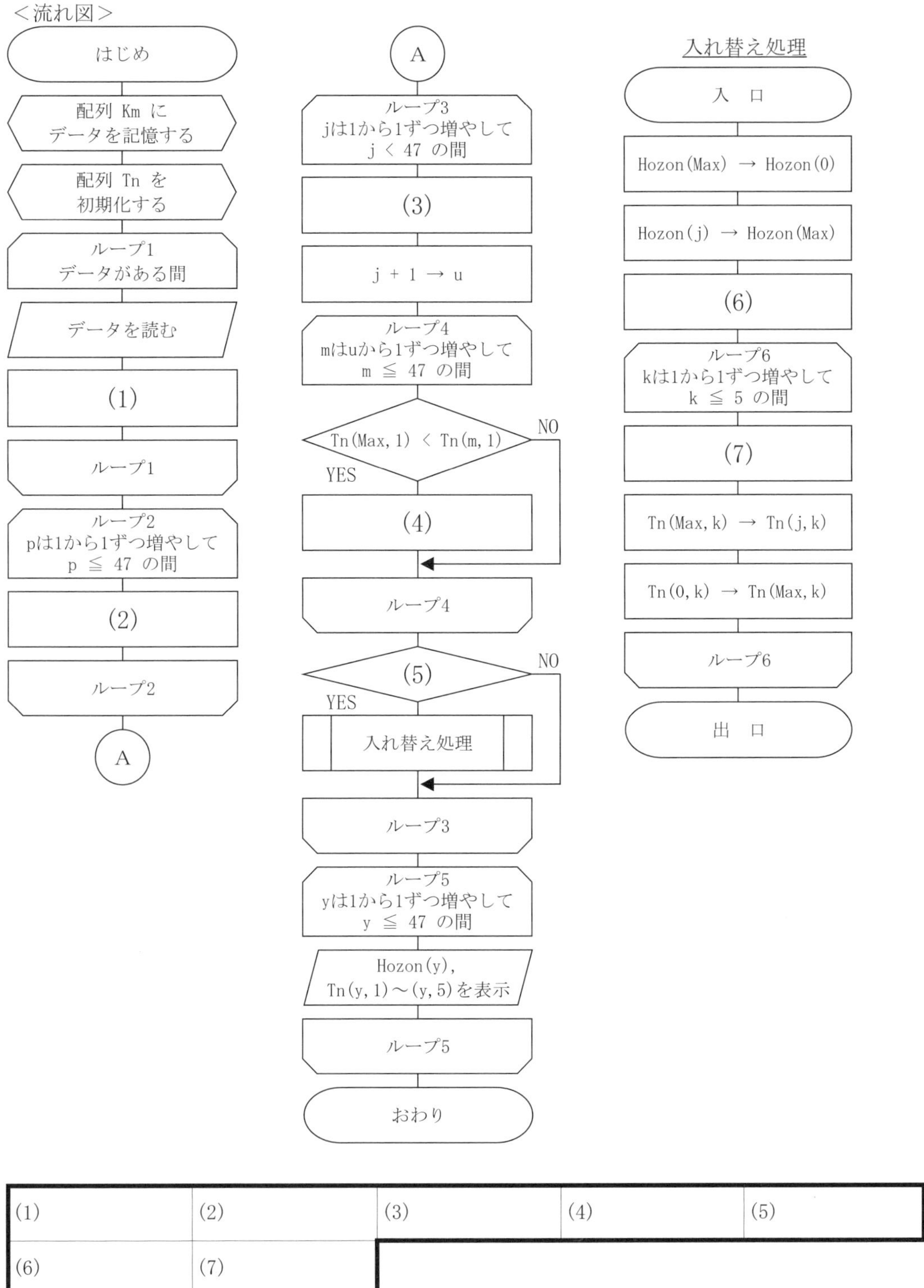

(1)	(2)	(3)	(4)	(5)
(6)	(7)			

5章（1級）

[7] 流れ図の説明を読んで，流れ図の(1)～(7)にあてはまる答えを解答群から選び，記号で答えなさい。

処理内容

資材倉庫の１ヵ月の入出庫データを読み，集計結果をディスプレイに表示する。

入力データ

日付 (Hi)	種別 (Syu)	資材ｺｰﾄﾞ (Si)	数量 (Suu)
×～×	×	×××	×～×

（第１図）

実行結果

（○月　資材在庫一覧）

(資材名)	(入庫)	(出庫)	(在庫)
取付ビスM	257	231	26
ダストポンプ	326	269	57
エビプラグS	232	115	117
ネイルプラグ	348	212	136
⸾	⸾	⸾	⸾

（第２図）

処理条件

1. 第１図の種別は１(入庫)，２(出庫)であり，資材コードは１～100である。
2. 配列Smeiに資材名を記憶する。なお，Smeiの添字は資材コードと対応している。

   配列

Smei	(0)	(1)	(2)	～	(99)	(100)
		ダンバビスS	ヒットビスM	～	オールプラグR	溶接アンカL

3. 第１図の入力データを読み，配列Sziに資材別に入出庫の数量を集計する。なお，１列目には入庫の数量合計を，２列目には出庫の数量合計を求める。また，Sziの行方向の添字は資材コードと対応し，列方向の添字は種別と対応している。

   配列

   Szi

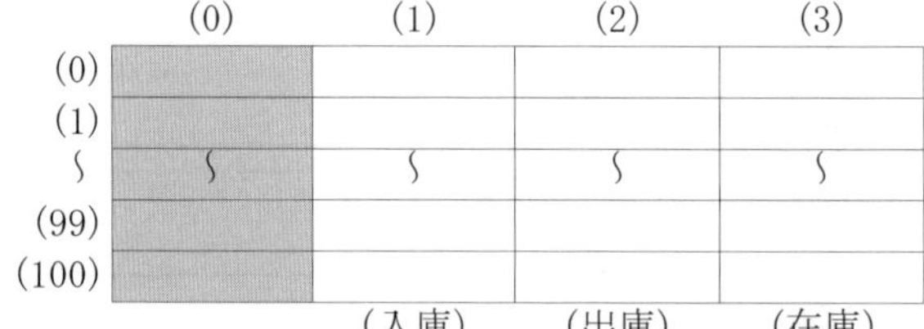

4. 入力データが終了したら，次の処理を行う。
   - 資材別の在庫を次の計算式で，配列Sziの３列目に求める。

     在庫　＝　入庫の数量合計　－　出庫の数量合計
   - 配列Workに実行結果の表示用として資材名を記憶する。なお，Workの添字は配列Sziの行方向の添字と対応している。

   配列

Work	(0)	(1)	(2)	～	(99)	(100)
				～		

   - 配列Workを利用し，資材ごとに配列Sziを在庫の昇順に並べ替え，資材名から在庫までを第２図のように表示する。
5. データにエラーはないものとする。

解答群

ア．Szi(g,2) － Szi(g,1) → Szi(g,3)	イ．sは1から1ずつ増やして s ≦ 100
ウ．Szi(k,3) ＞ Szi(y,3)	エ．Work(j),Szi(j,1)～(j,3)を表示
オ．Szi(Si,Syu) ＋ Suu → Szi(Si,Syu)	カ．Work(y) → Work(0)
キ．Smei(j),Szi(j,1)～(j,3)を表示	ク．Szi(k,3) ＜ Szi(y,3)
ケ．sは1から1ずつ増やして s ≦ 3	コ．pは1から1ずつ増やして p ≦ 100
サ．Work(k) → Work(0)	シ．Szi(g,1) － Szi(g,2) → Szi(g,3)
ス．pは100から1ずつ減らして p ＞ 1	セ．Szi(Syu,Si) ＋ Suu → Szi(Syu,Si)

＜流れ図＞

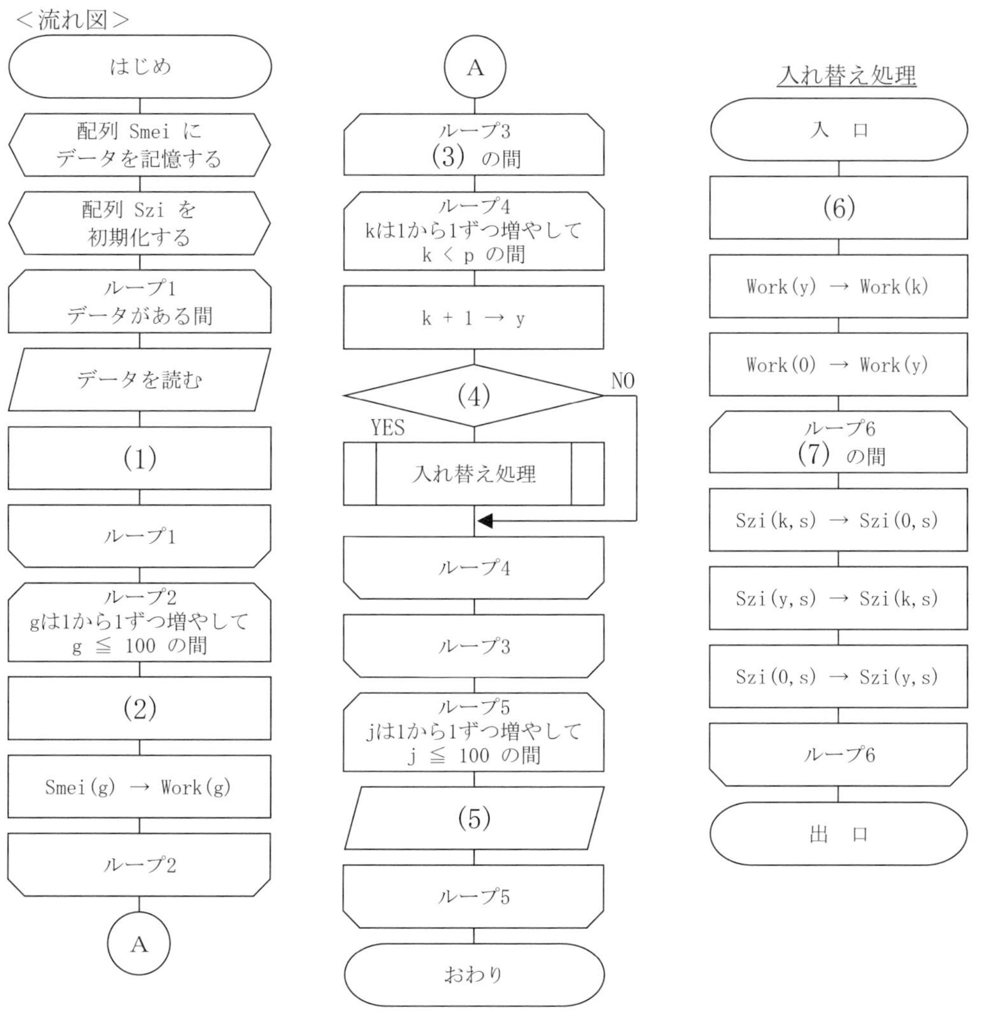

(1)	(2)	(3)	(4)	(5)
(6)	(7)			

5章(1級)

[8] 流れ図の説明を読んで，流れ図の(1)～(7)にあてはまる答えを解答群から選び，記号で答えなさい。

処理内容

ある国の１年分の輸出入データを読み，貿易収支をディスプレイに表示する。

入力データ

日付	輸出入ｺｰﾄﾞ	分類番号	金額(千万円)
(Hi)	(Yu)	(Bun)	(Kin)
×～×	×	×	×～×

（第１図）

実行結果

(○年　貿易収支(単位：千万円))			
(分類名)	(輸入額)	(輸出額)	(貿易収支)
加工品	125,067	976,520	851,453
素材	86,731	406,327	319,596
部品	236,563	253,605	17,042
資本財	3,420	6,732	3,312
消費財	362,753	320,357	-42,396

（第２図）

処理条件

1. 第１図の輸出入コードは１（輸入），２（輸出)であり，分類番号は１～５である。
2. 配列Bmeiに分類名を記憶する。なお，Bmeiの添字は分類番号と対応している。

配列

Bmei

(0)	(1)	(2)	(3)	(4)	(5)
	素材	加工品	部品	資本財	消費財

3. 第１図の入力データを読み，配列Bouに分類別の輸出入の金額を集計する。なお，１列目には輸入の金額合計を，２列目には輸出の金額合計を求める。また，Bouの行方向の添字は分類番号と対応し，列方向の添字は輸出入コードと対応している。

配列

Bou

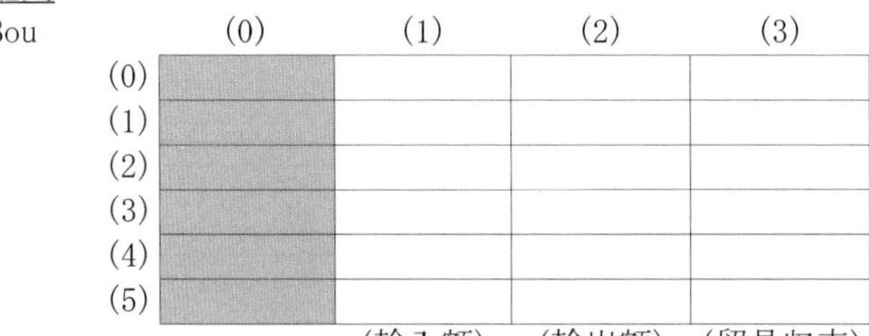

	(0)	(1)	(2)	(3)
(0)				
(1)				
(2)				
(3)				
(4)				
(5)				
		(輸入額)	(輸出額)	(貿易収支)

4. 入力データが終了したら，次の処理を行う。
   - 分類ごとの貿易収支を次の計算式で，配列Bouの３列目に求める。

     貿易収支　＝　輸出の金額合計　－　輸入の金額合計
   - 配列Workに実行結果の表示用として分類名を記憶する。なお，Workの添字は配列Bouの行方向の添字と対応している。

配列

Work

(0)	(1)	(2)	(3)	(4)	(5)

   - 配列Workを利用し，分類ごとに配列Bouを貿易収支の降順に並べ替え，分類名から貿易収支までを第２図のように表示する。
5. データにエラーはないものとする。

解答群

ア．Bou(y,1) - Bou(y,2) → Bou(y,3)
イ．Work(0) → Work(e)
ウ．qは2から1ずつ増やして q ≦ 5
エ．Bou(Bun,Yu) + Kin → Bou(Bun,Yu)
オ．Work(q) → Work(0)
カ．Bou(e,r) → Bou(e + 1,r)
キ．Work(w),Bou(w,1)～(w,3)を表示
ク．qは2から1ずつ増やして q ＜ 5
ケ．Bou(Yu,Bun) + Kin → Bou(Yu,Bun)
コ．Bmei(w),Bou(w,1)～(w,3)を表示
サ．Bou(e,r) → Bou(e - 1,r)
シ．Work(0) → Work(q)
ス．Work(0) → Work(e + 1)
セ．Bou(y,2) - Bou(y,1) → Bou(y,3)

5章(1級)

＜流れ図＞

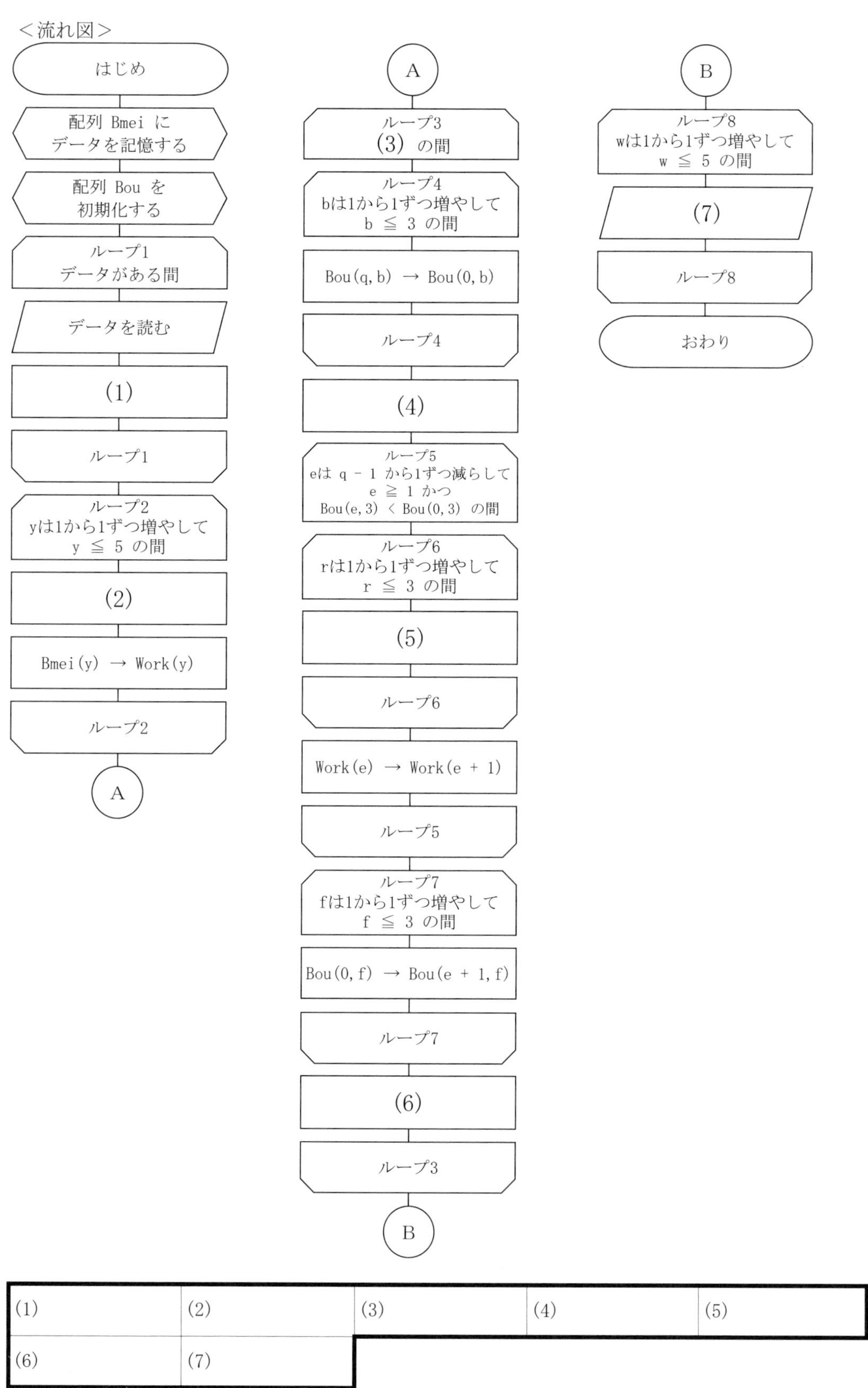

(1)	(2)	(3)	(4)	(5)
(6)	(7)			

5章（1級）

[9] 流れ図の説明を読んで，流れ図の(1)～(7)にあてはまる答えを解答群から選び，記号で答えなさい。

処理内容

都市人口の１ヵ月の増減データを読み，集計結果をディスプレイに表示する。

入力データ

日付 (Hi)	都市ｺｰﾄﾞ (To)	増減種類 (Zg)	人数 (Nin)
×～×	××	×	×～×

（第１図）

実行結果

(都市の人口増減一覧)

(都市名)	(増加)	(減少)	(増減)
Ｓ市	25,714	12,389	13,325
Ｆ市	24,720	12,435	12,285
Ｃ市	25,674	14,356	11,318
Ｒ市	24,325	13,674	10,651
⁀	⁀	⁀	⁀

（第２図）

処理条件

1. 第１図の都市コードは１～20であり，増減種類は１(増加)，２(減少)である。
2. 配列Tsiに都市名を記憶する。なお，Tsiの添字は都市コードと対応している。

配列

Tsi	(0)	(1)	(2)	～	(19)	(20)
		Ａ市	Ｂ市	～	Ｓ市	Ｔ市

3. 第１図の入力データを読み，配列Jinに都市別の人口の増減人数を集計する。なお，１列目には増加の人数合計を，２列目には減少の人数合計を求める。また，Jinの行方向の添字は都市コードと対応し，列方向の添字は増減種類と対応している。

配列

Jin	(0)	(1)	(2)	(3)
(0)				
(1)				
⁀	⁀	⁀	⁀	⁀
(19)				
(20)				
		(増加)	(減少)	(増減)

4. 入力データが終了したら，次の処理を行う。
   - 都市ごとの人口の増減を次の計算式で，配列Jinの３列目に求める。

     増減　＝　増加の人数合計　－　減少の人数合計
   - 配列Workに実行結果の表示用として都市名を記憶する。なお，Workの添字は配列Jinの行方向の添字と対応している。

配列

Work	(0)	(1)	(2)	～	(19)	(20)
				～		

   - 配列Workを利用し，都市ごとに配列Jinを増減の降順に並べ替え，都市名から増減までを第２図のように表示する。
5. データにエラーはないものとする。

解答群

ア．Work(0) → Work(Max)　　イ．Jin(b,u) → Jin(Max,u)
ウ．b + 1 → f　　エ．Jin(Zg,To) + Nin → Jin(Zg,To)
オ．Jin(To,Zg) + Nin → Jin(To,Zg)　　カ．Jin(0,u) → Jin(Max,u)
キ．Jin(Max,3) < Jin(r,3)　　ク．Jin(Max,3) > Jin(r,3)
ケ．Work(0) → Work(b)　　コ．Jin(k,2) - Jin(k,1) → Jin(k,3)
サ．b ≠ Max　　シ．b - 1 → f
ス．Jin(k,1) - Jin(k,2) → Jin(k,3)　　セ．b = Max

＜流れ図＞

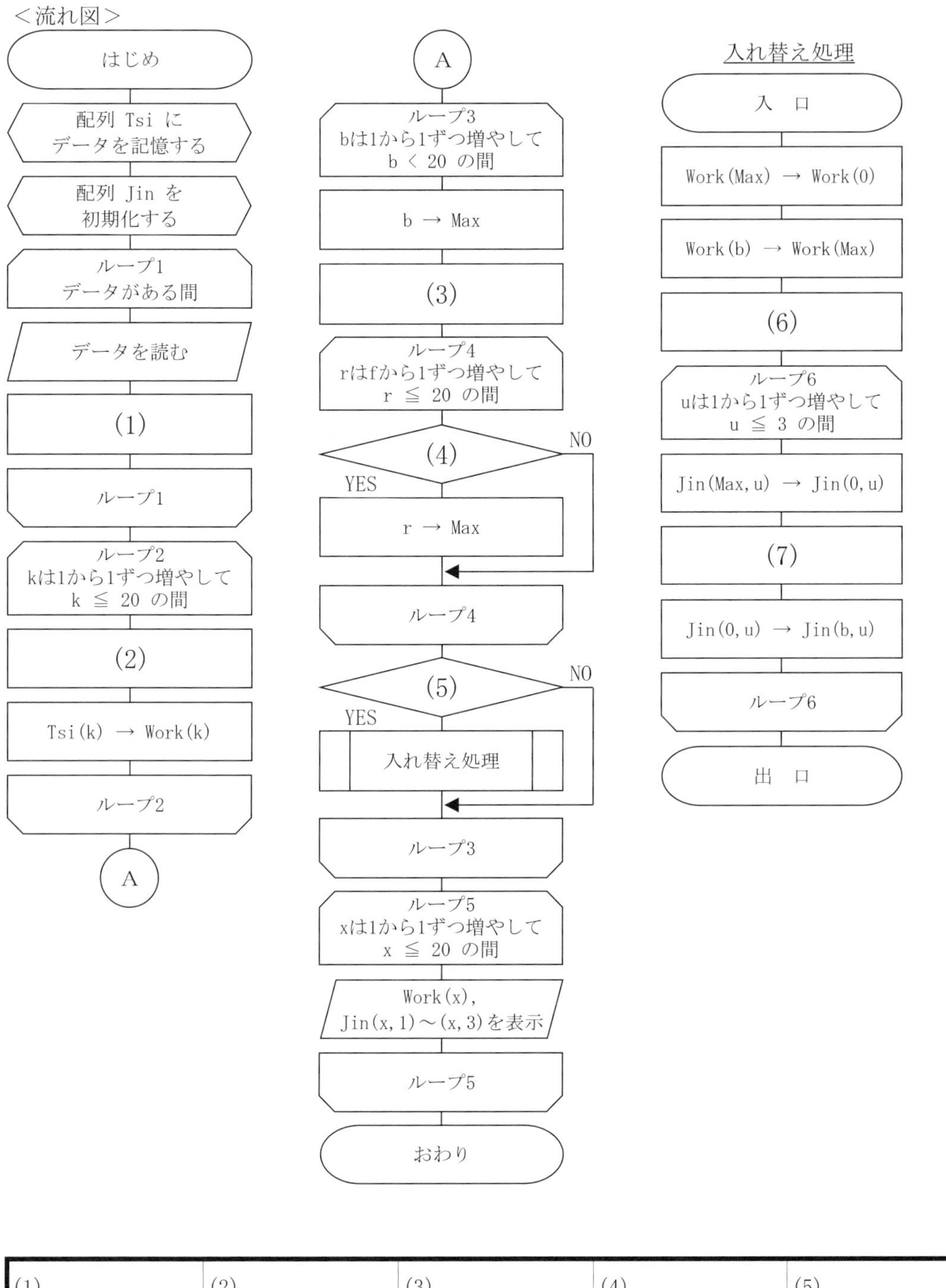
はじめ
配列 Tsi に
データを記憶する
配列 Jin を
初期化する
ループ1
データがある間
データを読む
(1)
ループ1
ループ2
kは1から1ずつ増やして
k ≦ 20 の間
(2)
Tsi(k) → Work(k)
ループ2
A
A
ループ3
bは1から1ずつ増やして
b ＜ 20 の間
b → Max
(3)
ループ4
rはfから1ずつ増やして
r ≦ 20 の間
(4)
NO
YES
r → Max
ループ4
(5)
NO
YES
入れ替え処理
ループ3
ループ5
xは1から1ずつ増やして
x ≦ 20 の間
Work(x),
Jin(x,1)～(x,3)を表示
ループ5
おわり
入れ替え処理
入　口
Work(Max) → Work(0)
Work(b) → Work(Max)
(6)
ループ6
uは1から1ずつ増やして
u ≦ 3 の間
Jin(Max,u) → Jin(0,u)
(7)
Jin(0,u) → Jin(b,u)
ループ6
出　口

(1)	(2)	(3)	(4)	(5)
(6)	(7)